1.1

La financiación de las comunidades autónomas:

Políticas tributarias y solidaridad interterritorial

trans
forma
cions

La financiación de las comunidades cutónomas:
Políticas tributarias y solidaridad interterritorial

trans forma cions

Dirección:

Núria Bosch y

José María Durán

Publicacions i Edicions

UNIVERSITAT DE BARCELONA

UNIVERSITAT DE BARCELONA. Dades catalogràfiques

La **Financiación** de las comunidades autónomas : políticas tributarias y solidaridad interterritorial. – (Transformacions ; 1.1)

Recull de les ponències del curs "Financiación, solidaridad interterritorial y políticas tributarias de las comunidades autónomas" organitzat pel CUIMPB-Centre Ernest Lluch els dies 5 i 6 de juliol de 2004
Referències bibliogràfiques
ISBN 84-475-2945-2

I. Bosch Roca, Núria, dir. II. Durán Cabré, José María, dir. III. Consorci Universitat Internacional Menéndez Pelayo de Barcelona-Centre Ernest Lluch IV. Col·lecció: Transformacions ; 1.1
1. Política fiscal 2. Finançament 3. Comunitats autònomes 4. Congressos

Adolf Florensa, s/n; 08028 Barcelona; Tel. 934 035 442; Fax 934 035 446
comercial.edicions@ub.edu; www.publicacions.ub.es

Impresión: Gráficas Rey, S.L.

Depósito legal: B-34090-2005

ISBN: 84-475-2945-2

Impreso en España / Printed in Spain

Consorci Universitat Internacional Menéndez Pelayo de Barcelona
CUIMPB
Centre Ernest Lluch

Este libro recoge las ponencias del curso *Financiación, solidaridad, interterritorialidad y políticas tributarias de las comunidades autónomas* que organizó el CUIMPB-Centre Ernest Lluch los días 5 y 6 de julio de 2004.

ÍNDICE

PRESENTACIÓN

Este libro recoge las ponencias presentadas en el Seminario "Financiación, solidaridad interterritorial y políticas tributarias de las Comunidades Autónomas", realizado en el marco del Consorcio Universidad Internacional Menéndez Pelayo de Barcelona (CUIMP) los días 5 y 6 de julio de 2004. La actualidad del tema tratado y la calidad de los trabajos presentados nos llevó a considerar oportuna su publicación como libro con el objetivo de coadyuvar a que el debate de la financiación autonómica se pueda efectuar de una manera técnica y rigurosa. En el libro diferentes especialistas procedentes del campo académico, profesional y de la administración analizan desde diferentes puntos de vista los elementos básicos de la financiación autonómica. La obra consta de tres partes. La primera, a modo introductorio, ofrece una panorámica general sobre la evolución de las CCAA en los últimos 25 años. La segunda trata de las políticas tributarias que las CCAA han llevado a cabo y se analiza la configuración de la administración tributaria y del papel que éstas pueden realizar en este campo. La tercera y última parte se centra en la solidaridad interterritorial, examinada a través de las subvenciones de nivelación y las balanzas fiscales.

El libro se inicia con un capítulo dedicado a la evolución del sistema de financiación de las CCAA en los últimos 25 años y perspectivas de reforma de los profesores N. Bosch y J. Mª. Durán de la Universitat de Barcelona. El objetivo de este trabajo es revisar las diferentes etapas de la financiación de las CCAA desde su creación a principios de los años ochenta hasta la actualidad, bajo los principios de suficiencia, autonomía financiera, responsabilidad fiscal, equidad y solidaridad interterritorial. Aparte de describir las principales características de las diferentes etapas por las que ha pasado la financiación de las CCAA, los autores ponen de relieve los problemas más importantes que se han producido, muchos de los cuales se han ido arrastrando a lo largo del tiempo y aún se encuentran en la actualidad sin resolver. Para concluir el trabajo, N. Bosch y J. Mª. Durán describen los posibles cambios que se podrían dar en el futuro a fin de conseguir un buen sistema de financiación autonómica, cuestión sin duda importante para el bienestar de los ciudadanos españoles.

La segunda parte consta de ocho capítulos, cinco referidos a las políticas tributarias de las CCAA y los tres restantes al tema de la descentralización de la administración tributaria. El estudio de las políticas tributarias se inicia con el trabajo de los profesores J. Mª. Durán y A. Esteller de la Universitat de Barcelona. En el mismo se estudian los principales cambios legales introducidos por las CCAA de régimen común en los tributos cedidos con capacidad normativa durante el periodo (1997-2004), y se plantean qué razones pueden haber existido a la hora de su diseño (diversidad de preferencias entre las CCAA, mimetismo en la actuación entre ellas, color político del gobierno). El análisis de estas modificaciones permite observar a los autores una tendencia general por parte de las comunidades a introducir rebajas fiscales en los impuestos más perceptibles (renta y sucesiones y donaciones) combinadas con un aumento en el nivel de los impuestos menos perceptibles (transmisiones patrimoniales y actos jurídicos). Para profundizar en el conocimiento de los cambios legales en el IRPF, Durán y Esteller calculan los tipos medios impositivos efectivos por CCAA para el ejercicio 2003. Los resultados obtenidos les permite afirmar que la aplicación de las diferentes deducciones autonómicas reguladas en el impuesto sobre la renta puede dar lugar a importantes diferencias en los tipos medios efectivos entre CCAA dependiendo del nivel de renta, de las circunstancias subjetivas de los contribuyentes y del régimen de tenencia de la vivienda.

A continuación los profesores A. Gago, X. Labandeira, F. Picos y M. Rodríguez de la Universidad de Vigo analizan y valoran los desarrollos autonómicos en el ámbito de la fiscalidad ambiental. La figura impositiva que más destaca por la generalización en su aplicación y por su importancia recaudatoria es el canon de saneamiento y agua. Igualmente, tienen cierta importancia los impuestos sobre las emisiones atmosféricas de ciertos contaminantes, generalmente vinculados a la quema de combustibles fósiles. Sin embargo, para los autores, parece que el interés perseguido por las autonomías obedece más a necesidades financieras y a la dificultad de desarrollar la tributación propia, que a un verdadero objetivo ambiental. Por esta razón, algunas de las experiencias autonómicas han sido técnicamente defectuosas. En una función más prospectiva, Gago, Labandeira, Picos y Rodríguez auguran que los impuestos ambientales autonómicos que tendrán más importancia en el futuro son los relacionados con el transporte, el turismo y los residuos sólidos. La existencia de un mercado europeo de derechos de emisiones, en opinión de los autores, probablemente implicará renunciar al establecimiento de impuestos contra el cambio climático, excepto en el sector transporte que no queda incluido en dicho mercado.

El tercer trabajo de esta parte corresponde al Secretario General de Economía y Finanzas de la Generalitat de Catalunya, M. Carnicer, que analiza el uso que las CCAA han efectuado de las competencias atribuidas en el campo tributario, diferenciando los dos ámbitos existentes de actuación, como son los tributos propios, por un lado, y los cedidos, por otro. Los tributos propios, en general, han ido encaminados a financiar ciertos tipos de servicios, destacando por su importancia los cánones del agua, que en el caso de Cataluña ha permitido desarrollar la política de tratamiento del agua y de creación de depuradoras. Respecto a los tributos cedidos, para Carnicer los efectos del ejercicio de la capacidad normativa han sido mucho más limitados, siendo sumamente relevante la no modificación de la tarifa del IRPF por parte de ninguna comunidad autónoma. En realidad, opina el autor que muchos de los cambios tributarios introducidos deberían haberse realizado por el lado del gasto, pero que algunas comunidades han optado por la vía tributaria por el menor coste que representa. Para concluir, el Secretario General de Economía y Finanzas de la Generalitat de Catalunya aboga para que en un futuro la política tributaria de las CCAA intente extender la participación de las mismas a todos los impuestos, incluido sociedades, solucionar los problemas de codecisión en los tributos participados y la concertación en la administración tributaria.

Sigue a este trabajo, el del Viceconsejero de Hacienda de la Comunidad de Madrid, E. Osorio, quien, en primer lugar, describe cuáles son los cambios normativos más relevantes aprobados por la Comunidad de Madrid tanto en el ámbito de los tributos cedidos con capacidad autonómica como en el campo de la tributación propia. Para Osorio la articulación de las competencias normativas de las CCAA en el conjunto del sistema fiscal español se ha efectuado de manera que permite a las comunidades adaptar los impuestos a sus circunstancias particulares, evitando la ruptura de su estructura básica, las deslocalizaciones de contribuyentes y la competencia fiscal perniciosa, y salvaguardando la correcta gestión de los tributos. No obstante, una vez que las comunidades hayan hecho uso pleno de sus competencias, el Viceconsejero de Hacienda de la Comunidad de Madrid afirma que debería plantearse su incremento. Una posible vía que apunta sería aumentando su poder tributario en los impuestos cedidos, en particular, en aquellos ya gestionados por las comunidades (asumiendo incluso la totalidad de las competencias legislativas) y en el IRPF (pudiendo modificar el importe de los mínimos personal y familiar), todo ello en un entorno de cada vez mayor corresponsabilidad fiscal.

Para concluir con el análisis de las políticas tributarias, el Presidente del Registro de Economistas Asesores Fiscales (REAF), V. Pich, formula ocho preguntas sobre aquellos temas tributarios que más preocupan a los interesados en el tema. Estas preguntas tienen que ver, principalmente, con los cambios que se precisarían en ciertas figuras impositivas (patrimonio, sucesiones, renta, sociedades y transmisiones), en la financiación de los entes locales y en los organismos gestores de los tributos. Según Pich el panorama se puede valorar como complejo y discutible y, en cualquier caso, no se puede olvidar la importancia de que el sistema tributario tenga una aceptación razonable por parte de los contribuyentes. Finalmente, en el capítulo se describen los cambios normativos más relevantes introducidos por las CCAA.

El análisis de la descentralización de la administración tributaria comienza con un extenso trabajo de los profesores de la Georgia State University, J. Martínez-Vázquez y A. Timofeev. Los autores estudian los enfoques organizativos de la administración tributaria, en especial, administración centralizada y administración descentralizada, destacando los argumentos teóricos, entre los que cabe destacar la eficiencia en la recaudación y la rendición de cuentas de los gobiernos, a favor y en contra de cada uno. Por otro lado, el análisis de la situación práctica actual en el sistema comparado pone de manifiesto que no existe una solución única y que la realidad es muy variada, ya que la elección en los países sobre descentralización de la administración tributaria responde a cuestiones complejas, en las que los factores políticos normalmente juegan un factor importante. No obstante, Martínez-Vázquez y Timofeev afirman que ante un proceso de descentralización tributaria es posible identificar mejores y peores enfoques de organización de la administración tributaria, por lo que un país que se plantee llevar a cabo este proceso debería tener en cuenta estos factores determinantes que pueden hacer un enfoque más o menos óptimo para sus necesidades.

Seguidamente, el Director General de la Agencia Tributaria, L. Pedroche, defiende el modelo de sistema tributario actual centralizado pero "compartido", es decir, con una Agencia Tributaria con unas funciones similares a las actuales, pero con un mayor peso en el sistema por parte de las administraciones territoriales. Según su Director General, el funcionamiento de la Agencia Tributaria debe situarse dentro del marco configurado por los principios de autonomía financiera y tributaria, autonomía política y coordinación. En este marco, el sistema establece desde 2002 tres órganos distintos de funcionamiento de la Agencia Tributaria, en los que las comunidades autónomas están representadas, aunque para Pedroche aún no se han potenciado suficientemente. Esta potenciación debe buscar una mejor coordinación de gestión entre Estado y CCAA, un uso mayor de las lenguas cooficiales en las comunidades donde existan y la transparencia fiscal informativa entre administraciones. Sólo cuando se haya explotado al máximo el modelo actual tendrá sentido desecharlo, siempre además que empíricamente se pueda demostrar la superioridad de los modelos alternativos.

Concluye esta parte dedicada a la descentralización de la administración tributaria, el Director General de Tributos de la Generalitat de Catalunya, I. Pijoan, que analiza, en primer lugar, la situación actual en el ámbito de la descentralización de la administración tributaria, efectuando un balance general positivo sobre el funcionamiento de los instrumentos de participación de las CCAA en la Agencia Tributaria previstos en el sistema de financiación autonómica. No obstante, este sistema no está exento de críticas, que se derivan de la lentitud del proceso de corresponsabilidad gestora y de la necesidad de aumentar la coordinación interadministrativa y reforzar los flujos de información. Al respecto, el Director General de Tributos de Cataluña manifiesta la necesidad de que las CCAA dispongan de una información más completa de aquellos impuestos cedidos en una parte importante pero gestionados por la Agencia Tributaria. Iu Pijoan destaca que el actual sistema, no obstante, no se considera suficientemente satisfactorio desde Cataluña y que la Generalitat ha manifestado la voluntad clara de asumir un papel más intenso en la gestión del sistema tributario estatal, situación que debe y puede realizarse sin menoscabo del objetivo de la lucha contra el fraude.

La tercera y última parte, referida a la solidaridad interterritorial, está formada por cinco capítulos, dos referidos al tratamiento de la solidaridad interterritorial en el sistema de financiación autonómico y tres a la solidaridad analizada a través de las balanzas fiscales. En concreto, el profesor A. Utrilla de la Universidad Complutense de Madrid constata las diferencias favorables que los regímenes forales ocasionan en los saldos fiscales del País Vasco y Navarra respecto a otras regiones de nivel de desarrollo similar, lo que sin duda sitúa a estas últimas en una situación de agravio comparativo. Los resultados económicos derivados de los regímenes forales permiten, por tanto, observar la menor contribución que las comunidades forales efectúan a los mecanismos implícitos de solidaridad regional. Para Utrilla, la combinación de menores impuestos relativos y mayores gastos sociales, prestaciones en especie e inversiones ha reducido la contribución foral a la solidaridad interregional. La menor contribución relativa a la solidaridad interterritorial se debe, en parte, a los resultados derivados de aplicar el sistema de pensiones de la Seguridad Social. Asimismo, el propio mecanismo financiero de contribución a las cargas generales del Estado en las dos comunidades forales (*cupo* en el País Vasco y *aportación* en Navarra) supone una ventaja para las mismas, pues se produce una falta de adecuación entre la valoración de las competencias asumidas y la recaudación de los impuestos concertados. Como consecuencia, el autor destaca los resultados que se dan en las CCAA forales, cuya situación presupuestaria es más saneada y mayor el nivel de gasto público por habitante en las competencias desarrolladas.

En el siguiente trabajo, los profesores A. Castells, P. Sorribas y M. Vilalta de la Universitat de Barcelona, destacan como el actual sistema de financiación excluye a las CCAA forales del mecanismo de nivelación entre CCAA, esto es, del ahora llamado Fondo de Suficiencia (FS) y anteriormente denominado Participación en los Ingresos del Estado (PIE). Esta situación provoca, según los autores, un problema de inequidad horizontal, ya que el volumen de recursos *per* cápita que dispone las CCAA forales es muy superior al de las de régimen común, para un nivel de competencias similar. Por esta razón, en su trabajo, Castells, Sorribas y Vilalta proponen dos alternativas para incorporar a las comunidades forales en el mecanismo de nivelación de recursos: primera, considerar que la subvención de nivelación forma parte de las cargas no asumidas por los gobiernos forales; segunda, introducir a todas las comunidades, comunes y forales, en el mecanismo de nivelación. Los autores se decantan claramente por esta segunda alternativa, pero sin olvidar, que en cualquier caso su aplicación debería efectuarse de manera gradual, porque de lo contrario, significaría una disminución sustancial de los recursos de las comunidades forales.

Los trabajos referidos a la solidaridad y las balanzas fiscales empiezan con el estudio de la profesora M. Espasa de la Universitat de Barcelona. La autora defiende la realización de trabajos que cuantifiquen el signo y la magnitud de los saldos fiscales territoriales generados por el presupuesto de un determinado gobierno, pero reconociendo que las limitaciones metodológicas de los mismos y de las fuentes estadísticas utilizadas puede condicionar, aunque no invalidar, los resultados alcanzados, que sin duda son relevantes puesto que es la manera de conocer el nivel de solidaridad interterriotrial. En su opinión, la transparencia en el cálculo de las balanzas fiscales contribuye a racionalizar el tema y objetivar el debate, frente al posible oscurantismo que no provoca sino avivar la polémica cayendo más en los tópicos y la confrontación. M. Espasa aboga para que desde el mundo académico se enfoque el tema de las balanzas fiscales de una manera pedagógica, a fin de evitar que los resultados obtenidos se puedan utilizar de forma demagógica.

A continuación, J. V. Sevilla, economista y destacado especialista en la materia, afirma que el saldo fiscal es una consecuencia directa de las políticas de la hacienda central, tanto por el lado de los ingresos, en especial, los tributos, como por el lado del gasto, en particular, el gasto redistributivo. Para Sevilla, el análisis de los resultados obtenidos en los numerosos trabajos que se han efectuado en España sobre balanzas fiscales, ponen de manifiesto que existe la correspondencia esperada entre saldos fiscales y el nivel de renta de las comunidades. Como cabría esperar, las políticas de la hacienda central tienen un impacto redistributivo que sirve al objetivo de la solidaridad interterritorial. La única excepción se da en los territorios forales, Navarra y el País Vasco, por las peculiaridades de su sistema de financiación. No obstante, esta diferencia atípica provoca que desde comunidades ricas, como Cataluña, se hable de un déficit fiscal excesivo y de la necesidad de acercarse al sistema foral. Para Sevilla, los saldos fiscales no resultan excesivos, puesto que los resultados de los trabajos empíricos coinciden en señalar que los tributos de la hacienda central se distribuyen aproximadamente en proporción a la renta de cada comunidad autónoma y los gastos en relación con el número de habitantes. Por tanto, para el autor son los resultados de las haciendas forales los que deben aproximarse a los de las demás comunidades autónomas, y no al revés, solución además que puede alcanzarse respetando escrupulosamente las singularidades de los regímenes forales y que, en realidad, es exigida por los preceptos constitucionales y estatutarios.

Por último, el profesor R. Tremosa de la Universitat de Barcelona destaca la creciente importancia que los flujos fiscales entre territorios derivados de la actuación del sector público tienen sobre el crecimiento económico. En su trabajo el profesor Tremosa efectúa una valoración sobre el debate de las balanzas fiscales en España. En concreto, considera que el déficit fiscal de Cataluña es muy elevado y que condiciona su desarrollo económico, tanto por el efecto directo que la inversión pública genera sobre el crecimiento como por la relación positiva existente entre inversión pública e inversión privada. Asimismo, Tramosa ofrece los resultados de una simulación acerca del crecimiento que tendría el PIB catalán en el horizonte del año 2010 si se redujera el déficit fiscal, única solución posible en su opinión que tiene Cataluña para poder acercar su PIB *per* cápita (en paridad de poder adquisitivo) a las regiones europeas más dinámicas.

PRIMERA PARTE
PANORÁMICA GENERAL

CAPÍTULO 1
EVOLUCIÓN DEL SISTEMA DE FINANCIACIÓN DE LAS CCAA EN LOS ÚLTIMOS 25 AÑOS Y PERSPECTIVAS DE REFORMA

NÚRIA BOSCH
JOSÉ M.ª DURÁN
Universitat de Barcelona
Institut d'Economia de Barcelona (IEB)

1. Introducción

El objetivo de este trabajo es revisar las diferentes etapas de la financiación de las Comunidades Autónomas (CCAA) desde su creación a principios de los años ochenta hasta la actualidad, bajo los principios de suficiencia, autonomía financiera, responsabilidad fiscal, equidad y solidaridad interterritorial. Aparte de describir las principales características de las diferentes etapas por las que ha pasado la financiación de las CCAA, se pondrán de relieve los problemas más importantes que se han producido, muchos de los cuales se han ido arrastrando a lo largo del tiempo y aún se encuentran en la actualidad sin resolver. Para concluir el trabajo, se describirán los posibles cambios que, a nuestro entender, se podrían dar en el futuro a fin de conseguir un buen sistema de financiación autonómica, cuestión sin duda importante para el bienestar de los ciudadanos españoles.

2. La financiación de las CCAA en el periodo transitorio

2.1. Estructura de ingresos

La Ley Orgánica 8/1980, de 22 de septiembre, de Financiación de las CCAA (LOFCA) prevé dos periodos en la financiación de las mismas. El primero, denominado periodo transitorio, es aquel en el que se producen las transferencias de servicios del Estado a las CCAA, y con independencia de la finalización de los traspasos concluye transcurridos seis años de vigencia del correspondiente Estatuto de autonomía. Una vez concluido el primer periodo se inicia el segundo, que tiene que ser el definitivo con respecto a la financiación autonómica.

En concreto, el periodo transitorio se extiende desde la constitución de las CCAA hasta el año 1986. En este periodo el Estado tenía que garantizar la financiación de los servicios transferidos en una cantidad igual al coste efectivo de los servicios en el territorio de cada Comunidad Autónoma en el momento de la transferencia. La cobertura de los servicios transferidos se tenía que hacer mediante los tributos cedidos y la participación en los ingresos generales del Estado (subvención de carácter general).

2.1.1. Tributos cedidos

El Cuadro 1 muestra la estructura de ingresos de las CCAA el último año de este periodo, 1986. Los tributos cedidos por parte del Estado representaban el 11,40% del total de ingresos no financieros. La Ley 30/1983, de 28 de diciembre, reguló los tributos cuyo rendimiento se cedía a las CCAA, a saber: el impuesto sobre sucesiones, el impuesto sobre el patrimonio de las personas físicas, el impuesto sobre transmisiones patrimoniales, el impuesto sobre el lujo y las tasas y demás exacciones sobre el juego[1]. El impuesto sobre el lujo y parte del impuesto sobre transmisiones desparecieron en 1986 con la introducción del IVA.

El marco regulador de los tributos cedidos establecía que los tributos mencionados se podían ceder total o parcialmente, asumiendo las CCAA la gestión, recaudación, liquidación e inspección de los mismos. Ahora bien, las Comunidades no tenían ningún tipo de capacidad normativa sobre los tributos cedidos, habiéndose de aplicar la normativa estatal, aspecto que en las posteriores revisiones del sistema de financiación ha ido cambiando.

2.1.2. Tributos propios

Además de los tributos cedidos encontramos los tributos propios, es decir, los establecidos por cada Comunidad Autónoma. Sin embargo, éstos tenían, y siguen teniendo, un peso muy reducido, el 0,66% del total de ingresos no financieros en 1986 (Cuadro 1). El motivo es que la capacidad real en el establecimiento de impuestos propios por parte de las CCAA es muy limitada. Según la Constitución (art. 133), la potestad originaria para establecer tributos recae exclusivamente en el Estado, mientras que las CCAA sólo lo podrán hacer de acuerdo con la Constitución y las leyes, esto es, las leyes del Estado y, en concreto, la LOFCA. La LOFCA establece que las CCAA podrán establecer sus propios impuestos siempre y cuando no recaigan sobre hechos imponibles gravados ya por el Estado. Asimismo, los tributos propios no podrán suponer un obstáculo a la libre circulación de mercancías o de factores productivos, ni ocasionar fenómenos de exportación impositiva. Estas disposiciones restringen considerablemente el ámbito de actuación de las CCAA.

No obstante, dentro de los tributos propios de este periodo debe mencionarse por su especial relevancia la aprobación en Cataluña del canon de saneamiento del

1. Para Cataluña, la Ley 41/1981, de 13 de octubre, había regulado ya dos años antes los tributos cedidos a la Generalitat de Cataluña.

Cuadro 1. Evolución de la estructura de ingresos no financieros de las CCAA (% sobre el total de ingresos no financieros)

	1986	*1991*	*1996*	*2001*	*2002*(6)
Tributos cedidos	11,40	14,13	10,65	19,80	48,81
– Tramo autonomico IRPF				7,19	16,25
– Participación IVA					14,48
– Participación Imp. especiales					7,70(7)
– Otros tributos cedidos				12,60	10,39
Participación 15% IRPF			8,81	5,84	
Tributos propios CCAA(1)	0,66	1,08	1,30	1,05	0,92
Otros tributos(2)	2,39	1,23	0,81	0,14	0,12
Tasas y otros ingresos	3,61	3,26	4,92	2,38	2,08
Subvenciones	80,90	78,42	72,28	70,02	47,18
– PIE(3)	24,52	24,90	18,74	11,92	25,36
– De la seguridad social	20,71(5)	24,98	26,15	22,11	
– FCI	8,62	2,82	1,69	1,19	0,96
– De la UE		2,88	6,34	11,67	9,15
– Otras subvenciones	27,04	22,82	19,37	23,13	11,71
Otros ingresos no financieros(4)	1,05	1,88	1,23	0,77	0,89
Total	**100,00**	**100,00**	**100,00**	**100,00**	**100,00**

(1) Incluye también los recargos sobre la imposición estatal sobre el juego.
(2) Incluye los recargos sobre el IAE de las Comunidades uniprovinciales.
(3) A partir de 2002 la PIE pasa a denominarse Fondo de Suficiencia.
(4) Incluye ingresos patrimoniales y enajenación de inversiones reales.
(5) Este año incluye sólo sanidad
(6) Para IRPF, IVA, IIEE y PIE los datos proceden de liquidaciones. En los demás casos, son datos presupuestados o derivados de estimaciones propias.
(7) No incluye los impuestos sobre determinados medios de transporte ni sobre las ventas minoristas de hidrocarburos, que se incluyen en otros tributos cedidos.

Fuente: *Liquidaciones de los presupuestos de las CCAA*, Ministerio de Economía y Hacienda, Madrid, varios años, e *Informe sobre la Financiación de las CCAA*, Ministerio de Economía y Hacienda, Madrid, varios años.

agua, creado en 1981. Fue el primer paso de una Comunidad Autónoma en el ámbito de la fiscalidad del agua, fiscalidad que posteriormente ha ido desarrollándose por un número considerable de CCAA y que juega un papel principal en el campo de la imposición propia.

2.1.3. Subvenciones

El grueso substancial de la financiación de las CCAA en este primer periodo provenía de las subvenciones o transferencias dadas desde otras administraciones públicas. Según se observa en el Cuadro 1, representaban el 80,90% del total de ingresos no financieros.

Dentro de las subvenciones, la categoría con mayor peso (27,04% del total de ingresos no financieros) era la de otras subvenciones, es decir, la integrada por un conjunto de transferencias de carácter específico que el Estado otorgaba a las CCAA para la financiación de políticas de gasto concretas (industriales, agrícolas, etc.).

A continuación, la subvención con mayor volumen de recursos era la participación en los ingresos del Estado (PIE), con un 24,52% del total de ingresos no financieros. Ahora bien, el funcionamiento de la PIE varía según el periodo de financiación. Efectivamente, como hemos comentado anteriormente, la LOFCA distinguía dos periodos para la financiación de los servicios traspasados, y es precisamente en la participación en los ingresos generales del Estado donde se distingue entre un periodo transitorio y otro definitivo, durante los que la participación en los ingresos estatales se calcula de forma diferente.

La LOFCA no determina de una manera concreta cómo se tiene que calcular el porcentaje de participación en los ingresos del Estado. Ello provocó la existencia de un desacuerdo entre la administración central y las autonomías sobre la metodología de cálculo. No fue hasta el 29 de enero de 1984, cuando el Consejo de Política Fiscal y Financiera aprobó los porcentajes de participación de las CCAA en los ingresos del Estado y, posteriormente, lo hicieron las diferentes Comisiones Mixtas.

El porcentaje de participación de cada Comunidad Autónoma quedaba definido en los siguientes términos:

$$PPI_{1984} = \frac{CE_{1983} - TC_{1983} - TS_{1983}}{TE_{1983}}$$

$$PIE_{1984} = PPI_{1984} \times TE_{1984}$$

Esto es, el porcentaje de participación (PPI) de cada Comunidad Autónoma se determina como el cociente entre el coste efectivo (CE) no financiado por tributos cedidos (TC) y tasas ligadas a los servicios traspasados (TS), y los impuestos no cedibles del Estado (TE) del año anterior. Así pues, la participación en los ingresos del Estado (PIE) (transferencia de carácter general) es el producto del porcentaje de participación y los impuestos no cedibles del Estado.

La forma de determinar el porcentaje de participación en los tributos del Estado para 1984 se repitió en 1985 y 1986. Es decir, cada año se recalculaba el porcentaje de participación en datos del año anterior.

Este sistema vigente durante la etapa transitoria fue criticado por varias razones. En primer lugar, por el método de cálculo del coste efectivo de los servicios traspasados, magnitud necesaria para el cálculo del porcentaje de participación. Pese a que se podía entender que este concepto se refiere a todos los gastos vinculados a los servicios transferidos, la LOFCA y los estatutos de autonomía parecen ir en este sentido, en la práctica se adoptó una interpretación restrictiva del coste efectivo, que excluye de su cálculo los gastos derivados de subvenciones a terceros y la inversión nueva asociada a los servicios transferidos. Es decir, el coste efectivo sólo incluye el consumo público (incluyendo el consumo de capital fijo) asociado a los servicios transferidos. Esta metodología se adopta a partir del "Informe de la Comisión de Expertos sobre Financiación de las CCAA" (1981), elaborado a propósito de los "Acuerdos Autonómicos de 1981 entre el Gobierno de la Nación y el PSOE", y de la metodología aprobada por el Consejo de Política Fiscal y Financiera el 18 de febrero de 1982.

En segundo lugar, el método de cálculo del porcentaje de participación en el periodo transitorio es criticable por la pérdida de automatismo que supone, pues en lugar de aplicar directamente un porcentaje fijo a una base de cálculo conocida fue necesario estimar cada año las distintas variables que intervienen en su determinación, lo cual resulta especialmente dificultoso en el caso del coste efectivo[2]. Además, este método supone una clara desvirtuación del planteamiento de la LOFCA, que preveía la determinación de un porcentaje fijo en el año inicial y su aplicación automática en los años sucesivos del periodo transitorio. La razón de no aplicarse este planteamiento es el denominado "efecto financiero" a favor de las CCAA que se hubiera producido al crecer más los impuestos no cedibles del Estado que el coste efectivo.

La tercera crítica recae en el papel de los tributos cedidos, que tal y como se utilizan en el cálculo del porcentaje de participación en impuestos, desincentivan la buena gestión autonómica de los mismos, puesto que unos menores ingresos por tributos cedidos en el año t-1 repercuten en un mayor porcentaje de participación en el año t[3].

Después de otras subvenciones y de la PIE, las subvenciones más importantes en términos cuantitativos eran las que otorgaba la Seguridad Social destinadas a la financiación de los servicios sanitarios y los servicios sociales transferidos, y que lógicamente sólo recibían las CCAA que tenían traspasadas las correspondientes competencias. En 1986 las subvenciones por servicios sanitarios representaban el 20,71% del total de ingresos no financieros, siendo Andalucía y Cataluña las únicas Comunidades que tenían traspasadas estas competencias. Para la financiación de la sanidad traspasada se sigue un procedimiento específico al margen del modelo LOFCA. La Comunidad Autónoma recibía la parte del presupuesto del Insalud equivalente a la fracción de población protegida residente en su territorio. Sin embargo, como en el momento de efectuar el traspaso de la competencia, el gasto efectivo del Insalud en la Comunidad no solía coincidir con el peso de la población protegida, se estableció un periodo transitorio, normalmente de diez años, para pasar a este último criterio. Durante este periodo se va eliminando gradualmente la diferencia anterior.

Por último, dentro de las subvenciones recibidas por las CCAA cabe también

2. De hecho hubo una insuficiente valoración del coste efectivo de los servicios traspasados, y el índice de actualización del coste efectivo estaba por debajo del índice general de precios y del utilizado por la propia Administración para actualizar su gasto.

3. En 1986 se adoptó una medida para corregir este efecto. En lugar de utilizar la recaudación real por tributos cedidos, se utilizó una previsión normativa de la recaudación de los tributos cedidos. De este modo los resultados por encima o por debajo de la recaudación real benefician o perjudican a la Comunidad Autónoma, pero no inciden en el porcentaje de participación.

mencionar las procedentes del Fondo de Compensación Interterritorial (FCI), con un 8,62% del total de ingresos no financieros en 1986 (Cuadro 1). El FCI es establecido por el artículo 158.2 de la Constitución, donde se afirma que para corregir los desequilibrios económicos interterritoriales y hacer efectivo el principio de solidaridad, se establecerá un "Fondo de Compensación" destinado a gastos de inversión, que será distribuido por las Cortes Generales entre las CCAA y las provincias. La LOFCA vuelve a mencionarlo y en su artículo 16 regula su volumen y establece los criterios de distribución. La Ley 7/1984, de 31 de marzo, desarrolla y concreta todos estos aspectos.

Ahora bien, este fondo quedó desvirtuado, puesto que resultó ser el único recurso que disponían las CCAA para financiar la inversión nueva. Ya se ha dicho que el "Informe de los expertos" y los "Acuerdos Autonómicos" distinguen entre inversión nueva e inversión de conservación, mejora y sustitución, considerando que sólo esta última se ha de integrar en el coste efectivo. Así pues, el FCI aparece con dos finalidades: la propiamente redistributiva y la de la financiación de la inversión nueva vinculada a los servicios traspasados. Estos dos objetivos resultan muchas veces incompatibles, pues la aplicación de criterios fuertemente redistributivos no tiene que ser la más adecuada para financiar el crecimiento del capital fijo necesario para atender los servicios transferidos.

2.2. Valoración

El sistema de financiación autonómica nace con un importante defecto, que es el método de valoración de los servicios traspasados o método del coste efectivo. Este método condicionó, y ha condicionado hasta la actualidad, el volumen posterior de recursos de cada Comunidad, puesto que se tenía que garantizar la cobertura del coste efectivo, y la equidad interterritorial.

El método del coste efectivo, básicamente, supone calcular el gasto de funcionamiento asociado al servicio en el nivel de prestación previo a su traspaso. Por lo tanto, un elemento capital del método es el nivel de prestación de los servicios públicos en cada Comunidad antes de los traspasos, es decir, su "statu quo". Si el nivel de servicios previo al traspaso es alto, los recursos traspasados a la Comunidad para cubrir su coste serán altos, y viceversa. Este hecho supuso la discriminación de aquellas Comunidades con menor presencia del gobierno central al proporcionarles unos recursos per cápita inferiores a la media.

En consecuencia, el método del coste efectivo perpetúa, tanto en su distribución territorial como en el volumen proporcional de recursos, el modelo de administración que había en España antes del establecimiento de las CCAA. Como el nivel de prestación de los servicios en todo el Estado no era uniforme, el método en cuestión también condicionó la equidad interterritorial.

A los problemas anteriores se ha de añadir que el método del coste efectivo deja fuera las transferencias y la inversión nueva. Sólo incluye la inversión de reposición. Esto provocó, como ya se ha dicho, que la inversión nueva se tuviera que financiar a través de los recursos del FCI, lo que daba lugar a situaciones como que las CCAA del art. 143 (con un nivel bajo de competencias) tenían más recursos per cápita para financiar la inversión nueva que las CCAA del art. 151 (con un nivel alto de competencias).

Por último, cabe destacar que el método del coste efectivo supuso una alta dependencia de las subvenciones en el sistema de financiación. La responsabilidad fiscal en los tributos cedidos era nula, además de que al ser pagos a cuenta de la PIE desincentivaban la buena gestión autonómica.

Este comienzo, caracterizado por poca suficiencia, nula responsabilidad fiscal (si no era en el campo de los impuestos propios) y una alta dependencia financiera condicionó, de hecho, el sistema de financiación del periodo calificado como definitivo.

3. La financiación de las CCAA en los quinquenios 1987-1991 y 1992-1996

3.1. La estructura de ingresos

3.1.1. Participación en los ingresos del Estado y otras subvenciones

El Consejo de Política Fiscal y Financiera aprobó el 7 de noviembre de 1986 el sistema de financiación de las CCAA de régimen común para el periodo 1987-1991, poniendo final al periodo transitorio. El punto esencial del nuevo sistema tenía que ser aplicar un nuevo método de cálculo de la participación en los tributos del Estado de acuerdo con el artículo 13 de la LOFCA. Sin embargo, la metodología en la práctica no fue más que una continuación del sistema de financiación anterior, puesto que se tomó como punto de partida el coste efectivo de los servicios traspasados.

Para el cálculo de la nueva participación en los tributos, la cuantía global de recursos a distribuir se dividía en dos partes. Una primera parte (aproximadamente el 58% del total) destinada a distribuirse entre las CCAA del artículo 151 para la financiación de las competencias educativas, y una segunda parte destinada al conjunto de Comunidades para la financiación de las competencias comunes. La primera parte se distribuyó según las siguientes variables y ponderaciones: población (84,40%), superficie (15%), insularidad (3,10%), término constante (-2,5%), riqueza relativa (0,40%) y esfuerzo fiscal (1,70%). La segunda se distribuyó de la manera siguiente: población (59%), superficie (16%), insularidad (0,70%), unidades administrativas (24,30%), riqueza relativa (4,20%) y esfuerzo fiscal (5,00%).

La distribución de cada una de estas partes se hace de la manera siguiente. Primero, se distribuye el volumen de recursos según las variables y las ponderaciones de la población, la superficie, la insularidad y las unidades administrativas. Segundo, se distribuyen las cantidades iniciales asignadas de acuerdo con las variables y ponderaciones de los índices de esfuerzo fiscal y de riqueza relativa.

Una vez calculado el volumen de recursos de cada Comunidad Autónoma se pasa a calcular su porcentaje de participación (PPI) en los ingresos del Estado a partir de la fórmula siguiente y tomando como año base 1986:

$$PPI_{1986} = \frac{FI_{1986} - TC_{1986} - TS_{1986} - SE_{1986}}{ITAE_{1986}}$$

donde, FI es la financiación incondicionada que recibe cada Comunidad Autónoma a partir de la distribución anteriormente detallada, TC es la recaudación potencial (normativa[4]) de los tributos cedidos, TS es la recaudación potencial de las tasas vinculadas a los servicios transferidos, SE son las subvenciones para la gratuidad de la enseñanza privada, e ITAE son los ingresos de los tributos no cedibles (ni transferibles a la CE), incluyendo las cotizaciones a la seguridad social y por desempleo.

Por lo tanto, la participación a percibir por una Comunidad en cualquier año t del periodo se determina como sigue:

$$PIE_t = PPI_{1986} \times ITAE_t$$

En consecuencia, y según la fórmula anterior, la participación a lo largo del periodo ha de evolucionar según el crecimiento de los ITAE. A pesar de esto, se estableció una banda de crecimiento máximo y otra de crecimiento mínimo. La participación impositiva no podía crecer más que el PIB nominal estatal ni menos que el índice definido como el gasto equivalente del Estado[5].

Con respecto a los aspectos positivos de la nueva participación, cabe destacar dos. En primer lugar, se gana en automatismo. En segundo lugar, se racionalizan los criterios de distribución de los recursos entre las CCAA al darse un mayor peso a la variable población. Esto permitió disminuir las diferencias de financiación entre aquellas.

Ahora bien, el nuevo sistema tiene varios puntos débiles. En primer lugar, por las variables utilizadas. Si bien el artículo 13 de la LOFCA hace referencia a "otros criterios que se estimen procedentes" y, por lo tanto, permite incluir todas las variables mencionadas, la variable "unidades administrativas" tiene una escasa o nula relación con los servicios transferidos. En segundo lugar, las variables utilizadas y sus ponderaciones tenían la finalidad de dejar las cosas casi como estaban por la restric-

4. Véase nota 3.

5. Estos gastos se determinaron como los gastos de funcionamiento y las inversiones de los departamentos ministeriales y de aquellos organismos autónomos que habían sido transferencias a las CCAA y su índice de crecimiento se calculaba teniendo en cuenta la composición del gasto transferido a las mismas.

ción de que ninguna Comunidad Autónoma recibiera menos de lo que tenía en el periodo transitorio. Por último, la LOFCA dice que la participación se obtendrá a partir de unos parámetros. Sin embargo, el sistema empleado no determina en realidad la participación en función de estos parámetros, sino la financiación total de los servicios transferidos[6].

El 20 de enero de 1992 el Consejo de Política Fiscal y Financiera aprobó el sistema de financiación autonómica para el periodo 1992-1996. El núcleo del acuerdo se sitúa en el porcentaje de participación en los impuestos. De este periodo también debe destacarse la introducción en 1993 de una participación en la cuota líquida del IRPF, como se expondrá más adelante.

El cálculo de la participación no experimenta grandes cambios (se mantienen la base ITAE, las principales variables de reparto y las reglas de evolución), si bien se incorporan algunas variaciones que comentaremos seguidamente.

Dentro de los recursos a distribuir por las diferentes variables se incorporan tres partidas específicas: las subvenciones para la gratuidad de la enseñanza, 180.180,9 millones de pesetas procedentes de la llamada compensación transitoria surgida tras la reforma del FCI en 1990 y 107.737 millones adicionales para la financiación de la inversión nueva. Por lo tanto, desde entonces la gratuidad en la enseñanza y la inversión nueva pasan a financiarse por la financiación incondicionada (FI), es decir, la participación en impuestos y los tributos cedidos.

Con respecto a las variables, se incrementa el peso de la ponderación de la población, se introduce una nueva variable de reparto (la dispersión geográfica de la población), se incorpora la variable unidades administrativas al reparto de recursos para las Comunidades del artículo 151, y se reduce el peso de las variables de esfuerzo fiscal y pobreza relativa. Las ponderaciones finalmente acordadas para las Comunidades del artículo 143 son las siguientes: población (64%), insularidad (0,40%), superficie (16,60%), dispersión de la población (2%), unidades administrativas (17%), pobreza relativa (2,70%) y esfuerzo fiscal (1,82%). Y para las Comunidades del artículo 151: población (94%), insularidad (1,50%), superficie (3,50%), dispersión (0,60%), unidades administrativas (0,40%), pobreza relativa (2,70%) y esfuerzo fiscal (1,82%).

En el Cuadro 1 se ve el peso de la PIE para el último año de cada periodo: 24,90% en 1991 y 18,74% en 1996. En 1996 el peso de la PIE disminuye respecto a los años anteriores debido a la introducción de la participación en la cuota líquida del IRPF, puesto que se redujo la PIE en el importe de la participación.

6. Para un análisis más detallado de los puntos débiles y positivos de la participación en los tributos del Estado en el quinquenio 1987-1991 véase: A. Castells (1988), *Hacienda Autonómica. Una perspectiva de federalismo fiscal*, Ariel Economía, pp. 141-146; y J. Solé Vilanova (1989), "La financiación de las CCAA en el periodo 1987-1991", en N. Bosch *et al.*, *Las finanzas de las CCAA. La experiencia de Cataluña*, Instituto de Estudios Autonómicos, Generalitat de Cataluña, pp. 135-188.

3.1.2. La participación en la cuota líquida del IRPF

El acuerdo del 20 de enero de 1992 sobre el sistema de financiación autonómica en el periodo 1992-1996 creó un grupo de trabajo para el estudio del incremento de la corresponsabilidad de las CCAA. El resultado fue que en 1993 el Consejo de Política Fiscal y Financiera aprobó el establecimiento de un nuevo ingreso para las CCAA: una participación del 15% en la cuota líquida del IRPF recaudada en cada Comunidad, quedando la participación en los tributos estatales rebajada por el importe de la participación. Así pues, en 1996 el peso de la participación en el IRPF dentro de los ingresos no financieros de las CCAA era del 8,81% y el de la PIE bajó hasta el 18,74% (Cuadro 1).

El establecimiento de la participación en el IRPF, si bien no significó un aumento de la responsabilidad fiscal autonómica, representó un paso muy importante de cara a la descentralización a favor de las CCAA de los principales impuestos estatales que se tenía que producir más adelante.

3.1.3. Tributos cedidos

En este periodo (1987-1996) no se producen cambios en el campo de los tributos cedidos, a excepción de la cesión del impuesto sobre actos jurídicos documentados. Esta cesión venía contemplada en el acuerdo de financiación para el quinquenio 1987-1991, especificándose que entraría en vigor el año 1988. La cesión significó una disminución en la participación en los ingresos del Estado que recibían las CCAA, puesto que se tenía que deducir el rendimiento de este impuesto del importe de la participación.

El Cuadro 1 muestra el peso específico de los tributos cedidos en 1991 y 1996, siendo del 14,13% y del 10,65%, respectivamente.

3.1.4. Tributos propios

En el campo de la imposición propia, cabe destacar dos tipos de figuras impositivas. En primer lugar, las vinculadas al juego y, en particular, el impuesto sobre el juego del bingo que en 1996 ya es aplicado por nueve CCAA. Y, en segundo lugar, los cánones de saneamiento del agua, que dentro de los tributos propios suelen constituir la fuente principal de ingresos. Asimismo, resulta destacable el impuesto sobre la contaminación atmosférica de Galicia, aprobado en 1995, porque posteriormente otras CCAA (en concreto, Castilla-La Mancha y Andalucía) se inspirarán en él para introducir impuestos similares. A pesar de todo, el peso de los tributos propios es muy pequeño, ligeramente por encima del 1% en los dos periodos considerados.

3.1.5. La reforma del FCI

En este periodo debe destacarse también que en 1990 se reformó el FCI (Ley 29/1990, de 26 de septiembre). El objetivo de la reforma era, por una parte, destinar el

FCI únicamente a finalidades de desarrollo regional y, por otra parte, corregir el efecto de algunas variables utilizadas en su distribución, que provocaban la desviación de recursos hacia los territorios más desarrollados.

Con la nueva regulación del FCI no todas las CCAA son beneficiarias, sino sólo las que se sitúan por debajo del 75% de la media del valor añadido bruto por habitante de la Unión Europea, coincidiendo por tanto con las Comunidades más beneficiadas de los fondos estructurales europeos (regiones objetivo 1). Asimismo, la reforma crea un fondo transitorio (denominado de compensación transitoria) para la financiación de los servicios transferidos hasta llegar a la reforma del sistema de financiación el año 1992, cuando estos recursos quedaron integrados en la PIE, tal y como se ha expuesto.

3.1.6. La financiación de la sanidad

El Consejo de Política Fiscal y Financiera acordó en 1992 constituir un grupo de trabajo para reformar la financiación de la sanidad. Finalmente, en septiembre de 1994 el Consejo acordó la aplicación de un nuevo modelo de financiación de los servicios sanitarios con vigencia para el periodo 1994-1997. A partir de esta reforma, se calcula un fondo sanitario que corresponde al gasto efectivo de 1993 actualizado según la variación del PIB. Cada Comunidad Autónoma participa en este fondo según la población, que se irá aproximando a la población protegida, una vez deducida la población asistida por mutualidades. Finalmente, se introduce una garantía de mínimos, en el sentido que las cantidades otorgadas a las CCAA serán revisadas al alza, en el supuesto de que el gasto directo del INSALUD evolucionara más rápidamente que el PIB.

En los dos periodos considerados, 1987-1991 y 1992-1996, la subvención de la seguridad social para la financiación de la sanidad y los servicios sociales traspasados constituye la primera partida de ingresos de las CCAA (Cuadro 1). En 1991, además de Andalucía y Cataluña ya tenían también los servicios sanitarios traspasados Galicia y la Comunidad Valenciana. En 1996 hay que añadir, a su vez, a Canarias.

3.2. Valoración

El acuerdo de 1986, que establecía el sistema de financiación definitivo, fue una continuación del sistema anterior al tomar como punto de partida el coste efectivo de los servicios traspasados. Las variables de la PIE están pensadas para replicar el coste efectivo de cada Comunidad Autónoma. En el periodo 1992-1996, ya hemos dicho que la PIE no experimentó grandes cambios.

Así pues, constatamos que el mantenimiento del "statu quo" es una práctica que ha tenido lugar en todas las revisiones del sistema. Las únicas variaciones vienen dadas por el reparto de los recursos que el Estado aporta adicionalmente en cada revisión. Esto provoca que sólo cambie marginalmente la estructura del sistema.

En estos años se mantiene un reducido grado de autonomía fiscal, puesto que la financiación se hace pivotar sobre la PIE. El peso de las subvenciones totales representa el 78,42% del total de ingresos no financieros en 1991 y el 72,28% en 1996. Por lo tanto, se constata un elevado grado de dependencia financiera de la administración central.

Tampoco hay un criterio explícito de equidad o solidaridad interterritorial. Ya hemos comentado que la redistribución de recursos se realiza a partir de unas variables que no responden a criterios estrictamente económicos, sino que muchas veces responden a criterios políticos.

El aspecto más relevante del periodo fue la introducción en 1994 de la participación en la cuota líquida del IRPF. Este fue un primer paso para la descentralización posterior que ha habido de este impuesto y de otros.

4. La financiación de las CCAA en el quinquenio 1997-2001

4.1. La estructura de ingresos

El 23 de septiembre de 1996 se aprobaron, en el seno del Consejo de Política Fiscal y Financiera, las reglas que tenían que caracterizar el sistema de financiación autonómica en el quinquenio 1997-2001[7].

El cambio probablemente más importante de la reforma es el que se produce en el IRPF, que pasa a ser un tributo parcialmente cedido a las CCAA. La tarifa del IRPF estatal se desdobla en dos tramos: el de tributación general y el de tributación complementaria, el peso relativo de los cuales es, respectivamente, del 70% y 30%, atribuyéndose el rendimiento de la tarifa complementaria a las CCAA. En un primer momento, y hasta que se completaran los traspasos en materia educativa en todas las CCAA, la tarifa autonómica se sitúa en el 15%, aunque en realidad el 30% no se llegó a aplicar. Las CCAA perciben, además, el otro 15% como participación directa en la cuota del IRPF, tal y como venían haciendo.

La inserción de esta cesión en el sistema de financiación autonómica significa que en el momento inicial (se toma como año base 1996) se reduce la participación en los tributos del Estado por un importe equivalente al rendimiento imputable al 15% del IRPF correspondiente a la tarifa complementaria del IRPF en el año base.

Además de esta cesión de parte del IRPF a las CCAA, se les atribuye competencias normativas sobre determinados elementos del impuesto. Así, las CCAA tienen un margen máximo y mínimo del 20% para incrementar o reducir la tarifa

7. Para un análisis detallado de este acuerdo y de sus implicaciones financieras, véase N. Bosch y A. Castells (1997), "La reforma del sistema de finançament autonòmic: implicacions financeres", en *Informe Pi i Sunyer sobre CCAA 1995-1996*, Fundació Carles Pi i Sunyer d'Estudis Autonòmics i Locals, pp. 1069-1094.

complementaria del IRPF. Asimismo, podrán regular deducciones por circunstancias personales y familiares, por inversiones no empresariales y por aplicación de renta.

En relación con los otros tributos ya cedidos, el acuerdo de 1996 sobre financiación autonómica atribuye también por primera vez a las CCAA ciertas competencias normativas (como, por ejemplo, regular el mínimo exento o la tarifa).

Como consecuencia de la cesión parcial del IRPF, el peso de los tributos cedidos aumenta notablemente en este periodo (Cuadro 1). En 2001 los tributos cedidos representaban el 19,80% de los recursos no financieros de las CCAA, y sólo el tramo autonómico del IRPF ya significaba el 7,19%. Además, había la participación en la cuota líquida del IRPF, con un peso del 5,84%. Este cambio de estructura en los ingresos autonómicos provoca que el peso de la PIE baje al 11,92% de los ingresos no financieros del conjunto de las CCAA.

Otras medidas del acuerdo sobre el sistema de financiación para el periodo 1997-2001 se refieren a la participación en los tributos del Estado y a la creación de un fondo de garantía.

Respecto a la participación, el nuevo acuerdo varía los criterios de actualización anual de la participación en los tributos del Estado. El índice de evolución pasa a ser único, siendo la variación experimentada por los ingresos de los tributos no cedibles (ITAE).

Asimismo, para corregir posibles distorsiones financieras que pudieran producirse entre las CCAA por el nuevo sistema de financiación, se establece un fondo de garantía. Una parte de este fondo iba dirigido a garantizar el crecimiento de los recursos del IRPF cedido. Esto se tradujo en garantizar que el crecimiento de este impuesto cedido fuera el PIB nominal, puesto que se observaba que la evolución de su recaudación iba por debajo de esta magnitud.

Con respecto a la financiación de la sanidad, finalizado el periodo de vigencia del acuerdo anterior sobre la financiación de la sanidad, el Consejo de Política Fiscal y Financiera aprobó, el 27 de noviembre de 1997, un nuevo sistema de financiación sanitaria para aplicar en el periodo 1998-2001.

El nuevo acuerdo mantiene básicamente los principales criterios del anterior, si bien se crea un segundo fondo de financiación sanitaria de carácter específico. Así, por una parte, hay el fondo general destinado a la financiación de la asistencia sanitaria general, que puede considerarse el continuador del anterior sistema de financiación sanitaria, y que se reparte de acuerdo con la población protegida con datos actualizados del padrón de 1996. Y, por otra parte, se crea el fondo específico con una triple finalidad: garantizar una financiación mínima a las CCAA que pierden población, cubrir las necesidades financieras correspondientes a la docencia e investigación médica y compensar a las CCAA por la asistencia hospitalaria prestada a no residentes.

El último aspecto a mencionar durante este periodo es la aprobación por parte de las CCAA de tributos propios de naturaleza diversa, aunque siempre con un peso recaudatorio reducido. Así, por ejemplo, cabe destacar el impuesto de Castilla-La

Mancha sobre las actividades que inciden sobre el medio ambiente, que grava las emisiones de gases contaminantes (azufre y nitrógeno) y la producción termonuclear de energía y el almacenaje de residuos radioactivos. O, en Cataluña dos nuevos impuestos propios: el impuesto de protección civil, que recae sobre los titulares de elementos patrimoniales afectos a actividades de riesgo que la normativa se encarga de regular (instalaciones destinadas al transporte de sustancias peligrosas, las centrales nucleares, etc.), y el impuesto sobre grandes establecimientos comerciales, que grava la capacidad económica singular de determinados establecimientos comerciales situados en superficies superiores a 2.500 m^2.

4.2. Valoración

El aspecto más positivo de este periodo es el aumento de responsabilidad fiscal que se produce con la cesión de un tramo del IRPF con capacidad normativa y el otorgamiento también de capacidad normativa sobre el resto de tributos cedidos. Sin embargo, cabe decir que la garantía establecida en el IRPF (se garantizaba que su crecimiento fuese como mínimo el del PIB nominal) supuso un impedimento a la asunción real de responsabilidad fiscal por parte de las CCAA, puesto que recibieron la cesión del IRPF sin asumir los riesgos recaudatorios.

Respecto a las otras deficiencias del sistema de financiación descritas para los años anteriores, se mantienen, destacando la persistencia de la falta de un criterio explícito de equidad o solidaridad interterritorial, si bien la población se configura como el más importante.

5. La financiación de las CCAA a partir del 2002

5.1. Determinación de las necesidades de gasto autonómicas

El acuerdo del Consejo de Política Fiscal y Financiera de 27 de julio de 2001 establece las bases del sistema de financiación de las CCAA de régimen común a partir del año 2002. El sistema de financiación de este acuerdo se ha querido presentar como definitivo, razón por la cual se le dio rango de ley (Ley 21/2001, de 27 de diciembre, reguladora de las medidas fiscales y administrativas del nuevo sistema de financiación de las CCAA de régimen común y Ciudades con Estatuto de Autonomía).

El primer paso que da el nuevo acuerdo es establecer los recursos que tienen que recibir las CCAA, determinando sus necesidades de gasto. Se establecen tres áreas de gasto: competencias comunes (para simplificar podemos decir que incluyen todas las competencias, menos las sanitarias y las de servicios sociales), competencias sanitarias y competencias en servicios sociales. Cogiendo como año base de cálculo 1999, a cada bloque de competencias se le asignan unos recursos, resultantes de agregar la financiación que para cada bloque tenía cada Comunidad Autónoma en el año base del sistema anterior. La suma de los tres bloques representa el volumen total de recursos garantizados por el sistema, puesto que se garantiza que cada Comunidad Autónoma reciba, como mínimo, una cuantía de financiación igual a la que recibía en el sistema anterior.

Los recursos destinados al bloque de competencias comunes se dividen en tres fondos: fondo general, fondo para corregir la escasa densidad de población y el fondo de renta relativa. El fondo general, una vez descontados 39,66 millones de euros para cada Comunidad en concepto de gastos de funcionamiento de las instituciones autonómicas, se distribuye entre ellas en función de la población (94%), la superficie (4,2%), la dispersión de la población (1,2%) y la insularidad (0,6%). El fondo para corregir la escasa densidad de población (dotado con 48,08 millones de euros), que pretende compensar los mayores costes de provisión de los servicios públicos de territorios escasamente poblados, se reparte entre las Comunidades con una densidad de población inferior a 27 hab/km2, siempre y cuando tengan una superficie inferior a 50.000 km2. Finalmente, el fondo de renta relativa (dotado con 150,3 millones de euros) se destina a aquellas CCAA con una renta per cápita inferior a la media. Las Comunidades que por el reparto de los recursos anteriores recibieran una cifra inferior a la que venían percibiendo por estas competencias en el año base, se les concede la denominada garantía de mínimos por el valor de la diferencia. Con todo, una vez determinadas las necesidades de financiación de cada Comunidad por competencias comunes, se aplican una serie de reglas de modulación que establecen un valor máximo y uno mínimo al crecimiento de la financiación respecto al año base, con objeto de evitar desviaciones importantes entre CCAA.

Por lo que se refiere al bloque de competencias sanitarias, sus recursos se reparten entre las CCAA mediante dos fondos: el fondo general para financiar la sanidad y el fondo de ahorro de incapacidad temporal. El primero se distribuye en función de la población protegida (75%), la población mayor de 65 años (24,5%) y la insularidad (0,5%). El segundo, dotado con 240,4 millones de euros se reparte entre las CCAA en función de la población protegida. Su objetivo es financiar la adopción de programas y medidas dirigidas al control del gasto por incapacidad temporal y a la mejora de la gestión de los servicios sanitarios por esta contingencia. A los recursos obtenidos para cada Comunidad por estos dos fondos, se debe añadir la correspondiente garantía de mínimos, cuando estos recursos sean inferiores a los que venía disponiendo, y los ingresos procedentes del fondo de cohesión sanitaria. Este fondo adicional tiene por finalidad garantizar la igualdad en el acceso a los servicios sanitarios públicos en todo el territorio nacional (sustituye al fondo de desplazados vigente en el anterior acuerdo).

Finalmente, los recursos correspondientes al bloque de servicios sociales se distribuyen entre las CCAA en función de la población mayor de 65 años. En este caso, también el sistema garantiza como mínimo un volumen de recursos igual al que las CCAA venían percibiendo en el año base.

Así pues, las necesidades de gasto de cada Comunidad son la suma de las necesidades de gasto calculadas por competencias comunes, por competencias sanitarias y por competencias en servicios sociales.

5.2. Recursos

Para cubrir las necesidades de gasto estimadas, el nuevo acuerdo establece los siguientes recursos financieros para las CCAA:

5.2.1. Tributos

Se ceden las siguientes participaciones impositivas: 33% del IRPF; 35% del IVA; 40% de los impuestos sobre cerveza, vino y bebidas fermentadas, productos intermedios, alcohol y bebidas derivadas, hidrocarburos y labores del tabaco; 100% del impuesto sobre electricidad; y 100% del impuesto sobre determinados medios de transporte. El sistema de participación territorial en los rendimientos de estos impuestos difiere entre ellos. En el IRPF, la tarifa se desdobla en dos: la estatal (el 67%) y la autonómica (33%)[8]. Las CCAA tienen plena libertad para modificar la tarifa general cedida, pero con la restricción de mantener la tarifa progresiva con idéntico número de tramos que la del Estado. Asimismo, de la cuota autonómica resultante se permiten deducciones por circunstancias personales y familiares, por vivienda y por inversiones no empresariales[9]. En el caso del IVA y los impuestos especiales, como la recaudación territorial no coincide con los rendimientos generados en el territorio, la territorialización se hace utilizando indicadores de consumo. Cabe decir, sin embargo, que sobre estos impuestos no se cede ninguna competencia normativa, y que hay poca precisión en los índices de consumo utilizados.

Junto a los impuestos mencionados hay los tributos cedidos tradicionales. La capacidad normativa sobre los anteriores impuestos se amplió en el acuerdo de 2001, siendo en algunos de ellos muy amplia.

Finalmente, se creó un nuevo tributo, el impuesto sobre ventas minoristas de determinados hidrocarburos, de carácter finalista, el rendimiento del cual se cede íntegramente a las CCAA y se afecta a la financiación del gasto sanitario. Conjuntamente con el tipo de gravamen estatal, las CCAA pueden aplicar otro tipo de gravamen dentro de unos márgenes, cuyo rendimiento podrá también destinarse a finalidades medioambientales y sanitarias. Hasta 2004, solamente cuatro Comunidades (Madrid, Asturias y Galicia, y Cataluña, por este orden) han aprobado tipos impositivos autonómicos adicionales.

8. En realidad, con la reforma del IRPF de 2003, la tarifa general autonómica tiene para algunos tramos un peso superior al 33% al asumir el Estado el coste de la reducción del impuesto.

9. Con esta amplicación de la cesión de una parte del IRPF, desaparece la participación en la cuota líquida existente hasta entonces.

5.2.2. Subvenciones

Debe mencionarse el Fondo de Ahorro en Incapacidad Temporal y el Fondo de Suficiencia. El primero ya ha sido definido anteriormente. El Fondo de Suficiencia es una subvención incondicionada procedente del Estado que sustituye a la Participación en los Ingresos Generales del Estado (PIE). Esta subvención es de cierre del sistema, pues viene determinada por la diferencia entre las necesidades de gasto estimadas para cada Comunidad Autónoma y los recursos procedentes de las fuentes anteriormente mencionadas (tributos más el Fondo de Ahorro en Incapacidad Temporal). La cantidad a percibir por el Fondo de Suficiencia en cada ejercicio se calcula actualizando la cuantía del fondo en el año base con la tasa de variación de los Ingresos Tributarios del Estado (ITE).

5.2.3. Estructura de ingresos

La última reforma de la financiación autonómica, con la incorporación de importantes figuras impositivas a la cesta de tributos cedidos, supone lógicamente un cambio sustancial en la estructura de ingresos de las CCAA. El conjunto de tributos cedidos pasa a ser la partida más importante, representando casi la mitad de sus ingresos, el 48,81 en 2002 (Cuadro 1). El peso del tramo autonómico del IRPF aumenta hasta el 16,25%, la participación en el IVA se sitúa en el 14,48%, la participación en los impuestos especiales gestionados por la Agencia Tributaria en el 7,70%, mientras que el resto de tributos cedidos representa el 10,39%.

En correspondencia al aumento de los tributos cedidos, el peso conjunto de las subvenciones cae significativamente, situándose en el 47,18% del total de ingresos, ligeramente por debajo del peso total de los tributos cedidos. La participación de las Comunidades en los ingresos del Estado (denominada ahora Fondo de Suficiencia) representa el 25,36% del total de ingresos, las otras subvenciones, el 11,71%, y las subvenciones de la UE, el 9,15%. Por lo tanto, la dependencia financiera general de las CCAA respecto al Estado baja notablemente, por la cesión de nuevos tributos y por la desaparición de las transferencias condicionadas para la financiación de la sanidad y los servicios sociales. Con el sistema actual, la sanidad y los servicios sociales se financian mediante los recursos generales, algo posible ahora por el traspaso de las competencias sanitarias a las Comunidades que aún no las disponían. De este modo, la atribución competencial de las CCAA queda en una posición mucho más homogénea.

5.3. Subvenciones de nivelación

El acuerdo de 2001 prevé el establecimiento de las subvenciones de nivelación previstas en la LOFCA[10]. Según el acuerdo, el objetivo de estas subvenciones es garan-

10. Estas subvenciones se prevén en el art. 15 de la LOFCA. Hasta el acuerdo de 2001 no habían sido recogidas en ninguno de los otros acuerdos.

tizar un nivel mínimo en la prestación de los servicios públicos fundamentales en todo el territorio nacional. Los servicios definidos como fundamentales son sanidad y educación. Así, cuando se produzca una desviación de más de tres puntos respeto a la media nacional en el número de alumnos de educación obligatoria y/o población protegida de una Comunidad Autónoma, se analizarán las causas y posibles soluciones, de forma que examinada en su conjunto la financiación de la Comunidad Autónoma, se determine la conveniencia o no de que ésta participe en dicha subvenciones de nivelación.

5.4. Garantía de mínimos

El nuevo acuerdo de financiación no establece ningún sistema general de garantía que haga referencia a la suficiencia dinámica autonómica. La única garantía existente se refiere a los servicios sanitarios. El Estado garantiza durante los tres primeros años de vigencia del sistema de financiación que los recursos destinados a sanidad tengan un índice de evolución igual al PIB nominal a precios de mercado.

5.5. Valoración

El nuevo sistema de financiación de las CCAA a partir del 2002 presenta dos novedades positivas a destacar. En primer lugar, el aumento de responsabilidad fiscal que se da mediante el IRPF y los otros impuestos cedidos tradicionales. Asimismo, si bien sobre los impuestos indirectos cedidos prácticamente no se tienen competencias normativas, la cesta de impuestos permite que los ingresos de cada Comunidad Autónoma estén más vinculados a los impuestos pagados por sus ciudadanos y menos a las transferencias del Estado. En segundo lugar, disminuye considerablemente el peso de las transferencias, debido a que la sanidad y los servicios sociales pasan a financiarse con los recursos generales.

En cambio, la distribución de recursos entre las CCAA del nuevo sistema de financiación es compleja con muchas reglas de modulación, que encubren acuerdos políticos sobre cantidades pactadas[11] y que pretenden el mantenimiento del "statu quo". Además, si bien en el sistema de financiación vigente la población es el criterio básico para el reparto de los recursos de carácter general entre las CCAA, se constatan importantes diferencias entre los recursos per cápita de las mismas que no vienen justificadas por razones económicas o de equidad interterritorial, sino que responden a criterios arbitrarios y a que las diversas revisiones del sistema de financiación han intentado siempre garantizar el "statu quo". Este es un problema que se ha puesto de relieve a lo largo del trabajo varias veces y se ha ido arrastrando a lo largo del tiempo.

El Cuadro 2 ilustra este hecho al mostrar la posición relativa de las diferentes CCAA en los recursos incondicionales per cápita (Fondo de Suficiencia, tributos cedidos

11. Véase C. Monasterio (2002), "El sistema de financiación autonómica 2002", en J. Salinas (dir.), *El nuevo modelo de financiación autonómica* (2002), Instituto de Estudios Fiscales, Madrid, pp. 15-59.

Cuadro 2. Posición relativa de las diferentes CCAA en los recursos incondicionados

	Recursos incondicionados per cápita(1), 2002 (índice sobre la media igual a 100)	*PIBpm per cápita, 2002 (índice sobre la media igual a 100)*
Cataluña	97	119
Galicia	111	84
Andalucía	100	78
Asturias	111	89
Cantabria	115	100
La Rioja	119	113
Murcia	92	84
Valencia	92	95
Aragón	113	110
Castilla-La Mancha	109	83
Canarias	98	95
Extremadura	121	70
Baleares	86	116
Madrid	88	133
Castilla-León	116	96
Total	100	100

(1) Incluye: el Fondo de Suficiencia, los tributos cedidos normativos y las tasas normativas. No se tienen en cuenta las competencias específicas de cada comunidad.

Fuente: Financiación de las CCAA por los impuestos cedidos, fondo de suficiencia y garantías de financiación de los servicios de asistencia sanitaria, en el año 2002 y liquidación definitiva de dicho ejercicio, Ministerio de Economía y Hacienda, Madrid, julio de 2004; e INE para el PIB.

normativos y tasas normativas, no teniendo en cuenta las competencias específicas de cada comunidad), ofreciendo los datos mediante un índice en relación con la media igual a 100. Baleares se sitúa en último lugar, con un índice de 86, seguido de Madrid, Murcia, y Valencia, mientras que Extremadura se sitúan en primer lugar, con un índice de 121.

Finalmente, otro aspecto negativo del nuevo acuerdo de financiación es que el sistema no prevé mecanismos periódicos de revisión del modelo, para actualizar y ajustar las diferentes variables que intervienen y evitar que produzcan situaciones de desequilibrios financieros. Hasta dicho acuerdo estas revisiones se habían ido realizando quinquenalmente.

6. Perspectivas de reforma

Tras el análisis realizado es evidente que el actual sistema de financiación del conjunto de CCAA de régimen común padece de defectos, que en un futuro próximo se tendrán que resolver. La reforma del sistema de financiación autonómico tendría que dirigirse a dos grandes áreas: el de la autonomía financiera y la responsabilidad fiscal, por un lado, y el de la equidad y solidaridad interterritorial, por otro. A continuación se describen las grandes líneas posibles a seguir en estos campos.

6.1. En el campo de la autonomía financiera y la responsabilidad fiscal

Con respecto al campo de la responsabilidad fiscal, parece claro que cualquier futura reforma tendría que ir en la línea de aumentar la capacidad normativa de las CCAA en los tributos cedidos. Si bien ello parece difícil en los impuestos indirectos armonizados en el ámbito de la Unión Europea (en especial, IVA e impuestos especiales), sí resulta posible sin mayor dificultad en los otros impuestos cedidos, sobre todo en el IRPF. En cuanto a los primeros, pueden existir otras vías posibles aún no suficientemente exploradas, que incluso trascienden la vía fiscal, para que las CCAA puedan ejercer su responsabilidad fiscal sobre estos impuestos. Ello pasaría por reforzar el papel del Senado como cámara de representación territorial, en la línea del Bundesrat en Alemania. De esta manera, las CCAA tendrían un papel decisivo en todas aquellas materias que pudiesen afectar a su financiación, entre otras. Son vías a tener en cuenta y que sin duda requieren un mayor estudio en el futuro.

Por otra parte, la ampliación de la cesta de impuestos con el impuesto de sociedades también nos parece otra vía a considerar, igual que el aumento del porcentaje de participación en los impuestos parcialmente cedidos.

Por último, parece aconsejable aumentar el poder de las CCAA en la gestión y control de los tributos estatales cedidos a las mismas, mediante, por ejemplo, el desarrollo de formas de gestión consorciadas, ya que la gestión también debe entenderse como un aspecto de la responsabilidad fiscal.

6.2. En el campo de la equidad y solidaridad interterritorial

Se ha dicho reiteradamente a lo largo de este trabajo, que en el caso del sistema de financiación autonómica no hay un criterio explícito de equidad, produciéndose importantes diferencias entre las CCAA en los recursos per cápita que no responden a criterios que se puedan justificar desde el punto de vista económico o de la equidad interterritorial. Por lo tanto, debería establecerse un sistema de nivelación entre las CCAA que hiciera explícitos los flujos de recursos destinados a la solidaridad y que respondiera a un criterio de equidad aceptado social y políticamente.

El análisis del sistema comparado puede ser de interés para esta cuestión[12]. A continuación se describen dos sistemas de nivelación, el de Canadá y el de Alemania, y cuál sería su resultado si se aplicaran a las CCAA españolas[13].

12. Para la descripción de diferentes sistemas de nivelación en varios países, véase A. Castells (dir.), P. Sorribas y M. Vilalta (2005), *Las subvenciones de nivelación en la financiación de las CCAA*, Universitat de Barcelona - IEF, Barcelona, cap. 1.

13. Para un análisis más detallado véase A. Herrero y A. Utrilla (2003), "La viabilidad de los sistemas de nivelación en la financiación regional. Una aplicación para España de los modelos alemán y canadiense", ponencia presentada en el *X Encuentro de Economía Pública*, Santa Cruz de Tenerife.

6.2.1. Nivelación en las provincias de Canadá

En el caso de Canadá sólo reciben las subvenciones niveladoras las provincias con una capacidad fiscal por debajo de un estándar, con el objetivo de aumentar sus ingresos hasta este estándar. Por lo tanto, las provincias que están por encima del nivel estándar no reciben recursos ni pagan.

El cálculo del nivel estándar se hace a partir de cinco provincias: Québec, Ontario, Manibota, Saskatchewan y British Columbia.

De hecho, el sistema de nivelación canadiense asume que a igualdad de recursos por habitante, todas las provincias tendrán posibilidad de suministrar el mismo nivel de servicios haciendo el mismo esfuerzo fiscal.

El Cuadro 3 muestra los resultados de aplicar el sistema de nivelación canadiense a las CCAA españolas. En este caso se ha cogido como nivel estándar la media del conjunto de CCAA de régimen común. Las CCAA situadas por debajo del nivel estándar lo alcanzarían después de aplicar el sistema de nivelación. Las situadas por encima mantendrían la misma posición después de la nivelación. Este sistema de nivelación ofrece, por tanto, unos resultados muy diferentes a los obtenidos bajo el actual sistema de financiación autonómica, según se observa en el Cuadro 3.

Cuadro 3. Aplicación del sistema de nivelación de las provincias canadienses a las CCAA

	Posición inicial	*Posición final*	*Posición actual*
Andalucía	73	100	100
Aragón	110	110	113
Asturias	90	100	111
Baleares	168	168	86
Canarias	84	100	98
Cantabria	99	100	115
Castilla-León	91	100	116
Castilla-La Mancha	75	100	109
Cataluña	126	126	97
Comunidad Valenciana	99	100	92
Extremadura	60	100	121
Galicia	77	100	111
Madrid	140	140	88
Murcia	80	100	92
La Rioja	114	114	119
Total	100	100	100

Fuente: A. Herrero y A. Utrilla (2003), "La viabilidad de los sistemas de nivelación en la financiación regional. Una aplicación para España de los modelos alemán y canadiense", ponencia presentada en el *X Encuentro de Economía Pública*, Santa Cruz de Tenerife.

6.2.2. Nivelación en los Länder alemanes

El sistema de subvenciones de nivelación alemán es horizontal: los Länder ricos ceden recursos a los pobres. El sistema reparte los recursos en proporción inversa a la capacidad fiscal de cada Land. La población se ajusta por la densidad y el tamaño de los municipios.

Es relevante destacar la sentencia que el tribunal constitucional dictó en 1999, según la cual el sistema de nivelación tiene que reducir las diferencias de capacidad fiscal, pero no invertirlas, provocando que tras la aplicación del sistema de subvenciones de nivelación los Länder más ricos tengan menos recursos que los Länder más pobres[14].

La nivelación que hace el sistema no es perfecta. Si la capacidad fiscal del Land es inferior al 92% de la media, la subvención de nivelación eleva los recursos del Land hasta este porcentaje. Si la capacidad fiscal del Land se sitúa entre el 92% y la media, la subvención de nivelación a percibir será del 37,5% de esta diferencia y si está entre la media y el 101%, tendrá que hacer un pago por el valor del 15% del exceso. Si la capacidad fiscal está entre el 101% y el 110% de la media, el pago a realizar será del 66% de esta distancia, mientras que si la capacidad fiscal supera el 110% de la media, el pago será del 80% de este exceso[15].

El Cuadro 4 muestra los resultados de aplicar el sistema de nivelación alemán al caso de las CCAA. Según el cálculo de la capacidad fiscal del sistema de nivelación alemán, el índice para las diferentes CCAA varía, aumentando el de las situadas inicialmente con un valor menor y disminuyendo a su vez el de las Comunidades con valores iniciales mayores, pero en cambio ninguna ve alterada su posición en el ranking entre Comunidades.

6.2.3. Reflexión final

Del análisis de los sistemas de nivelación de los países analizados se desprende que el cumplimiento del principio de equidad interterritorial se tiene que hacer mediante un buen sistema de subvenciones de nivelación que garantice que, a igualdad de competencias, las CCAA han de estar en condiciones de prestar un nivel similar de servicios, si así lo desean, siempre y cuando realicen un esfuerzo fiscal similar.

Ahora bien, una cuestión esencial a la hora de diseñar un buen sistema de subvenciones de nivelación es el propio grado de nivelación (¿igualdad de recursos por habitante o no?). Hemos visto que en los dos casos analizados, el canadiense y el alemán, la nivelación no es perfecta y, por lo tanto, no hay una igualdad de recursos por habitante, y que el grado de redistribución que implican también es diferente.

Para acabar, una última cuestión a destacar. Tenemos que ser conscientes de que el establecimiento de un buen sistema de subvenciones de nivelación y el grado de redistribución implícito no es un proceso pacífico, y que requiere de un pacto político sobre el grado de redistribución que se considere socialmente aceptable.

14. Véase *La Sentencia del Tribunal Constitucional alemán sobre la Ley de perecuación financiera*, El clip n.º 5, Instituto de Estudios Autonómicos, 2000.

15. Este escalonado a partir de 2005 ha sufrido algunos cambios para ajustarse a la sentencia del tribunal constitucional mencionada.

Cuadro 4. Aplicación del sistema de nivelación de los Länder alemanes en las CCAA

	Posición inicial		*Posición final*		*Posición actual*	
	Índice	*Ranking*	*Índice*	*Ranking*	*Índice*	*Ranking*
Andalucía	75	14	95	14	100	9
Aragón	107	5	101	5	113	5
Asturias	88	10	95	10	111	6
Baleares	127	2	106	2	86	15
Canarias	107	6	101	6	98	10
Cantabria	98	7	99	7	115	4
Castilla-León	89	9	95	9	116	3
Castilla-La Mancha	76	13	95	13	109	8
Cataluña	123	3	105	3	97	11
Comunidad Valenciana	98	8	99	8	92	13
Extremadura	65	15	95	15	121	1
Galicia	77	12	95	12	111	7
Madrid	140	1	108	1	88	14
Murcia	83	11	95	11	92	12
La Rioja	110	4	103	4	100	2
Total	100		110			

Fuente: A. Herrero y A. Utrilla (2003), "La viabilidad de los sistemas de nivelación en la financiación regional. Una aplicación para España de los modelos alemán y canadiense", ponencia presentada en el *X Encuentro de Economía Pública*, Santa Cruz de Tenerife.

SEGUNDA PARTE
POLÍTICAS TRIBUTARIAS Y ADMINISTRACIÓN TRIBUTARIA

CAPÍTULO 2
DESCENTRALIZACIÓN FISCAL Y POLÍTICA TRIBUTARIA DE LAS CCAA: UNA PRIMERA EVALUACIÓN A TRAVÉS DE LOS TIPOS IMPOSITIVOS EFECTIVOS EN EL IRPF*

JOSÉ M.ª DURÁN
ALEJANDRO ESTELLER
Universitat de Barcelona
Institut d'Economia de Barcelona (IEB)

1. Introducción

El actual sistema de financiación autonómico, vigente desde 2002, ofrece un amplio nivel de autonomía tributaria a las CCAA, el cual viene a ampliar el que ya habían logrado mediante el anterior sistema de financiación autonómico. Dada esta situación, cabe preguntarse qué uso han hecho las CCAA de ese poder y, ya más en el largo plazo, tendrá interés estudiar sus consecuencias sobre el sector público y la economía. En este Capítulo, por tanto, intentaremos responder a la primera de las dos cuestiones a partir de la realización de una revisión relativamente exhaustiva de los cambios legales llevados a cabo por parte de las CCAA, haciendo especial mención al caso del IRPF.

Si bien no es un objetivo primordial de este Capítulo, dado el extensivo tratamiento de la descentralización de las políticas impositivas por parte de la literatura del federalismo fiscal, también realizaremos un breve repaso de esta literatura. Sin duda, a la hora de prever las posibles consecuencias de la descentralización impositiva, resulta imprescindible conocer los principales resultados derivados por la literatura. De hecho, como veremos, no todos los resultados son favorables a ese tipo de descentralización. Así, los efectos negativos de la (potencial) movilidad de las bases impositivas sobre el nivel de actividad del sector público, incluyendo el grado de redistribución personal, son aspectos que deben ser tenidos en cuenta. Ahora bien, la descentralización impositiva también puede generar beneficios mediante la mejora de los procesos de rendición de cuentas, a través de la propia movilidad de los factores productivos sometidos a gravamen (Brennan y Buchanan, 1980) o bien a través de la comparación relativa de la actuación de los gobernantes por parte del electorado (Salmon, 1987).

En cualquier caso, especialmente de cara al ciudadano, para que pueda compararse el nivel relativo de presión fiscal ejercido en su jurisdicción respecto del que so-

* Los autores agradecen muy sinceramente la financiación recibida del Instituto de Estudios Fiscales para la realización de este proyecto de investigación. Igualmente, agradecen la excelente labor de apoyo a la investigación realizada por Jonathan Jorba y Adriana Sánchez.

portan sus vecinos, es imprescindible disponer de información actualizada y sintética. En otro caso, muchas veces, la compleja casuística de cambios fiscales llevados a cabo por parte de los entes subcentrales impide la plena realización de las (potenciales) ventajas que lleva aparejada la descentralización fiscal. Además, la disposición de ese tipo de medidas sintéticas también permite al analista valorar los efectos de la descentralización sobre el nivel de actividad del sector público y/o sobre el nivel de redistribución personal. Por ello, en este Capítulo, y respecto del IRPF, calcularemos un conjunto de "tipos medios efectivos", los cuales nos ayudarán a entender la importancia cuantitativa de los cambios legales llevados a cabo por parte de las CC.AA. y, si es el caso, poner de manifiesto las diferencias entre CC.AA. para un mismo tipo de contribuyente. El cálculo de "tipos medios efectivos" en el IRPF se realizará a partir de la metodología *Taxing Wages* que utiliza anualmente la OCDE para valorar la presión fiscal del factor trabajo en los diferentes países de la OCDE.

El resto del Capítulo se organiza de la siguiente manera. En el apartado 2, realizamos una revisión de la literatura del federalismo fiscal sobre la descentralización impositiva, repasando brevemente los principales argumentos que justifican esa descentralización (sección 2.1.), así como sus (potenciales) efectos sobre el tamaño del sector público (epígrafe 2.2.1), el nivel de redistribución personal (epígrafe 2.2.2) y sobre el proceso de decisión colectiva (epígrafe 2.2.3). En el apartado 3, justificamos el interés del cálculo de tipos impositivos efectivos, mencionando también sus principales aplicaciones (sección 3.1), y realizando un breve repaso de las principales metodologías de cálculo (sección 3.2). Los cambios legales introducidos por las CCAA en los impuestos cedidos se estudian en el apartado 4. Primero, analizamos la competencia normativa atribuida a las CCAA (sección 4.1), para a continuación destacar las características generales de los cambios introducidos durante el periodo 1997-2004 (sección 4.2). En concreto, se analiza el contenido de las modificaciones aprobadas (epígrafe 4.2.1), qué CCAA han adoptado estos cambios (epígrafe 4.2.2), cuándo se han ido introduciendo (epígrafe 4.2.3) y de qué color político es el gobierno que los aprueba (epígrafe 4.2.4). Las características específicas de las modificaciones aprobadas en el IRPF, que luego se considerarán para calcular los tipos medios efectivos, constituyen el contenido del apartado 5. Se hace especial mención a las deducciones en la cuota más frecuentes e importantes, a saber, por nacimiento (sección 5.1), por custodia de hijos (sección 5.2) y por adquisición y arrendamiento de la vivienda habitual (secciones 5.3 y 5.4, respectivamente). Las diferencias más significativas en los tipos medios efectivos del IRPF entre CCAA se muestran para diversos supuestos representativos en el apartado 6. Finalmente, terminamos el Capítulo con unas breves conclusiones.

2. Descentralización de la política impositiva

En este apartado, con la ayuda de la abundante literatura existente, analizaremos las razones y consecuencias de los procesos de descentralización de la política impositiva. Como veremos, este análisis nos servirá para identificar las ventajas y desventajas de asignar competencias impositivas a los gobiernos subcentrales y, de esta manera, ayudar a interpretar y/o valorar económicamente la previsible evolución de la descentralización impositiva en España.

2.1. Justificaciones de la descentralización

La literatura sobre el federalismo fiscal justifica la existencia de gobiernos subcentrales básicamente por dos motivos (véase Wellisch, 2000, para una revisión relativamente reciente de esta literatura). El primero de ellos es el conocido "Teorema de la descentralización" de Oates (1972), el cual argumenta que, en la medida en que las preferencias de los ciudadanos respecto de la provisión de bienes y servicios públicos difieran entre territorios, económicamente, la asignación Pareto-eficiente se consigue a través de descentralizar la función asignativa[1]. En otro caso, se producirían pérdidas de bienestar en la medida en que este Teorema presupone que un Estado centralista sólo es capaz de proveer un nivel uniforme de bienes y servicios públicos a lo largo de todo el territorio. El segundo argumento en favor de la descentralización –sobre el cual volveremos más adelante en el epígrafe 2.2.3.– se debe a Tiebout (1956), el cual razona que el hecho de que los ciudadanos puedan moverse libremente a lo largo de todo el territorio permite indirectamente a los políticos inferir las preferencias de la ciudadanía sobre la actividad del sector público ("voto con los pies"). Bajo unos supuestos muy restrictivos (entre otros, nulos costes de movilidad, existencia de un elevado número de gobiernos subcentrales, inexistencia de economías de escala y presencia exclusiva de impuestos no distorsionantes), la distribución de ciudadanos-votantes por territorios de acuerdo con su "menú" preferido (nivel y características de gasto público + presión fiscal) constituye una asignación eficiente, de forma análoga a la que pueda garantizar un mercado de bienes privados de competencia perfecta, con multitud de oferentes e información perfecta.

Respecto de la argumentación de Tiebout (1956), no hay duda de que para que ésta funcione, debe descentralizarse la política impositiva junto con la función asignativa. Ahora bien, respecto del "Teorema de la descentralización" de Oates (1972), en principio, la recomendación que se ofrece es simplemente descentralizar la función asignativa. Pero, en ese caso, si no se descentraliza simultáneamente la política impositiva, ¿sigue obteniéndose la asignación eficiente prevista? La respuesta a esta pregunta es ambigua. Como veremos, la propia descentralización de la política impositiva puede generar ineficiencias debido a la movilidad de las bases impositivas gravadas. Así que, si descentralizamos ambas políticas, la eficiencia que obtengamos a raíz del respeto de la diversidad de preferencias puede verse más que compensada por la (potencial) ineficiencia de las políticas impositivas al nivel subcentral (véase Brueckner, 2004, para un análisis de simulación de ambos efectos contrapuestos). Sin embargo, en la medida en que no se descentralicen ambas políticas, el ámbito de los beneficiarios de la provisión

1. Es decir, la decisión sobre la composición y nivel de gasto público.

de bienes y servicios públicos dentro de cada territorio no coincidirá exactamente con los que la financian (a través de transferencias intergubernamentales, es decir, la totalidad de la población del Estado o federación). En ese caso, la falta de correspondencia entre las fuentes de ingreso y de gasto puede generar un incentivo a gastar demasiado por parte de los gobiernos subcentrales (véase Olson, 1969, que fue quién argumentó esta posibilidad a través del denominado principio de "equivalencia fiscal"). Así, en consecuencia, si no se descentralizan ambas funciones, la eficiencia alcanzada por el respeto de la diversidad de preferencias también puede verse más que mitigada por el excesivo nivel de gasto público debido a la falta de "responsabilidad fiscal".

Obviamente, dada la ambigüedad identificada, la mejor solución posible sería descentralizar la función asignativa (respecto de aquellos bienes y servicios públicos para los cuales las preferencias sean diversas entre territorios) junto con una política impositiva que consistiera exclusivamente en el gravamen de bases impositivas inmóviles al nivel subcentral[2]. Sin embargo, frente a la relativa escasez de fuentes impositivas inmóviles, la usualmente importante descentralización del gasto provoca que muchas veces tal solución sea imposible. Por ello, en la próxima sección, conviene repasar las causas, condicionantes y efectos de la (potencial) ineficiencia derivada de la descentralización impositiva.

2.2. Efectos de la descentralización de la política impositiva

En esta sección, analizaremos tres efectos de la descentralización de la política impositiva, ampliamente tratados por la literatura, especialmente los dos primeros. En concreto, analizaremos su previsible impacto sobre el tamaño del sector público, sobre la redistribución personal de la renta y sobre el proceso de decisión colectiva. En principio, la literatura del federalismo fiscal evalúa negativamente los efectos provocados sobre el tamaño del sector público y sobre el nivel de redistribución, mientras que los efectos generados sobre el proceso de decisión colectiva se consideran generalmente positivos. Sin embargo, tales resultados no son del todo concluyentes y, en todo caso, dependen de la naturaleza de la función objetivo que persiguen los gobernantes y del grado de movilidad de los factores productivos en el nivel subcentral, por lo cual vale la pena realizar una somera revisión de los pros y contras de la descentralización de la política impositiva.

2.2.1. Sobre el tamaño del sector público

El primer efecto que analizaremos respecto de la descentralización de la política impositiva se refiere al tamaño del sector público. El razonamiento que hay detrás

2. Como veremos, este resultado deberá ser posteriormente matizado en la medida en que consideremos que, en parte o totalmente, los gobiernos no siempre diseñan sus políticas en función de la maximización del bienestar social, sino con el objetivo de maximizar la recaudación impositiva al objeto de apoderarse de una parte de esas rentas.

de este análisis se deriva del hecho de que las bases impositivas en el nivel subcentral se considera que son relativamente más móviles que al nivel central. En ese caso, dejando de lado los impuestos basados en el principio del beneficio, cualquier incremento de la presión fiscal establecido unilateralmente por un gobierno subcentral sobre una base impositiva móvil será totalmente inefectivo, puesto que generará una huida inmediata de bases impositivas hacia otros territorios con un menor nivel de presión fiscal. Por consiguiente, esta acción genera una "externalidad positiva" hacia el resto de territorios en la forma de un mayor nivel de recaudación. Sin embargo, dado que ningún territorio toma en cuenta ese efecto beneficioso (es decir, en términos técnicos, se supone que cada gobierno adopta un comportamiento Nash), el nivel global de presión fiscal que resulta es ineficientemente bajo respecto de aquella otra situación en que el grado de movilidad de las bases impositivas es nulo (o la política impositiva está centralizada).

En teoría, este tipo de argumentación lleva a un resultado extremo, como es la denominada "carrera hacia abajo" (*race to the bottom*, en inglés) de los tipos impositivos. Ante el peligro de huida de las bases impositivas y en espera de atraerlas, el único equilibrio estable es ése. Ahora bien, en la práctica, no se observa tal resultado[3]. La literatura ha dado varias razones para superar esa paradoja. Por ejemplo, una de ellas es el hecho de que los gobiernos subcentrales también suelen tener en su poder bases impositivas inmóviles (o con diferentes grados de movilidad), de manera que lo previsible es que opten por no gravar a las bases especialmente móviles (e.g., factor capital) y gravar, en cambio, sólo o mayormente a las (relativamente) inmóviles (e.g., factor trabajo) (Bucovetsky y Wilson, 1991). Así, el resultado inicial es matizable: el nivel global de presión fiscal puede no variar sustancialmente, pero sí hacerlo la distribución de la presión fiscal entre factores productivos/bases imponibles (véase Wilson y Wildasin, 2004, sección 5)[4]. Por su parte, la literatura sobre la nueva geografía económica también argumenta que aquellos territorios con economías de aglomeración son capaces de atraer factores productivos a pesar de tener tipos impositivos relativamente más elevados (Baldwin y Krugman, 2000). Por lo tanto, de acuerdo con esta última visión, no todos los territorios participarán en esa "carrera hacia el abajo".

En cualquier caso, independientemente de si se obtiene o no ese resultado tan extremo, sí parece claro que un cierto grado de movilidad interterritorial de las bases impositivas tiende a producir niveles de presión fiscal inferiores de los que resultarían si la movilidad fuese nula. Llegados entonces a este punto, cabe preguntarse si tal

3. Véase, por ejemplo, el trabajo de Devereux et al. (2002), el cual calcula tipos impositivos efectivos sobre el capital (en el impuesto sobre sociedades) en Europa. A través de sus cálculos, se puede observar que no se ha producido una "carrera hacia el abajo", a pesar de que es posible inferir en la última década una cierta tendencia a la baja.

4. Por ejemplo, Huizinga y Martínez-Mongay (2001) presentan evidencia empírica para la UE de que, durante el período 1970-2000, ha habido un progresivo incremento del gravamen sobre el factor trabajo respecto de los menores incrementos producidos en el caso de la imposición sobre sociedades y la imposición sobre el consumo personal.

hecho es o no bueno desde el punto de vista del bienestar global, es decir, tomando en consideración el nivel de bienestar del conjunto de territorios del Estado o de la federación. A la hora de responder a esta cuestión, existen dos visiones totalmente contrapuestas. Por un lado, hay autores (Zodrow y Mieszkowski, 1986; Wilson, 1986) que consideran que los incentivos a disminuir tipos impositivos conllevan la no realización de proyectos de gasto público valorados socialmente. Por tanto, de acuerdo con esta corriente de la literatura, que podríamos considerar como la tradicional en el sentido de que considera a los decisores públicos/gobiernos como agentes benevolentes, la descentralización de la política impositiva tiene resultados claramente negativos desde el punto de vista del bienestar social.

Por otro lado, existe otra corriente de la literatura que considera a los gobiernos como agentes decisores que, a la hora de tomar sus decisiones sobre el nivel de presión fiscal, sólo buscan maximizar la recaudación impositiva[5]. Así, consideran al sector público como un Leviatán (Brennan y Buchanan, 1980). De esta manera, dado que, con anterioridad a la descentralización, el nivel de presión fiscal resulta ineficientemente elevado, cualquier acción que restrinja los poderes del Leviatán, en este caso a través de la movilidad de las bases impositivas, incrementa el bienestar social. Fijémonos, por tanto, que para que este argumento sea efectivo, es necesario que la descentralización de la política impositiva se lleve a cabo a través de bases impositivas móviles (Hange y Wellisch, 1998), lo cual contrasta con la situación ideal anteriormente relatada al considerar al gobierno como un agente benevolente (véase también nota al pie 2)[6].

En todo caso, los razonamientos anteriormente citados ignoran el hecho de que, normalmente, la descentralización de la política impositiva implica que el gobierno central y los gobiernos subcentrales coocupen el mismo espacio fiscal. Es decir, que ambos tengan autonomía tributaria sobre una misma base impositiva. A partir de esa situación, y adoptando el supuesto de comportamiento Leviatán, Keen y Kotsogiannis (2003) obtienen que los supuestos beneficios de la descentralización de la

5. Tal tipo de caracterización del gobierno se basa en el supuesto de comportamiento maximizador del presupuesto por parte de los burócratas originalmente propuesto por Niskanen (1971). En este sentido, su aplicación al caso de los gobiernos implica que el proceso electoral no es capaz de restringir ese tipo de comportamiento, lo cual se suele justificar por el hecho de que los votantes son racionalmente ignorantes respecto de la actividad del gobierno y, por tanto, están sólo parcialmente informados de esa actividad (Downs, 1957).

6. Obviamente, en la práctica, lo más probable es que los gobiernos puedan ser caracterizados sólo parcialmente como agentes malevolentes. Ésta es la opción adoptada por Edwards y Keen (1996), quienes obtienen un resultado muy razonable. En la medida en que los costes de eficiencia debidos a la movilidad de las bases impositivas sean mayores que la propensión marginal a gastar por parte del Leviatán, la descentralización disminuiría el bienestar social, y a la inversa. Por su parte, Janeba y Schjelderup (2004) consideran que la ponderación que el político realiza entre el objetivo benevolente y el malevolente es endógena y, en concreto, depende del sistema democrático (sistema parlamentario (Europa) vs. presidencialista (EEUU)). Bajo ese contexto, las condiciones necesarias para que la competencia fiscal aumente el bienestar social son menos exigentes en un sistema presidencialista.

política impositiva a favor de tipos impositivos bajos tienden a desaparecer, dado que la coocupación de bases impositivas (que, en la literatura, se denomina "externalidad vertical") domina a la competencia horizontal. Por su parte, adoptando el supuesto de comportamiento benevolente, Keen y Kotsogiannis (2002) concluyen que el nivel de presión fiscal tanto puede aumentar como disminuir, lo cual depende básicamente de la elasticidad de la base impositiva gravada (en su caso, el factor capital).

La literatura también ha intentado contrastar a nivel empírico los efectos de la descentralización sobre el tamaño del sector público. Así, el trabajo de Oates (1985) fue el primer trabajo empírico en intentar contrastar la relación entre descentralización y tamaño del sector público que, debido a la movilidad de las bases impositivas, debería ser negativa. Oates no encontró evidencia empírica sobre una relación robusta entre ambas variables. En cualquier caso, cabe decir que los posteriores estudios empíricos ofrecen resultados ambiguos (véase la reciente revisión de Feld et al., 2004). Por ejemplo, utilizando otra base de datos que suponía la redefinición del ámbito subcentral de gobierno considerado por Oates, Zax (1989) sí obtiene una relación negativa entre tamaño del sector público y descentralización[7]. Por su parte, refinamientos respecto de la medición de las variables utilizadas en las regresiones (Anderson y Van den Berg, 1998) han confirmado la no relación ya obtenida por Oates. En cambio, más recientemente, Rodden (2002) ha demostrado que, si el número de las unidades de gobierno descentralizadas se pondera por su grado de autonomía tributaria, sí se observa una tendencia a la disminución del tamaño del sector público a raíz de los procesos de descentralización. En definitiva, la relación a nivel empírico entre tamaño del sector público y descentralización no está clara, y parece depender mucho de la muestra utilizada y del proceso de medición de las variables incorporadas al análisis empírico.

2.2.2. Sobre el nivel de redistribución personal

En la sección anterior, hemos podido comprobar cómo la descentralización de la política impositiva podía resultar en niveles ineficientemente bajos de los tipos impositivos debido a una "externalidad positiva" que era ignorada por los gobiernos subcentrales. Pues bien, al considerar la descentralización de políticas impositivas con fines exclusivamente redistributivos (por ejemplo, mediante un impuesto progresivo sobre la renta personal), aparece de nuevo una externalidad, pero que, en este caso, tiene que ver con la ponderación que en la función de bienestar social tengan aquellos quienes se benefician de las políticas redistributivas (para una revisión de las consecuencias económicas de descentralizar las políticas impositivas con fines redistributivos, véase Cremer et al., 1996, Wellisch, Cap. 8, 2000; o Cremer y Pestieau, 2003).

Para entender el origen y efectos de esa externalidad, supongamos una unidad

7. Para el caso de EE.UU., Zax consideró a los condados como el nivel superior de gobierno, mientras que Oates consideró a los Estados. Ciertamente, la incongruencia entre ambos resultados puede estar reflejando el hecho de que haya más movilidad dentro de los condados que dentro de los Estados.

de gobierno descentralizada, donde los individuos ricos muestran un cierto componente altruista hacia los pobres (éste es el marco básico de análisis de Pauly, 1973). En ese caso, dependiendo de la importancia de ese componente altruista, se decidirá redistribuir la renta a través, por ejemplo, de impuestos progresivos sobre la renta (o, en general, mediante políticas *fiscales* progresivas). Ahora bien, en la medida en que los individuos pobres sean móviles, los ricos tendrán incentivos a reducir el nivel de redistribución en su región, pues saben que, bajo este contexto, los pobres tenderán a emigrar hacia otras regiones donde no se haya producido una reducción en ese tipo de políticas y, por tanto, los ricos seguirán obteniendo el beneficio altruista pero sin ningún coste económico. En la medida en que todas las regiones adopten ese tipo de comportamiento, el nivel de redistribución resultante será demasiado bajo desde el punto de vista social. Por consiguiente, en este caso, la "externalidad positiva" ignorada por la región que decide disminuir la progresividad de su sistema impositivo se debe al hecho de que, si decidiera aumentarla, atraería pobres del resto de regiones disminuyendo, así, el coste económico de los programas de redistribución de esas otras regiones y beneficiando, además, a *todos* los pobres de la federación.

Este tipo de argumentación ha ido siendo ampliado por la literatura, básicamente, a través de considerar los efectos de la movilidad sobre el mercado de trabajo, y no sólo el impacto directo de las políticas redistributivas (al respecto, véase el análisis clásico de Wildasin, 1991). Así, supongamos ahora que todos los gobiernos subcentrales son suficientemente pequeños, de tal manera que las políticas públicas de ninguno de ellos por separado tienen efectos globales. Tal supuesto implica que los factores móviles pueden obtener el mismo salario neto independientemente de dónde residan (en otro caso, tenderán a desplazarse hasta que se iguale la productividad marginal de este factor en cualquier territorio de la federación)[8]. Si consideramos que el factor móvil es aquél que obtiene un mayor salario en equilibrio, cualquier intento de incrementar la progresividad del sistema fiscal conllevará su fracaso, pudiendo incluso provocar que el factor inmóvil vea empeorado su nivel de bienestar[9]. La inefectividad depende del grado de movilidad del factor al cual se quiere aumentar más que proporcionalmente la presión fiscal[10]. Pero, además, y

8. Véase Feldstein y Vaillant (1994), quienes demuestran que, para el caso de los EE.UU., se cumple efectivamente tal hipótesis, lo cual les lleva a afirmar que las políticas redistributivas al nivel de los Estados son totalmente inefectivas.

9. El resultado de la inefectividad de las políticas de redistribución personal al nivel subcentral es independiente de qué factor es móvil, tanto puede serlo el factor beneficiario de las políticas de redistribución como aquél sobre el cual recaen los costes de la redistribución (véase Cremer et al., 1996, p. 328). Sin embargo, recientemente, en un modelo donde las decisiones se toman bajo la regla de la mayoría y donde tanto los ricos como los pobres son móviles, Hindriks (2001) ha demostrado que un aumento en el grado de movilidad de los pobres puede permitir incrementar el grado de redistribución personal al nivel subcentral.

10. En principio, al analizar los efectos de la movilidad de las bases impositivas sobre la efectividad de las políticas redistributivas al nivel subcentral, la literatura no suele diferenciar entre un gravamen sobre el factor (móvil) capital de un gravamen sobre el factor (móvil) trabajo. Sin embargo, Cremer et al. (1996), sección III.A.1, identifican una serie de diferencias que pueden ser importantes y que, por tanto, debieran ser tenidas en cuenta a la hora de realizar estos análisis.

dependiendo de la complementariedad-sustitución entre los factores móviles e inmóviles en la función de producción, el posible beneficio para el factor inmóvil derivado del incremento en el grado de redistribución de la renta (en la medida en que la elasticidad del factor móvil no sea infinita), puede verse más que compensado por una reducción de su salario neto (véase Wilson y Wildasin, 2004, pp. 18 y ss.).

La inefectividad de las políticas de redistribución personal al nivel subcentral puede ser mitigada en la medida en que exista un gobierno central con suficientes poderes como para establecer transferencias compensatorias entre gobiernos subcentrales que internalicen tales externalidades (véase Wildasin, 1991; y también Raff y Wilson, 1997). En ese caso, la existencia de tales transferencias permite replicar la situación que surgiría si sólo existiera ese gobierno central. Por tanto, aun existiendo la posibilidad de que existan tales transferencias, no parece tener sentido la descentralización de las políticas de redistribución por la vía del ingreso[11]. Sin embargo, hay autores que sí abogan por la descentralización de las políticas de redistribución personal. Así, Pauly (1973) consideró que la redistribución personal se puede considerar como un bien público local. En ese caso, y si la movilidad interterritorial no es muy importante, la descentralización de ese tipo de políticas permite acomodar territorialmente los niveles de redistribución personal en la medida en que el deseo de redistribución tenga un componente espacial, es decir, las preferencias sobre el nivel de redistribución difieran entre territorios. En cambio, si la movilidad territorial es muy importante, nos encontramos con otra razón por la cual no tendría sentido centralizar las políticas redistributivas. En este caso, se trataría de una aplicación de la hipótesis de Tiebout. Así, bajo ciertos supuestos (Scotchmer, 2002), en el largo plazo, la movilidad de los ciudadanos por obtener su "menú" preferido acabaría provocando la igualación de los salarios netos dentro de cada jurisdicción. De esta manera, las políticas de redistribución sólo tendrían sentido *entre* territorios, y no *dentro* de cada territorio donde no existiría desigualdad entre individuos.

2.2.3. Sobre el proceso de decisión colectiva

En la sección 2.1., ya citamos como una de las ventajas de la descentralización el hecho de que permite a los gobernantes inferir indirectamente las preferencias de los ciudadanos respecto de las políticas públicas a través del denominado "voto con los pies" (Tiebout, 1956). De esta manera, en la medida en que los políticos internali-

11. Mediante un ejercicio de simulación numérico, Kopczuk et al. (2003) van más allá y también demuestran la inefectividad de las políticas de redistribución en el nivel subcentral, incluyendo en ese nivel a los gobiernos nacionales. Así, obtienen que, con diferencia, la mayor reducción de la desigualdad de la renta a nivel mundial sólo es posible conseguirla a través de la creación de un impuesto progresivo sobre la renta a nivel mundial. Sus resultados los basan en el hecho de que por sí sola la política redistributiva de cada gobierno nacional tiene un impacto muy pequeño sobre la desigualdad a nivel mundial debido a que las desigualdades en la distribución de la renta a nivel mundial tienen que ver principalmente con diferencias entre países

cen las consecuencias de la movilidad (por ejemplo, aunque no exclusivamente, a través de un incremento del valor de la propiedad inmueble en su territorio), cada grupo de ciudadanos podrá acabar residiendo en aquellos territorios cuyo "menú" de servicios públicos + presión fiscal más se ajuste a sus preferencias individuales.

Esta mejora del proceso de decisión de colectiva a través de la movilidad *física* de los ciudadanos se complementa con otra mejora debida a la posibilidad que tienen los ciudadanos-votantes de comparar los resultados de los políticos (en inglés, *yardstick competition*) entre varias jurisdicciones similares (es decir, sujetas a los mismos shocks presupuestarios, pues, en otro caso, no serían directamente comparables). En la medida en que los ciudadanos-votantes consideren que la jurisdicción(es) vecina(s) ofrece(n) el mismo nivel de servicios públicos que la propia con un menor nivel de presión fiscal, tendrán incentivos a penalizar al actual gobernante a través del proceso electoral y optar por el partido político en la oposición. De esta manera, la comparación de resultados entre territorios permite al electorado obtener información respecto de la actuación del partido en el gobierno y, si es el caso, penalizarle en las urnas[12]. En otro caso, en ausencia de este tipo de mecanismos de comparación, el ciudadano-votante no puede diferenciar entre "buenos" y "malos" políticos (entendidos estos últimos como aquéllos que intentar apropiarse de una parte de los recursos públicos, es decir, que ofrecen igual nivel de servicios públicos a costa de un mayor nivel de presión fiscal). Esta argumentación –la cual permite, por tanto, superar un problema de información asimétrica del proceso electoral entre votantes y candidatos (véase nota al pie 5)– fue originariamente planteada por Salmon (1987) y contrastada favorablemente a nivel empírico, entre otros, por Besley y Case (1995), para el caso de EE.UU. o, más recientemente, Solé-Ollé (2003) para el caso de los municipios españoles.

A pesar de la bondad de la predicción del análisis tradicional del proceso de comparación de resultados, recientemente, Besley y Smart (2003) han puesto en duda la mejora social que de este proceso se deriva sobre las tentaciones de apropiación de recursos por parte de los políticos. El argumento es muy simple y aplicable a otro tipo de situaciones que intenten minar ese tipo de situaciones, como puede ser el aumentar la transparencia en las cuentas públicas. En la medida en que, una vez elegidos democráticamente, los "malos" gobernantes serán con total seguridad descubiertos, éstos no tienen ningún incentivo a autorrestringirse, puesto que no tienen apenas ninguna posibilidad de ser reelegidos en el próximo proceso electoral. Es decir, respecto de la situación en que la comparación de resultados no es posible, una vez en el gobierno, tenderán a apropiarse de un mayor nivel de rentas. En cambio, como mucho, esos

12. El modelo de Tiebout implica que el proceso electoral a pie de urna ya no es imprescindible. Sin embargo, parece claro que ese tipo de argumentación –que se basa en la perfecta movilidad física de los factores gravados– sólo puede ser una realidad en el medio-largo plazo. Por tanto, en el corto plazo, el proceso electoral tradicional sigue siendo la única manera de "controlar" a los gobernantes y es en este sentido que la comparación de resultados representa una clara mejora del proceso de decisión colectiva.

"malos" gobernantes sólo estarán durante una legislatura en el poder. En definitiva, una vez introducida la posibilidad de comparación, y teniendo en cuenta el conjunto de efectos que puede provocar sobre el comportamiento de los políticos, el efecto neto sobre el bienestar social es ambiguo. Por un lado, los "malos" gobernantes tenderán a estar menos tiempo en el poder, pero mientras lo estén tenderán a apropiarse de un mayor nivel de recursos públicos.

3. Cuantificación de las políticas impositivas: cálculos de tipos efectivos

A raíz del breve repaso realizado a la literatura del federalismo fiscal sobre la descentralización impositiva, ya se puede inferir la importancia informativa que para la consecución de todas sus ventajas y el análisis de sus (potenciales) desventajas tiene el cálculo de tipos impositivos efectivos de los gobiernos subcentrales, es decir, de una medida sintética de la política impositiva. Sin embargo, en la sección 3.1, intentaremos justificar algo más su interés y citar sus principales aplicaciones, mientras que en la sección 3.2., pasaremos a describir las principales metodologías de cálculo existentes.

3.1. Interés y aplicaciones del cálculo de tipos impositivos efectivos

Respecto del análisis de la descentralización de la política impositiva, la principal justificación del cálculo de "tipos impositivos efectivos" reside en la inherente complejidad de las políticas impositivas llevadas a cabo por parte de los gobiernos subcentrales. En el caso de España, como veremos en la sección 4.2, tal situación es especialmente reveladora; por ejemplo, las deducciones establecidas por parte de las CCAA presentan una gran variedad de diseños para la consecución de un mismo objetivo, como puede ser la promoción del acceso a la vivienda o el fomento de la natalidad. Así, dada la complejidad de los cambios legales que pueden afectar a cualquier componente de la estructura impositiva (base impositiva, reducciones, tarifa, deducciones, exenciones, etc.), se hace necesario el cálculo de una medida que permita evaluar de forma sintética la naturaleza de esos cambios. Eso es precisamente lo que se pretende a través del cálculo de los "tipos impositivos efectivos", definidos éstos como un indicador sintético de la cuota impositiva soportada por un determinado factor productivo, expresada como un porcentaje del valor de ese factor.

Así, entre otros, el cálculo de los "tipos impositivos efectivos" permite valorar los efectos de las políticas impositivas al nivel subcentral respecto de:

1. *Tamaño del sector público*. Como ya hemos tratado en el epígrafe 2.2.1., una de las consecuencias de la descentralización de las políticas impositivas es la potencial "carrera hacia el abajo" de la presión fiscal debido a la movilidad de las bases

impositivas. Para valorar tal situación, es necesario conocer con precisión la carga fiscal generada por los gobiernos subcentrales, lo cual no es en absoluto obvio a partir de la simple lectura del contenido de las leyes fiscales.

2. *Distribución de la carga fiscal por factores productivos.* Además, y de acuerdo con lo argumentado también en el epígrafe 2.2.1., esa "carrera hacia el abajo" no tiene por qué darse de forma uniforme entre todos los factores de producción, sino que dependerá del grado de movilidad relativo de cada factor. El cálculo de "tipos impositivos efectivos" por factores productivos permite discernir si la descentralización ha provocado una variación en la distribución de la carga impositiva entre los mismos.

3. *Nivel de redistribución personal.* Igualmente, el cálculo de "tipos impositivos efectivos" debe permitir contrastar en qué medida la descentralización de la política impositiva conlleva una reducción de la importancia de los impuestos progresivos tal y como sugiere la literatura tradicional resumida en el epígrafe 2.2.2.

4. *Facilitación de la comparación de la política impositiva entre territorios.* Finalmente, para aprovechar al máximo las ventajas de la comparación de las políticas fiscales entre territorios, el ciudadano-contribuyente necesita de medidas sintéticas y homogéneas que permitan la realización de tales comparaciones. En otro caso, probablemente no podrá evaluar de forma precisa y adecuada el comportamiento relativo de los gobernantes.

Ciertamente, las utilidades citadas del cálculo de "tipos impositivos efectivos" se relacionan con situaciones provocadas por la descentralización de la política impositiva. Sin embargo, obviamente, su interés también abarca la evaluación de reformas fiscales sobre el comportamiento individual (ahorro, oferta de trabajo, inversión empresarial, etc.) o sobre el nivel de recaudación que son aplicables a estructuras de gobierno no necesariamente descentralizadas (véase, e.g., Sorensen, 2003, y la bibliografía allí citada).

3.2. Metodologías de cálculo

Existen tres metodologías principales de cálculo de "tipos impositivos efectivos"[13], la mayor parte de las cuales han sido aplicadas al cálculo de tipos efectivos sobre el capital (siendo el trabajo que estimuló esta corriente de análisis King y Fullerton, 1984), y sólo recientemente se ha incrementado el interés por el cálculo aplicado al factor trabajo. La metodología basada en la utilización de datos de contabilidad nacional ("enfoque macroeconómico") se puede considerar como la seminal (Mendoza et al., 1994, quienes no sólo estimaron tipos efectivos sobre el factor capital, sino también sobre el factor trabajo y sobre el consumo). Sin embargo, como veremos, este tipo de metodología tiene importantes inconvenientes que se derivan principal-

13. Véase De Haan y Volkerink (2000) para una revisión crítica de toda esta literatura.

mente del hecho de trabajar con magnitudes agregadas, por lo cual la utilización de microdatos parece una alternativa razonable al "enfoque macroeconómico" (Immervoll, 2002). Finalmente, la metodología que, bajo el nombre de "Taxing Wages", elabora anualmente la OCDE para el factor trabajo permite inferir la incidencia de los cambios legales sobre grupos determinados de contribuyentes a partir de ciertas caracterizaciones estándar, la representatividad de las cuales no está avalada por una base de datos fiscal, pero tiene la ventaja de permitir la comparación de tipos efectivos entre países (Heady, 2003).

3.2.1 Enfoque macroeconómico

A partir de datos de contabilidad nacional, basándose en el trabajo de Lucas (1990), Mendoza et al. (1994), y su posterior actualización en Mendoza et al. (1997), calculan el tipo efectivo sobre la renta como el ratio entre los ingresos impositivos provenientes del impuesto sobre la renta y sobre las ganancias del capital respecto del importe total de los sueldos y salarios, el beneficio de sociedades no empresariales y las rentas de la propiedad y de actividades profesionales de los individuos; por tanto, en el denominador no se incluyen los ingresos de la Seguridad Social. Estos autores también obtienen un tipo efectivo para los ingresos laborales, calculado como el ratio entre la cuantía pagada en el impuesto sobre la renta personal por los ingresos del trabajo (calculada a partir de una estimación sobre la importancia relativa de esa fuente de renta), más todas las cotizaciones pagadas a la Seguridad Social (a cargo de trabajadores, autónomos y empleadores), y la suma de sueldos y salarios más las cotizaciones a la Seguridad Social y los ingresos laborales (estimados) de los autónomos (véanse Volkerink y de Haan, 2001, pp. 14 y ss.; Sorensen, 2003, pp. 31 y ss.).

Esta metodología tiene varios problemas. Uno de ellos es el hecho de que, evidentemente, al trabajar con magnitudes agregadas, no permite obtener medidas de presión fiscal por tipos de contribuyentes. Un segundo inconveniente tiene que ver con los supuestos que deben realizarse para transformar las magnitudes macroeconómicas en aproximaciones de los datos fiscales (Carey y Tchilinguirian, 2000; Volkerink y de Haan, 2001), los cuales se ha demostrado que pueden implicar consecuencias totalmente contradictorias a la hora de evaluar empíricamente el impacto de diversas reformas fiscales (De Haan y Volkerink, 2000). Finalmente, otro inconveniente, que afecta especialmente al caso de los ratios que miden la presión fiscal sobre la renta, es el hecho de que se obtienen medidas agregadas que no permiten diferenciar, por ejemplo, el trato fiscal de las ganancias de capital o los dividendos del resto de rendimientos sujetos a gravamen.

3.2.2. Enfoque basado en la utilización de microdatos

Como se ha sugerido anteriormente, la utilización de medidas de presión fiscal basadas en magnitudes macroeconómicas no permite capturar las diferencias entre grupos de contribuyentes, ya sea en función del nivel de renta, la situación laboral o las circunstancias familiares. En cambio, la técnica de microdatos, que se basa en la utilización de la información que cada contribuyente refleja cada año en su declaración fiscal, permite superar este inconveniente (véase Immervoll, 2002, y Clark, 2003, para una descripción de las ventajas de esta técnica). Sin duda, este hecho permite, por ejemplo, analizar los efectos redistributivos de reformas fiscales, evaluar la conveniencia de un diseño u otro de una determinada deducción que pretenda fomentar cualquier actividad (ya sea la natalidad, el acceso a la vivienda o el consumo de bienes culturales), o valorar el impacto recaudatorio o en términos de eficiencia de cualquier reforma fiscal que pretenda afectar a un determinado componente de la renta personal[14].

3.2.3. El enfoque Taxing Wages (OCDE)

Desde el año 1975, la OCDE publica anualmente información sobre los niveles de presión fiscal soportados por el factor trabajo en los diversos países de la OCDE. Esta metodología fundamenta sus cálculos exclusivamente en la utilización de la información que aparece en los textos legales y, de hecho, ése es su principal defecto, lo que lleva a que los responsables de la publicación afirmen que sus resultados deben considerarse como complementarios de los ofrecidos por otras metodologías (Heady, 2003).

Así, esta metodología implica la definición de 8 contribuyentes-tipo, a partir de la combinación de varias características, como son el salario de un trabajador a tiempo completo en la industria manufacturera (adoptando éste tres cuantías: la media, el 67% de la media, y el 167% de la media), el estado civil y el número de hijos a su cargo. Por tanto, en esta metodología, sólo se consideran los ingresos laborales. Siendo su principal ventaja la directa comparabilidad con la presión fiscal resultante en otros países, su principal defecto reside en el hecho de que las diversas tipologías de contribuyentes no están avaladas por la información estadística y, por tanto, su representatividad puede ser puesta en cuestión (Immervoll, 2002, p. 4). En cualquier caso, esta desventaja respecto del enfoque de microdatos, tiene que ser contrapesada frente a la ventaja que supone respecto del enfoque macroeconómico, el cual no permite obtener resultados individuales por contribuyente tipo.

14. De hecho, a la hora de valorar los incentivos de cualquier reforma fiscal o sus efectos sobre la eficiencia económica, es más apropiado el cálculo de los tipos impositivos efectivos *marginales*, y no los tipos impositivos efectivos *medios* (véase Immervoll, 2002, pp. 8-9; y también Sorensen, 2003, pp. 31-35).

4. Competencia normativa y cambios legales introducidos por las CCAA en los impuestos cedidos

4.1. Competencia normativa

Desde 1997, las CCAA de régimen común tienen atribuida cierta competencia normativa en determinados tributos cedidos, esto es, en tributos de titularidad estatal cuya normativa básica está regulada por una Ley del Estado pero cuya recaudación está cedida total o parcialmente a las autonomías. La entrada en vigor del actual sistema de financiación autonómica en 2002 supuso una ampliación tanto en el número de tributos cedidos como en la capacidad normativa atribuida en los mismos. Esta capacidad se muestra resumida para los tributos directos en la Cuadro 1 y para los tributos

Cuadro 1. Competencias de las CCAA en los tributos directos cedidos

Impuesto cedido	*Competencias atribuidas*
Impuesto sobre la renta de las personas físicas (IRPF)	– Modificación de la tarifa autonómica general, aunque debe ser progresiva y con el mismo número de tramos que la del Estado. – Modificación del tipo de la deducción general por inversión en la vivienda habitual (por adquisición o rehabilitación, por cuentas vivienda y por obras de adecuación para discapacitados), en la parte deducible de la cuota autonómica, con un límite tanto superior como inferior del 50%. – Introducción de deducciones por circunstancias personales y familiares, por inversiones no empresariales y por aplicaciones de renta, siempre que no supongan una reducción en el gravamen efectivo de alguna categoría de renta.
Impuesto sobre el patrimonio (IP)	– Modificación del mínimo exento. – Modificación de la tarifa, sin ningún límite. – Introducción de cualquier tipo de deducción y bonificación en la cuota del impuesto. – Gestión, liquidación, recaudación e inspección.
Impuesto sobre sucesiones y donaciones (ISD)	– Mejora de las reducciones estatales en la base, tanto para transmisiones "mortis causa" como "inter vivos". – Introducción de nuevas reducciones en la base, tanto para transmisiones "mortis causa" como "inter vivos". – Modificación de la tarifa, sin ningún límite. – Modificación de las cuantías y de los coeficientes del patrimonio preexistente. – Introducción de cualquier tipo de deducción y bonificación en la cuota del impuesto. – Gestión, liquidación, recaudación e inspección.

Cuadro 2. Competencias de las CCAA en los tributos indirectos cedidos

Impuesto cedido	*Competencias atribuidas*
Impuesto sobre transmisiones patrimoniales y actos jurídicos documentados (ITPAJD)	– En Transmisiones Patrimoniales Onerosas, modificación de los tipos de gravamen que gravan las concesiones administrativas, la transmisión de bienes muebles e inmuebles, la constitución y cesión de derechos reales que recaigan sobre bienes muebles e inmuebles, excepto los de garantía, y el arrendamiento de bienes inmuebles y muebles. – En Transmisiones Patrimoniales Onerosas, introducción de deducciones y bonificaciones en la cuota en los supuestos anteriores. – En Actos Jurídicos Documentados, modificación del tipo de gravamen de los documentos notariales. – En Actos Jurídicos Documentados, introducción de deducciones y bonificaciones en la cuota de los documentos notariales. – Gestión, liquidación, recaudación e inspección.
Tributos sobre el juego	– Regulación de las exenciones, base imponible, tipos de gravamen y cuotas fijas, bonificaciones y devengo. – Gestión, liquidación, recaudación e inspección.
Impuesto especial sobre determinados medios de transporte (IEDMT)	– Aumento hasta un máximo del 10% del tipo de gravamen. – Gestión, liquidación, recaudación e inspección.
Impuesto sobre las ventas minoristas de hidrocarburos (IVMH)	– Aplicación de un tipo de gravamen autonómico, adicional al estatal, hasta un importe máximo que varía según el producto gravado, y cuya recaudación queda afectada a la financiación de gastos sanitarios y medioambientales. – Gestión, liquidación, recaudación e inspección.

indirectos en la Cuadro 2. Siempre que una CA no haga uso de la competencia normativa atribuida se aplica en su defecto la normativa del Estado.

Del análisis de las competencias atribuidas por tributos, se puede efectuar la siguiente ordenación de los tributos cedidos en función del grado de competencia de las CCAA ordenados de mayor a menor competencia (cuadro 3):

- En los Tributos sobre el Juego, el poder normativo es muy elevado, pudiendo cada CA configurarlos casi en su totalidad como si se tratara de un tributo propio.
- En el IP y el ISD, el poder normativo es bastante elevado, puesto que aunque las CCAA no pueden regular aspectos relevantes de la estructura de cada impuesto, la posibilidad de modificar sin límites la tarifa e introducir

Cuadro 3. Ordenación de los tributos cedidos según el grado de competencia normativa

Tributos sobre el juego	IP e ISD	ITPAJD	IRPF	IEDMT E IVHM
+				–
		COMPETENCIA NORMATIVA		

deducciones y bonificaciones en la cuota otorga a las autonomías un poder decisivo sobre el importe que quieran que paguen sus ciudadanos.

- En el ITPAJD, la capacidad normativa sobre tipos y deducciones y bonificaciones en la cuota afecta a la práctica totalidad de supuestos incluidos en el hecho imponible de las transmisiones patrimoniales onerosas y al supuesto de actos jurídicos documentados más relevante como son los documentos notariales. Se excluye en su totalidad el hecho imponible de las operaciones societarias. Por tanto, la capacidad normativa es elevada, aunque no se extiende a la totalidad de los supuestos gravados por el impuesto.
- En el IRPF, que se trata del único impuesto no cedido totalmente a las CCAA donde éstas tienen atribuida capacidad normativa[15], ésta es menos amplia que en los impuestos comentados anteriormente. Pueden modificar la tarifa autonómica general, no así la especial, respetando, no obstante, el número de tramos de la estatal y debiendo ser progresiva. Asimismo, es posible introducir deducciones propias en la cuota, aunque no por inversiones empresariales y sin que sea posible una minoración del gravamen efectivo de alguna categoría de renta. En consecuencia, la competencia normativa de las CCAA es más moderada.
- Finalmente, en los impuestos especiales sobre determinados medios de transporte y sobre las ventas minoristas de hidrocarburos[16] la capacidad normativa se limita al tipo de gravamen que en ambos casos puede incrementarse, aunque dentro de ciertos límites[17]. En definitiva, el poder normativo autonómico es reducido.

15. En concreto, corresponde a cada CA la parte autonómica de las cuotas líquidas de los residentes en su territorio, lo que desde la reforma del impuesto que entró en vigor en 2003 significa algo más de un 33% de la cuota líquida total, y no exactamente el 33% como se aprobó en un inicio en el actual sistema de financiación, ya que en la tarifa general el peso de los tipos de gravamen autonómicos sobre los tipos totales varía entre un 33,20% y un 39,60% según los tramos de base.

16. El Impuesto minorista sobre las ventas de hidrocarburos no se aplica en las Islas Canarias.

17. La recaudación obtenida mediante el tipo autonómico del impuesto minorista sobre hidrocarburos queda afectada a la financiación de gastos sanitarios y ambientales de las CCAA. Lógicamente, nada impide que el cumplimiento formal de esta afectación se haga mediante una redistribución en la aplicación de los demás ingresos no afectados, por lo que la importancia material de la afectación es mínima.

Además de la competencia en el ámbito estrictamente normativo, en todos los impuestos mencionados, con la única excepción del IRPF, las CCAA también tienen potestad en la administración de los impuestos, en concreto en su gestión, liquidación, recaudación e inspección.

4.2. Características generales de los cambios legales autonómicos

Desde 1997 hasta 2004, periodo considerado en este análisis, las CCAA han ido introduciendo modificaciones diversas en los tributos cedidos antes mencionados. Estas modificaciones son de naturaleza y características diversas y presentan en general un elevado casuismo. Por esta razón, nuestro objetivo en este apartado es indicar los grandes rasgos de las modificaciones aprobadas, a fin de ofrecer una visión generalista que nos permita conocer los cambios legales que se han introducido, qué comunidades los han adoptado, en qué momento temporal se han realizado y de qué color político es el gobierno que los introduce.

4.2.1. Cambios legales introducidos

La gran mayoría de CCAA ha introducido las siguientes modificaciones:

- Mejora de las reducciones en la base del ISD para las transmisiones "mortis causa", en especial por transmisión de la empresa familiar y de la vivienda habitual, así como para adquirentes discapacitados.
- Introducción de deducciones de naturaleza e importe variados en la cuota autonómica del IRPF.
- Aumento en el tipo de gravamen general de las transmisiones patrimoniales onerosas de bienes inmuebles y establecimiento de tipos específicos reducidos para determinados supuestos.
- Aumento en el tipo general de la cuota gradual de documentos notariales y establecimiento de tipos específicos, tanto mayores como menores, para determinados supuestos.

Además, hay otras modificaciones que han adoptado un número considerable de CCAA y que por su especial importancia también deben destacarse son

- Reducción prácticamente de la totalidad de la carga tributaria del impuesto sobre sucesiones y donaciones en las transmisiones "mortis causa" a favor de determinados herederos. En concreto, a favor de descendientes menores de 21 años en Asturias, Baleares, Castilla-León, Galicia, Madrid, Murcia y Valencia, y a favor del cónyuge y de todos los descendientes con independencia de su edad en Cantabria y La Rioja. A este resultado común se llega habitualmente mediante la introducción de deducciones y bonificaciones en

la cuota del impuesto, aunque Asturias, Cantabria y Galicia se han decantado por modificar los coeficientes del patrimonio preexistente.
- Beneficios fiscales en las donaciones de padres a hijos para la adquisición de la vivienda habitual, siempre que se cumplan determinados requisitos, habitualmente mediante una deducción en la cuota, aunque en Castilla-León se ha optado por una reducción en la base del impuesto.

Por último, aunque de momento aún es una minoría el número de CCAA que la ha introducido (Madrid, Asturias, Galicia y Cataluña), cabe destacar, por la relevancia de la medida y porque puede marcar una tendencia de cara al futuro, la aprobación de tipos de gravamen autonómicos en el impuesto minorista de hidrocarburos.

En conclusión, se observa una tendencia a introducir rebajas fiscales en los impuestos directos más perceptibles (IRPF y sucesiones y donaciones) a la vez que se aumentan los impuestos indirectos menos perceptibles (en especial, transmisiones patrimoniales y actos jurídicos documentados). Esta tendencia podría obedecer a dos de los efectos analizados por la literatura de la descentralización de la política impositiva, según hemos visto anteriormente en el apartado 2: la movilidad del factor gravado puede incidir en que las subidas fiscales se hayan centrado en los aspectos de ITPAJD vinculados fundamentalmente a un factor inmóvil como es la propiedad inmobiliaria (efecto sobre el tamaño del sector público); y que las CCAA tenderían a adoptar decisiones de naturaleza similar para que el ciudadano valorara positivamente las políticas desarrolladas a la hora de comparar entre comunidades (efecto sobre el proceso de decisión colectiva).

4.2.2. CCAA que han introducido cambios legales

Aunque todas las CCAA de régimen común tienen atribuida la misma capacidad normativa en los impuestos cedidos analizados anteriormente, con la única excepción de Canarias donde no se aplica el impuesto minorista de hidrocarburos, no todas las comunidades la han utilizado en el mismo grado, observándose diferencias entre ellas. A continuación, vamos a analizar qué comportamiento han seguido las comunidades tomando en consideración los cambios normativos introducidos en los impuestos cedidos, esto es, centrándonos en las modificaciones formales aprobadas en diferentes elementos de los impuestos. Dejamos para un estudio posterior el análisis del impacto recaudatorio de dichos cambios, aspecto que, sin duda, es también relevante pero que se escapa del objetivo de este capítulo.

Durante el periodo 1997-2004, todas las CCAA han introducido modificaciones normativas, aunque a ritmos e intensidades diferentes[18]. Si tuviéramos que

18. A efectos de este análisis, el criterio adoptado para considerar el número de cambios ha sido el siguiente:
- En el IRPF, el número de deducciones aprobadas de acuerdo con la normativa de cada comunidad tal como aparecen clasificadas en el Manual del IRPF de la Agencia Tributaria de cada año.

ordenar las comunidades según el número de modificaciones aprobadas, de acuerdo con los criterios señalados en la nota al pie 18, podríamos afirmar, según se observa en el Cuadro 4, que algunas comunidades han sido especialmente activas durante este periodo, en especial, Valencia, Cataluña, Baleares y Madrid, mientras que Canarias y Murcia, y en particular Castilla-La Mancha y Extremadura destacan por su menor actividad. Ahora bien, es importante señalar que también se producen importantes diferencias respecto al momento de introducción de los cambios. Por lo general, las comunidades más activas también fueron las primeras en el tiempo en introducir los cambios, pero algunas comunidades que durante los primeros años apenas adoptaron modificaciones, en los últimos dos años han desempeñado un papel muy activo. Asimismo, no se puede olvidar que Andalucía, Castilla-La Mancha y Extremadura no aceptaron la reforma de sistema de financiación del quinquenio 1997-2001, por lo que no asumieron competencias normativas en los impuestos cedidos hasta 2002.

Cuadro 4. Ordenación de las CCAA según el número de cambios introducidos en el periodo 1997-2004[19]

ELEVADO	Valencia
	Cataluña
Grado de actividad	Baleares
	Madrid
	Castilla-León, Galicia y La Rioja
	Asturias
	Aragón
	Andalucía[1] y Cantabria
	Canarias y Murcia
	Castilla-La Mancha
REDUCIDO	Extremadura

(1) No aceptaron el nuevo sistema de financiación para el quinquenio 1997-2001.

- En el ISD, el número de reducciones estatales cuyas condiciones se han modificado, de nuevas reducciones, deducciones y bonificaciones y de modificaciones de la tarifa y de los coeficientes de patrimonio preexistente. Los meros redondeos de cifras no se han considerado como cambios.
- En el ITPAJD, el número de tipos impositivos aprobados diferentes de la normativa estatal tanto en transmisiones patrimoniales onerosas como en los documentos notariales cuota gradual de actos jurídicos documentados.
- En el IMVH, la aprobación de tipos autonómicos.

19. Se han tenido también en cuenta los cambios introducidos de manera temporal durante el periodo considerado que después han sido derogados y que, por tanto, ya no se aplican en la actualidad.

En definitiva, se puede afirmar que no todas las comunidades han sido igualmente activas, pero del análisis para todo el periodo considerado también se observa una cierta tendencia en los últimos años a la disminución de las diferencias en el número de cambios introducidos entre CCAA.

4.2.3. Momento temporal de los cambios legales

El análisis temporal de las modificaciones pone de manifiesto diferencias significativas respecto al momento de su introducción ya que en general se producen en determinados años, en concreto, 1998, 2002, 2003 y 2004. Así, aproximadamente un 85% del total de modificaciones se han introducido en estos cuatro años de los ocho que forman el periodo analizado. El año 2003, resulta especialmente activo ya que cerca del 40% del total de deducciones en el IRPF y de las variaciones en los tipos de gravamen en ITPAJD se introducen dicho año. Esta concentración en el tiempo de los cambios normativos puede obedecer a la combinación de las siguientes circunstancias:

- La aprobación de modificaciones fiscales requiere un tiempo de preparación, lógicamente, puesto que deben valorarse aspectos tan relevantes como qué modificaciones se adoptan, cómo se configuran o qué coste recaudatorio tienen. Por esto, se entiende que en 1997 no hubiera ningún cambio y, en cambio, en 1998 se concentren numerosos cambios, al ser el primer año en el que las CCAA han tenido tiempo para analizar todos estos aspectos.
- 1999 y 2003 fueron años de elecciones en la mayoría de CCAA por lo que el calendario político también parece desempeñar un papel relevante sobre el momento de introducción de los cambios. Parece que el año previo, 1998 y 2002, o el mismo año de las elecciones en el caso de 2003, se produce un elevado grado de actividad.
- Los cambios en 2004 se explican principalmente por la decisión de numerosas CCAA de prácticamente no gravar las transmisiones *mortis causa* a determinados descendientes.

Cada comunidad puede tener preferencias e intereses diferentes, y su comportamiento no tiene por qué obedecer a un patrón común, no obstante, los anteriores factores parece que ponen de manifiesto unas pautas de comportamiento con características similares entre bastantes CCAA sobre el momento de introducción de los cambios legales[20]. Aquí nuevamente cabe recordar dos de los efectos de la descentralización de la política impositiva analizados por la literatura (vid. apartado 2): competencia fiscal entre comunidades y mimetismo en su comportamiento, puesto que la introducción de modificaciones parece coincidir en el tiempo.

20. En cualquier caso, no se puede olvidar que aquí hemos analizado cambios formales, sin considerar las diferencias en la configuración material de cada modificación.

4.2.4. Color político del gobierno que introduce los cambios legales

Una última cuestión que pensamos tiene interés es analizar el color político del gobierno que aprueba las modificaciones fiscales. Si tenemos en cuenta la totalidad del periodo 1997-2004, y consideramos solamente aquellas comunidades en las que no ha habido un cambio político en el gobierno durante este tiempo, se observa que las comunidades gobernadas por el Partido Popular (Valencia, Madrid, Castilla-León, Galicia, La Rioja, etc.) han sido más activas que las comunidades con gobierno socialista (Extremadura, Castilla-La Mancha, Andalucía), aunque como ya hemos comentado con anterioridad no se puede olvidar que estas tres no tuvieron potestad normativa en los tributos cedidos hasta 2002. No obstante, la variedad y diferente naturaleza de los cambios introducidos aconseja centrar el análisis en las modificaciones más frecuentes ya comentadas previamente. Con tal fin, en el Cuadro 5 se muestra qué comunidades han adoptado estas modificaciones, en qué año entró en vigor la modificación y de qué color político era el gobierno que la aprobó, con independencia de que posteriormente haya habido un cambio político en el mismo. El análisis de este cuadro permite efectuar los siguientes comentarios:

1. En primer lugar, son los gobiernos autonómicos de derecha (Partido Popular en solitario o con Coalición Canaria y Convergencia i Unió) los que se decantan por introducir las deducciones por nacimiento y custodia de hijos en el IRPF, mientras que solamente un gobierno socialista, el de Aragón, ha optado por este tipo de ayuda fiscal. En cambio, si se analizan las deducciones vinculadas a la vivienda, tanto por adquisición como por arrendamiento, se aprecia un claro equilibrio en el número de comunidades que aprobaron este tipo de ayuda gobernadas tanto por la izquierda como por la derecha. En cualquier caso, cabe destacar que nosotros sólo analizamos las ayudas fiscales en el IRPF, sin considerar otras posibles políticas que puedan llevar a cabo las autonomías (ayudas directas a las familias, construcción de viviendas protegidas, etc.).
2. En el impuesto sobre sucesiones y donaciones, la práctica exención del impuesto para los descendientes del causante en las transmisiones *mortis causa*, de acuerdo con la promesa efectuada por el Partido Popular en las elecciones autonómicas de 2003, provoca que por ahora sean sólo las comunidades gobernadas en solitario por este partido las que hayan aprobado este tipo de ayuda fiscal, aunque de momento limitado a los descendientes menores de 21 años, excepto en Cantabria y La Rioja que se aplica también para el cónyuge supérstite y todos los descendientes con independencia de su edad. La única excepción a este supuesto lo constituye Asturias, cuyo gobierno es socialista y también ha introducido desde 2004 la práctica exención del impuesto a los descendientes menores de 21 años, a pesar de no coincidir esta medida con la política adoptada por las demás comunidades socialistas.
   Este ejemplo no deja de ser significativo y sumamente interesante si se analiza

la situación geográfica de Asturias, puesto que esta comunidad está rodeada por tres regiones, Galicia, Castilla-León y Cantabria, que también aplican la práctica exención del impuesto para los descendientes. Nos parece que pone de manifiesto la dificultad que en un futuro pueden experimentar las CCAA que quieran gravar las transmisiones *mortis causa* a favor de cónyuges y descendientes, puesto que el impuesto de sucesiones se podrá eludir fácilmente trasladando la residencia fiscal del futuro causante a una comunidad donde apenas no se tribute por la sucesión. De hecho, esta situación de competencia fiscal que puede obligar a las comunidades a adoptar determinadas medidas fiscales a fin de evitar la deslocalización de contribuyentes únicamente por razones fiscales (piénsese que el traslado de la residencia a otra comunidad tiene consecuencias recaudatorias para las CCAA en otros impuestos como renta y patrimonio), también se produce desde hace tiempo con los territorios forales, en los que este tipo de transmisiones no tributa. En este sentido, obsérvese que precisamente Cantabria y La Rioja, comunidades colindantes con los territorios forales, son las primeras que anunciaron su intención de no gravar este tipo de transmisiones *mortis causa* y son las dos únicas comunidades de régimen común que de momento extienden estos beneficios fiscales a los cónyuges y a la totalidad de descendientes. Esta situación encaja perfectamente con el análisis que en la literatura se efectúa, según hemos vistos en el apartado 2, sobre la competencia fiscal entre jurisdicciones subcentrales a la hora de gravar un factor móvil.

3. En relación con el impuesto de sucesiones y donaciones también cabe añadir que los recientes beneficios otorgados en las donaciones de padres a hijos para la adquisición de la vivienda habitual se han aprobado únicamente por gobiernos de derecha.
4. En el impuesto sobre transmisiones patrimoniales y actos jurídicos, el aumento en el tipo general de transmisiones onerosas y de la cuota gradual de los documentos notariales se aprueba en la práctica totalidad de comunidades, sin que el color político del gobierno parezca que desempeñe ningún papel significativo. En transmisiones onerosas, no obstante, sí que parece que el aumento en el tipo general de bienes inmuebles primero se dio principalmente entre comunidades con gobiernos de derecha, pero posteriormente los gobiernos de izquierda han adoptado la misma medida.
5. Por último, en el impuesto minorista de hidrocarburos no parece que el color político del gobierno sea determinante de la aprobación o no de los tipos autonómicos.

En definitiva, el color político del gobierno es determinante en algunos aspectos de la política fiscal (ayudas a las familias en el IRPF, herencias de padres a hijos, ayudas de padres a hijos para adquirir su vivienda habitual) mientras que en otras cuestiones no parece que desempeñe un papel decisivo (ayudas a la vivienda en el IRPF o mayor gravamen en ITPAJD).

Cuadro 5. Modificaciones fiscales más relevantes por CCAA

Modificación	*AND*	*ARA*	*AST*	*BAL*	*CAN*	*CTB*	*C-L*	*C-M*	*CAT*	*EXT*	*GAL*	*MAD*	*MUR*	*LR*	*VAL*
IRPF															
Deducción nacimiento		✓			✓		✓		✓		✓	✓		✓	✓
Año		2002			2004		1999		1998		1998	1998		2002	1998
Gobierno		PSOE			PP+		PP		CIU		PP	PP		PP	PP
Deducción custodia hijos	✓			✓	✓	✓	✓	✓			✓		✓		
Año	2003			1999	2004	2003	2003	2002			2002		2003		
Gobierno	PSOE			PP	PP+	PP	PP	PSOE			PP		PP		
Deducción adq. vivienda	✓		✓	✓					✓	✓			✓	✓	✓
Año	2003		2003	200					2003	2002			2001	1998	1998
Gobierno	PSOE		PSOE	PSOE+					CIU	PSOE			PP	PP	PP
Deducción arrto. vivienda	✓		✓	✓					✓			✓	✓		✓
Año	2003		2003	2003					2003			2003	2003		2002
Gobierno	PSOE		PSOE	PSOE+					CIU			PP	PP		PP
ISD															
Transmisiones mortis causa															
No gravamen hijos < 21 años			✓	✓		✓	✓				✓	✓	✓	✓	✓
Año			2004	2004		2003	2004				2004	2004	2004	2004	2004
Gobierno			PSOE	PP		PP	PP				PP	PP	PP	PP	PP
No gravamen cónyuges e hijos ≥ 21 años						✓								✓	
Año						2003								2004	
Gobierno						PP								PP	
Transmisiones inter vivos															
Beneficios donaciones vivienda habitual hijos				✓	✓	✓		✓						✓	
Año				2004	2004	2004		2003						2004	
Gobierno				PP	PP+	PP+		CIU						PP	

Cuadro 5. Modificaciones fiscales más relevantes por CCAA (continuación)

Modificación	*AND*	*ARA*	*AST*	*BAL*	*CAN*	*CTB*	*C-L*	*C-M*	*CAT*	*EXT*	*GAL*	*MAD*	*MUR*	*LR*	*VAL*
ITPAJD															
TPO: Δtipo gral. bb. inmb.	✓	✓	✓	✓		✓	✓	✓	✓	✓	✓	✓	✓	✓	✓
Año	2003	1999	2003	2000		2003	2004	2004	1998	2003	1999	2000	1998	2002	2001
Gobierno	PSOE	PP+	PSOE	PSOE		PP	PP	PSOE	CIU	PSOE	PP	PP	PP	PP	PP
AJD (doc not): Δ tipo gral.	✓	✓	✓			✓	✓	✓	✓	✓	✓	✓		✓	✓
Año	2003	2002	2003			2003	2004	2004	2002	2003	2003	2002		2004	2002
Gobierno	PSOE	PSOE	PSOE			PP	PP	PSOE	CIU	PSOE	PP	PP		PP	PP
IVMH															
Tipo autonómico			✓						✓		✓	✓			
Año			2004						2004		2004	2002			
Gobierno			PSOE						PSOE+		PP	PP			

PP+: gobierno de coalición entre Partido Popular y otros partidos; PSOE +: gobierno de coalición entre Partido Socialista Obrero Español y otros partidos.

5. Características específicas de los cambios legales autonómicos en el IRPF

De los impuestos cedidos a las CCAA con capacidad normativa, sin duda, el más importante es el IRPF, tanto por el peso de su recaudación como por la relevancia social del mismo. Como hemos visto al inicio del apartado anterior, las comunidades pueden modificar la tarifa general, modificar la deducción general por vivienda habitual e introducir nuevas deducciones en la cuota. Sin embargo, de momento, ninguna autonomía se ha atrevido a modificar la tarifa y todos los cambios normativos introducidos se han centrado en las deducciones en la cuota.

Las deducciones específicas introducidas desde 1997 son muy numerosas y es frecuente que durante este tiempo su configuración haya experimentado modificaciones. En otros casos, aunque menos habituales, incluso la deducción se ha dejado de aplicar. Una idea del elevado número de deducciones autonómicas reguladas por todas las CCAA nos los da la cifra total de deducciones para 2004, que se sitúa cerca de 90 deducciones.

Si atendiendo a su naturaleza, clasificamos las deducciones, éstas se pueden agrupar en tres categorías:

- *Familiares*, que guardan relación con circunstancias diversas de carácter personal y familiar de los contribuyentes. Aquí, cabe destacar, entre otras, las deducciones por nacimiento de hijos o por cuidado de hijos, o también por discapacidad de los contribuyentes o para familias numerosas.
- *Vivienda*, que favorecen la adquisición o el arrendamiento de la vivienda habitual generalmente de determinados colectivos.
- *Otras*, que incluye a modo de cajón de sastre una pléyade de deducciones de naturaleza muy diversa que, entre otras, incluye deducciones por donaciones con finalidad ecológica o para el fomento de la lengua de la comunidad, o por reparación de bienes de interés cultural.

En definitiva, son numerosas y variadas las deducciones específicas que aplican las CCAA No obstante, resulta interesante destacar que esta variedad se produce incluso dentro de un mismo tipo de deducciones, puesto que el análisis concreto de las mismas permite constatar las grandes diferencias que se producen tanto respecto de los importes a deducir como de la configuración específica de la deducción en cada comunidad. Por esta razón, a continuación, se analizan con cierto detalle las características específicas de las cuatro deducciones autonómicas seguramente más relevantes y que establecen más comunidades, a saber, por nacimiento de hijos, por custodia de hijos menores de 3 años, por adquisición de la vivienda habitual y por arrendamiento de la vivienda habitual.

5.1. Deducciones por nacimiento de hijos

En el Cuadro 6 se comprueba que la configuración de esta deducción, que en 2003 resulta de aplicación en siete de las quince CCAA de régimen común, presenta importantes diferencias entre comunidades y no sólo respecto a la cuantía a deducir. Así, sólo Madrid condiciona la aplicación de la deducción a la renta de los contribuyentes, lo que le permite ser más generosa que las demás comunidades donde la deducción se aplica con independencia del nivel de renta de los contribuyentes. El efecto de la deducción, por tanto, será más progresivo en Madrid, aunque también debería analizarse si esta restricción reduce a un número muy pequeño los posibles beneficiarios de misma y si es efectiva con respecto al objetivo de fomento de la natalidad. Por otro lado, cuatro comunidades aplican la deducción con independencia del número de hijos que ya tengan los progenitores, mientras que en las tres restantes solamente se prevén a partir de un número determinado de hijos (el segundo en La Rioja y Valencia, y el tercero en Aragón). El importe también varía considerablemente, ya que puede consistir en una única cuantía fija con independencia del número de hijos (Cataluña y Galicia) o en varias cuantías fijas que dependen del número de hijos (Castilla-León y Madrid), de la renta de los padres (Aragón) o de otras circunstancias como son parto múltiple (Galicia, La Rioja, Madrid y Valencia) o discapacidades de los hijos (Valencia). Y, finalmente, incluso en un caso (Galicia), la aplicación de la deducción se puede extender dos años después del nacimiento del hijo, según la renta de los progenitores.

5.2. Deducciones por custodia de hijos < 3 años

Esta deducción se concede por los gastos derivados de la custodia de hijos de edad inferior a los tres años. En este caso, las siete CCAA (Cuadro 7) que en 2003 regulan la deducción coinciden en condicionar su aplicación al nivel de renta de los contribuyentes, aunque cabe advertir que con conceptos de renta y límites diferentes, como luego también se verá con mayor detalle al analizar las deducciones por vivienda. El importe de la deducción puede consistir en una cuantía

Cuadro 6. Deducción por nacimiento (2003)

	Aragón	*Castilla-León*	*Cataluña*	*Galicia*	*Madrid*	*La Rioja*	*Valencia*
Condición renta	NO	NO	NO	NO	SÍ	NO	NO
1er hijo	–	100	300	240	600	–	–
2º hijo	–	250	300	240	750	150	150
3er hijo o ulterior	500/600	500	300	240	900	180	150
+ parto múltiple	–	–	–	60	200	60	200
+ discapacidad	–	–	–	–	–	–	200 (1º)/ 250 (2º+)
+ 2 años más	–	–	–	0/240/300	–	–	

fija (Galicia), en una cuantía fija complementada en caso de discapacidad de los hijos (Castilla-La Mancha) o en un porcentaje de los gastos realmente incurridos en la custodia de los hijos hasta un importe máximo absoluto (Baleares, Castilla-León y Murcia). En este último caso, se suele computar como gasto deducible el importe satisfecho a guarderías y centros escolares, pero en Castilla-León también se permite la deducción del sueldo pagado a un empleado del hogar. Asimismo, algunas comunidades exigen que los progenitores trabajen fuera del hogar (Baleares, Castilla-León y Murcia) y en el caso de Galicia es condición necesaria tener una persona empleada dada de alta en el régimen especial de la Seguridad Social de empleados del hogar[21]. Por último, en dos comunidades, Andalucía y Cantabria, la deducción se establece para compensar el coste fiscal derivado de la tributación de las ayudas directas concedidas por la comunidad a familias con hijos menores de tres años, aunque incluso en este caso en Andalucía la deducción es un cuantía fija, mientras que en Cantabria es un porcentaje de las ayudas recibidas hasta un límite máximo[22].

Cuadro 7. Deducciones por gastos de custodia de hijos menores de 3 años (2003)

	Andalucía	*Baleares*	*Cantabria*	*Castilla-León*	*Castilla-La Mancha*	*Galicia*	*Murcia*
Condición renta	SÍ[1]	SÍ	SÍ[2]	SÍ	SÍ	SÍ	SÍ
Importe	50	15% lim. 200	15% lim. 180	30% lim. 150 (300 cjta)	100 (+200 discap.)	180,30	15% lim. 150 (300 cjta.)
Gastos deducibles		Guardería	Ayuda a madres con hijos < 3 años	Guardería y empleados hogar			Guardería
Condición trabajo fuera hogar	NO	SÍ	NO	SÍ	NO	SÍ	SÍ
Otros requisitos	Beneficiario ayudas familias		Beneficiario ayudas madres			Tener empleada de hogar	

(1) La aplicación de la deducción está condicionada al nivel de renta, puesto que para ser familia beneficiada de la ayuda directa que concede la comunidad andaluza existe un tope renta. Además, se reduce esta ayuda a las familias que al nacer su tercer hijo tengan otro u otros más menores de tres años.

(2) La aplicación de la deducción está condicionada al nivel de renta ya que para ser madre beneficiada de la ayuda directa que concede la comunidad cántabra exite un tope renta, aunque curiosamente sólo en el caso de declaración individual de la madre.

21. Tanto esta condición como la posibilidad de deducir el sueldo pagado a un empleado del hogar pueden actuar como incentivo para que las familias den de alta al trabajador en la Seguridad Social.

22. Las CCAA no tienen capacidad normativa para regular las exenciones del impuesto. Por el importe de las ayudas directas se debe tributar, por lo que la deducción buscará compensar el coste de la tribuación.

5.3. Deducciones por adquisición de la vivienda habitual

En 2003 son ocho las CCAA que han ejercido la capacidad normativa en el ámbito de las deducciones fiscales por adquisición de la vivienda habitual (Cuadro 8). En todos los casos la modificación ha consistido en establecer una deducción autonómica propia, excepto el gobierno de Cataluña que ha optado por modificar el tramo autonómico de la deducción general. Así, en la comunidad catalana se da la circunstancia de que el cambio normativo tanto puede representar un mayor importe a deducir como una cuantía inferior, puesto que el tipo autonómico de la deducción aumenta en 1,5 puntos para ciertos colectivos, pero disminuye en igual cuantía para todos los demás contribuyentes[23]. Por tanto, sólo Cataluña se ha atrevido a disminuir el importe de la deducción por vivienda[24]. En todos los demás casos, la deducción autonómica consiste en una cuantía adicional a la de la deducción general que oscila entre un mínimo del 2% (Andalucía) y un máximo del 5% (Baleares y Murcia). Sin embargo, la existencia de numerosos requisitos y matizaciones sobre la aplicación de las diferentes deducciones autonómicas obliga a una mayor concreción.

En primer lugar, cabe destacar que la mayoría de comunidades limitan la aplicación de la deducción a la renta de los contribuyentes, excepto en Asturias y Murcia donde se aplica con independencia del nivel de renta, aunque en Murcia la deducción es más generosa si las rentas del contribuyente no superan una determinada cuantía. Ahora bien, los límites de renta considerados no son coincidentes, produciéndose diferencias considerables, en especial para declaraciones conjuntas. Además, tampoco coincide el concepto considerado de renta, puesto que para algunas comunidades es la parte general más la parte especial de la renta, es decir, la suma de las rentas netas antes de aplicar los mínimos exentos (Baleares y La Rioja), mientras que en Valencia es la base imponible total, es decir, después de los mínimos. Por su parte, en Andalucía, y de forma sorprendente, ya que no parece justificable desde un punto de vista económico, sólo se toma como renta la base imponible general, sin considerar por tanto las posibles ganancias de capital de la parte especial. En Extremadura se especifica incluso otro criterio de renta diferente a los anteriores, que en algunos casos puede llevar a que el contribuyente deba calcular una renta no coincidente con ninguno de los conceptos de renta previstos en la declaración del IRPF.

23. Así, en el tramo autonómico de la deducción se aplica, con carácter general, un tipo del 3,45% (cuando el tipo que se aplica si la CA no lo ha modificado es del 4,95%) y los porcentajes incrementados por la utilización de financiación ajena son el 6,75% y el 5,10% (frente a los tipos del 8,25 y 6,60%, respectivamente). Sin embargo, los contribuyentes que se encuentren en alguna de las siguientes circunstancias, edad no superior a los 32 años y con una base imponible no superior a los 30.000 euros, haber estado en paro al menos 183 días del año, tener una discapacidad igual o superior al 65% o formar parte de una unidad familiar que incluya al menos un hijo, tienen derecho a aplicarse un porcentaje general mayor del 6,45%, que en los supuestos de financiación ajena aumenta hasta el 9,75% y el 8,10%.

24. Esto significa que sólo en Cataluña el tipo efectivo de algún contribuyente puede ser superior al que resultaría de aplicar la normativa básica estatal. En todas las demás CCAA, el tipo efectivo será inferior o igual, según resulte de aplicación o no alguna de las deducciones autonómicas establecidas.

Cuadro 8. Deducciones por adquisición de la vivienda habitual (2003)

	Andalucía	*Asturias*	*Baleares*	*Cataluña(tramo autonómico deducción gral.)*	*Extremadura*	*Murcia*	*La Rioja*	*Valencia*
Condición renta	SÍ	NO	SÍ	NO	SÍ	NO	SÍ	SÍ
Límite de renta	18.000 (22.000 cjta.)	–	18.030,36 (30.050,60 cjta.)	–	18.000	–	18.030,36 (30.050,61)	12.533,60 (doble SMI)
Concepto de renta	Base imponible general	–	Parte general y especial de la renta	–	Rtos. íntegros + imputaciones renta + ΔV patr. – gastos deduc.	–	Parte general y especial de la renta	Base imponible general y especial
Importe	2%	3%	5%	General: –1,5% Especial: + 1,5%	3%	3%, 5% lim. 300	3%	3%
Base deducción	Todas las cantidades satisfechas	Cantidades satisfechas, excepto intereses	Todas las cantidades satisfechas	Todas las cantidades satisfechas	Cantidades satisfechas, excepto intereses	Todas las cantidades satisfechas	Todas las cantidades satisfechas	Cantidades satisfechas, excepto intereses
Base máxima	9.015,18	12.020,24	9.015,18 base empleada en la deducción gral.	9.015,18	9.015,18	9.015,18 – base empleada en la deducción estatal	9.015,18 – base empleada en la deducción estatal	NO
Ahorro del ejercicio	SÍ	NO	NO	SÍ	SÍ	SÍ	SÍ	SÍ
Supuestos deducibles	Adquisición	Adquisición	Adquisición	Adquisición y cuenta vivienda	Adquisición vivienda nueva de protección pública	Adquisición vivienda nueva	Adquisición y cuenta vivienda	Adquisición
Beneficiarios	≤ 34 años o vivienda protegida	Contribuyentes discapacitados o cónyuge, desc. y asc. discapacitados	≤ 34 años	Régimen especial: ≤ 32 años y BI ≤ 30.000, parados, discapacidad o familia con hijo	≤35 años	≤35 años y para tipo aumentado la renta no supere unos límites	≤35 años	≤35 años y discapacitados

Cuadro 9. Deducciones por arrendamiento de la vivienda habitual (2003)

	Andalucía	*Asturias*	*Baleares*	*Cataluña*	*Galicia*	*Madrid*	*Valencia*
Límite de renta	18.000 (22.000 cjta.)	22.000 (31.000 cjta.)	18.030,36 (30.050,60 cjta.)	20.000 (30.000 cjta.)	22.000	22.500 (31.700 cjta.)	21.035 (30.500 cjta.)
Concepto de renta	Base imponible general	Parte general y especial de la renta	Parte general y especial de la renta	Base imponible general y especial	Parte general y especial de la renta	Parte general y especial de la renta	Parte general y especial de la renta
Importe	10%	5%	10%	10%	10%	20%	10%
Máximo	150	250	200	300 (600 cjta.)	300	700	180
Beneficiarios	≤ 34 años	Todos	≤ 34 años	≤ 32 años, parados, discapacitados y viudos > 65 años	≤ 35 años	≤ 34 años	Todos
Otros requisitos	–	Alquiler > 15% suma rentas	No propiedad 70 km	Alquiler > 10 % suma rentas		Alquiler > 10% suma rentas	No propiedad 100 km

Otra cuestión a resaltar tiene que ver con las cuantías que integran la base de la deducción, puesto que mayoritariamente se incluyen todas las cantidades satisfechas, pero en Asturias, Extremadura y Valencia se excluyen los intereses. El límite absoluto de la base de la deducción también varía según los casos, ya que puede coincidir con el de la base de la deducción general (Andalucía, Cataluña y Extremadura), puede ser igual a 9.015,18 menos el importe empleado en la base de la deducción general (Baleares, La Rioja y Murcia), por lo que si se ha empleado en su totalidad la base de la deducción autonómica es nula[25], o puede ser una cuantía diferente (Asturias). Incluso como sucede en Valencia puede no existir un límite absoluto explícito sobre la base de la deducción, aunque existe un límite implícito derivado de la exigencia conjunta de que el nivel de rentas de los contribuyentes no supere el doble del salario mínimo interprofesional y de que las cantidades satisfechas deducibles procedan de ahorro del año. Este último requisito, exigible también en la deducción general, únicamente no resulta de aplicación en Asturias y Baleares[26]. Asimismo, por lo general los supuestos deducibles se refieren a las cantidades destinadas a la adquisición de la vivienda habitual, pero Murcia exige además que ésta sea nueva y Extremadura que sea nueva y de protección pública. En Cataluña y La Rioja también se incluyen las aportaciones a una cuenta vivienda.

Finalmente, las deducciones autonómicas se dirigen únicamente a ciertos grupos de contribuyentes como son, en general, los jóvenes, aunque con conceptos de jóvenes no siempre coincidentes (por lo general, hasta una edad no superior a los 35 años, aunque en algunos casos se reduce hasta los 34 como en Baleares o incluso los 32 años en Cataluña) y/o los discapacitados (con un grado de discapacidad igual o superior al 65%)[27]. Finalmente, es importante destacar que en tres CCAA (Andalucía, Asturias y Valencia) existe otra deducción adicional para beneficiarios de ayudas para la adquisición de vivienda habitual protegida, que consiste en una cuantía fija (30 en Andalucía, 100 en Asturias y 90,15 en Valencia).

5.4. Deducciones por arrendamiento de la vivienda habitual

La deducción por arrendamiento de la vivienda habitual se regula en 2003 por siete CCAA (Cuadro 9), configurándose como una deducción porcentual sobre el alquiler pagado, hasta una cuantía máxima deducible. El porcentaje suele ser del 10%,

25. No obstante, de la resta por la base empleada en la deducción general se excluyen en las tres comunidades las cantidades destinadas, en su caso, a obras de adecuación de la vivienda por razón de minusvalía.

26. Aunque es un requisito que no se suele comentar, la aplicación de las deducciones por inversión en la vivienda habitual está condicionada a que el importe comprobado del patrimonio del contribuyente al finalizar el período impositivo exceda del valor que arrojase su comprobación al comienzo del mismo al menos en la cuantía de las inversiones realizadas, sin computar los intereses y demás gastos de financiación. Por tanto, se exige que la cuantía dedicada a la vivienda proceda de ahorro generado durante el periodo impositivo.

27. Incluso en el caso de Valencia, la deducción por discapacidad es compatible con la deducción por edad.

excepto en Asturias que es del 5% y en Madrid que llega al 20%. No obstante, este porcentaje queda sujeto al límite absoluto fijado que oscila entre un mínimo de 150 en Andalucía hasta un máximo de 700 en Madrid. Cabe destacar que todas las comunidades ofrecen la posibilidad de aplicar esta deducción solamente a aquellos contribuyentes cuyas rentas no superen un límite estipulado, cuya cuantía como sucedía en la deducción por adquisición de vivienda también varía notablemente entre CCAA, así como el concepto de renta establecido. Mayoritariamente se toma la suma de las partes general y especial de la renta (Asturias, Baleares, Galicia, Madrid y Valencia), pero Cataluña toma las bases imponibles general y especial, mientras que Andalucía, como ya sucedía en la deducción por adquisición, solamente toma en consideración la base imponible general, aspecto que como ya dijimos entonces no parece muy lógico desde un punto de vista económico.

Los posibles beneficiarios de la deducción suelen ser únicamente los jóvenes, aunque en Cataluña también se extiende a otros colectivos determinados, mientras que en Asturias y Valencia cualquier contribuyente se puede beneficiar de la deducción. Igualmente, inspirándose seguramente en el criterio fijado por la antigua deducción por alquileres que establecía la Ley 18/1991, en Asturias, Cataluña y Madrid se exige que el importe del alquiler pagado represente por lo menos un porcentaje determinado de la renta neta total (15% en Asturias y el 10% en los otros casos). Finalmente, dos comunidades (Baleares y Valencia) exigen además que no se tenga en propiedad ninguna vivienda en una distancia determinada. Por otro lado, debe destacarse que Valencia también establece una deducción por arrendamiento de vivienda, compatible con la anterior, cuando sea como consecuencia de realizar una actividad en un municipio distinto al de la residencia y que la vivienda arrendada esté a más de 100 Km. del anterior lugar de residencia.

La comparación entre esta deducción y la anterior por adquisición de la vivienda permite observar la incoherencia que supone en el caso de Valencia la adopción de conceptos diferentes de renta, puesto que para la deducción por arrendamiento se toma la suma de las partes general y especial de la renta, mientras que para la deducción por adquisición se toma la suma de las bases imponibles[28].

6. Los tipos medios efectivos en el IRPF por CCAA

Con el objetivo de tener una medida sintética que permita comparar las políticas impositivas de las CCAA se calculan los tipos medios efectivos del IRPF por CCAA, siguiendo la metodología de la OCDE aplicada en su publicación *Taxing Wa-*

28. El límite de renta para las dos deducciones también difiere, aunque en este caso se podría justificar un límite menor para la adquisición en que la existencia de una deducción general sobre la vivienda aplicable para todos los contribuyentes permite que el ámbito de beneficiarios de la deducción autonómica sea más reducido y/o por un deseo de favorecer en especial el alquiler.

ges (explicada en el epígrafe 3.2.3), para diversos contribuyentes considerados representativos. Los aspectos más relevantes a destacar de los supuestos considerados son los siguientes:

- El salario bruto medio de un trabajador a tiempo completo en el sector industrial (28.030), tomado de las estadísticas del Instituto Nacional de Industria, constituye la única fuente de ingresos del contribuyente.
- El salario considerado es igual al 67%, al 100% y al 167% del salario medio para tener en cuenta tres niveles diferentes de renta.
- Las circunstancias personales y familiares que se tienen en cuenta son estado civil (soltero de 30 años o matrimonio con un solo perceptor de rentas), hijos (sin o con dos hijos de 0 y 2 años) y régimen de vivienda (vivienda habitual en propiedad o en alquiler).
- El tipo efectivo se calcula como la relación entre la cuota líquida total (estatal más autonómica) respecto a la suma de las partes general y especial de la base imponible, esto es, la suma de las rentas netas antes de la aplicación de los mínimos.

Por tanto, para cada supuesto considerado, se calcula el tipo efectivo del IRPF del ejercicio 2003, mediante un sencillo programa informático de simulación desarrollado al efecto que permite determinar los tipos para las quince CCAA de régimen común.

El tipo efectivo entre CCAA sólo varía cuando por las circunstancias personales y familiares del contribuyente resulta de aplicación alguna de las deducciones autonómicas aprobadas para 2003, puesto que ninguna comunidad ha modificado la tarifa autonómica. Si las deducciones resultan de aplicación, se pueden producir diferencias significativas en los tipos medios efectivos entre CCAA. Estas diferencias, además, no sólo se producen entre las comunidades que han establecido alguna deducción aplicable con respecto a las que no lo han hecho, sino también entre las propias CCAA que tienen deducciones por las importantes diferencias en su configuración. Así, en la Figura 1 se muestra que para un individuo soltero con un salario inferior a la media (67%) y que paga un alquiler mensual por su vivienda habitual de 300 , el tipo efectivo del impuesto puede variar considerablemente entre CCAA. El tipo efectivo es inferior en las siete CCAA donde resulta de aplicación la deducción por alquiler, pudiendo llegar a ser el tipo hasta cuatro puntos porcentuales inferior (caso de Madrid) con respecto a las CCAA donde ese contribuyente tipo no puede aplicarse ninguna deducción. Igualmente, se observan las importantes diferencias que se producen entre CCAA según la configuración concreta de sus deducciones, diferencias que pueden llegar a ser de tres puntos porcentuales (caso de Madrid con respecto a Andalucía y Asturias). En términos absolutos significa una ahorro fiscal que varía entre 150 en Andalucía y 180 en Asturias hasta 700 en Madrid[29]. Ahora bien, si la renta de este contribuyente aumenta hasta el 100% o el

Figura 1. Tipos medios efectivos del IRPF (en %): soltero de 30 años, sin hijos, 67% salario medio y alquiler mensual de 300 .

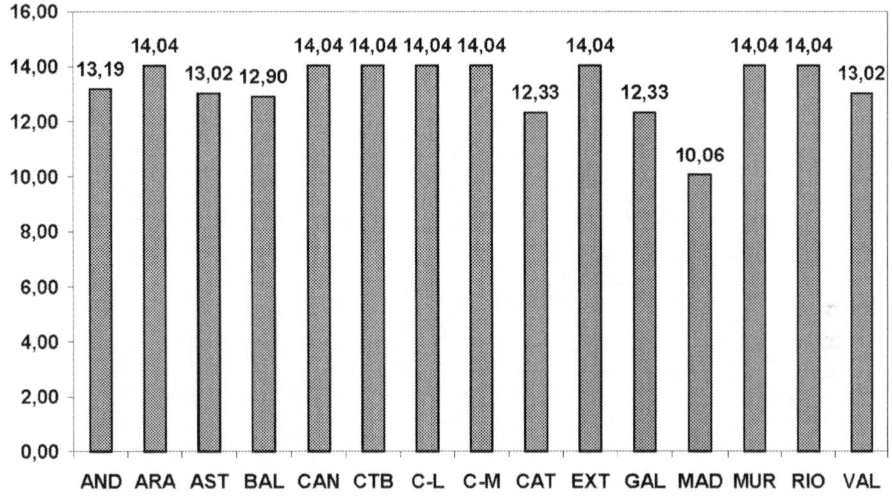

167% de la renta media, los tipos efectivos de todas las comunidades pasan a ser idénticos, puesto que el nivel de renta supera el límite estipulado por cada CA para aplicar la deducción.

Otro supuesto donde se observan importantes diferencias en los tipos medios efectivos entre CCAA se da en el caso de un matrimonio con un solo perceptor de renta[30], con dos hijos de 0 y 2 años y que son propietarios de su vivienda habitual que adquirieron hace más de dos años mediante financiación ajena. En este supuesto, y tomando el importe medio de la base de la deducción general por vivienda con financiación ajena de las estadísticas oficiales del IRPF, las variaciones en el tipo efectivo entre CCAA también dependen en gran manera del nivel de renta del hogar. Así, en la Figura 2, se muestra para los tres niveles de renta considerados, la variación porcentual en el tipo efectivo de cada comunidad con respecto al tipo efectivo que la unidad familiar soportaría si su autonomía no establece ninguna deducción o ésta no resulta de aplicación. Para el nivel bajo de renta, el tipo efectivo no varía en ninguna CA, porque aun siendo de aplicación las diversas deducciones autonómicas establecidas, éstas no llegan a tener efecto alguno por falta de cuota íntegra autonómica. En otras palabras, las deducciones no son eficaces para estos contribuyentes por falta de renta ya que la cuota líquida autonómica no puede ser negativa. Si el nivel de renta del hogar es medio, entonces sí que las deducciones autonómicas, en su caso, permiten re-

29. Obsérvese que en todos los casos, excepto en Asturias, el importe deducible por el alquiler alcanza el valor máximo establecido. Por tanto, si el alquiler pagado fuera mayor, sólo variaría el tipo efectivo en Asturias, pero no en las demás CCAA.

30. Por tanto, la declaración es conjunta por ser la más favorable.

Figura 2. Variación porcentual en los tipos medios efectivos del IRPF: matrimonio, un perceptor de rentas, dos hijos (0 y 2 años) y vivienda con hipoteca

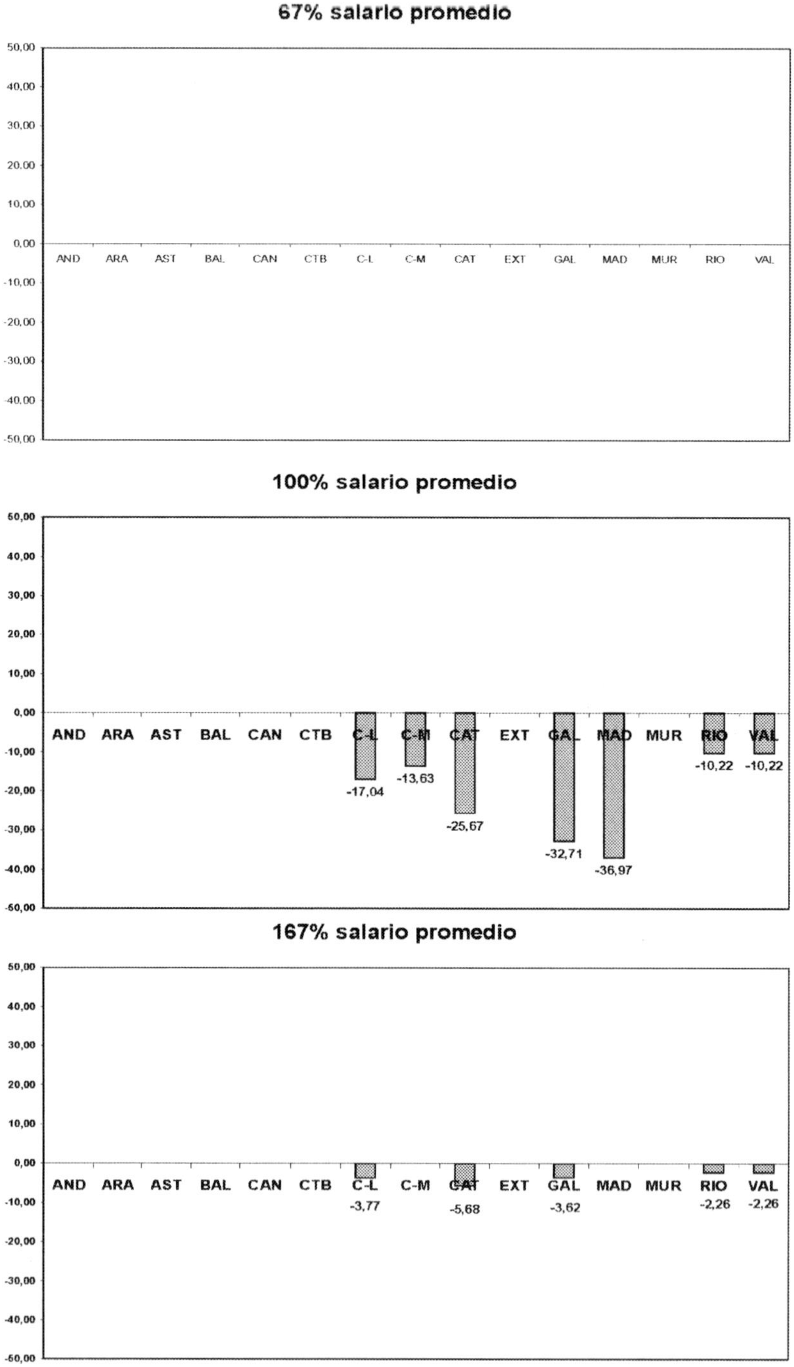

ducir la cuota del impuesto y que el tipo efectivo en ciertas comunidades sea sensiblemente inferior, con una caída que oscila entre el 10,22% (La Rioja y Valencia) y un máximo del 36,97% (Madrid). Finalmente, si consideramos un hogar con renta elevada (167% el salario promedio), las diferencias se reducen enormemente puesto que la configuración de las deducciones (en especial, la existencia de un límite de renta para la aplicación de la deducción) provoca que algunas deducciones ya no se puedan aplicar (casos de Castilla-La Mancha y Madrid).

7. Conclusiones

El análisis de las modificaciones normativas introducidas por parte de las CCAA en los impuestos cedidos permite observar una tendencia a introducir rebajas fiscales en los impuestos directos más perceptibles (IRPF e ISD) a la vez que se aumenta la presión fiscal en los impuestos indirectos menos perceptibles (ITPAJD). En el IRPF, las deducciones aprobadas en la cuota presentan un elevado casuismo, tanto por su variada naturaleza como por su diferente configuración. La aplicación de estas deducciones puede dar lugar a importantes diferencias entre CCAA en los tipos medios efectivos del impuesto dependiendo del nivel de renta y de las circunstancias personales y familiares del contribuyente considerado.

Si bien puede ser algo precipitado realizar un análisis explicativo de la tipología de cambios normativos llevados a cabo por parte de las CCAA, es inevitable intentar relacionarlos con la literatura del federalismo fiscal. Así, nos atrevemos a formular dos hipótesis que, en el futuro, merecerán ser contrastadas empíricamente. Por un lado, el progresivo mimetismo entre CCAA en los cambios legales, al menos entre gobiernos del mismo color político, puede obedecer al mecanismo de comparación relativa entre las actuaciones de los gobernantes utilizado por parte de los votantes. Ante esa comparación, el político se vería forzado, para no perder apoyos electorales, a "copiar" las políticas impositivas de sus vecinos (o, al menos, de gobiernos de su mismo color político). Por otro lado, el aumento en la presión fiscal indirecta (básicamente, ITPAJD) puede deberse a la relativa menor movilidad de esta base impositiva respecto del resto. Igualmente, la disposición de una serie suficientemente extensa de tipos impositivos efectivos debe permitir en el futuro analizar otras cuestiones planteadas por la literatura respecto de la relación entre descentralización y tamaño del sector público, así como su impacto sobre el nivel de redistribución personal.

Finalmente, cabe decir que la elevada casuística detectada en el IRPF respecto del diseño de las deducciones autonómicas, puede entenderse como un subproducto beneficioso del propio proceso de descentralización fiscal. En ese sentido, a menudo las estructuras descentralizadas se interpretan como un "laboratorio de ideas" que, a través de la diversidad de políticas públicas, permite la innovación (Oates, 1999). Así pues, en el futuro, también será interesante evaluar qué tipo de cambios fiscales en las deducciones del IRPF han alcanzado un mayor grado de efectividad, ya sea respecto de las políticas de fomento de la natalidad (véase, a modo de ejemplo, el análisis de Laroque y Salanié, 2003, aplicado al caso francés) o de acceso a la vivienda para los más jóvenes.

Referencias bibliográficas

AMO, L. del, R. Gimeno (2004), *Notas sobre la normativa autonómica en tributos cedidos*, Servicios de Estudios del REAF.

Agencia Tributaria (varios años), *Manual práctico de renta*, Ministerio de Hacienda.

ANDERSON, J. E., H. VAN DEN BERG (1998): "Fiscal decentralization and government size: an international test for Leviathan accounting for unmeasured economic activity", *International Tax and Public Finance*, 5, 171-186.

BESLEY, T., A. CASE (1995): "Incumbent Behavior: Vote Seeking, Tax Setting and Yardstick Competition", *American Economic Review*, 85(1), 25-45.

BESLEY, T., M. SMART (2003): "Fiscal Restraints and Voter Welfare", mimeo.

BALDWIN, R., P. KRUGMAN (2000): "Agglomeration, Integration and Tax Harmonization", Discussion Paper nº 2630, CEPR, Londres.

BRENNAN, G., J. BUCHANAN (1980): *The Power to Tax: Analytical Foundations of a Fiscal Constitution*, Cambridge University Press.

BRUECKNER, J. K. (2004): "Fiscal Decentralization with Distortionary Taxation: Tiebout vs. Tax Competition", *International Tax and Public Finance*, 11, 133-153.

BUCOVETSKY, S., J. D. WILSON (1991): "Tax competition with two instruments", *Regional Science and Urban Economics*, 96, 329-341.

CAREY, D., H. TCHILINGUIRIAN (2000): "Average Effective Tax Rates on Capital, Labour and Consumption", Economics Department Working Papers nº 258, París.

CLARK, W. S. (2003): "Using Micro-data to assess average tax rates", CESIfo Working Paper nº 966, Munich.

CREMER, H., V. FOURGEAUD, M. LEITE-MONTEIRO, M. MARCHAND, P. PESTIEAU (1996): "Mobility and Redistribution: A Survey", *Public Finance / Finances Publiques*, 51 (3), 325-352.

CREMER, H., P. PESTIEAU (2003): "Factor mobility and redistribution", en *Handbook of Urban and Regional Economics*, Vol. 4, J.V. Henderson y J-F Thisse (eds.), Elsevier, Amsterdam.

DE HAAN, J., B. VOLKERINK (2000): "Effective tax rates in macroeconomics: A note", mimeo, University of Groningen, Groningen.

DEVERAUX, M.P., R. GRIFFITH, A. KLEMM (2002): "Corporate income tax reforms and international tax competition", *Economic Policy*, 35, 451-95.

DOWNS, A. (1957): *An Economic Theory of Democracy*, Harper and Row, New York.

EDWARDS, J., M. J. KEEN (1996): "Tax competition and Leviathan", *European Economic Review*, 40, 113-34.

FELD, L., G. KIRCHGÄSSNER, C. A. SCHALTEGGER (2004): "Decentralized Taxation and the Size of Government: Evidence from Swiss State and Local Governments", Discussion Paper Series "Fiscal federalism and economic growth" nº 5, Philipps-University Marburg, Public Finance Group.

FELDSTEIN, M., M. VAILLANT (1994): "Can State taxes redistribute income?", *Journal of Public Economics*, 68 (3), 369-396.

HANGE, U., D. WELLISCH (1998): "The Benefit of Fiscal Decentralization", *Finanzarchiv*, 55, 315-327.

HEADY, C. (2003): "The "Taxing Wages" Approach to Measuring the Tax Burden on Labour", CESIfo Working Paper nº 967, Munich.
HINDRIKS, J. (2001): "Mobility and Redistributive Politics", *Journal of Public Economic Theory*, 3 (1), 95-120.
HUIZINGA, H., C. MARTÍNEZ-MONGAY (2001): "Labor Taxation in the European Union", mimeo.
IMMERVOLL, H. (2002): "The Distribution of Average and Marginal Effective Tax Rates in European Union Member States", University of Cambridge, Cambridge.
JANEBA, E., G. SCHJELDERUP (2004): "Why Europe Should Love Tax Competition – and the US Even More So", mimeo.
KEEN, M., C. KOTSOGIANNIS (2002): "Does federalism lead to excessively high taxes?", *American Economic Review*, 92(1), 363-370.
– (2003): "Leviathan and Capital Tax Competition in Federations", *Journal of Public Economic Theory*, 5 (2), 177-199.
KING, M. A., D. FULLERTON (1984): *The Taxation of Income from Capital*, Chicago, The University of Chicago Press.
KOPCZUK, W., J. SLEMROD, S. YITZHAKI (2003): "The limitations of decentralized world redistribution: An optimal taxation approach", *European Economic Review*, en prensa.
LAROQUE, G., SALANIÉ, B. (2003): "Fertility and Financial Incentives in France", mimeo.
LUCAS, R. (1990): "Supply-Side Economics: An Analytical Review", *Oxford Economic Papers*, 42(2), 293-316.
Memento práctico fiscal (varios años), Francis Lefebvre.
MENDOZA, E.G., A. RAZIN, L.L. TESAR (1994): "Effective tax rates in macroeconomics. Cross-country estimates of tax rates on factor incomes and consumption", *Journal of Monetary Economics*, 34, 297-323.
MENDOZA, E.G., G. M. MILESI-FERRETTI, P. ASEA (1997): "On the ineffectiveness of tax policy in altering long-run growth: Harberger's superneutrality conjecture", *Journal of Public Economics*, 66, 99-216.
NISKANEN, W. A., Jr. (1971): *Bureaucracy and Representative Government*, Aldine-Atherton, Chicago.
OATES, W. E. (1972): *Fiscal Federalism*, New York: Harcout Brace, Jovanovich.
– (1985): "Searching for Leviathan: An Empirical Study", *American Economic Review*, 75, 748-757.
– (1999): "An Essay on Fiscal Federalism", *Journal of Economic Literature*, 37, 1120-1149.
OCDE (publicación de carácter anual): *Taxing wages*, París.
OLSON, M. (1969): "The principle of "fiscal 0equivalence": The division of responsibilities among different levels of government", *American Economic Review*, 59, 479-487.
PAULY, M. V. (1973): "Income redistribution as a local public good", *Journal of Public Economics*, 2, 35-58.
RAFF, H., J. D. WILSON (1997): "Income redistribution with well-informed local governments", *International Tax and Public Finance*, 4, 407-427.
RODDEN, J. (2002): "Reviving Leviathan: Fiscal Federalism and the Growth of Government", mimeo.
SALMON, P. (1987): "Decentralization as an Incentive Scheme", *Oxford Review of Economic Policy*, 3(2), 24-43.
SCHOTCHMER, S. (2002): "Local public goods and clubs", en *Handbook of Public Economics*, Vol. 4, Auerbach, A., M. Feldstein (eds.), North Holland, Amsterdam.
SOLÉ-OLLÉ (2003): "Electoral accountability and tax mimicking: the effects of electoral margins, coalition government, and ideology", *European Journal of Political Economy*, 19/4, 685-713.
SORENSEN, P.B. (2003): "Measuring taxes on capital and labour- An overview of methods and issues", mimeo, University of Copenhagen and EPRU, Copenhagen.
TIEBOUT, C. M. (1956): "A Pure Theory of Public Expenditures", *Journal of Political Economy*, 64, 416-424.
VOLKERINK, B., J. de Haan (2001): "Tax Ratios: A Critical Survey", *OECD Tax Policy Studies*, nº 5.
WELLISCH, D. (2000): *Theory of Public Finance in a Federal State*, Cambridge University Press.

WILDASIN, D. E. (1991): "Income redistribution in a common labor market", *American Economic Review*, 81, 757-774.

WILSON, J. (1986): "A theory of interregional tax competition", *Journal of Urban Economics*, 296-315.

ZAX, J. S. (1989): "Is There a Leviathan in your neighborhood?", *American Economic Review*, 78, 560-567.

ZODROW, G., P. MIESZKOWSKI (1986): "Pigou, property taxation and the underprovision of local public goods", *Journal of Urban Economics*, 19, 356-370.

CAPÍTULO 3
LA IMPOSICIÓN AMBIENTAL AUTONÓMICA

ALBERTO GAGO
XAVIER LABANDEIRA
FIDEL PICOS
MIGUEL RODRÍGUEZ
Universidad de Vigo

1. Introducción

Durante las últimas décadas numerosos países han creado impuestos que gravan la emisión de sustancias contaminantes a los distintos medios naturales. Esto se explica fundamentalmente por el agravamiento o aparición de nuevos problemas ambientales de alcance espacial diverso (local, regional y global), y por las propiedades coste eficientes de esta alternativa cuando se compara con otras opciones regulatorias. En esencia, un impuesto ambiental consigue internalizar efectos externos negativos a un mínimo coste (eficiencia estática) y constituye un incentivo continuo a la adopción de conductas beneficiosas desde un punto de vista ambiental (eficiencia dinámica). En ocasiones los impuestos ambientales han formado parte de propuestas más amplias de reforma fiscal (verde), posibilitando la reducción de la imposición sobre la renta y cotizaciones sociales para obtener un dividendo adicional a los anteriormente mencionados en términos de bienestar.

Sin embargo, España ha permanecido relativamente ajena al uso de estos instrumentos y a este proceso generalizado de innovación fiscal. El gobierno central español incluso ha puesto en práctica una estrategia defensiva, al amparo de los requisitos de unanimidad que se imponen dentro de la Unión Europea para la armonización fiscal, encaminada a proteger la posición competitiva de la economía española. Por su parte, los gobiernos locales no han sabido o podido aprovechar la gran oportunidad que se les presentaba con estas figuras.

Esto no quiere decir que la imposición ambiental sea desconocida en España, puesto que los sistemas fiscales de los gobiernos autonómicos usan de forma crecien-

* Agradecemos los comentarios recibidos durante el seminario sobre *Financiación, Solidaridad Interterritorial y Políticas Tributarias de las Comunidades Autónomas* (Barcelona, 2004) y la *Joint CAFE-NEBEI Conference on Policy Instruments to Reduce Air Pollution* (Bruselas, 2004) , así como el soporte financiero del Ministerio de Educación y Ciencia y FEDER (proyecto SEC200203095) y de la Xunta de Galicia (proyecto PGIDIT03PXIC30008PN). Cualquier error u omisión es de nuestra única responsabilidad.

te estos instrumentos desde hace casi veinticinco años. Se trata de una experiencia federal muy interesante, aunque poco coordinada y plagada de tensión institucional, que debe explicarse fundamentalmente por las restricciones tributarias a que se han visto sometidos los gobiernos regionales.

Este capítulo se propone analizar y valorar los desarrollos autonómicos en este campo, para lo que se estructura en seis apartados incluyendo esta introducción y las correspondientes conclusiones. Procedemos así con un segundo epígrafe de contexto fiscal, en el que se revisa someramente el poder tributario autonómico, sus restricciones y desarrollos. En el tercer apartado nos ocupamos de fundamentar brevemente la imposición ambiental, reflexionando sobre su papel en un contexto multijurisdiccional. El epígrafe cuarto, el núcleo del trabajo, se ocupa de revisar, explicar y valorar el amplio catálogo de aplicaciones autonómicas con estos instrumentos.

De todo lo precedente pueden extraerse lecciones que proyectan el futuro de la imposición ambiental en los sistemas fiscales autonómicos, recogidas en el quinto epígrafe. Entendemos así que la ausencia de una estrategia ambiental consistente detrás de la experiencia regional ha llevado a un mal diseño y aprovechamiento de estas figuras. El futuro depara probablemente un menor papel para la imposición dentro de las políticas ambientales, aunque debemos esperar actuaciones impositivas intensas en el campo de los residuos sólidos, el transporte o el turismo. Es en estos campos donde creemos que las administraciones regionales pueden y deben jugar un papel relevante.

2. La tributación propia autonómica

Los tributos propios autonómicos son el máximo reflejo del poder tributario de las comunidades autónomas, dotando a estas administraciones de un instrumento de autonomía financiera en un contexto de baja corresponsabilidad fiscal. Estos tributos son de creación voluntaria y se caracterizan por permitir a las comunidades autónomas la definición y gestión íntegra de todos sus componentes, en contraste con la situación de los impuestos cedidos.

Estos tributos se encuentran regulados por la LOFCA, que en sus artículos 6 y 9 establece importantes limitaciones para su introducción. En particular, éstas incluyen la prohibición expresa de utilizar hechos imponibles gravados por el estado, la imposibilidad de actuar sobre materias reservadas a las corporaciones locales salvo habilitación legal y compensación o la prohibición de establecer gravámenes sobre rendimientos o bienes situados fuera de la comunidad correspondiente y de establecer obstáculos a la libre movilidad de bienes y factores productivos en el territorio español.

Especialmente importantes son las dos primeras restricciones, establecidas para evitar fenómenos de doble imposición, puesto que el nacimiento tardío de las comunidades autónomas implica que la mayor parte de hechos y materias imponibles se encuentre ya en manos de otras administraciones. Ante esto las comunidades han optado por establecer impuestos de naturaleza preferentemente regulatoria o extra-fiscal, generalmente asociados a una escasa capacidad recaudatoria y en constante conflicto interpretativo con la administración central.

Los campos de actuación preferentes han sido fundamentalmente tres: la imposición sobre explotaciones agrarias, la tributación sobre el juego y la imposición ambiental. También se observan experiencias más puntuales sobre suelo y edificaciones ruinosas, grandes establecimientos comerciales, banca y turismo. El Cuadro 1 recoge los tributos propios no ambientales de las distintas comunidades autónomas, indicando el año de promulgación de la ley reguladora.

Cuadro 1. Tributos propios no ambientales en 2004

	Tierras infrautilizadas	*Aproveech. cinegéticos*	*Juego bingo*	*Loterías*	*Instalación máquinas*	*Grandes áreas comerciales*	*Banca*	*Turismo*
Andalucía	1984		1999					
Aragón								
Asturias	1989		1992					
Baleares			1990	1990 (i)				2001 (d)
Canarias								
Cantabria			1988					
Castilla-La Mancha			1984					
Castilla-León								
Cataluña			1984			2000		
C. Valenciana			1985					
Extremadura	1986, 1987	1986						
Galicia			1991				2001	
La Rioja								
Madrid			1994		2000			
Murcia			1984					
Navarra								
País Vasco			1992					

Fuente: Elaboración propia.
Notas: (i) declarado inconstitucional; (d): derogado.

La importancia recaudatoria de estas figuras es, como ya se avanzó, mínima. En la actualidad representan en torno al 2% de los ingresos tributarios autonómicos, dada la potencia de los tributos cedidos después de 2002. El Cuadro 2 indica la importancia relativa de los distintos tributos propios, siendo evidente la relevancia de la tributación ambiental, que copa en torno al 85% de los ingresos por este concepto y es seguida muy de lejos por la tributación sobre el juego. Es por ello que cualquier análisis del poder tributario propio autonómico debe centrarse en este tipo de tributos.

3. Los fundamentos de la imposición ambiental subcentral

Un impuesto ambiental es un pago obligatorio relacionado con la descarga de sustancias contaminantes al medio ambiente, cuyo objetivo es precisamente limitar el

Cuadro 2. Ingresos por tributos propios autonómicos en 2002

	Mllones	%
Cánones saneamiento	477,5	49,9
Combustibles fósiles	252,4	26,3
Juego	149,4	15,6
Resto ambientales	58	6,0
Grandes establecimientos	12	1,3
Solares y edificaciones	5,5	0,6
Aprovechamientos cinegéticos	3	0,3
Total	958	100,0

Fuente: Ministerio de Hacienda y elaboración propia.

deterioro del medio natural. Como todo impuesto, la recaudación se obtiene de multiplicar un tipo impositivo, idealmente relacionado con el daño ambiental ocasionado por la unidad de descarga gravada, por una base imponible. La base imponible se calcula preferiblemente de forma directa, a través de medición de las descargas, aunque en ocasiones la viabilidad administrativa se ve potenciada por sistemas de estimación indirecta u objetiva. Asimismo, el impuesto es ambiental por sus efectos en términos de ingresos públicos, no por la afectación de su recaudación a fines ambientales.

La superioridad regulatoria de los impuestos ambientales, encuadrados dentro de los denominados instrumentos económicos de política ambiental, es bien conocida. Frente a las regulaciones convencionales, estos instrumentos son flexibles y descentralizan las decisiones sobre cuánto y cómo contaminar en los contaminadores. En un contexto de información asimétrica y con muchos agentes implicados, que dificultan el diseño y funcionamiento regulatorio convencional, los instrumentos económicos emulan el comportamiento del mercado por sus características y efectos. En particular, los impuestos funcionan a modo de un precio pagado por contaminar, que lleva a los contaminadores a igualar entre sí sus costes marginales de descontaminar (y mínimos totales). A esa eficiencia estática se une otra dinámica, puesto que los contaminadores tienen incentivos continuos a reducir sus emisiones y evitar así pagos fiscales[1].

Los impuestos ambientales, además de ser coherentes con los principios fiscales dominantes (imposición indirecta, aplicada sobre productos y consumos, sin preocupación por la equidad vertical y con una aplicación relativamente sencilla), pueden generar beneficios adicionales en el intercambio con imposición directa. Esto es así porque, a las ganancias de eficiencia derivables de las reducciones en los tipos máximos (dividendo fiscal), se añaden otras ganancias de naturaleza estrictamente ambiental, asociadas a su carácter disuasorio-corrector (dividendo ambiental). Todo lo anterior da lugar al denominado modelo de reforma fiscal verde, donde una imposi-

1. Para más información sobre la definición, diseño y propiedades de impuestos ambientales véase Gago y Labandeira (1999).

ción ambiental potente y estable de naturaleza energética pasa a convertirse en actor principal de los cambios tributarios (Gago y Labandeira, 2000).

Los impuestos ambientales generan efectos económicos de distinta naturaleza, entre los que destacan los ya mencionados de eficiencia y los de naturaleza distributiva, que deben ser objeto de análisis específicos. Así, ya se comentó que la aplicación de un tipo impositivo actúa como sustituto de un precio y permite la corrección de la externalidad a través de modificaciones en el comportamiento de los agentes. Asimismo, el impuesto permite obtener una recaudación que se puede utilizar para mejorar la eficiencia del sistema fiscal o para compensar efectos distributivos que comprometan su aplicación (ver Gago, Labandeira y Rodríguez, 2001).

Por otro lado, las consideraciones espaciales tienen una especial relevancia en la regulación de bienes y problemas ambientales. En primer lugar porque habitualmente hay efectos ambientales cruzados entre regiones debido a los procesos de difusión de los contaminantes. En segundo lugar porque las regiones están vinculadas económicamente a través de la movilidad de bienes y factores que generan efectos ambientales. En tercer lugar porque la calidad del bien ambiental de una región puede introducirse en las funciones objetivo de los agentes de otra región. Finalmente, porque las regiones pueden estar vinculadas por sistemas institucionales de transferencias o impuestos que generan efectos ambientales.

En este contexto es importante conocer el papel que estos impuestos pueden jugar en un sector público descentralizado, bien a partir de la naturaleza espacial del problema ambiental o del alcance geográfico de éste. En el primer caso ha de distinguirse entre fenómenos ambientales 'no uniformes', en los que la localización del contaminador es fundamental a la hora de determinar el daño (ejemplo, la lluvia ácida), y aquéllos 'uniformes' en los que ésta tiene poca o nula relevancia (ejemplo, cambio climático). La gestión óptima de problemas uniformes a través de impuestos exigiría tipos impositivos variables según localización, lo que puede recomendar una asignación subcentral de estos instrumentos para facilitar su gestión.

A efectos de asignación jurisdiccional de impuestos ambientales, no obstante, tiene más relevancia el alcance geográfico del bien o problema ambiental que se desean regular. Teniendo en cuenta el carácter público de los bienes ambientales, la asignación jurisdiccional debería seguir los preceptos de la teoría del federalismo fiscal. En este sentido, el concepto de equivalencia fiscal llevaría a atribuir los impuestos ambientales a aquellas jurisdicciones donde se agotasen los costes y beneficios asociados al bien ambiental (Olson, 1969). En un modelo de equilibrio parcial básico con una externalidad ambiental, esta solución se observa en la Figura 1.

Figura 1. Impuestos ambientales óptimos con problemas ambientales variables

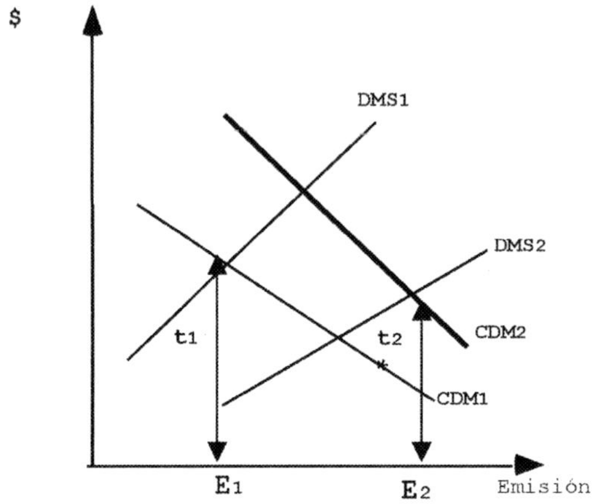

Fuente: Peltzman y Tideman (1972).

El nivel óptimo de emisiones es aquel en el que los daños marginales sociales de la contaminación (DMS) igualan a los costes marginales de descontaminar (CMD), por lo que ante dos problemas ambientales con distinto alcance (1 y 2) cualquier solución impositiva central sería ineficiente. El óptimo se daría sólo cuando las jurisdicciones 1 y 2 eligiesen tipos impositivos *t1* y *t2* que llevasen a las emisiones *E1* y *E2*. Por supuesto, sería posible conseguir una solución eficiente centralizada con variación de tipos entre jurisdicciones, aunque las dificultades informacionales y de gestión serían significativas. En este caso el medio ambiente tiene las características de un bien público local y, por tanto, su regulación debe ser asignada a la administración subcentral correspondiente. La equivalencia fiscal se justifica por la variación espacial de las preferencias de los agentes, que hace que cualquier aproximación centralizadora sea ineficiente (ver Peltzman y Tideman, 1972).

Esta conclusión es compatible con las obtenidas por Oates y Schwab (1988) que muestran como, en determinadas circunstancias, las comunidades subcentrales tienden a la selección de incentivos fiscales para nuevas industrias y niveles de emisiones (relacionados con bienes ambientales subcentrales) socialmente óptimos a pesar de estar en situación de competencia interjurisdiccional. Sin embargo, otros autores han sugerido que tipos impositivos variables entre jurisdicciones podrían causar competencia fiscal destructiva y llevar a pérdidas de eficiencia generalizadas. Básicamente, en este caso las externalidades ambientales estarían sobredimensionadas porque la unidad subcentral intentaría atraer a las actividades económicas móviles (Cumberland, 1981).

Una forma de resolver esta ambigüedad teórica sobre la existencia de competencia fiscal a través de impuestos ambientales subcentrales es a través de la evidencia empírica sobre posibles movimientos factoriales originados por regulaciones ambientales variables geográficamente. La mayor parte de los trabajos rechazan esta hipótesis porque no se han observado alteraciones significativas en la localización de plantas, flujos comerciales o exportaciones netas ante modificaciones en las regulaciones ambientales [véase, por ejemplo, Jaffe y otros (1995)].

En resumen, hay sustento teórico y empírico del uso de impuestos ambientales por parte de autoridades subcentrales (y supraestatales) con autonomía en la definición de los tipos impositivos. Aun así, puede ser deseable definir un nivel mínimo central de fiscalidad ambiental entre territorios que garantice una calidad ambiental aceptable a lo largo del estado. Incluso hay autores que defienden una variación geográfica de los tipos impositivos pero decidida y gestionada por una unidad central, evitando así comportamientos estratégicos.

También es conveniente analizar la asignación de la recaudación ambiental, incluso cuando la definición y aplicación de tipos impositivos tienen una naturaleza jurisdiccional determinada. Así, Smith (1995) argumenta que la imposición sobre las emisiones de dióxido de carbono debería ser definida y gestionada por la Unión Europea, a pesar de que su recaudación debería ser distribuida a jurisdicciones políticas inferiores. De esta manera se evitaría un uso estratégico de estos tributos para maximizar recursos fiscales: el que fija el impuesto no recibe los recursos y por tanto se guía por consideraciones puramente ambientales. Un arreglo de este tipo podría ser también considerado para las distintas administraciones territoriales de un estado, aunque probablemente a la inversa cuando se quieren evitar pérdidas de eficiencia: un gobierno subcentral fijaría los niveles impositivos ambientales según las preferencias de sus ciudadanos y cedería la recaudación al gobierno central.

4. La experiencia autonómica con impuestos ambientales

Hasta el momento hemos subrayado las ventajas comparativas de los impuestos ambientales en relación con otras alternativas regulatorias, a la vez que se conforman como instrumentos susceptibles de ser utilizados por distintos niveles jurisdiccionales. Finalmente, hemos observado cómo las haciendas autonómicas han incidido en la aplicación de estas figuras haciendo uso de su escasa capacidad para crear tributos propios. Esto se enmarca en una clara tendencia internacional, confirmada por la OCDE (2003) con su inventario de hasta 38 figuras ambientales de carácter subcentral y 14 países en los que esta práctica es habitual en el campo energético, transporte privado y vertidos líquidos.

Si bien el uso de impuestos ambientales está relativamente generalizado en el mundo desarrollado, en el caso español las haciendas autonómicas constituyen la excepción al prácticamente nulo interés mostrado por los otros niveles de gobierno en estos instrumentos. Esta intensa actuación de las administraciones autonómicas en este campo tiene que ver sobretodo con sus necesidades financieras y con las fuertes restricciones legales a que nos referimos en el epígrafe precedente.

El Cuadro 3 muestra los distintos impuestos ambientales existentes en las diferentes comunidades autónomas. La mayor parte de los tributos ambientales autonómicos (y los primeros cronológicamente) están relacionados con las emisiones de residuos líquidos. Les siguieron los impuestos sobre instalaciones con incidencia ambiental, figuras de naturaleza recaudatoria y nulo perfil ambiental con graves problemas legales. Los impuestos autonómicos relacionados con las emisiones contaminantes de origen energético (a partir del diseño gallego de 1995) tienen el fundamento ambiental más sólido y representan hoy el desarrollo más popular. Finalmente, se han desarrollado impuestos sobre productos y procesos energéticos y recientemente algunos que gravan el depósito de residuos sólidos de distinta naturaleza.

Cuadro 3. Impuestos ambientales de las comunidades autónomas españolas en 2004

	canon saneamiento /agua	*canon vertidos líquidos*	*impuesto emisiones atmósfera*	*impuesto instalac.*	*impuesto productos energet.*	*canon residuos*	*impuesto depósito residuos peligrosos*
Andalucía		1994	2003				
Aragón	1997						
Asturias	1994						
Baleares	1991			1991 (i)			
Canarias		1987 (*)			1986		
Cantabria	2002 (*)						
Castilla-La Mancha							
Castilla-León	2002 (*)		2000		2000		2000
Cataluña	1981					2003	
C. Valenciana	1992						
Extremadura				1997			
Galicia	1993		1995				
La Rioja	1994						
Madrid	1984					2003	
Murcia	2000	1995 (*)	1995 (*)			1995 (*)	
Navarra	1989						
País Vasco							

Fuente: Elaboración propia.
Notas: (*) aprobados pero no aplicados; (i): declarado inconstitucional.

La Figura 2 muestra los ingresos per cápita de los impuestos ambientales en cada comunidad autónoma para el año 2004. Destacan los elevados ingresos relativos obtenidos por las comunidades de Cataluña y Baleares frente a los escasos recursos de Navarra, Aragón y Andalucía. Las diferencias en la recaudación de los cánones de saneamiento son una combinación de tipos impositivos variables y de los distintos sectores industriales (i.e. residuos) existentes en cada comunidad autónoma. La recaudación de los cánones supone con diferencia la mayor parte de los ingresos generados por todos los impuestos ambientales (véase también el Cuadro 2). En cualquier caso la recaudación obtenida de todos los impuestos ambientales es poco significativa en relación a los ingresos tributarios en cada comunidad autónoma (dada la abundante cesión de tributos centrales), aunque muy relevante dentro de los tributos propios autonómicos (sobre los que estos niveles de gobierno tienen autonomía total).

Figura 2. Recaudación por tributos ambientales autonómicos en 2004

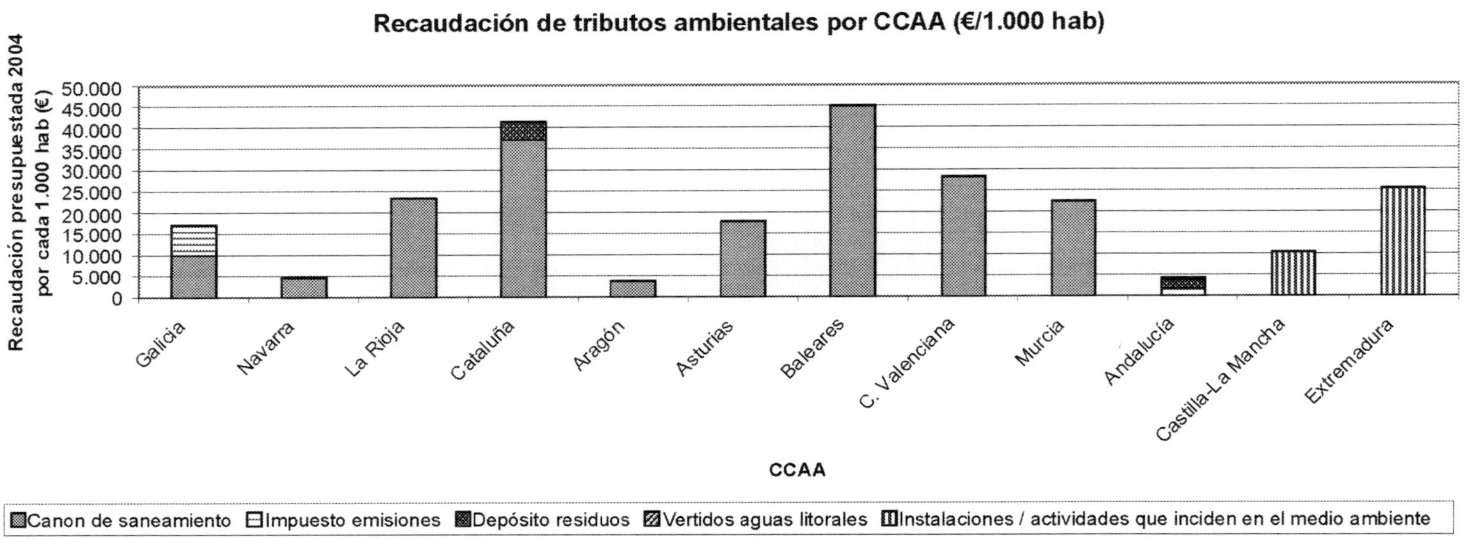

Fuente: elaboración propia.

A continuación nos ocupamos de describir en mayor profundidad las principales aplicaciones de estos instrumentos por parte de las comunidades autónomas.

4.1. Cánones de saneamiento y del agua

Los cánones de saneamiento constituyen la figura impositiva ambiental más representativa en las comunidades autónomas españolas, estando presentes en más de dos tercios de estas administraciones. Su objetivo es doble: regular el vertido de aguas residuales y en general financiar los gastos de inversión y explotación de aquellas infraestructuras necesarias para el tratamiento de las aguas residuales. Se trata por tanto de un impuesto en el cual su recaudación se encuentra afectada.

La gestión administrativa del canon de saneamiento es realizada habitualmente por organismos autónomos que podríamos denominar genéricamente agencias del agua. Estos organismos desarrollan las políticas de saneamiento de aguas residuales en cada comunidad autónoma y, con carácter general, todas aquellas actividades relacionadas con la planificación hidrológica. Las empresas o entidades (públicas o privadas) que suministran el agua están obligadas a facturar e ingresar la recaudación del canon de saneamiento en estos organismos, actuando como sustitutos del contribuyente y facilitando así la gestión.

El hecho imponible gravado por el impuesto es la producción de vertidos de aguas residuales al medio ambiente, ya sea directamente o a través de las redes de alcantarillado. Una definición como esta conlleva importantes problemas de índole administrativa debido a las dificultades técnicas de medición de las mismas y sus elevados costes de gestión. Es por tanto habitual que la administración pública no grave directamente los vertidos realizados, sino indirectamente a través del consumo de aguas de cualquier procedencia. Se asume de esta manera un vínculo entre el consumo de agua y los vertidos realizados.

En la mayoría de las comunidades autónomas existen supuestos más o menos amplios de no sujeción y exención de contribuir al pago del impuesto. Algunos ejemplos de dichos supuestos son el suministro en fuentes públicas, riego de parques públicos, riegos agrícolas o usos ganaderos. El objetivo de todas estas medidas es mantener tan estrecho como sea posible el vínculo entre el consumo de agua y los vertidos realizados, aunque de manera imperfecta.

La base imponible del impuesto esta constituida, en general, por el volumen de agua consumido medido en metros cúbicos o, si no se conoce, por el volumen de agua estimado mediante diferentes índices o signos. Además, la mayoría de comunidades autónomas consideran la posibilidad de determinar la base imponible del impuesto para usos industriales mediante estimación o medición directa de la carga contaminante. Determinar la base impositiva del impuesto en función de la carga contaminante daría cumplimiento a dos grandes objetivos: (i) adecuar la base imponible al daño ambiental producido o, en su caso, a los costes de tratamiento y depuración de los vertidos, cumpliendo así el principio de quien contamina paga e (ii) incentivar la reducción de las emisiones contaminantes.

Existen diversas alternativas en el diseño de la tarifa tributaria, presentadas de forma sintética en el Cuadro 4. La práctica más habitual diferencia entre la tarifa aplicable a usos domésticos y otros usos, siendo la segunda en general más elevada. En algunos casos la tarifa se desdobla entre un componente fijo y otro variable que es función del volumen de agua consumido. Además la cuota tributaria variable del impuesto puede ser modulada atendiendo a diversos factores como por ejemplo la carga contaminante, población del municipio, consumo mensual de agua, etc.

Cuadro 4. Tarifa del canon de saneamiento en distintas comunidades

	cuota fija	*Cuota variable*					*consumo mínimo*
		doméstica/ industrial	*única*	*carga contaminante*	*población*	*consumo mensual*	
Aragón	X		X	X			
Asturias		X					
Baleares	X		X				
Cataluña		X		X	X	X	X
Madrid	X	X		X		X	
Galicia		X		X			
Murcia	X	X		X			
Navarra		X		X			
La Rioja			X	X			
Valencia	X	X			X		

Fuente: elaboración propia.

El Cuadro 5 muestra a modo de ejemplo la tarifa del canon de saneamiento de la Comunidad Valenciana en el año 2004. La cuota fija correspondiente a usos industriales varía en función del calibre del contador, mientras la cuota variable es constante. Sin embargo, tanto la cuota fija como la variable para usos domésticos son crecientes con el número de habitantes del municipio. Esto indica que la administración autonómica considera que el impacto ambiental de los vertidos domésticos es creciente con el tamaño de los municipios, lo que constituye una interpretación razonable desde el punto de vista ambiental. Sin embargo, desde una perspectiva de gestión de los residuos la existencia de economías de escala en la depuración de los vertidos podría resultar en costes marginales de depuración decrecientes.

La primera conclusión que podemos extraer de los cánones de saneamiento autonómicos es que los incentivos directos a la reducción de las emisiones contaminantes son reducidos. En primer lugar, por la imperfección del ya mencionado vínculo entre el consumo de agua y la producción de residuos. En segundo lugar por la ine-

Cuadro 5. Tarifa del canon de saneamiento de la Comunidad Valenciana en 2004

	Cuota fija (año)	*Cuota variable (/m^3)*
Uso industrial	De 53,46 a 1.870,17	0,261
Uso doméstico		
(según población de los municipios)		
Menos de 500	0	0
Entre 500-3.000	11,48	0,113
Entre 3.000-10.000	15,61	0,147
Entre 10.000-100.000	19,31	0,182
Más de 100.000	21,70	0,216

Fuente: elaboración propia.

Nota: la cuota fija para usos industriales varía de 53,46 al año para contadores con un calibre de hasta 13 mm y 1.870,17 el año cuando es mayor de 80 mm.

ficacia asociada a la baja elasticidad del consumo de agua, que exige tipos muy elevados para poder afectar de forma significativa al consumo y a los vertidos.

La segunda conclusión es que los cánones de saneamiento son principalmente un instrumento tributario para financiar los servicios públicos para el tratamiento de las aguas residuales. Se puede apreciar en el diseño del impuesto el mayor peso que han tenido principios tributarios en la gestión, como la sencillez y eficiencia, sobre otros como la eficacia ambiental. De hecho, la afectación de la recaudación a determinados fines es un buen indicativo de los verdaderos objetivos del impuesto.

4.2. Impuestos sobre la contaminación atmosférica

En 1995 se aprobó en Galicia un impuesto sobre la contaminación atmosférica, que en su momento constituyó la figura con mayor perfil ambiental aplicada en España. Durante varios años fue el único impuesto de este tipo existente, habiéndose creado recientemente impuestos muy similares en Castilla-La Mancha (2000) y Andalucía (2003). En Gago y Labandeira (2002) suministramos una descripción pormenorizada del tributo gallego y de sus efectos, con una valoración crítica, tras una aplicación de siete años.

En particular, el impuesto gallego grava las emisiones de óxidos de azufre y nitrógeno, contaminantes relacionados con la quema de combustibles fósiles y causa fundamental de fenómenos de lluvia ácida. Su aparición probablemente tiene que ver con la gran importancia de las emisiones localizadas en la periferia española, donde se sitúan abundantes y grandes instalaciones contaminantes. Utiliza un tipo impositivo variable según nivel de emisión (progresivo) y calcula la base imponible a través de sistemas de control directo o de estimación indirecta, con escasos costes de administración. La recaudación se encuentra afectada a gastos de protección ambiental y a un fondo de contingencias para desastres ambientales (5%).

En general su valoración ambiental es muy negativa, ya que los tipos impositivos son extremadamente bajos y no provocan reacciones significativas en los contaminadores. Si a esto se une un elevado mínimo exento, los resultados del impuesto son insatisfactorios, lo cual probablemente está relacionado con el nulo papel que juega en su determinación el departamento gallego de protección ambiental. En términos fiscales su potencia es también limitada, obteniendo casi un 70% de sus recursos de un único sujeto pasivo, y muestra una recaudación relativamente plana a lo largo de sus casi diez años de funcionamiento.

Si bien los otros impuestos autonómicos sobre la contaminación atmosférica tienen bastante en común con el gallego, presentan también algunas diferencias significativas como se observa en el Cuadro 6. Pese a que todos ellos tienen una clara vocación ambiental, el alcance del andaluz es considerablemente mayor pues: (i) se

Cuadro 6. Impuestos sobre emisiones atmosféricas

<table>
<tr><th colspan="2"></th><th>Galicia</th><th>Castilla-La Mancha</th><th>Andalucía</th></tr>
<tr><td colspan="2">Año de puesta en marcha</td><td>1996</td><td>2001</td><td>2004</td></tr>
<tr><td colspan="2">Sujeto pasivo (a)</td><td colspan="3">Personas físicas o jurídicas que sean titulares de las instalaciones o actividades que emitan las sustancias contaminantes gravadas</td></tr>
<tr><td colspan="2">Hecho imponible (a)</td><td colspan="3">Emisiones de óxidos de nitrógeno (NO_2) y óxidos de azufre (SO_x). En el caso de Andalucía, también dióxido de carbono (CO_2).</td></tr>
<tr><td colspan="2">Base imponible (b)</td><td colspan="3">Cantidades emitidas calculadas mediante estimación directa cuando las instalaciones incorporen sistemas de medida, e indirecta en otros casos</td></tr>
<tr><td rowspan="3">Tarifa (tm-tm: /tm)</td><td>SO_x</td><td rowspan="2">0-1.000: 0
1.000-40.000: 33
40.000-80.000: 36
80.000-: 42</td><td rowspan="2">0-1.000: 0
1.000-50.000: 19
50.000-: 23</td><td>0-1.500: 33,33
1.500-4.500: 53,33
4.500-6.000: 66,67
6.000-7.500: 80,00
7.500-: 93,33</td></tr>
<tr><td>NO_x</td><td>0-1.000: 50
1.000-3.000: 80
3.000-4.000: 100
4.000-5.000: 120
5.000: 140</td></tr>
<tr><td>CO_2</td><td colspan="2"></td><td>0-1.000.0000: 0,05
1.000.000-3.000.000: 0,08
3.000.000-4.000.000: 0,10
4.000.000-5.000.000: 0,12
5.000.000-: 0,14</td></tr>
</table>

Fuente: Elaboración propia

Notas: (a) En Andalucía están exentas todas las emisiones procedentes de los vertederos de residuos y de instalaciones destinadas a la cría intensiva de aves de corral y de cerdo, y las de CO2 procedentes de la combustión de biomasa, biocarburante o biocombustible. En Castilla-La Mancha están exentas las emisiones procedentes de actividades realizadas por administraciones públicas y de la producción de energía eléctrica incluidas en el Registro Administrativo de Instalaciones de Producción de Régimen Especial.

(b) Los impuestos de Galicia y Castilla-La Mancha miden directamente en toneladas, mientras que el andaluz utiliza unidades contaminantes. Estas unidades vienen dadas por el cociente entre la emisión real y una emisión de referencia para cada compuesto, siendo esta referencia 100.000 tm/año para el CO_2, 100 tm/año para NOX y 150 tm/año para SOX.

aplica a un número más elevado de instalaciones industriales independientemente del volumen de emisiones, mientras que los otros dos presentan mínimos exentos muy elevados (en el caso de Galicia esto provoca que sólo seis instalaciones tengan que tributar por sus emisiones); (ii) grava también las emisiones de dióxido de carbono y (iii) sus tarifas son claramente más altas, gravando cada tonelada con tipos impositivos superiores y acercándose así a los daños ambientales provocados por las emisiones contaminantes.

En definitiva, se puede decir que el impuesto andaluz viene a representar una puesta al día y corrección de algunos de los problemas de los impuestos gallego y castellano-manchego. En cualquier caso, los tres impuestos son criticables desde el punto de vista de la asignación jurisdiccional, dado que el alcance de los daños que se quieren evitar trasciende los territorios en los que se aplican, principalmente en el caso de las emisiones de dióxido de carbono pero también en las emisiones precursoras de la lluvia ácida. Su efectividad es discutible ya que los tipos impositivos son relativamente bajos y además el proceso de internalización se ve dificultado por los arreglos institucionales que existen en el sector energético español que pueden llevar fácilmente a un efecto nulo sobre los precios de la electricidad.

4.3. Impuestos energéticos

Desde principios de la década de los noventa se aprobaron en España varios impuestos que gravan fundamentalmente, de forma directa o indirecta, la producción y el transporte de energía. Es el caso de Baleares (vigente entre 1991 y 2000, año en que fue anulado por sentencia del Tribunal Constitucional por duplicidad de materias imponibles), Extremadura (desde 1997) y Castilla-La Mancha (desde 2000). El Cuadro 7 resume las principales características de estas figuras.

Al contrario que los impuestos sobre emisiones, estas figuras representan opciones mucho más discutibles desde el punto de vista teórico. Así, el legislador asume aparentemente el objetivo de recuperar costes ambientales generados por ciertas actividades, pero la estrecha definición de los hechos imponibles y la dudosa conexión ambiental de algunos de ellos pone en duda esta intención, induciéndonos a pensar que el objetivo último de los impuestos es fundamentalmente recaudatorio. En particular los impuestos balear y extremeño utilizan información patrimonial para el cálculo de la base imponible ambiental, lo que hace dudar seriamente de su naturaleza ambiental. El impuesto sobre producción de energía nuclear, por otro lado, no genera ningún tipo de incentivo ambiental ya que la oferta de esta tecnología es fija.

Otro impuesto energético, de naturaleza más convencional y efectos ambientales colaterales, es la accisa canaria sobre combustibles fósiles. Este tributo es propio de la comunidad insular, al no estar sujeta a la armonización de la imposición indirecta y, a pesar de aplicar tipos impositivos considerablemente inferiores a los pagados en el resto de España, su importancia recaudatoria es clara dentro de los tributos propios (véase Cuadro 2).

Cuadro 7. Impuestos sobre instalaciones y producción de energía

	Extremadura	*Castilla-La Mancha*
Año de puesta en marcha	1998	2001
Sujeto pasivo	Titulares del hecho imponible	Personas físicas o jurídicas que realicen las actividades que constituyen el hecho imponible
Hecho imponible (a)	Elementos patrimoniales destinados a la producción y el transporte de electricidad, y redes de telefonía y telemática	La contaminación y los riesgos que en el medio ambiente son ocasionados por la producción termonuclear de energía eléctrica
Base imponible	Producción: 40% del promedio de los ingresos brutos o el promedio de la producción bruta (la mayor de las dos cifras) de los tres últimos ejercicios. Transporte de energía y de redes de telefonía y telemática: extensión de las estructuras fijas	Producción bruta de electricidad en el periodo impositivo
Tarifa	Producción: 3% Transporte de energía y de redes de telefonía y telemática: 601,01 /km	0,0012 /kwh

Fuente: elaboración propia.
Nota: (a) En el impuesto castellano-manchego están exentas las actividades realizadas por las administraciones públicas y sus organismos autónomos de carácter administrativo, así como las incluidas en el Registro Administrativo de Instalaciones de Producción de Régimen Especial.

4.4. Impuestos sobre residuos

Finalmente, varios impuestos autonómicos creados recientemente gravan el depósito o almacenamiento de ciertos residuos sólidos (radiactivos en Andalucía y Castilla la Mancha, y sólidos en Madrid y Cataluña). De forma similar a lo que ocurre en los impuestos sobre emisiones, la conexión ambiental de estos tributos es bastante clara, ya que gravan directamente las fuentes de contaminación. Por otra parte, una definición adecuada de los tipos impositivos permitiría recuperar los costes sociales derivados de la producción y recuperación de los residuos, algo que se ha convertido en un gran y creciente problema a lo largo de los últimos años. La Tabla 8 recoge el diseño fiscal para los residuos radiactivos y peligrosos.

A la luz de la experiencia internacional los impuestos sobre residuos tienen grandes potencialidades, sobre todo en el caso de los residuos sólidos. Además se

Cuadro 8. Impuestos sobre depósito y almacenamiento de residuos

	Castilla-La Mancha residuos radiactivos	*Andalucía (residuos raciactivos)*	*Andalucía (residuos peligrosos)*
Año de puesta en marcha	2001	2004	2004
Sujeto pasivo	Las personas físicas o jurídicas que almacenen los residuos.	Las personas físicas o jurídicas que entreguen los residuos radiactivos en un vertedero para su depósito.	Las personas físicas o jurídicas que entreguen los residuos peligrosos en un vertedero para su depósito.
Hecho imponible[(a)]	El almacenamiento de residuos radiactivos.	La entrega para su depósito de residuos radiactivos.	La entrega para su depósito de residuos peligrosos.
Base imponible	El volumen de los residuos almacenados.	El volumen de los residuos depositados.	El peso de los residuos depositados.
Tarifa	601 /m^3	7.000 /m^3	35 /tm para los residuos susceptibles de valorización. 15 /tm para los residuos susceptibles de valorización.

Fuente: Elaboración propia.
Nota: (a) En el impuesto castellano-manchego no tributan los depósitos por las administraciones públicas y sus organismos autónomos de carácter administrativo, así como los vinculados exclusivamente a actividades médicos o científicas.

ajustan al perfil jurisdiccional de las administraciones autonómicas y probablemente se extiendan a la mayor parte de las comunidades en los próximos años. No todo es positivo, sin embargo, puesto que la posible reacción de los contribuyentes puede estar muy restringida por las limitadas posibilidades de reducción de residuos, especialmente en el caso de los radiactivos, y el impuesto puede convertirse en un mero instrumento recaudatorio.

5. El futuro de la imposición ambiental en España

De lo visto hasta el momento podemos concluir que un diagnóstico de la experiencia española con la imposición ambiental arroja luces y sombras. Comenzando por lo positivo, existen aplicaciones de interés, técnicamente logradas e innovadoras en este campo. Se ha optado en estos casos por una alternativa eficiente para la internalización del deterioro ambiental y se ha hecho posible en el marco de una estructura fiscal de carácter federal.

Las sombras, sin embargo, son también abundantes. Comenzando por la actitud refractaria del sistema fiscal central y siguiendo por las dificultades (legales y prácticas) para aplicar estos tributos en el ámbito local. Además, la sensación de descoordinación es evidente, ya que los tributos ambientales varían fuertemente entre los distintos territorios y además no se corresponden generalmente con las responsabilidades ambientales asignables a un gobierno subcentral.

En este contexto, nuestras reflexiones y recomendaciones de cara al futuro pueden ordenarse en cuatro grandes asuntos: (i) la coordinación; (ii) actuaciones en la fiscalidad energética; (iii) posibilidad de reformas fiscales verdes y (iv) otros campos potenciales.

Respecto a la coordinación, en primer lugar creemos recomendable una asignación jurisdiccional que sea lo más eficiente posible. Por tanto, tributos sobre problemas globales deberían asignarse al gobierno central, quedando en manos de los gobiernos subcentrales aquéllos de un perfil espacial más reducido en la línea observada en el apartado 3. En segundo lugar, una cierta armonización territorial parece deseable, quizá en forma de una ley de bases que deje abundante autonomía a las unidades subcentrales, de forma que se limite la fuerte conflictividad existente en la actualidad entre gobiernos de distinto nivel. En tercer lugar, es necesario evitar una sobre-regulación fiscal sobre determinados sectores que ya soportan otras medidas ambientales de control, por ejemplo a través del mercado de comercio de emisiones recientemente creado en la UE.

El papel de la imposición energética convencional debe ser también considerado. Primeramente por la alta correlación entre el consumo de estos productos y los problemas ambientales contemporáneos. También por el relativamente bajo nivel de estos impuestos con los existentes en los países de nuestro entorno, que hace necesaria una actuación inmediata. Además, se trata de tributos en los que las administraciones territoriales tienen bastante que decir, al estar parcialmente cedidos y al existir bastantes tributos propios autonómicos de esta naturaleza. En general, se debería incorporar el argumento ambiental como criterio de gravamen en estas figuras, elevar considerablemente el nivel de sus tipos y realizar una asignación jurisdiccional que dé una autonomía parcial a las unidades subcentrales y limite la creación de tributos propios que puedan distorsionar los distintos mercados. Precisamente la capacidad normativa sobre estos tributos puede ayudar a controlar el tamaño de ciertas externalidades negativas, por ejemplo sobre la salud, a la vez que permite dotar de recursos significativos y estables para abordar las crecientes necesidades de gasto que se producen en ese campo.

Además, la utilización de impuestos ambientales estables y potentes en recaudación (por ejemplo accisas energéticas o impuestos sobre residuos) permite pensar en la aplicación de reformas fiscales verdes y a distinto nivel jurisdiccional. En este sentido, existe suficiente evidencia empírica que justifica su aplicación en el caso español: bajos efectos inflacionarios, mejoras en el empleo y en el crecimiento económico, pocas preocupaciones distributivas, etc. (Labandeira y Labeaga, 1999). Sorprendentemente ninguna administración española ha introducido un paquete compensatorio de este tipo (más impuestos ambientales por menos impuestos sobre la renta y cotizaciones sociales), y eso que existen posibilidades legales de aplicación tanto a nivel central como regional.

Por último, está la cuestión de los campos de actuación potencial. Ya hemos citado el caso de los residuos sólidos y las accisas energéticas, que constituyen muy buenos ejemplos de por dónde se pueden aplicar o incrementar los impuestos ambientales y en prácticamente todos los niveles jurisdiccionales. En el segundo caso, es especialmente interesante una mayor incidencia impositiva sobre el transporte, ya que éste ocasiona muy buena parte del imparable aumento de las emisiones españolas de gases de efecto invernadero. Asimismo, las importantes actividades turísticas españolas ocasionan y se ven afectadas por fuertes procesos de deterioro ambiental, por lo que constituyen otro campo preferente de actuación. No obstante, debe huirse aquí de buscar una mera exportación fiscal y concentrarse en la corrección de los problemas ambientales por el lado del ingreso público y sin discriminación entre agentes.

6. Conclusiones

En este capítulo nos hemos ocupado de describir los desarrollos de la imposición ambiental autonómica durante las últimas décadas, situándolo en un contexto fiscal y ambiental más amplio. Hemos observado cómo el sistema fiscal español se configura como una isla dentro de las tendencias dominantes de la fiscalidad moderna en lo que respecta a la imposición ambiental. Como consecuencia de esta actitud pasiva de buena parte de la administración, cuando no refractaria, se ha observado un creciente deterioro ambiental y un poco eficiente (y muy dependiente del exterior) sector energético.

A lo largo de estas páginas hemos conjeturado que el interés autonómico en estas figuras tiene que ver fundamentalmente con los problemas financieros y la dificultad de crear tributos propios a que se enfrentan estas administraciones, y probablemente mucho menos con objetivos ambientales. Esto ha llevado a una actuación relativamente errática, con figuras algunas veces defectuosas técnicamente y bastante variabilidad territorial dentro del Estado. Es especialmente preocupante la baja adecuación entre algunos tributos y el alcance jurisdiccional de estas administraciones, algo claramente evidente en el caso del cambio climático y lluvia ácida.

Dentro de las experiencias autonómicas en fiscalidad ambiental, destacan la generalización e importancia recaudatoria de los cánones de saneamiento y agua. Éstos constituyen en general impuestos sobre el consumo de agua (como indicador del nivel de emisiones) y están afectados a labores de saneamiento. También tienen importancia los impuestos sobre las emisiones atmosféricas de ciertos contaminantes, generalmente causado por la quema de combustibles fósiles.

Haciendo una cierta labor prospectiva, pensamos que en el futuro tendrán una cierta importancia los impuestos ambientales autonómicos sobre el transporte, el turismo y sobre los residuos sólidos. Por una parte, la necesidad de intervención se hace irreversible por la negativa evolución de estas emisiones en los últimos años. Además se trata de sectores relativamente libres de regulación ambiental a través de instrumentos de mercado y los niveles impositivos existentes son muy bajos en términos de la UE. Finalmente, son sectores susceptibles de ser regulados por prácticamente todos los niveles jurisdiccionales y posible origen de ingresos estables y considerables.

En este contexto, es de esperar que las administraciones autonómicas no desaprovechen una vez más sus oportunidades y apliquen políticas fiscales creíbles para colaborar con las políticas de protección ambiental. Probablemente deberá renunciarse al establecimiento de impuestos contra el cambio climático sobre sectores distintos al transporte, ya que existe un sistema europeo de comercio de emisiones, pero el campo está como decíamos abierto en otros sectores. Una introducción neutral de estos tributos, en el marco de un proceso de reforma fiscal verde, podría reducir aún más los problemas económicos que se suelen asociar a estas figuras y constituye por tanto una recomendación preferente.

Referencias bibliográficas

CUMBERLAND, J. (1981) 'Efficiency and equity in interregional environmental management', *Review of Regional Studies*, 10, págs. 1-19.

GAGO, A. y LABANDEIRA, X. (1999) *La Reforma Fiscal Verde: Teoría y Práctica de la Imposición Ambiental*. Mundi Prensa, Madrid.

– (2000) 'Towards a Green Tax Reform Model', *Journal of Environmental Policy and Planning*, 2, págs. 25-38.

– (2002) 'A imposición ambiental galega', *Revista Galega de Economía*, 11, págs 149-172.

GAGO, A., LABANDEIRA, X. y RODRÍGUEZ, M. (2001) 'Experiencias, efectos y pautas de diseño de reformas fiscales verdes: una puesta al día', Hacienda Pública Española, monográfico, págs. 323-342.

LABANDEIRA, X. and LABEAGA, J. M. (1999) 'Combining Input-Output Analysis and Microsimulation to Assess the Effects of Carbon Taxation to Assess the Effects of Carbon Taxation on Spanish Households", *Fiscal Studies*, 20, pp. 303-318.

JAFFE, A. B., PETERSON, S., PORTNEY, P. R. y STAVINS, R. (1995) 'Environmental regulation and the competitiveness of US manufacturing: what does the evidence tell us?', *Journal of Economic Literature*, 33, págs. 132-163.

OATES, W. E. y SCHWAB, R. M. (1988) 'Economic competition among jurisdictions: efficiency enhancing or distortion inducing', *Journal of Public Economics*, 35, págs. 333-354.

OCDE (2003): *Database on Environmentally Related Taxes*. OCDE, París.

OLSON, M. (1969) 'The principle of 'fiscal equivalence'. The division of responsibilities among different levels of government', *American Economic Review*, 59, págs. 479-487.

PELTZMAN and TIDEMAN (1972) 'Local Versus National Pollution Control: Note', *American Economic Review*, 62, págs. 959-963.

SMITH, S. (1995) 'The role of the European Union in environmental taxation', en Bovenberg, L. y Cnossen, S. (eds) *Environmental Taxation in an Imperfect World*. Kluwer Academic Press, Boston.

CAPÍTULO 4
LA POLÍTICA TRIBUTARIA DE LAS CCAA: LA EXPERIENCIA DE CATALUÑA

MARTÍ CARNICER
Secretario General de Economía y Finanzas
Generalitat de Catalunya

Al hablar de la política tributaria de las comunidades autónomas, conviene centrarse en el uso de la capacidad que las mismas han tenido para generar, modificar o proponer nuevos tributos, así como en la gestión y recaudación de los mismos. Es el primero de los dos aspectos el que aquí se va a proceder a desarrollar.

Desde el punto de vista de la capacidad de proponer nuevos tributos y modificar los existentes, el marco normativo que hace posibles ambos aspectos es el constituido por la LOFCA (Ley Orgánica 8/1980) y la propia Ley de Cesión de Tributos (Ley 21/2001). Sin embargo, al hablar de este tema conviene realizar una distinción previa que presenta una importante inflexión en el tiempo. Esto es, hasta el año 1997, esta capacidad político-tributaria quedaba circunscrita a los tributos propios, que son aquellos que se han generado desde las propias comunidades autónomas, mientras que del resto de tributos que forman parte de la financiación de las mismas (tributos cedidos y participación en los tributos generales del Estado), los traspasos que se habían efectuado eran referentes a la gestión, a la recaudación y a la inspección (en alguna ocasión) tributarias, pero sin que existiera cesión de la capacidad normativa. Eran las Cortes españolas las únicas competentes para llevar a cabo cualquier tipo de modificación en estos tributos. Por tanto, los cambios aplicados a raíz de 1997 son importantes para evaluar de alguna forma los efectos de la política tributaria de las diferentes comunidades autónomas, puesto que se tienen dos ámbitos diferentes, el de los tributos propios, por un lado, y el de los cedidos y participaciones, por el otro. Los tributos propios son propuestas creadas *ex novo* por las comunidades autónomas y, por tanto, éstas tienen una capacidad de regulación limitada por la ley pero ilimitada desde un punto de vista conceptual, a diferencia de los tributos cedidos o participados que presentan ciertas limitaciones derivadas de la existencia de la propia Ley de Cesión de Tributos.

Si se procede a analizar la evolución de los tributos propios, centrándose en el caso de la Generalitat de Cataluña, en particular, y en el caso general del conjunto de las comunidades autónomas, se puede observar cómo éstos presentan unos condicionantes iniciales donde destaca en primer lugar –por su elevada importancia- el contenido del artículo 6.2 de la LOFCA. Este establece que los tributos propios no podrán recaer sobre hechos imponibles que ya sean gravados por los tributos estatales, lo cual suponía que ya en un primer momento había que eliminar del ámbito de los tributos propios un importante número de hechos imponibles habituales en muchas administraciones, tributos que permitirían una cierta capacidad recaudatoria y conceder cierta potencia al tributo propio. La vinculación de este artículo excluía ciertas figuras tributarias generando como consecuencia la limitación en la capacidad recaudatoria, como sucede por ejemplo en el caso de Cataluña, donde estos impuestos salvo alguna excepción, suponen un pequeño porcentaje de los recursos financieros de la comunidad autónoma. Asimismo, las limitaciones en los hechos imponibles potencialmente gravables han llevado a que los tributos propios sean escasamente generalistas y relativamente finalistas. Es decir, se ha tratado en términos generales de figuras que han ido encaminadas a financiar ciertos tipos de servicios o políticas que se han podido realizar desde el gobierno autónomo, en lugar de incidir en la financiación general de la Hacienda Autonómica. A todo ello cabe añadir una última limitación de los tributos propios que ha sido la casi constante hostilidad del gobierno central respecto a estas figuras, la cual ha llevado a la existencia de recursos de inconstitucionalidad prácticamente permanentes en todos estos tipos de figuras, resueltos los mismos de distintas formas. Muy probablemente, la actitud poco favorable del gobierno central ha provocado la falta de reflexión en muchas comunidades acerca de estas figuras.

Realmente, los tributos propios sí se han configurado en algunos momentos como la única posibilidad que determinadas comunidades autónomas han tenido para iniciar nuevas políticas o para resolver desequilibrios importantes que venían heredados del anterior régimen político y que no habían tenido solución, aspectos que quedan suficientemente claros al analizar por ejemplo el caso catalán. En Cataluña, dentro de los tributos propios más importantes creados recientemente -dejando de lado las tasas, que presentan desde un punto de vista general una incidencia económica baja-, cabe destacar el canon del agua (cuya última versión corresponde al año 2000 y que es heredero de otros tributos anteriores como es el canon de infraestructura hidráulica y el de saneamiento), el cual es con mucha diferencia el más importante en términos recaudatorios (en el año 2003 supuso una recaudación en torno a los 250 millones de euros) y cuya recaudación ha servido para financiar las soluciones para el problema del tratamiento de las aguas residuales así como la mejora de los ríos y el suministro de agua potable a determinadas poblaciones e industrias. Posteriormente, desde 1997 han sido puestos en marcha el canon de protección civil, que está destinado a que determinadas actividades privadas asumieran los costes de una aportación pública a la protección general, así como el impuesto de grandes establecimientos comerciales, que presentaba un importante objetivo finalista en tanto en cuanto sus recursos estaban afectados a la reordenación del pequeño comercio en las ciudades. Finalmente, un tributo nuevo que está llamado a presentar un desarrollo importante en el futuro es el canon sobre la deposición de residuos que ha entrado en vigor en el presente año 2004 y que va destinado a gravar esencialmente aquellos residuos urbanos y también los industriales que no sean tratados para su posterior reutilización que vayan a vertedero directamente, tratándose de otro tributo finalista con motivación de protección medio ambiental.

Haciendo balance de los tributos propios, podemos considerar que hay aspectos que son relevantes y que han tenido un papel importante en la determinación de algunas políticas de las comunidades autónomas. De hecho, sin el canon del agua en Cataluña no hubiese sido posible llevar a cabo la política de tratamiento del agua y de creación de depuradoras. En este sentido es posible que con el nuevo canon de tratamiento de residuos se consiga que los municipios se preocupen más por su tratamiento y reutilización. En el futuro, es posible que el campo de los tributos propios sea el más importante para poder desarrollar medidas vinculadas a la reciente legislación medioambiental, de forma que la financiación de las políticas llevadas a cabo en este ámbito puede llegar a basarse de forma importante en los recursos obtenidos a partir de estos tipos de tributos en mayor medida que en los tributos estatales.

En relación con los tributos cedidos y participados, el balance es relativamente diferente. Hasta el año 1997 las comunidades autónomas no tenían capacidad normativa, de forma que actuaban como poco más que simples entes de gestión sin poder modificar ni ejercer política tributaria desde el punto de vista de modificación de los tributos. Desde 1997 sí se ha podido hacer pero sólo en parte dentro de un marco muy variable, yendo –si cogemos el ejemplo de Cataluña- desde un extremo como es el caso de los tributos del juego, donde hay un amplio abanico de posibilidades para modificar varios aspectos de los mismos (tipos, exenciones, etc.), hasta otros tributos como el impuesto minorista de hidrocarburos de reciente creación, donde sólo se puede modificar el tipo sin establecer modulaciones. Sin embargo, el balance actual que se puede hacer dentro de este grupo es diferente al que se hacía para los tributos propios, puesto que los efectos de las variaciones del ejercicio de esta política tributaria por parte de las comunidades autónomas han sido mucho más limitados. Aunque con una excepción, que es el impuesto de sucesiones, donde sí ha habido ejercicio de modificación aunque en algún caso de forma 'relativamente impropia'. Lo que han hecho, pues, las comunidades autónomas han sido algunas excepciones, alguna política discutible desde el punto de vista de su aplicación práctica, en términos de su efectividad. Sin embargo, conviene tener presente que ninguna comunidad autónoma ha modificado la tarifa del IRPF. En este sentido, la no modificación de la tarifa del IRPF resulta un aspecto altamente relevante y que se debe a ciertos condicionantes, de entre los cuales conviene destacar la escasez de recursos de las propias comunidades autónomas así como el miedo siempre latente de la competitividad fiscal entre diferentes comunidades autónomas (cabría pensar en la excepción de las comunidades forales, probablemente derivada de la mayor cantidad de recursos de que disponen sobre las de régimen común, como un elemento importante en este sentido). En realidad, las modificaciones que se han llevado a cabo podrían ser concebidas como modificaciones que debieran haberse realizado desde el punto de vista del gasto, pero que algunas comunidades autónomas han preferido ajustar desde la vía fiscal porque ello conllevaba menor coste -como ha sucedido, por ejemplo, en el caso de las deducciones por vivienda de alquiler.

Finalmente, y para concluir, conviene reflexionar sobre los aspectos sobre los que debiera evolucionar la política tributaria en el futuro, planteando diferentes puntos de interés. En primer lugar, habría que buscar una nueva fórmula para que la participación de las comunidades autónomas fuera en el conjunto del sistema tributario, donde queda pendiente el impuesto de sociedades. En segundo lugar, habría que analizar la posible solución al problema de la codecisión en los tributos participados, donde debe asegurarse la armonización. Tanto el IVA como el impuesto de sociedades (en caso de establecerse la participación autonómica en este último, como se sugiere en el anterior punto) son dos buenos ejemplos donde no tiene sentido que existan dos regulaciones diferentes dentro del mismo Estado, aunque tampoco es coherente que una parte decida por el todo, ya que si son tributos participados hay que asegurar la existencia de un foro que permita la codecisión por parte de Administración Central y comunidades autónomas sobre este tipo de impuestos. Por tanto, la búsqueda de mecanismos para la codecisión en relación a los tributos participados es uno de los retos más importantes que se plantea en el sistema tributario. En este sentido, es probable que la solución más adecuada al problema planteado en este segundo punto pase por el Senado, el cual debiera ser modificado para permitir una mayor representación de las comunidades autónomas y para otorgarles capacidad decisoria en los aspectos citados. En tercer y último lugar, la concertación en la Agencia Tributaria es otro aspecto básico que conviene tener en consideración. Finalmente, en el ámbito concreto de la Generalitat de Cataluña, el nuevo Conseller de Economía ha mostrado la voluntad del nuevo Gobierno de modificar el impuesto de sucesiones –incrementando el mínimo exento- y otros aspectos relacionados con las tasas –adecuando las mismas a los costes de los servicios cuya recaudación va financiar- e impuesto del patrimonio –el cual ha quedado a día de hoy relativamente desfasado.

CAPÍTULO 5
LA POLÍTICA TRIBUTARIA DE LAS CCAA: LA EXPERIENCIA DE LA COMUNIDAD MADRID

ENRIQUE OSORIO
Viceconsejero de Hacienda
Comunidad de Madrid

1. Introducción

Antes de abordar la experiencia normativa de la Comunidad de Madrid en materia tributaria me gustaría recordar que en 1995 nuestra región partía prácticamente de cero en el proceso de cesión de tributos del Estado, muy por detrás de las demás Comunidades Autónomas de Régimen Común. En ese momento, y desde 1990, los únicos impuestos cedidos a Madrid eran el de Transmisiones Patrimoniales y el de Sucesiones y Donaciones. Además, la cesión era limitada, puesto que esas figuras impositivas eran recaudadas por la Administración del Estado y su rendimiento transferido mes a mes a la Hacienda Regional. Es precisamente en los meses finales del año 1995 cuando nuestra Comunidad asume por primera vez la gestión e inspección efectiva de ambos tributos.

Especificado el punto de partida, me gustaría encuadrar nuestra actividad normativa tributaria dentro de la política fiscal general de la Comunidad de Madrid. Así, desde el año 1995 la Administración Regional ha mejorado sustancialmente en medios personales y materiales sus servicios tributarios con la finalidad de dar las máximas facilidades al contribuyente para el cumplimiento de sus obligaciones fiscales y, simultáneamente, luchar decididamente contra el fraude fiscal. Además de estas actuaciones, la Comunidad de Madrid ha promovido ante el Estado y conseguido, durante todos estos años, la cesión del resto de los tributos cedidos. La madurez que nuestra Región ha ido alcanzando en su autonomía financiera le ha permitido también acometer iniciativas dirigidas a la rebaja selectiva de impuestos en el convencimiento de que ello supone una apuesta clara para el desarrollo regional.

2. La política tributaria sobre los tributos cedidos

Hechas estas aclaraciones se aborda a continuación el alcance de la capacidad normativa tributaria en la Comunidad de Madrid sobre los tributos cedidos, explicando los principios generales que deben presidir su ejercicio.

2.1. Principios generales

El primer principio es el cumplimiento de los límites establecidos a la capacidad normativa autonómica en las sucesivas leyes de cesión de tributos, puesto que su correcta aplicación, además del respeto al mandato legal, supone la consecución de la finalidad para la que fueron establecidos; que no es otra que el desarrollo armónico de la normativa tributaria estatal y autonómica sobre los tributos cedidos.

El segundo consiste en respetar, además de los límites legales, la circunstancia de que es el Estado el que fija la estructura básica de los impuestos y que, por lo tanto, la normativa autonómica no puede quebrar su diseño estructural.

En tercer lugar, no podemos olvidar que el Estado, a través de su Agencia Tributaria, es el que gestiona algunos de los tributos sobre los que las Comunidades tienen competencias normativas. Por tanto, es esencial adoptar medidas que no dificulten esa gestión y los posibles sistemas de control de los impuestos. En buena lógica este principio debe regir especialmente en el Impuesto sobre la Renta de las Personas Físicas.

Por último, las medidas de las Comunidades Autónomas deben tener en cuenta también el ejercicio que las demás Comunidades han realizado de la capacidad normativa, pues al fin y al cabo el sistema fiscal es único y, por tanto, resulta del máximo interés un desarrollo coordinado del mismo.

Esta es la perspectiva desde la que la Comunidad de Madrid ha analizado siempre su política fiscal y ha ejercido su capacidad normativa en la materia, enmarcándola dentro de las exigencias de la economía general y bajo el convencimiento de que, a pesar de las diferencias institucionales y territoriales, la mayor homogeneidad alcanzada en materia de responsabilidad fiscal y política conseguirá una mayor estabilidad del Sistema de Financiación, lo que conllevará el beneficio de todas las Regiones.

2.2. Ejercicio de la capacidad normativa entre 1997 y 2004

El 1 de enero de 1997 entraba en vigor la Ley 14/1996, de 30 de diciembre, de cesión de tributos del Estado y medidas fiscales complementarias, cuya principal novedad fue la de atribuir a las Comunidades Autónomas ciertas competencias normativas en relación con los tributos cedidos; IRPF, Impuesto sobre el Patrimonio, Sucesiones y Donaciones, Transmisiones Patrimoniales y Actos Jurídicos Documentados y tributos sobre el juego. Más tarde, en concreto el 27 de diciembre de 2001, se aprobaría la Ley 21/2001 por la que se regularon las medidas fiscales y administrativas del nuevo Sistema de Financiación de las Comunidades Autónomas de régimen común y Ciudades con Estatuto de Autonomía. Esta última Ley amplió notablemente las competencias normativas de las Comunidades Autónomas sobre los tributos cedidos, cerrando el marco dentro del cual la Comunidad de Madrid no ha dudado en ejercitar sus competencias normativas.

Desde el punto de vista estrictamente formal, empezaré explicando como la Comunidad de Madrid ha optado por utilizar las denominadas *leyes de acompañamiento* como el instrumento más adecuado para ejercer su capacidad normativa en materia tributaria, frente a la posibilidad de llevarlo a cabo a través de leyes sustantivas. Ello obedece, sobre todo, al empeño de garantizar a nuestros ciudadanos el principio de seguridad jurídica. Este tipo de leyes, que desde 1993 vienen siendo una práctica habitual que acompaña a los presupuestos anuales tanto en el Estado como en el común de las Regiones, constituyen un vehículo apropiado para contener esas medidas fiscales que rigen paralelas con la previsión de ingresos y gastos de los presupuestos regionales.

Además, desde la Comunidad de Madrid se ha estimado que constituyen el sistema más ágil para la regulación autonómica de los tributos cedidos, puesto que permiten un conocimiento fácil y completo de la regulación estatal y autonómica por parte de los ciudadanos, considerando que este sistema es preferible al de las leyes sustantivas, que requerirían ser modificadas ante cualquier alteración de la normativa estatal.

Dicho esto, procedo a continuación a exponer lo actuado en relación con los diferentes tributos.

3. Impuesto sobre la Renta de las Personas Físicas

En el IRPF, la Comunidad de Madrid no ha alterado su tarifa autonómica como consecuencia de que durante el periodo estudiado el Estado ha acometido dos importantes reformas del tributo, una que entró en vigor el 1 de enero de 1998 y otra el 1 de enero de 2003. En este contexto, nuestra Comunidad, al igual que el resto de Comunidades Autónomas, ha considerado coherente mantener la tarifa autonómica del IRPF en las cuantías que ha ido aprobando el Estado por Ley. Sin embargo, la Comunidad de Madrid sí ha ejercido en este periodo su capacidad normativa para establecer deducciones sobre el impuesto con el fin de favorecer a la familia, las donaciones a fundaciones y el acceso a la vivienda mediante el alquiler de los jóvenes.

De esta forma, tras la última Ley de Medidas Fiscales para el año 2004, los contribuyentes residentes en la Comunidad de Madrid pueden aplicar siete deducciones autonómicas:

1. La deducción por nacimiento o adopción de hijos, en unos importes progresivos de 600, 750 y 900 euros en función del número de miembros de la familia. En el caso de los partos múltiples se eleva hasta 600 euros la cuantía a deducir. Constituye la deducción más alta en la materia de todas las establecidas por el resto de Comunidades Autónomas, existiendo regiones que ni siquiera contemplan deducciones por este concepto.

2. La deducción por adopción internacional de niños, compatible con la anterior, y en la que los contribuyentes podrán deducirse 600 euros por cada hijo adoptado en el periodo impositivo. Tan sólo dos Comunidades Autónomas han establecido esta deducción.
3. La deducción por acogimiento familiar de menores, en la que los contribuyentes podrán deducirse en función del número de niños que convivan con él, 600 euros por el primero, 750 por el segundo y 900 euros si se trata del tercero o sucesivos. Hay que destacar que somos la única Comunidad Autónoma que cuenta con una deducción de este tipo.
4. La deducción por acogimiento no remunerado de mayores de 65 años y/o discapacitados. Este es uno de los casos en los que se acaba de aumentar sustancialmente la cuantía a través de la Ley de medidas para 2004 recientemente aprobada, en concreto se incrementa la deducción en un 50%. La cantidad finalmente establecida es de 900 euros por cada mayor o discapacitado y constituye la mayor fijada por una Comunidad Autónoma.
5. La deducción, también recientemente aprobada, por arrendamiento de viviendas por menores de 35 años, que asciende al 20% de las cantidades destinadas por los mismos para alquilar su vivienda habitual, hasta un máximo de 840 euros anuales. Nos encontramos ante la deducción por este concepto más alta de todas las Comunidades Autónomas.
6. La deducción por donativos a fundaciones culturales, asistenciales, sanitarias y análogas, por la que los contribuyentes podrán deducirse hasta un 15% (hasta el año pasado era un 10%) de las cantidades donadas.
7. La deducción para la neutralización fiscal de las ayudas concedidas a los que sufrieron prisión durante al menos un año como consecuencia de los supuestos de la Ley de Amnistía de la Comunidad de Madrid y que persigue como finalidad compensar la carga impositiva de dichas ayudas para que consigan el objetivo que las anima.

4. Impuesto sobre Sucesiones y Donaciones

Por lo que se refiere a Sucesiones y Donaciones, merecen ser destacadas varias actuaciones concretas realizadas en dicho ámbito. Me estoy refiriendo a la homologación de las parejas de hecho respecto de los matrimonios legales, a la bonificación de un 99% en las sucesiones *mortis causa* derivadas de actos de terrorismo y a dos recientes reformas acometidas que consisten en lo siguiente:

1. La bonificación del 99 por 100 en la cuota correspondiente al impuesto que grava las adquisiciones "mortis causa" cuando los herederos sean hijos y descendientes del causante menores de 21 años. Sin duda esta es una de las

medidas más importantes adoptadas por la Comunidad de Madrid puesto que supone el primer paso en la supresión del impuesto para los hijos, descendientes y cónyuges. Se trata, además, de una medida que está siendo adoptado por la mayoría de las Comunidades de Régimen Común, con algunas diferencias en la forma de su articulación.
Merece destacarse, en este sentido, que la decisión de mantener en la Comunidad de Madrid un 1% de la tributación, cuantía que es muy pequeña para los contribuyentes desde el punto de vista económico, es debida exclusivamente a razones de control tributario.
2. una nueva reducción aplicable al gravamen que recae sobre los donativos de padres a hijos para la adquisición de su primera vivienda habitual.

5. Impuesto sobre el Patrimonio

En el Impuesto sobre el Patrimonio la Comunidad de Madrid es pionera en la adopción de una medida de carácter general encaminada a elevar el mínimo exento del tributo. Así, en la recientemente aprobada Ley de Acompañamiento a los Presupuestos para 2004, el mínimo exento aplicable a la base imponible pasa de 108.182 euros a 112.000 euros. En este punto concreto, sólo Cataluña contempló una reducción, aunque se aplica para el caso particular de los minusválidos.

6. Impuesto sobre Transmisiones Patrimoniales y Actos Jurídicos Documentados

Por lo que respecta al Impuesto de Transmisiones Patrimoniales y Actos Jurídicos Documentados hay que decir, en cuanto al primero, que la Comunidad de Madrid ha seguido, de la misma forma que el resto de Comunidades Autónomas con competencias en la materia, la política de igualar el tipo impositivo de las transmisiones patrimoniales onerosas al tipo del IVA correspondiente a la transmisión de inmuebles, al considerar que la capacidad económica puesta de manifiesto con la transmisión de un bien inmueble es la misma con independencia de que el inmueble esté gravado por uno u otro tributo. En todo caso, se ha modificado a la baja el tipo del impuesto en algún supuesto en el que era precisa una especial protección. Así, se ha establecido un gravamen reducido para las viviendas del Distrito Centro de Madrid.

En Actos Jurídicos Documentados, la Comunidad de Madrid ha optado por introducir un cierto grado de progresividad en la tarifa, elemento novedoso en un impuesto real. Para ello en el año 2002 se modificó la tarifa proporcional aplicable a los documentos notariales sustituyendo el tipo porcentual del 0,5% por una tarifa progresiva que va desde el 0,2% para la compra de viviendas protegidas hasta el 1% para la compra de viviendas de valor superior a 180.000 .

La tarifa, aplicable a la adquisición de viviendas y a la constitución de créditos hipotecarios para la adquisición de viviendas, ha sido positivamente valorada como respetuosa con el principio de capacidad económica que es básico en la configuración de nuestro sistema tributario. Este tipo de medida también ha sido adoptada por una parte muy significativa de Comunidades Autónomas con competencias normativas.

7. Tributos sobre el Juego

En cuanto se refiere a los tributos sobre el juego, se refundió la Tasa Fiscal con los recargos que sobre la misma tenía establecidos la Comunidad de Madrid. En cuanto a la tarifa aplicable a los Casinos de juego también se procedió a la refundición de los tipos marginales aplicables y los recargos que tenía establecidos nuestra Región sobre el estatal. En ambos casos, se pretendía simplificar la tributación sobre el juego, refundiendo en la Tasa los recargos establecidos con anterioridad a que la Comunidad de Madrid tuviera competencia sobre la expresada Tasa Fiscal del Juego.

8. Impuesto sobre las Ventas Minoristas de determinados Hidrocarburos

Por último, hay que hablar del Impuesto sobre las Ventas Minoristas de determinados Hidrocarburos, también conocido como céntimo sanitario. Este tributo de titularidad estatal se creó mediante la Ley 24/2001, de 27 de diciembre, de medidas fiscales y administrativas y su origen se enmarca en el nuevo modelo de Financiación de las Comunidades Autónomas, siendo cedido a las mismas en virtud de la Ley 21/2001. En esta Ley se reconoce a las Autonomías la capacidad normativa sobre el tipo de gravamen autonómico, así como la cesión íntegra del rendimiento del impuesto, si bien la gestión del tributo permanece en sede estatal.

Una vez producidos los traspasos sanitarios, la Comunidad de Madrid marcó como una de sus prioridades la de mejorar las prestaciones del Sistema Sanitario madrileño. Entonces y desde el buen entendimiento del carácter instrumental con que se concibió el impuesto, la Comunidad de Madrid ejerció su capacidad normativa con el fin de financiar parte del Plan Integral de los Servicios Sanitarios y con ello contribuir a la mejora de la sanidad pública, respondiendo a las expectativas de los ciudadanos, de los profesionales del sector y de las autoridades sanitarias.

De este modo la Ley 7/2002, de 26 de julio, vino a regular para 2002 el tipo de gravamen autonómico del Impuesto para el ámbito territorial de Madrid fijando para gasolinas, gasóleos de uso general y querosenos, 10 euros; gasóleo de calefacción,

2,50 euros, etc. En la parte final la citada Ley prevé también los tipos aplicables para 2003 y para 2004 y siguientes. La recaudación del impuesto queda afectada a la cobertura de gastos de naturaleza sanitaria, debiéndose realizar cada año un informe conjunto de las Consejerías de Hacienda y Sanidad que así lo acredite.

A partir de otoño de 2003, el programa de gobierno del actual Ejecutivo de la Comunidad de Madrid, que se asienta sobre una política de rebaja selectiva de impuestos, ha llevado a la aprobación de una Ley en diciembre de 2003 en la que, además de prorrogarse algunas medidas fiscales necesarias para el inicio del año 2004, se congela el tipo de gravamen por este impuesto en los valores de 2003. (para las gasolinas 1,7 por 1000 litros).

En este punto me gustaría resaltar que la totalidad de las medidas adoptadas para el año 2004, en la Ley de Prórroga citada, así como en la Ley de Medidas para ese ejercicio, son tendentes a la bajada de los impuestos sobre los que mantenemos competencias normativas, en el convencimiento de que una política de rigor presupuestario, acompañada de rebajas selectivas de impuestos, conducen a un ambiente de confianza y creación de empleo y riqueza.

9. Imposición propia de las Comunidades Autónomas

Por último, dedicaré unas breves palabras a los impuestos propios que han sido establecidos por la Comunidad de Madrid.

Me refiero a esas figuras impositivas creadas directamente por las Regiones, que no son de titularidad estatal sino autonómica, y que quedan fuera de lo que es el Sistema de Financiación, diferenciándose respecto de los impuestos cedidos, en que mientras los recursos obtenidos de estos últimos deben encaminarse a sustentar las transferencias recibidas del Estado, la recaudación de los tributos propios atenderá las mejoras de estos servicios o se invertirá en nuevas políticas regionales, no existiendo afectación, ni siquiera genérica, entre gastos e ingresos.

Como es bien sabido, el peso específico que tienen estos tributos propios en el conjunto de Comunidades Autónomas, y también en Madrid, es mínimo. Esto atiende a dos razones fundamentales: en primer lugar, por el escaso espacio fiscal con el que cuentan y, en segundo, por el hecho de que muchos impuestos autonómicos aprobados nunca han llegado a aplicarse.

Además, este pequeño espacio fiscal se ha reducido todavía más como consecuencia de la cesión de capacidades normativas sobre los tributos cedidos. Sin duda, la lógica y la economía de costes aconsejan no establecer recargos o impuestos nuevos sobre hechos imponibles que pueden ser gravados mediante las tarifas autonómicas de los tributos cedidos.

Volviendo a la posibilidad de crear tributos propios, la jurisprudencia ha venido reiterando la prohibición a las Regiones de establecer tributos sobre materias imponibles y fuentes de riqueza ya gravadas por el Estado o, incluso, por las Corporaciones Locales, lo que supone un claro obstáculo a la hora de buscar, por parte de los Gobiernos autonómicos, una financiación adicional por esta vía, ya que en la práctica casi todas las actividades económicas se encuentran gravadas.

En el caso de Madrid el ensayo de superación de estas limitaciones se ha llevado a cabo con la creación de los siguientes impuestos: la tributación sobre los juegos suerte, envite o azar, respecto de los que algún autor ha señalado que son precisamente los impuestos sobre el juego *los únicos que no se solapan y que están funcionando "muy bien" en las Comunidades Autónomas*, y el Impuesto sobre Depósito de Residuos, que en realidad persigue una finalidad extrafiscal, en el sentido de no buscar precisamente fines recaudatorios sino, más bien, objetivos de otra índole, constituyendo un estímulo al ciudadano de cara a corregir conductas que inciden en el medio ambiente.

De esta manera, La Comunidad de Madrid creó mediante Ley 12/1994 un impuesto propio sobre los Premios del Bingo, aplicándose un tipo de un 6% ó un 7% según que el premio fuese inferior o superior a 3.005,06 euros. El sujeto pasivo, en calidad de contribuyente, es la empresa que repercute el mismo en el jugador.

Por su parte, la Ley 3/2000, de 8 de mayo estableció en el ámbito territorial de la Comunidad de Madrid el Impuesto sobre la instalación de máquinas en establecimientos de hostelería autorizados. Constituye el hecho imponible de este tributo la instalación de máquinas recreativas (Tipo "A") y recreativas con premio programado (Tipo"B") en establecimientos de hostelería debidamente autorizados. Son sujetos pasivos contribuyentes, las empresas operadoras cotitulares de las autorizaciones para la instalación de máquinas en establecimientos de hostelería.

A diferencia de lo que ocurre con la Tasa Fiscal, que lo que introduce es una carga sobre la explotación de una máquina de tipo "B" o "C", lo que se grava con este impuesto propio es la capacidad de instalación de máquinas de tipo "A" y "B" en determinados establecimientos. El impuesto será exigible una sola vez por el periodo de cinco años de vigencia de la autorización de instalación de las máquinas, devengándose en el momento en que sea otorgada dicha autorización.

Ya se ha comentado con anterioridad que también fueron creados una serie de recargos sobre otros hechos imponibles de la Tasa Fiscal del Juego, que han sido eliminados e incorporados dentro de las tarifas de esa Tasa.

Por último, hay que mencionar el impuesto sobre el Depósito de Residuos, un impuesto propio de la Comunidad de Madrid que entró en vigor en abril de 2003. Siguiendo la tendencia marcada por los países mas innovadores en materia de tributación medioambiental (Dinamarca, Suecia, Noruega...) la Comunidad de Madrid aprobó mediante Ley 6/2003, de 20 de marzo el Impuesto sobre Depósito de Residuos, que grava la entrega en vertedero de residuos para su depósito en tierra y el abandono de los mismos en lugares no autorizados. El sujeto pasivo a título de contribuyente es quien entregue los residuos en vertedero o los abandone, siendo sustituto del mismo la empresa titular del vertedero. Las tarifas establecidas para las diferentes categorías de residuos son de 10 /Tm, 7 /Tm y 3 /m³, para residuos peligrosos, residuos no peligrosos y residuos de construcción y demolición, respectivamente. Estos valores son muy inferiores a los vigentes en otros países, que llegan a alcanzar en algunos casos los 120 /Tm.

El objetivo que persigue este impuesto es el de fomentar el reciclado, la reutilización y la valorización de residuos sólidos, desincentivando un abandono o depósito en vertedero, con la finalidad de disminuir el impacto medioambiental este tipo de conductas.

10. Conclusión. Una reflexión general

Desde los inicios de los años 80, España ha experimentado un extraordinario proceso de descentralización del gasto público. Durante más de quince años, sin embargo, este proceso no fue paralelo en materia de ingresos. Así, los recursos vinculados a la recaudación tributaria y las competencias gestoras y normativas de las Comunidades Autónomas sobre el sistema fiscal eran muy reducidos.

Hasta el año 1997 las facultades normativas autonómicas, que son las que hoy nos ocupan, se circunscribían a la posibilidad de crear impuestos propios o recargos sobre los estatales. Ya hemos visto que ambas vías eran muy limitadas; las primera por el escaso margen de la realidad económica que puede ser objeto de la imposición y la segunda, entre otras razones, por el fracaso del recargo sobre el IRPF que pretendió implantar la Comunidad de Madrid en los primeros tiempos de su existencia.

Ante esta situación, a mediados de los años 90, se convirtió en una prioridad avanzar en la corresponsabilidad fiscal de las Comunidades Autónomas. De esta forma, desde el 1 de enero de 1997 se adelantó en el campo de la capacidad normativa autonómica mediante su otorgamiento sobre los tributos cedidos y el IRPF. Posteriormente, tras la entrada en vigor del actual Sistema de Financiación se han ampliado sus competencias normativas, tanto en lo que se refiere al número de impuestos cedidos sobre los que se ostentan capacidades normativas, como sobre las posibilidades de actuación en relación a cada uno de ellos. En este punto, es preciso recordar que las Comunidades Autónomas pueden normar sobre determinados aspectos gestores de los tributos que recaudan y que los límites estatales sobre los aspectos sustantivos se han rebajado hasta aproximar las potestades normativas de las regiones de régimen común a las de régimen foral.

Por tanto, en el momento actual nos encontramos con un marco normativo de las Comunidades Autónomas acorde con el grado de descentralización del gasto y con los países federales de nuestro entorno, que se desarrolla sobre el conjunto de tributos cedidos y sobre un impuesto compartido, el principal dentro de la imposición directa –el IRPF–.

La articulación de estas competencias legislativas autonómicas se ha realizado de una forma que permite la adaptación de los impuestos a las circunstancias autonómicas, evitando la ruptura estructural del Sistema Fiscal, las deslocalizaciones de contribuyentes, la competencia fiscal perniciosa y salvaguardando la correcta gestión de los tributos.

Esta realidad se ha conseguido mediante una adecuada selección de los impuestos susceptibles de cesión y con una correcta distribución de competencias normativas entre el Estado y las Comunidades Autónomas.

Aunque esta situación sea muy favorable si la comparamos con la realidad existente en nuestro país, hace solamente 8 años, o con los países federales avanzados, no debemos conformarnos con ella, puesto que todo es susceptible de mejora.

Por eso, una vez que las Comunidades Autónomas hayan hecho uso pleno de las competencias normativas tributarias que el actual sistema les ofrece, deberíamos plantearnos su incremento.

Una posible vía, en este sentido, sería aumentar la capacidad legislativa autonómica sobre los aspectos gestores de la imposición cedida. El argumento es claro, si la mayor parte de las Comunidades Autónomas vienen gestionando un importante conjunto de tributos desde mediados de los años 80 nada se opone a que las mismas regulen los procedimientos de gestión, liquidación, recaudación e inspección. En el mismo sentido, otra línea de actuación sería que las Comunidades asumieran la totalidad de las competencias legislativas sobre los impuestos cedidos más consolidados.

En el Impuesto sobre la Renta de las Personas Físicas, por ejemplo, sería plenamente razonable, y estructuralmente posible, que las potestades autonómicas sobre las deducciones evolucionaran hacia la fijación del importe del mínimo personal y familiar. En materia de IVA e Impuestos Especiales, las potestades autonómicas podrán articularse en función de las posibilidades existentes en el marco de la Unión Europea.

Creo que las líneas de actuación expuestas plantean un desarrollo armónico y razonable de las actuales competencias normativas autonómicas; y que contribuirían, sin duda, a la mejora y avance de nuestro Sistema Fiscal hacia un entorno cada vez más pleno de corresponsabilidad fiscal.

CAPÍTULO 6
LA POLÍTICA TRIBUTARIA DE LAS CCAA: PERSPECTIVA DE LOS ASESORES FISCALES

VALENTÍ PICH
Presidente del Registro
de Economistas Asesores Fiscales (REAF)

Los temas que nos ocupan han aflorado con ímpetu en el debate público posiblemente cargados de contenidos generalistas y excesivamente politizados, al menos ésta es mi impresión. Evidentemente mi breve y humilde aportación partirá desde otro enfoque atendiendo a que los economistas que nos dedicamos al asesoramiento fiscal tenemos unas determinadas sensibilidades y preocupaciones, exclusivamente desde la perspectiva técnica.

Posiblemente si preguntáramos a los interesados en los temas fiscales cuáles son las cuestiones que preocupan especialmente en estos momentos, podríamos llegar a las siguientes conclusiones:

PRIMERO: ¿Qué modelo del Impuesto sobre el Patrimonio precisamos?

Parece advertirse una contestación creciente al modelo actual del Impuesto sobre Patrimonio, principalmente porque los tipos impositivos vigentes, del 0,2 al 2,5 por 100 sobre el patrimonio neto, no parecen aceptables, ya que difícilmente pueden resistir las comparaciones con los países de nuestro entorno. Tampoco es menos importante que tanto el mínimo exento como los tramos de la tarifa se han quedado muy bajos por efecto de la inflación y el encarecimiento de los inmuebles, así como que en la determinación de la base liquidable operan determinados mecanismos que hacen recaer la mayor parte del peso recaudatorio en un colectivo de contribuyentes muy reducido.

Aunque en este impuesto el total de la recaudación y buena parte de la capacidad normativa se ha cedido a las Comunidades Autónomas y, por lo tanto, no correspondería al gobierno central la definición total del mismo según la Ley de Financiación de las Comunidades Autónomas, creemos que lo más razonable sería que el nuevo gobierno enviara unos mensajes nítidos tendentes a evitar discriminaciones y con-

1. Como representante de un colectivo de unos 4.500 economistas especializados en los temas fiscales a nivel de todo el estado, el REAF, uno necesariamente se encuentra condicionado por esta específica posición e intenta recoger aquello que razonablemente interpreta que puede ser una opinión central del colectivo, independientemente de posiciones personales o locales.

flictos territoriales innecesarios de consecuencias económicas y jurídicas no convenientes.

SEGUNDO: ¿Qué sucede con la imparable dinámica de competencia fiscal interregional en el Impuesto sobre Sucesiones y Donaciones?

La dinámica iniciada en la comunidad autónoma de Cantabria y La Rioja de sumarse a las comunidades forales de exonerar prácticamente de tributación a las transmisiones, entre familiares, por este impuesto ha introducido una variable que hay que despejar: o se suman el resto de territorios a esta iniciativa con pequeños matices, o bien se adopta un replanteamiento general en la línea iniciada por alguna autonomía de disminución efectiva a la tributación vía incrementos de las reducciones en la base imponible y de disminución en los tipos impositivos.

En este Impuesto el diagnóstico de la situación actual se puede resumir con lo siguiente: reducciones por parentesco y seguro de vida muy bajas; desigualdades territoriales excesivas, tarifa muy alta en cuanto a tipos, si los comparamos con los países de nuestro entorno, y en los tramos muy desfasada por efecto de la inflación acumulada.

TERCERO: ¿Es necesario revisar la financiación local reformada en el 2003?

En primer lugar, habría que reflexionar sobre si los recursos financieros de nuestras entidades locales son suficientes para prestar los servicios que los ciudadanos les demandan.

En segundo lugar, convendría analizar las diferentes figuras impositivas locales. Por ejemplo, con la práctica desaparición del Impuesto sobre Actividades Económicas, para la inmensa mayoría de contribuyentes, este tributo se aplica a un reducido número de éstos, sobre los que recae una específica presión recaudatoria, y asimismo habrá que subsanar las múltiples deficiencias técnicas que presenta.

CUARTO: ¿Necesitamos un nuevo modelo de Impuesto sobre la Renta de las Personas Físicas o sólo retocar el existente?

Puesto que en la campaña electoral han surgido diferentes iniciativas tendentes a cambiar significativamente el actual modelo del impuesto, sería conveniente que en un plazo razonable se enviaran mensajes clarificadores sobre la magnitud y el carácter de los cambios que pudieran introducirse, al objeto de minimizar la incertidumbre normativa que nunca es buena compañera para la toma de decisiones.

A nuestro juicio, la reforma debería tender profundizar en la idea de que este Impuesto debe gravar la verdadera capacidad económica del contribuyente y a una mayor neutralidad en la tributación del ahorro.

QUINTO: ¿Qué se puede hacer respecto al Impuesto sobre Sociedades y a las políticas fiscales de fomento de la iniciativa y el riesgo empresarial y profesional?

El tejido empresarial y profesional de nuestro país constituye, sin duda, uno de los aspectos que permiten mantener nuestro nivel de desarrollo social del que nos sentimos tan orgullosos, por ello, siempre es conveniente replantearse si se pueden introducir rectificaciones al modelo existente tendentes al fomento del desarrollo de las iniciativas empresariales.

Entendemos que el Impuesto sobre Sociedades, en general, es técnicamente bastante correcto. Quizá habría que revisar aspectos muy concretos como los siguientes: tipos, ante todo estableciendo un tipo más reducido para microempresas; terminar de afinar el régimen de sociedades patrimoniales; e intentar, si no es posible simplificarlo, al menos, no añadir complejidad.

Es previsible, atendiendo a la evolución de determinadas realidades como la de la deslocalización, el debate técnico sobre este impuesto tienda a incrementarse y a generalizarse.

SEXTO: Aclarar las incertidumbres que puedan pesar sobre la nueva Ley General Tributaria

Creemos que sería muy conveniente conocer cuanto antes cuáles son los planes del nuevo equipo sobre esta norma tan importante para nuestro sistema tributario. Habrá que conocer rápidamente los desarrollos reglamentarios ineludibles.

Hay que recordar que la Ley General Tributaria es muy importante también, para la gestión de los impuestos en manos de las autonomías y de los entes locales por sus especiales características de gestión; liquidaciones por recibos, comprobación de valores, autoliquidación con especiales características.

SÉPTIMO: ¿No sería conveniente abrir también el debate sobre el Impuesto sobre Transmisiones Patrimoniales y Actos Jurídicos Documentados?

Desde nuestro punto de vista, a la vez que se replantea la financiación Autonómica, deberíamos reflexionar sobre algunas modalidades de este Impuesto que pueden distorsionar el funcionamiento natural de los agentes económicos. Nos estamos refiriendo al gravamen de las operaciones societarias y de Actos Jurídicos Documentados. Ambas modalidades suponen un peaje a determinadas operaciones: el primero, en la creación y, en general, en la reestructuración de las sociedades; y, el segundo, en los casos en que es preciso instrumentar en documento público determinadas operaciones.

OCTAVO: Agencia Tributaria y otros organismos gestores

Aprovechando el reto que supone la aplicación de la nueva Ley General Tributaria, habría que continuar en la línea, desarrollada hasta ahora con éxito, de facilitar las declaraciones y otros trámites a los contribuyentes, acompañando esta política con el reforzamiento de la seguridad jurídica y económica y con la mejora del talante administrativo en las relaciones tributarias.

En cuanto al polémico asunto de la creación de las Agencias Tributarias Autonómicas, creemos que, pudiendo ser válidos todos los modelos, la cuestión más importante radica en los recursos que vayan a gestionar estas entidades.

Estas ocho cuestiones reflejan una gran complejidad para las CC.AA. de régimen común, puesto que tanto el Impuesto sobre el Patrimonio, el Impuesto sobre Sucesiones y Donaciones, como el Impuesto sobre Transmisiones Patrimoniales y Actos Jurídicos Documentados, se enfrentan ante una creciente contestación de los contribuyentes y expertos y, nos encontramos abocados a una competencia interterritorial para algunos discutible. Es decir, el panorama es complejo y discutible. También quiero recordar, y sin pretender salirme del guión, cualquier sistema tributario requiere una razonable aceptación del mismo por los contribuyentes y una cierta complicidad de estos.

Muchos vemos con una cierta preocupación el desvocado -pido disculpas de este término- incremento de los tipos impositivos del Impuesto sobre Transmisiones Patrimoniales y Actos Jurídicos Documentados e incremento de la presión fiscal del Impuesto sobre el Patrimonio motivada por la modificaciones de la base imponible por los valores catastrales de los bienes inmuebles. No parece que estos impuestos puedan ni deban seguir incrementando su capacidad recaudatoria.

Respecto a este impuesto ITPAJD, en el anexo número I, adjuntamos un resumen del panorama actual del impuesto haciendo hincapié en las tendencias que parecen consolidarse. También en el anexo número II, hemos intentado resumir en un cuadro sinóptico las particularidades del impuesto por comunidades.

Respecto al Impuesto sobre Sucesiones y Donaciones, además de las discusiones técnicas sobre cuál es el modelo más conveniente a seguir, lo cierto es que el actual impuesto se enfrenta ante dos grandes retos, yo me atrevería a decir, dos grandes disfunciones. La primera es que por razones de todos conocidas y que nadie desea expresar explícitamente, prácticamente se ha convertido en un impuesto sobre las clases medias, lo cual no parece ni justo ni conveniente al tiempo que puede hacerlo peligrar a medio plazo. Y por otro lado, no sé si resulta justo o sostenible que nos encontremos ante territorios donde las sucesiones entre miembros de la familia, tengan la tributación cero a territorios donde no sólo formalmente deba tributarse, sino que además se refuercen los mecanismos de control e inspección.

Del Impuesto sobre Sucesiones y Donaciones adjuntamos en el anexo III un resumen del panorama actual del impuesto haciendo hincapié en las tendencias que parecen consolidarse y en el anexo IV, las particularidades por comunidad atendiendo a los desarrollos legislativos propios de cada territorio.

Y para completar el panorama de los desarrollos legislativos impulsados por cada parlamento autonómico adjuntamos en el anexo V un resumen del panorama actual del IRPF haciendo hincapié en las tendencias que parecen consolidarse y en el anexo VI las particularidades por comunidades.

ANEXO I
Resumen del panorama en ITP y AJD

Según la Ley Orgánica 8/1980, de 22 de septiembre, de financiación de las Comunidades Autónomas y la Ley 21/2001, de 27 de diciembre, las Comunidades Autónomas tienen capacidad normativa sobre:

- En relación con la modalidad de Transmisiones Patrimoniales Onerosas (T.P.O.):
  - Tipos:
    - Concesiones administrativas.
    - Transmisiones de bienes muebles e inmuebles.
    - Constitución y cesión de derechos reales sobre muebles e inmuebles.
    - Arrendamiento de bienes muebles e inmuebles.
  - Deducciones y bonificaciones de la cuota en relación a los actos anteriores.
- En relación con la modalidad de Actos Jurídicos Documentados, documentos notariales [AJD (DN)]:
  - Tipo de gravamen.
  - Deducciones y bonificaciones de la cuota en relación a estos documentos.

Como se puede ver en ANEXO todos las CC.AA. de régimen común, excepto Canarias, ya han fijado el tipo de la modalidad Transmisiones Patrimoniales Onerosas para la transmisión de inmuebles y derechos reales sobre los mismos en un 7%. Los territorios forales del País Vasco y Navarra tienen un tipo general del 6% para transmisión de inmuebles.

Asimismo, el tipo impositivo general para la modalidad Actos Jurídicos Documentados, Documentos Notariales, cuyo hecho imponible se devenga, por ejemplo, cuando obtenemos un préstamo hipotecario, en la declaración de obra nueva, o cuando se adquiere vivienda nueva, ha pasado en todas las Comunidades del 0'5 al 1%, excepto en Baleares, Canarias y Murcia. En los territorios forales del País Vasco y en Navarra continúa vigente el tipo general del 0'5 por 100.

En cuanto a tipos especiales se pueden advertir ciertas tendencias:

- En ITP:
  - Casi todas las Comunidades han regulado tipos más bajos del 7% cuando la transmisión de inmuebles se refiere a viviendas protegidas o que constituirán la residencia habitual de determinados colectivos como jóvenes, discapacitados o familias numerosas. En los territorios forales de Álava y Guipúzcoa se establecen tipos reducidos para transmisión de vivienda.
  - Muchas Autonomías han previsto también tipos reducidos para segundas transmisiones de inmuebles en las que, siendo posible la renuncia a la

exención de I.V.A. ésta no se produce. Naturalmente esta reducción persigue la atracción de la transmisión al ámbito del Impuesto sobre Transmisiones, que está cedido a la Comunidad, en lugar de quedar en el ámbito del I.V.A.

- En AJD (DN):
  - Una gran mayoría de Comunidades establecen tipos reducidos en adquisición de vivienda para préstamos hipotecarios utilizados en su adquisición cuando se trata de colectivos determinados: jóvenes, discapacitados, familias numerosas, ...
  - También la mayor parte de las Autonomías incrementan el tipo cuando se produce la renuncia a la exención del I.V.A., al objeto de recaudar algo más cuando la operación ha escapado a la modalidad de Transmisiones Patrimoniales Onerosas.
  - En el resto de tipos especiales, deducciones y bonificaciones existe una gran dispersión, observándose únicamente cierta preocupación por la formalización de derechos de garantía por las Sociedades de Garantía Recíproca, por lo que en Andalucía, Baleares, Cataluña, Extremadura y Madrid han regulado un tipo más reducido en la modalidad AJD (DN).

ANEXO II

ITP y AJD	*Andalucía*	*Aragón*	*Asturias*	*Baleares*	*Canarias*	*Cantabria*	*Cas.-león*	*Cas.-La Mancha*	*Cataluña*	*Extremadura*	*Galicia*	*Madrid*	*Murcia*	*Rioja*	*C. Valenciana*	*Estado*
TIPO-Bienes inmuebles y constitución derechos reales, general.	7	7	7	7		7	7	7	7	7	7	7	7	7	7	7
TIPO-Viviendas protegidas o con requisitos (valor, joven, familia numerosa, etc.)	3,5	2	3	3		5	4	6	5	4		4	4	3 y 5	4	
Inmuebles incluidos en transmisión global de negocio con requisitos.			3													
TIPO-adquisición vivienda por empresario al que se aplique PGC de e. inmob. con requisitos.	2		3										2			
TIPO-Transmisión a empresas inmobiliarias para adquirir nueva vivienda.		2														
TIPO-No renuncia a la exención IVA cuando es posible.		2	2	3		4				3	2		3	2		
TIPO-especial situación inmueble.				0,5												
AJD (DN) vivienda e hipoteca para vivienda.												0,4-1			0,1	
AJD-(DN) tipo reducido para algunas adquisiciones de vivienda y préstamos hipotecarios con requisitos de valor, jóvenes, familias numerosas, etc.	0,3	0,1	0,3			0,3	0,3	0,5	0,1		0,75	0,2	0,125	0,4-0,5	0,1	
AJD (DN) transmisiones inmuebles con renuncia a la exención IVA.	2	1,5	1,5	1,5		1,5			1,5	2		1,5	1,5	1,5		
AJD (DN) obra nueva y div. horizontal para alquiler.				0,3												
AJD (DN) adquisición vivienda por empresario que se aplique PGC de E.I. para alquilar.				0,3												
Bonificación cuota AJD (DN) declaración obra nueva o div. horizontal destino alquiler.											75					
Bonificación AJD (DN) relacionados con viviendas protección autonómica											50					

ANEXO III
Resumen del panorama en ISD

Según la Ley Orgánica 8/1980, de 22 de septiembre, de financiación de las Comunidades Autónomas y la Ley 21/2001, de 27 de diciembre, las Comunidades Autónomas tienen capacidad normativa sobre:

- Reducciones de la Base Imponible en Sucesiones y en Donaciones:
  - Creando reducciones propias.
  - Mejorando las de la norma Estatal.
- Tarifa
- Cuantías y coeficientes del Patrimonio preexistente.
- Deducciones y bonificaciones de la cuota.

En 2004 ya existen varias Comunidades que prácticamente han liberado de tributación a determinados sucesores:

- Mientras la base liquidable no supere los 3.000.000 de , no pagarán nada los hijos menores de edad en Aragón.
- Prácticamente tampoco pagarán nada (entre el 1 y el 4%, según el patrimonio preexistente que tuvieran) los descendientes y adoptados menores de 21 años en Asturias y Galicia por aplicación de coeficientes especiales en función del patrimonio preexistente. En Baleares, Castilla y León, Madrid, Murcia y la Comunidad Valenciana sólo se gravará con el 1% a este grupo de sucesores, aunque en este caso el beneficio fiscal se ha regulado estableciendo una bonificación del 99%.
- En Andalucía se exime totalmente de tributación a los sucesores del causante que sean descendientes, ascendientes, cónyuges, adoptados o adoptantes si la base imponible no supera los 125.000 y el patrimonio preexistente no excede de 402.678,11 .
- En otras Comunidades sólo se grava simbólicamente a ese grupo: ascendientes, descendientes, cónyuge, adoptados y adoptantes. Así sucede en Cantabria y en la Rioja, aunque se haya hecho con una técnica legislativa diferente. En Cantabria desde 2003 sólo tributa este colectivo entre el 1 y el 4% según la cuantía del patrimonio preexistente del sucesor. En la Rioja la tributación será del 1% al haber establecido una deducción sobre la cuota del 99%.
- En los territorios forales del País Vasco siguen exentas tanto las sucesiones como las donaciones cuando se realizan a favor del cónyuge, descendientes, ascendientes, adoptados y adoptantes. En la Comunidad foral de Navarra tanto las sucesiones como las donaciones a favor de esos adquirentes tributan a un tipo de 0,8 por 100.

Como tendencias comunes hemos advertido las siguientes:

- En muchas Comunidades se ha tratado de disminuir la carga tributaria sobre la transmisión "mortis causa" de la vivienda habitual aumentando la reducción Estatal (95%, con límite de 122.606,47 por sujeto pasivo) en porcentaje, subiendo el límite máximo de reducción y, en muchos casos, dulcificando los requisitos o circunscribiendo el beneficio fiscal a determinados colectivos.
- Algo parecido viene ocurriendo con la transmisión de empresa familiar, respecto a la cual muchas Comunidades han mejorado la reducción de la base (la norma estatal regula una reducción del 95% para la transmisión de empresas o participaciones en entidades que cumplan los requisitos para gozar de la exención en el Impuesto sobre el Patrimonio y la adquisición se mantenga en los 10 años siguientes).
- También son muchas las Autonomías que han mejorado las reducciones a discapacitados.
- Sobre la Tarifa sólo Cataluña y Madrid han ejercido su capacidad normativa: en Cataluña se ha regulado un tarifa con tipos en torno a un 3% inferiores a los de la norma estatal y en Madrid, aunque los tipos son los mismos que los de la Ley del Impuesto, se aplican a tramos con umbrales en torno al 3% más bajos.
- Por lo que respecta a las Donaciones, fundamentalmente, se ha legislado sobre la reducción en la transmisión de empresa familiar, mejorando su tributación; y seis Comunidades han establecido beneficios para el dinero que los padres donen a los hijos si éstos lo destinan a la adquisición de vivienda habitual (Baleares, Canarias, Castilla y León, Cataluña, Madrid y La Rioja), aunque Canarias, Castilla y León y Madrid lo ha hecho mediante reducción en base y las otras tres con deducción en cuota.

ANEXO IV

	ISD	*Andalucía*	*Aragón*	*Asturias*	*Baleares*	*Canarias*	*Cantabria*	*Cas.-León*	*Cas.-La Mancha*	*Cataluña*	*Extremadura*	*Galicia*	*Madrid*	*Murcia*	*La Rioja*	*C. Valenciana*
SUCESIONES	Reducción vivienda habitual	99,99%	E	s/tabla	100% y P	99%	98% y P	E	E	E y P	100% y P	E	E y P	E	E	E
	Bienes interés Cul. o Patr. C.	E	50%	E	E	E	E	99% y P	E	E y P	E	E	E	E	E	95/50/25%
	Reducciones generales por Grupos	E	E	E	E	E	>E	E	E	>E	E	E	>E	E	E	E
	Reducción hijos menores		100% con max.					E+6.000 y P				100.000 y P				
	Reducción minusválidos 33-65%	E	E	E	E	E y P	50.000	125.000	E	245.000	E	E	47.000	E	E	120.000
	Reducción minusválidos > 65%	E	100%	E	300.000	E y P	200.000	225.000	E	570.000	E	E	153.000	E	E	240.000
	Reducción E. familiar	E	E y P	99% y P	E	99% y P	98% y P	98% y P	E	E y P	E	99% y P	E y P	99% y P	99% y P	E y P
	Reducción explotaciones agrarias	E	E	E	E	E	E	99%	E	E	E	99%	E	E	E	E y P
	Reducción fincas rústicas				95% y P					95% y P						
	Reducción VIH y actos terrorismo							99%				99%	99%			
	Reducción seguro de vida de cónyuge, ascendiente o descendiente	E	E	E	E	99% y P	Sin lim.	E	E	lim. 9.380	E	E	lim. 9.200	E	E	E
	Reducción que hace B.L. = 0 si: descend. y ascend.; B.I. < 125.000; y P. PE. < 402.678,11	100%														
	Deducción descendientes, cónyuges y ascendientes														99%	
	Tarifa para sucesiones y donaciones	E	E	E	E	E	E	E	E	sim. a E	E	E	sim. a E	E	E	E
	Bonificación descendientes y adoptados < 21				99%			99%					99%	99%		99%
	Bonificación discapacitados parientes = > 65%															99%
	Bonificación discapacitados = > 33%															99%
	Coeficiente multiplicador en función del P.PE	E	E	0,01-0,04	E	E	0,01-0,04 (I y II)	E	E	sim. a E	E	0,01-0,04	sim. a E	E	E	E
DONACIONES	Reducción E. Familiar	E	E y P	E	E	E	E y P	E	E	E	E	99% y P	E	E	99% y P	90 o 95% y P
	Reducción explotaciones agrarias								100%			99% y P				
	Reducción por dinero entregado a hijos para adquirir vivienda					85-90-95%		99%					85%	E	E	E
	Reducción bienes interés Cul. o Pat. C.	E	E	E	E	E	E	E	E	E	E	E	E			240.000
	Reducción discapacitados = > 65%														100%	
	Deducción por dinero entregado a hijos para adquirir vivienda				85%					85%						

E: Estado; E y P: Estado con particularidades.

ANEXO V
Resumen del panorama en el IRPF

Según la Ley Orgánica 8/1980, de 22 de septiembre, de financiación de las Comunidades Autónomas y la Ley 21/2001, de 27 de diciembre, las Comunidades Autónomas tienen capacidad normativa sobre:

- Escala autonómica.
- Deducciones:
  - Circunstancias personales y familiares.
  - Inversiones no empresariales.
  - Por aplicación de renta.
  - Aumentos o disminuciones de los porcentajes de deducción por inversión en vivienda habitual.

Como se puede ver en el cuadro, ninguna Comunidad ha modificado la escala autonómica y sólo una, Cataluña, ha utilizado su capacidad para aumentar o disminuir los porcentajes de deducción por inversión en vivienda (en general lo ha disminuido, aumentándolo para algunos colectivos).

Aunque las deducciones como se ve en el cuadro tienen una distribución muy dispersa, sí se pueden observar algunas tendencias:

- Se han regulado muchas deducciones por hijos: nacimiento, adopción o por su cuidado.
- Asimismo, se han regulado muchas deducciones por adquisición de vivienda para determinados colectivos, en especial jóvenes y discapacitados.
- Existe una gran variedad de deducciones por donaciones: a la C.A., a Fundaciones que conserven Patrimonio Histórico o Cultural, etc.
- También se favorece el alquiler sobre todo a colectivos como jóvenes y discapacitados.

ANEXO V

IRPF	*Andalucía*	*Aragón*	*Asturias*	*Baleares*	*Canarias*	*Cantabria*	*Cas.-León*	*Cas.-La Mancha*	*Cataluña*	*Extremadura*	*Galicia*	*Madrid*	*Murcia*	*Rioja*	*C. Valenciana*	*N.º*
Trabajo dependiente										✓						1
Nacimiento hijos		✓			✓		✓		✓		✓	✓		✓	✓	7
Cuidado hijos				✓	✓		✓	✓			✓		✓			5
Perceptores ayudas hijos	✓					✓										2
Contribuyentes mayores				✓	✓											1
Cuidado de mayores																1
Adopción		✓							✓							1
Viudedad												✓				
Acogimiento menores																1
Adopción internac.	✓	✓										✓				2
Acogimiento mayores			✓													2
Contribuyente discapacitado	✓			✓	✓		✓	✓							✓	5
Cuidado discapacitados								✓								1
Familia numerosa							✓				✓				✓	3
Labores de hogar por uno de los cónyuges															✓	1
Emprendedores	✓		✓		✓				✓							2
Modificación deducción autonómica vivienda																1
Inversión en vivienda protegida			✓						✓							1
Adquisición vivienda por colectivos	✓		✓	✓					✓	✓	✓		✓	✓	✓	9
Adquisión 2.ª vivienda medio rural														✓		1
Destinar subvenciones CA a vivienda															✓	1
Inversión doméstica ordenadores														✓		1
Donación relacionada bienes de I. Cultural o P.H.					✓		✓			✓			✓		✓	5
Beneficiarios ayudas vivienda protegida	✓															1
Alquiler vivienda			✓												✓	2
Alquiler algunos colectivos	✓			✓					✓			✓			✓	5
Adquisición libros texto				✓												1
Gastos estudios descendientes					✓											1
Reparación de Bienes de I. Cultural o P.H.					✓		✓			✓						3
Ciclo									✓							1
Deducción donaciones padres-hijos para vivienda					✓				✓							1
Donaciones diversas			✓		✓		✓			✓		✓			✓	6
Donaciones fin ecológico					✓							✓			✓	3
Donaciones fundaciones fomento lengua de comunidad									✓						✓	2
Aportaciones cooperación internacional para el desarrollo								✓								1
Perceptores ayudas por prisión												✓				1

CAPÍTULO 7
ELECCIÓN ENTRE MODELOS CENTRALIZADOS Y DESCENTRALIZADOS PARA LA ADMINISTRACIÓN FISCAL

JORGE MARTÍNEZ-VÁZQUEZ
ANDREY TIMOFEEV
Andrew Young School of Policy Studies
Georgia State University

1. Introducción

La experiencia internacional nos muestra una variedad de enfoques en la organización y en los grados de descentralización en la gestión de los impuestos. Es bastante común observar, incluso en países muy descentralizados como los países escandinavos, que hay una alta centralización en la organización de la administración fiscal. Sin embargo, hay otros países, menos numerosos escasos, donde la administración de los impuestos está altamente descentralizada; en algunos casos, como en Alemania, incluso impuestos del gobierno central son administrados por gobiernos subnacionales descentralizados. Las cuestiones fundamentales analizadas en este artículo son las siguientes: cuál es el enfoque más apropiado para organizar la estructura vertical de la administración de los impuestos, y cuáles son los factores determinantes que pueden hacer un enfoque más o menos óptimo para un determinado país.

Es importante plantearse estas preguntas en el entorno correcto. La distribución de responsabilidades para la administración fiscal debe ser entendida como un elemento que debe interactuar y debe ser compatible con el resto del diseño de un sistema centralizado de finanzas y, más general, con el diseño de todo el sistema fiscal de un país. Observar sólo la organización de la administración tributaria puede conducir a respuestas erróneas. Hay un elemento clave en el diseño de un sistema descentralizado de finanzas para conocer qué enfoque se ha seguido en la organización de la administración tributaria. Este elemento es la asignación de los impuestos y otras fuentes de ingresos a diferentes niveles de gobierno.

En la asignación de los impuestos en un sistema descentralizado de finanzas hay que decidir tres tipos de cuestiones. Primero, ¿a qué nivel de gobierno se le da el poder legal para establecer nuevos impuestos o cambiar su estructura en términos de definición de las bases impositivas y la determinación de los tipos impositivos? Segundo, ¿cómo se distribuirá la recaudación de los diferentes impuestos entre los diferentes niveles de gobierno? Tercero, ¿qué nivel de gobierno será responsable para la administración y cumplimiento de los diferentes impuestos? Como se ha señalado, nuestro interés en este artículo reside en el tercero de estos tres aspectos, pero no podemos tener una clara comprensión de los temas de la administración fiscal sin entender la existencia de un nivel de autonomía impositiva y cómo la recaudación de los impuestos se comparte entre los diferentes niveles de gobierno.

La asignación de impuestos en un sistema de descentralización financiera básicamente tiene dos posibilidades: compartir ingresos, donde los gobiernos locales participan en los ingresos de los impuestos del gobierno central de acuerdo con unas fórmulas, pero sin poder independiente para alterar estas rentas, y la delegación de impuestos o atribución de autonomía fiscal, en la cual los gobiernos locales tienen competencia para introducir cambios en algunos aspectos de los impuestos, como la tarifa o la composición de la base impositiva. En un sistema puro de compartir ingresos, el modelo apropiado para la administración de los impuestos sería el de una organización centralizada. Después de todo, si sólo existen impuestos del gobierno central, a pesar de que algunos de sus ingresos sean compartidos con los gobiernos locales, parecería que sería necesaria una administración tributaria central. Sin embargo, en la vida real las cosas no son tan simples. De hecho, como veremos, en el país más descentralizado del mundo en términos de administración fiscal, Alemania, donde todos los impuestos son recaudados por los Länder o gobiernos regionales, estas unidades no tienen autonomía tributaria real y todos sus ingresos proceden de su participación en impuestos federales. Así, una de las cuestiones básicas planteadas en este artículo es cuáles son las razones para la descentralización en la organización de la administración tributaria en el caso de participación en impuestos y cuál es el grado apropiado de descentralización.

En el caso de atribución de ingresos propios a los gobiernos locales con poderes autonómicos, parecería que la solución apropiada para administrar los impuestos sería la de administraciones tributarias separadas para cada nivel de gobierno en correspondencia con los impuestos asignados a ellos. En realidad este es un enfoque común entre los países federales y también en algún país unitario. Por ejemplo, las economías de escala de los modelos con mayor centralización de la administración tributaria pueden perderse por diferencias en la definición de las bases impositivas entre gobiernos locales, o puede ser aducido que la responsabilidad de los gobiernos locales con sus residentes derivada de la autonomía tributaria puede reforzarse con la administración de los impuestos. Pero, como veremos en la experiencia internacional real las cosas son más complejas, con una mezcla de no sólo administraciones tributarias separadas para cada nivel de gobierno sino también organizaciones de la administración tributaria más centralizadas y en algunos casos más descentralizadas. Así, otra pregunta básica planteada en este artículo es cuáles son las razones detrás de los diferentes grados de descentralización en la organización de la administración de los impuestos en el caso de asignación de ingresos propios a gobiernos locales con poder autonómico.

El resto del artículo está organizado de la forma siguiente. En la Sección Segunda consideramos los argumentos teóricos a favor y en contra de los modelos de administración tributaria centralizados y descentralizados. En la Sección Tercera revisamos la situación práctica actual en un número de países como ejemplos de enfoques centralizadores y descentralizadores. En la Sección Cuarta extraemos lecciones para el futuro rediseño en la organización de la administración tributaria. Como veremos, no existe una solución única; la elección de los países sobre descentralización de la administración tributaria responde a cuestiones complejas, que normalmente incluyen objetivos políticos. A pesar de eso, dado el enfoque general a la descentralización fiscal y, más en particular, a la asignación de ingresos, es posible identificar mejores y peores enfoques de organización de la administración tributaria. En la Sección Quinta ofrecemos algunas conclusiones.

2. Consideraciones Teóricas

La literatura sobre federalismo fiscal ha otorgado hasta el momento poca atención al tema de la descentralización de la administración tributaria. Sin embargo dos artículos recientes de Vehorn y Ahmad (1997) y Mikesell (2003) han provisto una amplia discusión sobre los argumentos a favor y en contra asociados a una centralización / descentralización de la administración tributaria. Por otro lado, la literatura teórica sobre la administración fiscal (entre otros, Maysar, 1991, Slemrod y Yitzhaki, 2002) se ha centrado exclusivamente en el caso de una sola administración central. Un artículo más reciente de López-Laborda *et al.* (2004) emplea algunas de las ideas teóricas de la literatura de la administración tributaria óptima para examinar el nivel óptimo de descentralización de la administración fiscal, fijándose en cómo las externalidades positivas producidas por múltiples niveles de administración fiscal son internalizadas por diferentes enfoques u organización del sistema de administración tributaria.

2.1. Estructura y objetivos de la administración tributaria

El mejor enfoque para la organización de la administración fiscal puede depender de los objetivos que se persigan y de las restricciones encontradas en la consecución de tales fines. La elección final del modelo de organización de la administración tributaria depende eventualmente de cómo estos objetivos son ponderados y de cómo es la naturaleza de los *trade-offs* o relaciones de intercambio entre objetivos. Claramente la perspectiva del gobierno central sobre estos objetivos (esto es, la ponderación relativa asignada a ellos) puede ser bastante diferente desde la perspectiva de un gobierno descentralizado. Así, el desacuerdo entre los diferentes niveles de gobierno en un país particular o la observación de prácticas internacionales diferentes puede ser explicado hasta cierto punto por cómo son definidos y ponderados estos objetivos.

Cuando se debate sobre qué nivel es el apropiado para la descentralización fiscal, hay dos objetivos fundamentales a tener en cuenta. El primero es la maximización de los ingresos tributarios sujeto a dos restricciones: el coste presupuestario o administrativo y el coste de cumplimiento. De manera resumida lo llamaremos el objetivo de eficiencia. El segundo objetivo es la rendición de cuentas del gobierno electo frente a los contribuyentes, que puede depender no sólo del grado de autonomía normativa otorgada a los gobiernos locales, sino también en cómo los impuestos son realmente recaudados. Llamaremos a este segundo el objetivo de rendición de cuentas[1].

2.2. *El objetivo de eficiencia y la organización de la administración tributaria*

Empecemos con el primer objetivo de maximizar la recaudación tributaria. A partir de los artículos de Mayshar (1991) y Slemrod y Yitzhaki (2002) y la ampliación de López-Laborda *et al.* (2004) podemos pensar en una función de producción para los ingresos R, con una tecnología particular y que depende de los dos factores tradicionales de producción, trabajo (L) y capital (K). Además, de estos factores tradicionales, la producción depende primero de la 'calidad de la estructura legal' (M), que recoge no sólo cómo las leyes tributarias facilitan (o complican) la función de la administración tributaria y el cumplimiento, sino también la naturaleza de la atribución de la recaudación en el sistema de relaciones tributarias intergubernamentales. Un segundo factor es 'la información del contexto' (Z), que depende de la estructura u organización del aparato de la administración tributaria (centralizada o descentralizada) y que valora la capacidad de usar eficientemente la información provista por las declaraciones de los contribuyentes, terceras partes y demás.

La organización de la administración tributaria (centralizada o descentralizada), objetivos de este artículo, puede también ser estudiada viendo cómo afecta otros aspectos de la función de producción, incluyendo el tipo de tecnología usada en el proceso de producción o la productividad de los factores de producción, trabajo y capital. Además, la organización de la administración tributaria puede también afectar la naturaleza de las restricciones sobre los costes de la administración y los costes de cumplimiento de los contribuyentes.

Diversos modelos son útiles para estudiar la organización de la administración tributaria. En un extremo, tenemos el caso donde todos los impuestos centrales y locales son administrados por una administración tributaria central única. En el otro extremo, todos los tributos, tanto centrales como locales, son administrados por múltiples administraciones tributarias descentralizadas. Entre estos dos casos extremos hay varias posibilidades de diferente tipo de organización tributaria. La más obvia es la de administraciones tributarias separadas en las cuales cada nivel de gobierno ad-

1. Es posible pensar en otros objetivos y algunos, de los que aquí llamamos restricciones (como los costes del cumplimiento) podrían también definirse como objetivos. Sin embargo nosotros creemos que la eficiencia en la recaudación y la rendición de cuentas muestra suficientemente el *trade-off* fundamental y los argumentos que son utilizados para discutir la mayor centralización o descentralización de la administración tributaria.

ministra sus propios impuestos. Pero hay muchas más posibilidades, como aquella en la que la administración tributaria central además de sus propios impuestos también administre algunos impuestos locales y/o las administraciones de los gobiernos locales además de los propios administren algunos impuestos centrales[2].

La existencia de varios niveles de administración tributaria puede producir externalidades en las respectivas capacidades para administrar y controlar sus propios impuestos. A pesar de que ha habido un cierto debate en la literatura del Federalismo Fiscal sobre la presencia y las consecuencias de externalidades fiscales en el diseño de la atribución de recaudación (entre otros autores, Keen, 1998 y Sato, 2000) se ha prestado menos atención al papel de las externalidades en el aspecto de la posible descentralización en la administración tributaria. Estas externalidades implican ventajas y desventajas para la efectividad controladora de un nivel de administración tributario causadas por la existencia y actuación de otros niveles de administración tributaria. Dos recientes excepciones son los artículos de López-Laborda *et al.* (2004) y Esteller-Moré (1999). El primero de estos artículos investiga la cuestión del "diseño óptimo" de la administración tributaria dado que la existencia de múltiples niveles de administración tributaria (con presencia o no de acuerdos de cooperación en el intercambio de información) puede provocar un mejor cumplimiento de los contribuyentes a cualquier nivel tributario. En el segundo artículo de Esteller-Moré se analiza que en un entorno de descentralización con niveles supuestos de administración tributaria, la eficacia de los parámetros de cumplimiento habituales (penas y probabilidades de detección) puede ser reducida con respecto al caso de una única administración tributaria. El asunto de externalidades fiscales no será desarrollado más en el presente artículo.

En los siguientes parágrafos analizaremos los posibles efectos de una organización centralizada o descentralizada sobre la eficiencia en la producción, seguido por el debate entorno al segundo objetivo: la rendición de cuentas de los funcionarios de los gobiernos ante los contribuyentes.

2.3. Uso eficiente de inputs y costes de administración

Una tarea fundamental de cualquier administración tributaria es recaudar con los mínimos costes posibles[3]. La ventaja más importante de una administración tributaria centralizada parecería su capacidad para operar con menores costes a través de

2. Como veremos en la próxima sección del artículo, para esos casos encontramos ejemplos de países. López-Laborda *et al.* (2004) señalan que una organización ideal para la administración tributaria puede ser un aparato único con una autoridad conjunta del gobierno central y los gobiernos locales capaces de internalizar las externalidades de información y otras posibles ventajas, pero dada la probable conflictividad entre los objetivos, temas de información asimétrica, etc., no es sorprendente que este tipo híbrido de organización no se observe en la realidad.

3. Véase Rubinfield (1985), quien postula que el principio básico de diseño de la administración tributaria debería ser el de los menores costes posibles de administración y cumplimiento.

un uso más eficiente de los inputs, porque hay economías de escala en la producción, una mayor especialización de los trabajadores y un uso más sofisticado de los inputs de capital, en particular de la informática.

Debido a la existencia de ciertos costes fijos asociados con la recaudación de cualquier tributo, una agencia tributaria centralizada puede ser capaz de reducir los costes de administración y cumplimiento del conjunto de sistema de recaudación de ingresos, incluyendo los impuestos centrales y subnacionales. Si las administraciones tributarias descentralizadas no liquidan y recaudan de forma recurrente, puede ser costoso tener personal dedicado sólo a la recaudación. En cambio, la administración tributaria centralizada es capaz de aprovechar economías de escala en procesar declaraciones, almacenar la información, y emplear técnicos especialistas (Ej. inspectores fiscales). Cuando haya economías de escala en el proceso de administración de los impuestos, una administración tributaria central mejora la posibilidad de que se obtengan estos ahorros de costes. Con una única estructura organizativa de todas las administraciones tributarias, los tributos se recaudan en todo el país siguiendo los mismos procesos y procedimientos. Este, *inter alia*, hace más fácil para la administración tributaria establecer un solo sistema informático para controlar la recaudación de varios impuestos. Las declaraciones de los contribuyentes de cada tipo de impuesto pueden ser consolidadas en una sola base de datos o archivo general. Las personas que obstaculizan el almacenamiento de datos podrían ser detectadas rápidamente y se podrían hacer listas de delincuentes que actúan de forma organizada. El cumplimiento, especialmente el componente de inspección, se simplifica si el inspector fiscal tiene información procedente del archivo general de todos los impuestos a los que está obligado a pagar el contribuyente[4].

Las grandes agencias de administración tributaria bajo la estructura centralizada pueden permitirse un personal más cualificado, pueden pagar salarios más altos (y así reducir los incentivos de un funcionario a ser corrupto, que entre otros efectos disminuye la recaudación tributaria)[5], pueden permitir al personal especializarse en un grado no posible con unidades administrativas más pequeñas[6] y pueden tener presupuestos que permitan mayor sofisticación en tecnología de la información. Puede ser mucho menos económico para las administraciones pequeñas (descentralizadas) in-

4. Estos aspectos no deberían ser interpretados para afirmar que el enfoque descentralizado nunca será capaz de conseguir economías de escala en el uso de información. Para la realización de economías de escala se requerirían acuerdos de intercambio de información, que pueden ser costosos y de difícil aplicación.

5. La idea que mayores pagos producirán un mejor funcionamiento es generalmente aceptada, pero raramente ha sido probada. En un análisis de un estado americano (Connecticut) Bates y Santerre (1993) no encuentran evidencia entre mayores pagos y un mejor funcionamiento de la recaudación en el impuesto sobre la propiedad. Sin embargo, su medida de funcionamiento –la tasa de recaudación– era un concepto extremadamente restrictivo, por lo que los resultados tienen poco peso para cambiar la presunción básica de funcionamiento.

6. La especialización de tareas genera el beneficio adicional de mejorar el control interno y disminuir las oportunidades de fraude y corrupción.

vertir en tecnologías y equipos costosos y especializados, mantener programas de especialización para un reducido número de trabajadores o contratar personal capaz de tratar con temas de cumplimiento más complejos que afecten, por ejemplo, a empresas globales[7].

Sin embargo, el caso de mejores costes de eficiencia bajo una administración tributaria centralizada no está completamente demostrado. En primer lugar, una administración tributaria descentralizada a nivel regional o estatal puede ser suficientemente grande para obtener muchas de las ventajas relacionadas con las economías de escala[8]. Evidentemente, los gobiernos intermedios a nivel subnacional en países como India o China pueden tener mucha mayor población que países enteros[9]. Segundo, que sean pequeños también tiene algún beneficio. Por ejemplo, una administración tributaria descentralizada a nivel local puede conseguir mayor eficiencia en la recaudación y reducción de costes con la integración de la recaudación de los impuestos, tasas y precios públicos e ingresos procedentes del alquiler de viviendas municipales[10]. Otras características de la descentralización tributaria podrían mejorar la eficiencia. Generalmente se cree que en el caso de los impuestos sobre la propiedad, una administración tributaria más descentralizada podría tener un conocimiento superior de las circunstancias locales y una capacidad mayor diseñar procesos adaptados a las condiciones locales que, por tanto, tendrían una mayor efectividad en el cumplimiento tributario. También se ha argüido que una administración tributaria más descentralizada puede llevar a un proceso más rápido e intenso de innovaciones tecnológicas, ya que las diferentes administraciones pueden actuar como laboratorios para innovaciones tributarias (Mikesell, 2003). A pesar de estos argumentos, en general el tema de mejores costes de eficiencia favorecería el enfoque de una administración tributaria centralizada. Incluso estas ventajas potenciales de una descentralización de la administración tributaria, relacionadas con la capacidad de adaptarse a las condiciones locales y de actuar como un laboratorio para desarrollar innovaciones, se podrían conseguir si la administración tributaria centralizada tiene voluntad de descentralizar la toma de decisiones y otorga a sus unidades territoriales más autonomía en sus funciones.

7. En cambio, las administraciones tributarias descentralizadas pueden ser fácilmente abrumadas en su esfuerzo para hacer cumplir a las grandes empresas multinacionales. Por ejemplo, Tannenwald (2001, pág. 42) observa que, en los Estados Unidos, "los departamentos tributarios de los estados y las ciudades están siendo cada vez más "superados" en el intento de aplicar [el impuesto sobre sociedades]". Simplemente no tienen ni la capacidad legal ni la formación para conocer las estrategias de elusión y de evasión de las grandes firmas.

8. La evidencia empírica sobre la existencia del tamaño de las economías de escala es discutido unas líneas más abajo.

9. Sin embargo, ni en el caso de gran tamaño para gobiernos subnacionales, las economías de escala de la información relacionadas con información relacionadas con terceras partes o actividades económicas del mismo contribuyente en diferentes jurisdicciones que puedieran no estar controladas.

10. Ha habido una práctica común en un diferentes países como Sudáfrica, Ucrania y otros países en transición.

La cuestión es si los posibles mejores costes de eficiencia del enfoque de una administración tributaria centralizada suceden de hecho en la realidad. Desafortunadamente, ha habido muy poca investigación empírica sobre el coste de eficiencia y las economías de escala en la administración tributaria, y no hay prácticamente estudios que hayan comparado directamente los enfoques centralizador y descentralizador.

Evidencia indirecta sobre ciertas economías de escala se ha sugerido en una comparación de estudios de los costes administrativos de los impuestos a nivel nacional y subnacional sobre la misma base tributaria en Canadá. Vaillancourt (1989) estima que los costes administrativos del impuesto federal sobre la renta personal y del impuesto sobre las nóminas de Canadá son del 1 por ciento de la recaudación, mientras que Lachance y Vaillancourt (2000) estiman que los costes administrativos del impuesto autónomo sobre la renta de Québec son del 1,78 por ciento de la recaudación. En otro estudio Plamondon y Zussman (1998) estiman que una sola administración tributaria de los impuestos sobre sociedades, federal y provinciales, de Canadá reduciría los costes administrativos hasta un valor entre 0,90 y 0,93 por ciento de la recaudación comparado con el 0,97 por ciento actual de costes administrativos.

Moesen y Persoon (2002) usan una frontera de producción no estocástica para estudiar el efecto de la escala de las operaciones sobre la eficiencia de las sucursales territoriales de la administración tributaria belga. Para el impuesto sobre la renta personal los autores no encuentran relación entre el número de personas que tributan en una oficina y su eficiencia, en términos de números de declaraciones inspeccionadas. Este resultado difiere mucho del que obtuvieron en Bélgica Amez y Moesen (1994) para el impuesto sobre la renta de sociedades, en el que encontraron rendimientos crecientes a escala para oficinas tributarias más grandes. Estos resultados sugieren que las economías de escala y de especialización pueden ser más significativas para algunos impuestos que para otros. El impuesto sobre sociedades puede requerir probablemente unos conocimientos más especializados para entender las prácticas empresariales y financieras de empresas multinacionales, por ejemplo, mientras que para otros impuestos, como el impuesto sobre la propiedad o el impuesto sobre la renta personal, la necesidad de personal con unos conocimientos muy especializados es mucho menos obvia. Esta razón sugiere que el atractivo (o mejores costes de eficiencia) de descentralizar la administración tributaria, dependerá del tipo de impuestos que se descentralice.

Diversos estudios recientes se han centrado en el impuesto sobre la propiedad. Sjoquist y Walter (1999) han encontrado en el impuesto sobre la propiedad en Georgia (Estados Unidos) que un incremento del diez por ciento en el volumen de las valoraciones tiene como resultado un incremento del tres por ciento en los costes totales. Por otro lado, Bell (1999) encuentra que la calidad de la valoración de la propiedad no mejora con la dimensión, en Estados Unidos. De hecho, unidades de estimación más pequeñas son al menos tan precisas como aquéllas que se hacen en jurisdicciones más grandes. Sin embargo, ello normalmente se realiza mediante la contratación de empresas de valoración o personal del estado que realiza las estimaciones, los cuales tienen la oportunidad de explotar las economías de escala.

En resumen, la evidencia que hasta ahora hay en la dimensión y los costes de eficiencia no es conclusiva, pero generalmente confirma la presunción de que hay economías de escala en la administración tributaria. Sin embargo, este tema podría ser estudiado mucho más y mejor en el futuro.

2.4. La restricción de costes de cumplimiento

El debate en la literatura sobre el sistema tributario óptimo en los años más recientes (por ejemplo en Slemrod (1990)) ha enfatizado la importancia del coste de cumplimiento del contribuyente en el diseño óptimo. La organización de la administración tributaria puede incidir sobre los costes de cumplimiento del contribuyente de muchas maneras. Una administración tributaria centralizada puede reducir el número de puntos de contacto entre contribuyente y autoridad fiscal[11]. Esto puede tener varias ventajas potenciales[12]. Primero, una sola autoridad ayuda a evitar posibles confusiones a los contribuyentes sobre a qué autoridad fiscal hay que acudir para plantear preguntas y problemas, y dónde se deben presentar las oportunas alegaciones. Segundo, una sola inspección puede cubrir los impuestos centrales y subnacionales, evitando el fastidio para los contribuyentes de repetidas inspecciones en un solo año. Tercero, comunicaciones con múltiples agencias administrativas involucradas pueden desorientar a los contribuyentes. Un modelo descentralizado de administración tributaria puede también provocar sobre los contribuyentes unos costes de cumplimiento más elevados si cada jurisdicción tributaria tiene diferentes modelos, regulaciones y procedimientos. Los costes de cumplimiento pueden ser especialmente altos para empresas que tienen varias sucursales o filiales operando en diferentes áreas jurisdiccionales.

La ausencia de un tratamiento uniforme de los contribuyentes o que los resultados dependan de dónde se presenta el tributo podrían también ser considerados como otro tipo de coste de cumplimiento. De hecho, pueden pagarse importes diferentes por obligaciones nominales idénticas o los contribuyentes pueden incurrir en un coste de desplazamiento o recolocación para conseguir ventajas de un trato más justo o mejor y disfrutar de ventajas competitivas[13]. La uniformidad administrativa en la aplicación del impuesto implica una variedad de elementos que va desde la interpretación real de las leyes tributarias a la cuestión geográfica en la selección de contribuyentes a inspeccionar. Un modelo centralizado de administración tributaria mejora las oportunidades para que los contribuyentes reciban un tratamiento consistente

11. Hemos de resaltar que respecto a puntos de contacto puede haber algunos aspectos positivos en términos de visibilidad y rendición de cuentas de las autoridades locales a los contribuyentes. Véase la discusión sobre los aspectos de rendición de cuentas más adelante.

12. Véase Mikesell (2003).

13. Una percepción de administración equilibrada es incrementar la probabilidad de cumplimiento voluntaria con el tributo (Vehorn y Ahmad, 1997). Una aplicación uniforme de leyes tributarias para los contribuyentes manda una señal de que la administración tributaria se compromete a un trato justo.

en la valoración, inspección, sanciones y apelaciones independientemente del lugar dónde estén situadas las actividades gravadas.

Sin embargo, los costes de cumplimiento de los contribuyentes también tienen relación con la conveniencia y el acceso. En este sentido, una administración tributaria descentralizada a nivel local podría ser mejor para suministrar estos servicios a los contribuyentes. Sin embargo, el uso de Internet y los centros de atención telefónica hacen que estos aspectos de costes de cumplimiento sean menos importantes.

De momento, la evidencia empírica sobre descentralización de la administración tributaria es escasa y fragmentada. Sin embargo, la importancia que se da a estos asuntos puede ser fácilmente demasiado minimizada. Por ejemplo, es corriente que las corporaciones nacionales en los Estados Unidos rellenen más de 15.000 declaraciones de impuestos de ventas cada año (Vehorn y Ahmad, 1997). Además, estas mismas corporaciones deben declarar el impuesto sobre sociedades en todos los estados donde tienen algún vínculo (por ejemplo, una oficina permanente), y retener los impuestos personales sobre la renta de sus empleados en todos los estados y localidades donde opera este tipo de impuesto. Individuos con residencia parcial en varios estados y localidades deben presentar el impuesto sobre la renta personal de cada uno de ellos estados si la jurisdicción tiene un impuesto sobre la renta, o debe pagar el impuesto de la propiedad a todas las jurisdicciones donde tenga propiedades inmobiliarias. Por algunas de estas razones, Slemrod y Blumenthal (1996) encontraron que en los Estados Unidos los costes de cumplimiento de los impuestos estatales sobre sociedades eran el 5,6 por ciento de la recaudación, que es aproximadamente el doble de lo estimado para el impuesto federal sobre sociedades (2,6 por ciento de la recaudación). Los autores explican que la diferencia es atribuible a la no uniformidad de los sistemas tributarios estatales. En cambio, al otro lado de la frontera la evidencia para el impuesto de la renta personal no parece dañar la administración de tributaria descentralizada. Erard y Vaillancourt (1992), usando modelos de simulación para el IRPF de Ontario, estiman que el coste marginal de cumplimiento se encuentra entre el 2 y el 3,1 por ciento de la recaudación. Lachance y Vaillancourt (2000) estiman los costes de cumplimiento para el impuesto sobre la renta personal del Québec en el 1,71 por ciento de la recaudación. Como punto de referencia, los costes de cumplimiento medios para el impuesto federal y los impuestos sobre las nóminas de Canadá se estiman aproximadamente en el 6 por ciento de la recaudación, siendo el determinante principal de los costes para los individuos la complejidad de su situación tributaria en términos de tipos de renta, uso de coberturas impositivas, etc. (Vaillancourt, 1989). Con un enfoque diferente, Plamondon y Zussman (1998) estiman que una sola administración tributaria federal y provincial canadiense para los impuestos empresariales (no impuestos sobre la renta personal) reduciría los costes de cumplimiento bajándolos hasta el 1.37 por ciento de los ingresos comparado con los actuales 1.5 por ciento de la recaudación. Los estudios empíricos demuestran que los costes de cumplimiento pueden no ser triviales, aunque pueden estar lejos de ser exactos. La administración tributaria descentralizada es más probable que incremente más los costes de cumplimiento para los negocios que para los individuos.

2.5. El objetivo de la rendición de cuentas y la organización de la administración tributaria

La cuestión fundamental de esta sección es si un régimen de la administración tributaria local separado permite la rendición de cuentas de los funcionarios locales a sus residentes y contribuyentes por encima de la rendición de cuentas que pueda existir cuando los tributos locales descentralizados son recaudados por la autoridad tributaria central. Por tanto, la pregunta es si un argumento poderoso la rendición de cuentas fiscales en sistemas descentralizados para extender la administración tributaria o si es suficiente proveer a los gobiernos subnacionales con una recaudación de tributos con cierta discreción o autonomía, por ejemplo la capacidad para establecer los tipos impositivos de ciertos tributos, pero siendo recaudados estos tributos centralmente. Mikesell (2003) arguye que cuando los tributos locales son administrados por gobiernos locales de forma separada, entonces los ciudadanos saben qué gobierno es el que realmente está exigiendo el impuesto y, así, es más probable que los gobiernos locales sean considerados responsables. Con la descentralización es más fácil para los contribuyentes ver qué gobierno les está exigiendo los diferentes tributos; es una forma más transparente. La transparencia se puede perder cuando una autoridad central administra un tributo fijado por un nivel de gobierno más bajo ya que la separación entre niveles tributarios más bajos y más altos puede no estar siempre clara para los contribuyentes[14].

En el lado contrario a este argumento, mucha de la teoría sobre Federalismo Fiscal enfatiza la importancia de la rendición de cuentas de los gobiernos con capacidad normativa, por ejemplo, la capacidad para fijar los tipos impositivos, y al mismo tiempo minimiza la importancia de los mecanismos de la recaudación real de los tributos locales, que puede realizarse bajo los acuerdos apropiados por la autoridad tributaria central. (Véase, por ejemplo, McLure (2001) y Bird (2001)). Pero claramente lo que importa en transparencia y rendición de cuentas son los acuerdos administrativos específicos. Por ejemplo, hay situaciones, como en los casos de recargos locales sobre el impuesto de renta personal en los que la recaudación central del impuesto local no parece posible que perjudique la rendición de cuentas del gobierno local. En estos casos es poco probable que los contribuyentes tengan que ir a cualquier oficina tributaria para presentar la declaración, aunque deban completar en su propia declaración algunos cuadros que puedan identificar al receptor de los pagos del tributo, como el gobierno local. Sin embargo, la transparencia y rendición de cuentas pueden ser drásticamente disminuidas si el recargo impositivo local no es identificado claramente en un cuadro se-

14. En algunos estados americanos, por ejemplo, el impuesto local aparece en una única línea en la declaración estatal de tributos y se incluye plenamente en la recaudación y gestión estatal. En Canadá, hay una sola declaración para los impuestos sobre la renta provinciales y federales, a pesar de que cada uno requiere un cálculo separado para algunos detalles. Y en los estados americanos donde los impuestos sobre ventas locales son recaudados, los impuestos locales y estatales son recaudados conjuntamente, sin diferenciación, en las transacciones imponibles.

parado. En el caso de contar con un recargo en el impuesto sobre las ventas, como sucedió en Estados Unidos, al efectuar una compra los consumidores pagan una combinación de impuesto sobre ventas local y estatal. La transparencia y rendición de cuentas se pudrían dar en este caso si en los recibos de los clientes hubiera dos partidas diferenciadas para los impuestos local y estatal. En el caso de otros impuestos, como por ejemplo el impuesto sobre la propiedad, al haber más contacto directo entre contribuyentes y la administración tributaria puede haber alguna ventaja para la rendición de cuentas del gobierno local cuando el impuesto es directamente administrado por el gobierno local. Pero, incluso en este caso, hay muchos aspectos que investigar sobre los beneficios de una administración tributaria separada. Por ejemplo, en los Estados Unidos muchos propietarios de viviendas con un préstamo hipotecario consiguen pagar los impuestos sobre la propiedad automáticamente vía su hipoteca a través de una garantía especial, lo cual significa que muchos de estos contribuyentes nunca consiguen tener una visión real de las facturas tributarias pagadas sobre su propiedad.

En resumen, incluso se puede aducir que capacidad normativa separada para regular la estructura de los impuestos locales, en particular los tipos impositivos, es de mayor importancia para la rendición de cuentas que cómo y/o quién recauda los tributos; claramente, dependiendo de los acuerdos administrativos particulares, una administración tributaria descentralizada puede mejorar la transparencia tributaria y la rendición de cuentas de los funcionarios del gobierno subnacional en sus distritos electorales. Por tanto, suponiendo todo lo demás constante, una administración tributaria descentralizada de los impuestos locales es una situación preferible. Sin embargo, no todos los elementos permanecen iguales – en particular puede afectar al coste de eficiencia de la aplicación del tributo, las recaudaciones y probablemente los costes de cumplimiento del contribuyente. Esto significa que desde un punto de vista normativo, al elegir entre acuerdos de organización de las administraciones tributaria, habrá un *trade off* entre estos dos objetivos: coste de eficiencia y rendición de cuentas. Antes de dejar este tema, debe advertirse que en la medida en que el argumento de rendición de cuentas para administraciones tributarias separadas sea válido, necesita ser interpretado como un argumento en contra de una administración tributaria totalmente centralizada (las autoridades centrales recaudan todos los impuestos incluidos los locales) y una administración tributaria totalmente descentralizada (los autoridades locales recaudan todos los tributos incluidos los del gobierno central o los compartidos). Un régimen completamente descentralizado para la administración tributaria, donde todos los tributos (incluyendo los impuestos del gobierno central) son recaudados por las autoridades locales iría también en detrimento de la rendición de cuentas de la autoridad central gubernamental frente a los contribuyentes.

2.6. Temas de política económica en el diseño de la administración fiscal

A pesar que desde el punto de vista normativo los dos objetivos de suficiencia recaudatoria y rendición de cuentas son de crucial importancia para la selección del modelo de administración tributaria, en realidad hay muchos otros factores importantes que afectarían esta selección de los decisores políticos. No es sólo que el equilibrio entre el coste de eficiencia y la rendición de cuentas puede ser observado diferentemente por los diversos niveles de gobierno, sino también que los responsables políticos de los diferentes niveles de gobierno se preocupen de otros temas como el control de impuestos y los flujos de liquidez, incentivos fiscales, el poder sobre las decisiones de empleo, oportunidades de corrupción y situaciones de subordinación dual de facto.

2.6.1. El control de la información del impuesto y los flujos de ingresos

Los gobiernos subnacionales perciben que la administración en la práctica está cercanamente relacionada con la política tributaria y que, sin competencia en las decisiones administrativas tributarias, echan de menos no tener una autonomía tributaria apropiada. Después de todo, como se afirma en la ya famosa afirmación de Milka Casanegra (1990, pág. 179) "la administración tributaria es política fiscal". Mientras que los recargos sobre las bases tributarias centrales pueden ser una fuente de recaudación adicional, los gobiernos subnacionales pueden considerar, si pudieran elegir, que la autonomía no es la adecuada. Ellos quizá preferirían ejercer competencias en la política administrativa, incluyendo el nivel de esfuerzo realizado y el nivel de recursos usados en la inspección tributaria de los contribuyentes y en los procesos de recaudación. Con su propia administración tributaria, los gobiernos subnacionales pueden directamente supervisar al personal de recaudación y sus procedimientos, y pueden también modificar los procedimientos de control y de inspección para incrementar la integridad, la eficiencia y la precisión en los procesos de recaudación, o al menos pueden ser conscientes de que pueden hacerlo.

Una administración tributaria independiente puede proveer al gobierno que tiene atribuidos los tributos un control más rápido y certero sobre la recaudación. Como Veehorn y Ahmad (1997, pág. 113) señalan, una administración tributaria central significa que "los gobiernos locales pueden percibir que tienen poco control sobre sus facturas tributarias". Incitar a cumplir las obligaciones tributarias es importante para salvaguardar los fondos y facilitar el dinero disponible para finalidades de gestión de caja. Con una administración tributaria independiente, el gobierno no tiene que esperar a la distribución de la administración tributaria central porque tiene control sobre los fondos tan pronto como el contribuyente efectúa el pago.

Un pago lento e impreciso ha sido la queja común de los municipios en los Estados Unidos, cuyos impuestos sobre las ventas y sobre la renta son administrados por el gobierno del estado. Antes de la aparición de las transferencias electrónicas de fondos, las ciudades más grandes del estado de Tejas iban regularmente a la capital del estado para recibir el pago de las recaudaciones del impuesto local sobre las ventas para que así la ciudad pudiera usar más rápidamente estos fondos en inversiones a corto plazo o pagos de obligaciones de la ciudad, sin tener que esperar a que se le mandase por correo el pago. Cuando los estados americanos experimentan problemas presupuestarios, una solución común para ellos es retrasar los pagos previstos (transferencias o recaudación central de tributos locales) a sus gobiernos locales. (Mikesell 2003).

Tras acelerar la recaudación de impuestos por parte de la agencia tributaria canadiense en los inicios de los años noventa, se cuestionó por algunas provincias si la recaudación del impuesto sobre la renta realizada por el gobierno federal en nombre de muchas provincias estaba siendo transferido de forma suficientemente rápida. Para responder a esta pregunta se encargó a un consultor independiente desarrollar un modelo para comparar el valor presente de las recaudaciones del impuesto provincial sobre la renta con el valor presente de los pagos recibidos por las provincias del gobierno federal[15]. La conclusión central del estudio fue que el valor neto presente de la diferencia entre los flujos de las recaudaciones del IRPF y los pagos de las provincias favoreció al gobierno federal en 99 millones de dólares en 1995. Basándose en este estudio, el gobierno federal ofreció un 99 millones de dólares en 1997, y a partir del año fiscal 1998 y siguientes, se ajustó con dos pagos adelantados. Siguiendo este estudio para los años 1996 y 1997 se desveló que el valor presente neto de las diferencias entre los flujos de los ingresos del IRPF y los pagos a las provincias todavía beneficiaban al gobierno federal por unas cuantías de 59,4 millones de dólares en 1996 y de 22,3 millones de dólares en 1997.

Sin embargo, estas quejas se quedan cortas frente a los dos años de retraso en recibir los ingresos tributarios compartidos del impuesto sobre la renta personal por parte de los municipios en Hungría (Bird et al. 1995, pág. 86). Los retrasos son atribuidos a la tarea de clasificar las declaraciones cuando la residencia del contribuyente difiere del lugar en el que trabaja o de la oficina fiscal. Este retraso perjudicaría a los gobiernos locales ejerciendo un esfuerzo tributario: habría un retardo entre cuando el contribuyente percibe que el tributo es más alto y cuando recibe el beneficio de un mayor servicio público mejorado (Mikesell, 2003).

El acceso de los gobiernos subnacionales a la información sobre la recaudación y a las cuentas de los contribuyentes puede ser importante, desde su punto de vista, de diferentes maneras. La información del contribuyente puede servir para predecir recaudaciones o simular el impacto recaudatorio de los cambios en la estructura del tributo. La información del contribuyente puede también ser un buen instrumento para el control efectivo de la delincuencia tributaria, como por ejemplo la publicación de una lista de los contribuyentes defraudadores en un periódico local, la pérdida a servicios del gobierno local, etc. La información del contribuyente puede estar disponible para el gobierno subnacional aun con sistemas de administración tributaria centralizada, pero como revela el análisis de experiencias de países particulares en la siguiente sección, este caso podría ser una excepción y no la regla. En muchos países en transición y en vías de desarrollo, pero también en algunos desarrollados altamente

15. Véase Grady (1997).

descentralizados como España, el problema reside en que los gobiernos subnacionales no han recibido información adecuada sobre las cuentas de contribuyentes desde el servicio nacional tributario. En algunos países, el problema estriba en que la legislación tributaria prohíbe a la administración tributaria revelar cualquier información a terceras partes, incluyendo gobiernos subnacionales, a pesar de que en algunos casos la correspondiente recaudación tributaria ha sido atribuida a los presupuestos subnacionales. En otros casos, la falta de intercambio de información es tan solo el resultado de decisiones administrativas y políticas. Claro que si las administraciones tributarias están separadas, estas demandas sobre información son mucho más fácilmente satisfechas, pero puede seguir habiendo problemas en el caso de que el gobierno central comparta los tributos con los gobiernos subnacionales.

Administraciones tributarias descentralizadas y separadas pueden provocar que los gobiernos subnacionales sean capaces de responder a desequilibrios tributarios añadiendo más recursos dedicados a la recaudación y cumplimiento. Esteller-Moré (2003) encuentra evidencia que en las administraciones tributarias regionales de España los esfuerzos recaudatorios son más sensibles a la situación presupuestaria del gobierno regional, ejerciéndose un mayor esfuerzo para la recaudación tributaria cuando aumenta el déficit esperado de los gobiernos regionales.

En resumen, tener el control de la administración y aplicación de sus propios impuestos da a los gobiernos subnacionales la posibilidad de incrementar la recaudación marginal. Este punto es importante porque está en el núcleo del principio de la rendición de cuentas del Federalismo Fiscal (McLure, 2001).

2.6.2. El papel de los incentivos

Dillinger (1991, pág. 29) describe, puede que de forma exagerada, la decisión de descentralizar la administración de impuestos subnacionales como, "un conflicto o relación de intercambio entre indiferencia e incompetencia". Mientras que podemos estar lejos de la completa indiferencia de la autoridad central y de la completa incompetencia de las autoridades subnacionales, Dillinger destaca el importante tema de los incentivos en el diseño de la estructura organizativa de la administración tributaria. Cuando el gobierno central no recauda nada para él de la administración de un impuesto, el impuesto posiblemente recibirá menos atención que los que sí producen recaudación para el gobierno central. Por lo tanto, la clave del tema es si la administración tributaria central, teniendo en cuenta la capacidad técnica para la eficiencia en el coste tendrá verdaderos incentivos, es decir, si recaudará los impuestos subnacionales con el mismo celo que si recaudara un impuesto del gobierno central. Cuando los gobiernos de nivel más alto (y los empleados de estos gobiernos) administran los impuestos locales, hay el peligro de que los administradores dediquen menor atención y prioridad a la recaudación y cumplimiento de los impuestos de un nivel de gobierno menor, en comparación a cómo actuarían frente a impuestos de un nivel de gobierno más alto. La administración centralizada de tributos subnacionales puede afectar al comportamiento del personal de la administración del tributo, que pueden centrar sus esfuerzos en recaudar los impuestos atribuidos al gobierno central, a expensas de los atribuidos a jurisdicciones subnacionales. Por ejemplo, la asignación del personal para cada tributo (como los inspectores fiscales altamente cualificados) podría ser desproporcionada si la recaudación de un tributo fuese principalmente distribuida a los gobiernos locales, mientras la recaudación de otros tributos fuese atribuida principalmente al gobierno central.

Permitiendo al gobierno que recauda retener una parte del impuesto que administra del nivel de gobierno inferior (en otras palabras, pagando una tasa de recaudación) podría reducir el desincentivo de alguna forma; como en las tasas de recaudación, por ejemplo, frecuentemente pagadas a los gobiernos de los estados en los Estados Unidos cuando recaudan los impuestos locales sobre las ventas. Sin embargo, de alguna manera es cuestionable que permitiendo a la administración tributaria central retener una parte de la recaudación se solucione completamente el problema de los incentivos. Simplemente a los administradores tributarios no les está permitido beneficiarse personalmente de esta retención y mientras sus salarios sean pagados por las autoridades centrales, sólo éstas podrán ejercer presión sobre ellos. Con frecuencia se afirma que un remedio a este problema de incompatibilidad de incentivos es compartir tributos entre diferentes niveles de gobierno. Sin entrar en detalle sobre los temas relacionados con el hecho de compartir ingresos, este enfoque parece poco probable que solucione el problema de incentivos. Como Hemming, Mates y Porter (1997, pág. 534) observan en el caso de India, "El hecho de que el centro retenga diferentes porcentajes de diferentes impuestos –con el resto correspondiendo a los estados– puede generar un incentivo a concentrar el esfuerzo de la recaudación de tributos y los recursos de la administración tributaria central sobre estos tributos... si los retiene totalmente o en un porcentaje mayor".

Si la recaudación está centralizada, no cabe duda que intentar poner un incentivo mediante una tasa por recaudación es la forma correcta de proceder. Sin embargo, fijar esa tasa no es siempre es fácil porque surgen tensiones frecuentes entre los niveles de gobierno sobre la calidad y el coste de la administración tributaria. Los niveles más altos de gobierno no tienden a ofrecer garantías de actuación a los de menor nivel y, cuando hay muchas unidades subnacionales cuyos tributos están siendo administrados, otorgar estas garantías para cada una de ellas podría ser difícil (Mikesell, 2003). Algunos estados americanos gravan a los gobiernos locales cuando ellos administran los impuestos locales sobre la renta o sobre las ventas, pero los precios pueden ser conflictivos. Cuando la ley prescribe un gravamen o precio igual al coste de recaudar, frecuentemente está en disputa el concepto de coste usado para fijar el gravamen, pues los municipios proponen que el coste sea el coste marginal (o algún concepto aproximativo de éste) y los estados proponen un precio basado en el concepto de coste medio. Cuando la ley fija un precio, éste es casi siempre visto por las autoridades locales como demasiado alto. Los resultados menos conflictivos pueden producirse si la ley permite al estado fijar un precio basado en el coste de provisión de servicio, sujeto a un precio máximo fijado como un porcentaje de las recaudaciones.

2.6.3. Decisiones sobre el sueldo y el control de la corrupción

El interés a nivel subnacional para un sistema de administración tributaria descentralizada puede obedecer a objetivos egoístas más prácticos. En particular, los funcionarios de gobiernos subnacionales pueden codiciar la capacidad de controlar la contratación de empleados y el nombramiento de altos cargos de la administración[16]. Una variedad de modelos de elección pública predeciría este tipo de comportamiento o motivación, pero existe poca evidencia o investigación en este tema.

El control en las decisiones de contratación, despido y dirección general de la administración tributaria puede estar también motivado por el deseo de los funcionarios de gobiernos subnacionales de incidir sobre las decisiones de los administradores tributarios o de usar arbitrariamente la información disponible del contribuyente. Estos problemas también se pueden presentar en administraciones tributarias centralizadas, pero la cuestión es si es más probable que suceda en administraciones descentralizadas. La evidencia disponible hasta la fecha es que la descentralización en el gobierno y en las finanzas públicas no implica mayores niveles de corrupción[17]. Sin embargo, en la administración tributaria hay varios factores que pueden fomentar la corrupción a nivel local, incluyendo la ausencia de rotación de personal, que podría entonces desarrollar mayores contactos y familiaridad con los contribuyentes y posiblemente una menor formación o los sueldos inferiores de los funcionarios subnacionales (Mikesell, 2003). No obstante, otra vez existe poca evidencia sobre niveles de corrupción en administraciones tributarias centralizadas respecto a las descentralizadas y, por tanto, estos posibles argumentos deben tomarse con cierto escepticismo.

2.6.4. Subordinación dual de facto

La subordinación dual en la administración tributaria era común en la Unión Soviética y en otras economías planificadas socialistas de Europa y Asia durante muchas décadas. En este enfoque los funcionarios tributarios respondían ante sus superiores en el siguiente nivel más alto de gobierno y también ante sus jefes en el nivel de gobierno en el que estuvieran. Durante la transición a una economía de mercado, la mayoría de las economías planificadas modificaron esta estructura formal. Este podría ser el ejemplo de Rusia, Ucrania y otros, donde actualmente los funcionarios tributarios responden legalmente sólo ante sus superiores en una administración tributaria centralizada. Pero, de facto, los funcionarios tributarios en muchos países en transición todavía están dualmente subordinados a los gobiernos subnacionales, quienes les pagan la vivienda, dan primas o encuentran otras vías de mantener la influencia sobre ellos y, entonces, poder incidir en las prioridades del cumplimiento y en otros aspectos del proceso (Martínez-Vázquez y McNab, 2000).

16. Estas motivaciones se pueden presentar también a nivel central.
17. Véase el debate en Martínez-Vázquez, Arze y Boex (2004).

3. Revisión de la experiencia internacional

El debate sobre los aspectos teóricos en la sección previa nos lleva a la conclusión que deberíamos esperar una gran variedad de modelos de organización. Desde un punto de vista normativo, hay diferentes objetivos a conseguir, que pueden ser ponderados de diferentes maneras. Además, hay una variedad de temas de política económica que pueden jugar un papel más importante en la toma de decisiones en diferentes países que la consideración normativa. Esta predicción se constata en la realidad. La experiencia internacional en la organización vertical de la administración tributaria es bastante variada.

La experiencia internacional presenta muchos ejemplos de gobiernos subnacionales que tienen sus propias administraciones tributarias. Además, la lista de estos países es bastante diversa: Australia, Canadá, China, Estados Unidos, Reino Unido, Suiza, España, Japón, India, Brasil, Méjico, Alemania, Hungría, Estonia, Albania y otros. Generalmente la implicación de los gobiernos subnacionales en la administración tributaria parece estar relacionada con su poder tributario. Así, los países donde los gobiernos subnacionales tienen capacidad legal para elegir los tipos o las bases de sus propios impuestos tienen también administraciones tributarias separadas e independientes. No es sorprendente que federaciones como Australia, Estados Unidos, Canadá, Suiza, India, Méjico y Brasil sean ejemplo de países con administraciones tributarias en varios niveles y con atribución de impuestos (con algún poder sobre la recaudación, administración y legislación). En algunos casos los gobiernos federales y los estados o provincias comparten la misma base tributaria (como en los Estados Unidos y Canadá), sobre la cual ambos niveles de gobierno tienen capacidad tributaria y administrativa. En este caso, frecuentemente se produce la coordinación de la gestión tributaria (más en el caso de Canadá que en el de los Estados Unidos). En otros casos, los gobiernos regionales sufren limitaciones legislativas, por ejemplo en la Constitución, que les impide usar bases tributarias reservadas para el gobierno federal (por ejemplo, Australia e India). En otros casos, algunas fuentes de recaudación se reservan a los gobiernos regionales también en la Constitución (el caso de Suiza). Pero las administraciones tributarias separadas no son exclusivas de sistemas federales. Países unitarios como España, Hungría, Indonesia o Estonia tienen gobiernos subcentrales con su administración tributaria separada. En el caso de países unitarios, hay también países donde el gobierno central y las regiones comparten algunos de los mismos impuestos (por ejemplo, España) o donde este hecho está prohibido en la Constitución (por ejemplo, Indonesia).

Una administración tributaria centralizada es, como cabía esperar, mucho más común en países unitarios que en países federales. La administración tributaria de los países escandinavos, Italia, Francia, Portugal muchos países de habla francesa del oeste de África, muchos países antes socialistas y ciertos países Latinoamericanos se ajustan a este modelo de administración tributaria centralizada. En los países escandinavos (Finlandia, Suecia, Islandia, Dinamarca y Noruega) y otros países del norte de

Europa como Bélgica, que destacan porque tienen un elevado nivel de descentralización y autonomía tributaria con una de las mayores participaciones en la tributación subnacional del mundo, todos los impuestos son administrados por los respectivos gobiernos centrales[18]. En países que tradicionalmente se piensa que son más centralizados como Francia, los tributos locales son determinados por las autoridades locales (con límites) pero recaudados por las oficinas tributarias nacionales y redistribuidos. También en los países unitarios es frecuente que los impuestos que se solapan sean administrados por un solo nivel de gobierno. Sin embargo incluso entre los países unitarios hay ejemplos de gobiernos locales que recaudan impuestos compartidos con recargos sobre el impuesto del gobierno de mayor nivel; como son los casos del impuesto de renta de Japón, y el de la propiedad empresarial en el Reino Unido.

En la mayoría de países en transición, los poderes tributarios de los gobiernos locales son bastante limitados. Con la excepción de Rusia, en muchos casos son países unitarios con una sola autoridad tributaria central. Pero en algunos casos, las autoridades locales recaudan autónomamente tasas e impuestos menores, como en la República Checa (Mihaly Högye, *et al.* 2000). Pero otra vez, hay excepciones. Por ejemplo, en Albania, los municipios administran autónomamente los impuestos sobre la propiedad, los pequeños negocios, las ventas y las tasas y gravámenes locales.

El debate anterior sugiere que hay varios modelos conceptuales para una administración tributaria de estructura vertical: 1) una autoridad central tributaria única; 2) autoridades tributarias independientes en los diferentes niveles de gobierno; 3) modelos mixtos de administración tributaria, 4) autoridades tributarias totalmente descentralizadas que recaudan todos los impuestos para el gobierno central y para ellos mismos. A continuación, vamos a revisar varios ejemplos de países en cada una de estas categorías con mayor detalle con el objetivo de tener una mejor perspectiva de las ventajas y desventajas de los diferentes modelos. Qué países se clasifican en cada categoría siempre supone cierta arbitrariedad. A pesar de ser conveniente para los fines de la exposición referirnos a un pequeño grupo de categorías, probablemente sería más justo si hablamos sobre un continuo, pero incluso entonces algunos países serían difíciles de clasificar. Por ejemplo, como vemos abajo, Italia tiene un alto nivel de centralización de su administración tributaria, excepto para Sicilia donde el sistema es completamente descentralizado.

3.1. El modelo de administración tributaria centralizada

En este modelo todos los trabajadores de la unidad administrativa son empleados por el gobierno central. Puede haber delegación administrativa hacia las autoridades regionales, pero todas las delegaciones son parte de una única administración central.

18. Este acuerdo en los países nórdicos es facilitado por la importancia de los impuestos locales que actúan como recargos sobre los impuestos del gobierno central, en particular, el impuesto sobre la renta personal.

3.1.1. Suecia y otros países escandinavos

En Suecia, todos los impuestos, incluyendo el de la renta, son recaudados por el gobierno central. El Consejo Nacional Tributario sueco (CNT) gestiona los recargos locales sobre la base del impuesto personal de la renta. Los tipos son proporcionales (lineales) pero varían entre municipios, con los menores tipos en los barrios residenciales de grandes ciudades y los más altos en las municipalidades rurales del norte y que sufren un declive industrial. Acuerdos similares para el impuesto sobre la renta se aplican en Dinamarca, Finlandia e Islandia. Durante el ejercicio fiscal, los gobiernos subnacionales reciben sus ingresos en base a una estimación. La recaudación final del impuesto se fija al año siguiente cuando ya se ha efectuado la recaudación definitiva.

A pesar de que la administración tributaria sueca tiene su origen muchos siglos atrás, ni el CNT ni las autoridades fiscales de los condados han existido desde hace mucho tiempo. El CNT fue creado en 1971 mediante la unión de tres agencias centrales anteriores y de algunas pequeñas comisiones del gobierno. A nivel regional, los consejos administrativos de los condados coordinaron la administración hasta 1987. Bajo la organización anterior a 1987, era difícil para el Ministerio de Finanzas y el NTB controlar el trabajo de toda la administración tributaria. Con el fin de dar mayor poder a la NTB para dirigir y coordinar todas las actividades en la gestión de los impuestos, se decidió que el departamento de impuestos nacionales debía integrar las autoridades tributarias de los condados con el estatus de unidades delegadas dependientes del Consejo. Las autoridades tributarias de los condados recibieron, a su vez, el control de las autoridades tributarias locales del condado.

En 1991, las autoridades tributarias locales dejaron de ser autoridades independientes y pasaron a ser oficinas tributarias de las autoridades tributarias del condado. Sin embargo, las unidades locales ganaron nuevas responsabilidades que fueron transferidas desde las antiguas unidades centrales del condado. Ello fue en respuesta a la filosofía de orientación hacia el cliente bajo el principio de un único interlocutor. ("one-stop shopping"). Un contribuyente titular de un negocio no tendrá que hablar con diferentes personas del Departamento del IVA, la Oficina de Recaudación, la Oficina de Valoración y el Departamento de Inspección para poder solucionar sus problemas tributarios. El empresario debe dirigirse a su Oficina Fiscal Local para todos estos temas. Esto significaba que los empleados tenían que ser desplazados desde las oficinas generales del condado en el centro de la provincia a las oficinas tributarias locales de todo el condado (Olsson, 2000).

La estructura del Consejo Nacional Tributario y las autoridades tributarias regionales en Suecia es un ejemplo de delegación de la organización a través de un sistema nacional. Recientes reformas en Suecia han centralizado ciertas funciones en la administración tributaria nacional mientras que se han desplazado más empleados a oficinas locales para mejorar los servicios a los contribuyentes. Las diez autoridades regionales (una para cada condado) son responsables de las competencias de recaudación. Cada autoridad tributaria tiene un director tributario del condado y un consejo de administración, que están bajo la supervisión del CNT. Dentro de este último se sitúa el "servicio de cumplimiento (KFM), organizado a su vez en diez autoridades regionales (no coincidente con la Autoridad Tributaria de las regiones), al que le son asignadas las responsabilidades de confirmar y recaudar las deudas. El KFM recauda los impuestos impagados para la Autoridad Tributaria, pero su competencia se extiende a otros derechos públicos (licencias de televisión, multas de tráfico, etc. de las autoridades central y local) y derechos privados. El CNT administra ambas organizaciones, publicas criterios interpretativos sobre la aplicación de las leyes y trabaja para mantener de manera uniforme la administración en todo el país. Así, en el caso sueco dos autoridades organizadas regionalmente administran la recaudación de los impuestos, pero ambas están a un único CNT. La mayoría de los sistemas tributarios de los gobiernos centrales tienen una entidad como el KFM y algunas naciones son lo suficientemente compactas para no requerir autoridades regionales.

3.1.2. Italia

La administración tributaria ha estado plenamente centralizada en Italia desde la reforma tributaria de 1973. A principios de los setenta, había un amplio acuerdo en el país acerca que gran cantidad de impuestos y tasas locales habían complicado excesivamente el sistema tributario y contribuido a distorsionar la asignación de recursos, y que la administración tributaria local no había sido particularmente eficiente en la estimación, recaudación o inspección de dicho tributos (Reviglio, 1976; Holmans, 1978). Supuestamente, esta centralización contribuyó al incremento sustancial de la recaudación en términos reales en Italia durante los últimos años setenta y principios de los ochenta (Ghessi, 1984).

La reforma tributaria de 1974, que coincidió con la creación de las regiones ordinarias, centralizó los tributos y sus administraciones[19]. De hecho, el actual grado de centralización de la recaudación fue más lejos que el plan de reforma originalmente planeado por los gobiernos subnacionales (impuestos locales sobre renta y ganancias de capital, impuesto sobre la propiedad) fueron también atribuidos al gobierno central. Como resultado la recaudación propia de la región cayó del 8-9 por ciento del total de ingresos en 1973 al 2 por ciento en 1979. Hasta 1992, los gobiernos subnacionales no pudieron exigir impuestos, o cambiar los tipos, que eran fijados por el gobierno central. En 1993 se atribuyeron a los gobiernos regionales nuevos ingresos tributarios propios, aunque con límites sobre cuánto podía divergir de los estándares nacionales. Como consecuencia, el porcentaje de los tributos propios y compartidos y

19. Mientras que las provincias y los municipios han sido gobiernos subnacionales en Italia con larga tradición, las regiones son relativamente nuevas entidades, pues fueron creadas en la Constitución del 1948. Cuatro de las cinco "regiones especiales" fueron establecidas en 1949, y la quinta, Friuli-Venezia Giulia en 1964. Los gobiernos de las 15 regiones ordinarias no fueron formalmente establecidos hasta 1970; este proceso de descentralización del gasto fue completado mucho más tarde (en 1978), cuando la responsabilidad para la sanidad fue atribuida a las regiones.

de los ingresos no tributarios del total de ingresos de las regiones ordinarias se incrementó un 7,2 por ciento en 1993 y hasta el 48,6 por ciento cuando se tienen en cuenta la recaudación de los impuestos que fueron transferidos a las regiones y afectados a la financiación de los gastos en sanidad.

La situación es bastante diferente en las regiones especiales, cada una de las cuales tiene su propia regulación para la administración tributaria[20]. Por ejemplo, Sicilia recauda autónomamente todos los impuestos, mayormente a través de agencias privadas de recaudación. En los años ochenta, la agencia privada de recaudación en Sicilia retuvo el 10 por ciento de la recaudación, en concepto de costes de recaudación, a pesar de que la media de los costes de recaudación en Italia se estiman aproximadamente en el 3 por ciento (Stille, 1995). En cambio, en Trentino, los impuestos son recaudados por el gobierno central, pero nueve décimas partes de la recaudación se atribuye al gobierno regional. El Valle de Aosta y Friuli-Venezia Giulia tienen un acuerdo similar. Sardinia tiene su propia agencia de recaudación tributaria pero sólo es competente para algunos tributos.

3.2. Autoridades tributarias independientes separadas en diferentes niveles de gobierno

El principio básico inspirador de este modelo es que cada nivel de gobierno tiene su propia administración tributaria que se encarga de administra los tributos atribuidos separadamente a cada uno. De este modo generalmente hay poca cooperación y coordinación entre los diferentes niveles de administración tributaria, pero nunca se excluye tal posibilidad. Este modelo parece que se ha desarrollado más en países federales grandes de diferentes partes del mundo.

3.2.1. Australia

Es uno de los ejemplos más claros de sistema de administración independiente dentro de una federación. En Australia, se exigen y recaudan impuestos por los tres niveles de gobierno, aunque una proporción mucho mayor del gasto subnacional es financiada a través de subvenciones centrales en comparación con los Estados Unidos y Canadá. Los estados australianos dependen de las subvenciones federales en gran medida gracias a que no pueden legalmente exigir ningún impuesto general sobre el consumo o sobre un concepto amplio de la renta por la interpretación que de la

20. Las cinco regiones con "estatutos especiales" tienen sus estatutos diseñados en forma de leyes constitucionales para reducir la amenaza de los movimientos separatistas y las tensiones étnicas. Estas regiones especiales son grandes islas o áreas cercanas a las fronteras con población no italiana considerable. Las leyes constitucionales les dan una autonomía legislativa importante sobre el gasto (un objetivo más amplio en las atribuciones de de gasto) y su fuente principal de ingresos son los impuestos nacionales compartidos con el centro. La mayor fuente de financiación para las regiones del "estatuto ordinario" son las subvenciones.

constitución nacional realizan los tribunales o por las condiciones de las subvenciones federales. Así, en la práctica el gobierno federal controla totalmente los cuatro impuestos mayores: impuesto sobre la renta personal, impuestos especiales y de aduanas, impuesto de sociedades y el impuesto sobre el valor añadido. Los estados deben confiar sus propios ingresos en el impuesto sobre las nóminas y, en menor medida, en los impuestos sobre la propiedad (incluyendo impuestos sobre el timbre y contribuciones territoriales rústicas), un número de impuestos indirectos (tasas de franquicia parecidas a los impuestos especiales federales por impuestos indirectos), así como los impuestos y tasas sobre los vehículos de motor, juego y seguros. El poder tributario de los gobiernos locales se restringe a la propiedad residencial.

La Oficina Tributaria de Australia administra el impuesto general sobre bienes y servicios (valor añadido), el impuesto de sociedades, el impuesto sobre la renta de las personas físicas y una variedad de impuestos menores indirectos en otras palabras, todos los impuestos importantes establecidos en el país. Departamentos de recaudación independientes en cada estado y territorio administran los impuestos exigidos por estos gobiernos, siendo los más significativos el impuesto sobre la nómina que soporta el empleador, las contribuciones territoriales rústicas y los impuestos del timbre. Los municipios fijan y recaudan los impuestos de la propiedad inmobiliaria en cuatro pagos fraccionados comunicados a los contribuyentes[21]. Aparte de los servicios de los gobiernos estatales para la valoración de la propiedad a nivel local, en Australia no hay intercambio de información entre los niveles de gobierno o alguna forma explícita de cooperación entre los diferentes niveles de administración tributaria.

3.2.2. Brasil

Entre las federaciones que no pertenecen a la OCDE, Brasil es único para ver el importante papel de los estados en la obtención de su propia recaudación. El gobierno federal de Brasil tiene competencia exclusiva para establecer y administrar impuestos sobre la renta personal, sobre sociedades, sobre nóminas, sobre la riqueza, sobre el comercio exterior, sobre la banca, finanzas y seguros, sobre las propiedades rurales y sobre los recursos hidroeléctricos y minerales. Los gobiernos federales y de los estados establecen de manera concurrente un impuesto general sobre el consumo, que es de alguna forma como el IVA. Los gobiernos estatales tienen también acceso a los impuestos sobre los vehículos de motor y las propiedades inmobiliarias, y les está permitido establecer recargos de hasta el 5 por ciento en los impuestos federales sobre la renta de las personas físicas y sobre las sociedades. Finalmente, las municipalidades imponen impuestos sobre los servicios, las propiedades urbanas, las ventas minoristas de hidrocarburos, las transferencias de propiedad y gravámenes especiales.

21. Las oficinas de valoración de los gobiernos estatales o los asesores contratados, en lugar de las propias oficinas de los municipios, establecen el valor gravable por estas municipalidades. Los estados establecen los criterios que deben ser usados para estas valoraciones.

Brasil es frecuentemente citado como un ejemplo ilustrativo de los elevados costes administrativos y del cumplimiento que pueden derivarse de una política impositiva y de unas administraciones tributarias descoordinadas, especialmente con respeto al impuesto general sobre el consumo establecido por los dos niveles de gobierno. El gobierno federal establece un impuesto sobre las ventas del productor (IPI); a los estados les es atribuido un IVA basado en el método del crédito que recae sobre una base amplia (ICMS) y las municipalidades administran un impuesto sobre los servicios (ISS). En el ICMS las ventas interestatales se gravan bajo principio de origen (a un tipo del 12 por ciento para las transacciones Norte-Sur y del 7 por ciento para transacciones Sur-Norte). El comercio internacional se grava en base a la tributación en destino. Así, en el comercio interior, los estados relativamente menos desarrollados del norte tienen un trato preferente. Sin embargo, la diferencia en los tipos impositivos no mitiga completamente los grandes diferenciales en la recaudación derivados del principio de origen sobre el consumo, puesto que el consumo generalmente sobrepasa la producción en los estados del norte. En el caso del comercio internacional, como la mayoría de las importaciones van destinadas a los estados del sur y una cantidad desproporcionada de exportaciones va a través de los estados del norte, el resultado general es que la mayoría de la recaudación es para los estados más ricos mientras la exención a la exportación se otorga por los estados más pobres. Otra área emergente de potenciales conflictos interestatales importantes ha sido el uso del ICMS como instrumento para el desarrollo industrial estatal. Algunos estados del noreste han estado ofreciendo 15 años de diferimiento tributario a los inversores industriales[22].

Aunque el registro para el ICMS a nivel estatal está coordinado con las autoridades tributarias que se encargan del impuesto sobre la renta, en general no hay coordinación ni integración administrativa de ningún tipo entre las administraciones del IPI federal y del ICMS estatal. De hecho, estos dos impuestos emplean diferentes normas legales y diferente contabilidad. A pesar de que el código nacional tributario define las principales características del ICMS, hay diferencias entre los estados en la estructura completa de este impuesto. En particular, los contribuyentes deben emplear dos números de identificación fiscal y archivar dos grupos separados de declaraciones tributarias. Los costes de administración se incrementan también porque hay dos tipos diferentes de procedimientos para las facturas de bienes comercializados entre estados y de bienes comercializados dentro del mismo estado. Finalmente, como no hay una base de datos estadística que registre las ventas y compras para el ICMS de los estados, los inspectores fiscales encuentran casi imposible efectuar un cruce sistemático de la información (Vehorn y Ahmad, 1997). Sin embargo, el Consejo Nacional de Finanzas Públicas (Conselho de Politica Fazendaria o CONFAZ),

22. En situaciones de alta inflación, como han sido los casos de Brasil en el pasado, a menos que las responsabilidades fiscales sean indexadas, los aplazamientos tienen el potencial de eliminar todas las responsabilidades fiscales (en este caso desde el ICMS).

un órgano constituido por todas las secretarías estatales de finanzas, ha estado intentando coordinar el ICMS interestatal. El gobierno nacional establece el tipo impositivo sobre las ventas interestatales, pero el CONFAZ determina las exenciones o las reducciones de los tipos. Los cambios en los tipos impositivos son infrecuentes porque se requiere unanimidad para los cambios, pero se ha aprobado un número de exenciones. A pesar de que el CONFAZ no ha sido capaz de parar las guerras fiscales entre estados a través de tratamientos impositivos preferenciales, uno de sus objetivos fundacionales, ha estado trabajando para desarrollar un fichero general unificado de los contribuyentes que incluye información de todos los tributos en todos los niveles de gobierno, como herramienta de ayuda a la administración tributaria, lo que representaría un significativo hecho.

3.2.3. Estados Unidos

Con el paso de los años, los Estados Unidos han desarrollado un peculiar pero efectivo sistema de administración tributaria. Los gobiernos federal, estatal y local tienen sus propias administraciones tributarias separadas para recaudar y hacer cumplir los impuestos que imponen, pero la coordinación y la cooperación existe sólo de forma limitada. A este respecto, es interesante señalar que en la realidad ninguno de los estados eligió que la definición estatal de renta gravable se vinculara con la definición federal de renta, de forma que el impuesto pudiera ser recaudado por la administración tributaria federal (IRS) opción permitida por el Congreso de los EE.UU. durante el periodo 1972-1990. Se han dado varias razones explicativas de esta reticencia por parte de los estados a aplicar un recargo suyo sobre el impuesto sobre la renta federal que van desde el alto grado de conformidad de la base requerido a los estados dispuestos a confiar en la inspección y aplicación federales, a incluso la posible pérdida de puestos de trabajo estatales. Sin embargo, a fin de disminuir los costes del cumplimiento de los contribuyentes varios estados americanos hacen recaer su impuesto sobre la renta estatal sobre una cuantía de renta bruta ajustada a nivel federal, de manera que el impuesto estatal simplemente comienza con un número obtenido de la declaración del impuesto federal sobre la renta. La administración del impuesto sobre la renta es coordinada entre las autoridades del impuesto federal y estatal a través de acuerdos de intercambio de información. Aunque los estados sólo exigen su impuesto sobre la renta durante el periodo de residencia del contribuyente en el estado, la doble imposición puede todavía ocurrir cuando los individuos trabajan en una jurisdicción diferente de la que residen, a menos que la jurisdicción de la residencia otorgue un crédito por los impuestos retenidos en otras jurisdicciones.

Algunos gobiernos locales en los Estados Unidos establecen recargos a los impuestos estatales sobre la renta personal. En estos casos, el departamento tributario del estado administra plenamente los impuestos locales conjuntamente con el impuesto estatal, y los contribuyentes cumplen con frecuencia con el impuesto local simplemente rellenando una sola línea en la mayor declaración del impuesto estatal.

A pesar de la conveniencia que esto representa para los gobiernos locales, es frecuente que los gobiernos locales se quejen de la lenta distribución de la recaudación o de la distribución de la recaudación a los municipios apropiados. La otra cara de la moneda es que las administraciones tributarias de los estados encuentren gravoso mantener los registros oportunos correspondientes a cada gobierno local (Mikesell, 2003). Algunos gobiernos en los Estados Unidos también establecen impuestos sobre las ventas minoristas que como recargos del impuesto sobre las ventas estatales. Ciertamente, los impuestos locales sobre las ventas constituyen la segunda fuente de ingresos impositivos de los gobiernos locales un segundo puesto alejado en importancia del impuesto sobre la propiedad[23]. Aunque algunas localidades administran su propio impuesto sobre las ventas, con mayor frecuencia los impuestos locales son recargos del impuesto estatal, con los servicios de la administración tributaria estatal provistos para el municipio a bajo coste o sin coste alguno. Los costes de administración son reducidos porque estos impuestos locales sobre las ventas están completamente armonizados con los impuestos estatales sobre ventas. Además, los vendedores situados en muchos lugares son requeridos a clasificar las ventas y las cuotas de acuerdo con la jurisdicción tributaria local, lo que facilita la distribución de la recaudación a la jurisdicción oportuna. Sin embargo, es bastante común que las localidades se quejen por la distribución a destiempo de la recaudación.

Un interesante avance en la cooperación entre administraciones tributarias en los Estados Unidos es el hecho de que en algunos casos los gobiernos locales han acordado entre ellos mismos un sistema de administración "consolidado". Un ejemplo particularmente exitoso es la Agencia Central de Recaudación (CCA), una parte del Departamento de Finanzas de Cleveland (Ohio, Estados Unidos). Esta agencia administra los impuestos personales sobre la renta establecidos independientemente por cuarenta y tres municipalidades de Ohio en la parte norte del estado. La CCA tiene todas las funciones de una agencia administrativa tributaria estándar: mantiene la lista de los contribuyentes, envía las declaraciones a los contribuyentes, ofrece asistencia a los contribuyentes durante el periodo de declaración, procesa todos los pagos (tanto las estimaciones y conciliaciones de contribuyentes individuales como las retenciones de los empleadores), liquida los impuestos debidos y determina las sanciones e intereses, manda notificaciones de control, dirige inspecciones tributarias de los contribuyentes y distribuye la recaudación cada mes vía transferencia electrónica de fondos a los municipios. Los contratos de la CCA limitan el cargo por sus servicios al cinco por ciento de la recaudación, pero los cargos reales se basan en los gastos de la CCA (el total es atribuido entre los municipios mediante una fórmula basada en la proporción de recaudación y el número de transacciones) que son mucho menor que el límite. En el área de la CCA, las municipalidades pueden elegir establecer un tribu-

23. Puede notarse que las grandes ciudades americanas el impuesto sobre la renta local o el impuesto sobre ventas normalmente producen considerablemente más recaudación que el impuesto sobre la propiedad. Este es el caso para New York y Washington D.C.

to, pueden elegir los tipos impositivos que exigen y pueden elegir entre administrar el tributo ellas mismas o contratar los servicios de la CCA. Estas posibles elecciones otorgan a las municipalidades mayor autonomía tributaria y al poder optar por entrar o quedar fuera del sistema, obliga a la CCA a cuidar la calidad y el coste del servicio que presta.

3.3. Modelos mixtos de administración tributaria

Como el título indica, esta es fundamentalmente una categoría residual para países cuyas administraciones tributarias presentan características de administraciones tributarias centralizadas, separadas o independientes y descentralizadas[24]. En algunos casos estos modelos mixtos de administración tributaria parecen seguir alguna justificación racional mientras que en otros parecen por completo residuos históricos derivados de la historia particular de un país.

3.3.1. Canadá

En Canadá algunos impuestos subnacionales están administrados centralmente, algunos impuestos federales están administrados por (algunas) provincias y algunos impuestos están administrados independientemente por cada gobierno. Los gobiernos provincial y nacional en Canadá establecen impuestos sobre el consumo general, las sociedades y la renta personal. Los impuestos sobre la renta personal se exigen tanto por el gobierno federal como por el provincial, pero con la excepción de Québec, todas las provincias han optado por que el gobierno federal administre su impuesto sobre la renta personal. Similarmente, el gobierno federal recauda el impuesto sobre sociedades para siete provincias, excluyendo Ontario, Québec y Alberta.

El modelo actual de la administración tributaria en Canadá es el resultado de un relativamente largo proceso de evolución. Antes de la segunda guerra mundial, todos los gobiernos provinciales establecían sus propios impuestos sin ninguna coordinación con los impuestos federales. Sin embargo, durante la guerra las provincias perdieron temporalmente su poder impositivo sobre la renta personal y las sociedades a cambio de transferencias del gobierno federal. Después de la segunda guerra mundial estas transferencias fueron convertidas en un sistema de nivelación, aunque Québec y Ontario optaron por quedarse el cinco por ciento del impuesto federal sobre la renta personal recaudado en su territorio.

En el caso de impuestos subnacionales con una administración centralizada, los contribuyentes efectúan una sola declaración (federal y provincial). Para la renta personal, el impuesto provincial fue originariamente calculado como un porcentaje del impuesto federal (impuesto sobre impuesto). El porcentaje podía variar dependiendo de la provincia donde se encontrase el contribuyente, porque cada provincia

24. Más adelante se revisan ejemplos de administración tributaria descentralizada.

tenía la capacidad de fijar sus propios tipos impositivos. Desde 1997, las provincias de Canadá han ido eligiendo establecer sus impuestos personales sobre la renta en función de una normativa definida por ellas mismas. Esta opción había sido elegida por todas las provincias en 2001. Después de esta decisión, la administración tributaria federal ha decidido cobrar más a las provincias cuanto más alejada se sitúe la definición provincial de renta de la definición federal.

En el impuesto de sociedades, las provincias adoptan la definición federal de renta pero son libres para establecer sus propias deducciones, los límites determinantes pequeñas empresas y los tipos. Durante todo el año el gobierno federal paga cada semana una cantidad estimada a las provincias y después de recibir todas las declaraciones del impuesto calcula la cifra final a conciliar. El gobierno federal asume todas las deudas incobrables y los costes administrativos, pero se queda con los intereses y sanciones exigidos a los contribuyentes.

La mayor serie de estructuras organizativas se muestra en el caso de la administración de los impuestos generales sobre las ventas (impuesto sobre bienes y servicios (GST) básicamente un IVA). Esto puede reflejar el hecho que el sistema está todavía en transición pues el GST federal no fue adoptado hasta 1991 para reemplazar al arcaico impuesto nacional sobre las ventas de manufacturas. Todas las provincias (excepto Alberta) tienen una larga tradición –desde los años treinta– de exigir impuestos generales sobre las ventas. Durante bastante tiempo el gobierno federal quería integrar los impuestos sobre las ventas federal y provincial para reducir los costes de cumplimiento y disminuir su impopularidad. Este deseo de armonizar el impuesto sobre las ventas fue determinante para que el gobierno federal permitiera en una decisión de 1992 recaudar de forma autónoma el "GST-tipo impuesto" provincial conjuntamente con el impuesto federal. Las condiciones del acuerdo eran que el GST podía ser recaudado en Québec de acuerdo con las normas federales y a cambio el gobierno federal pagaría una cantidad (no revelada) al gobierno provincial por los costes de recaudación del impuesto federal. Bajo este acuerdo, empleados federales fueron transferidos al gobierno de Québec para administrar el impuesto sobre las ventas unificado. Un plan de inspección se acuerda anualmente entre las autoridades federales y provinciales, cuyos resultados se transmiten a la administración tributaria federal (el Revenue Canadá). En 1997 otras tres provincias (Nueva Escocia, New Brunswick y Newfoundland/Labrador) remplazaron sus impuestos sobre las ventas con un impuesto sobre las ventas armonizado (HST), con un tipo federal del 7 por ciento y otro provincial del 8 por ciento aplicado sobre la misma base, como en el GST del resto del país. En este caso, la administración tributaria federal gestiona el HST y cualquier cambio en la tarifa y la base requiere el acuerdo unánime de las tres provincias.

Cinco provincias (Ontario, Manitoba, Saskatchewan, British Columbia y la Prince Edwards Island) continúan estableciendo y administrando sus propios impuestos sobre las ventas minoristas independientemente del GST. Las bases del impuesto son diferentes, los procesos de registro y las normas son diferentes y las formas de declarar la exención de los inputs también son diferentes.

3.3.2. España

En 1978 la Constitución Española creó dos sistemas completamente diferentes de descentralización, el Foral y el de régimen Común. La diferencia principal entre los dos regímenes es que las regiones del régimen Foral (País Vasco y Navarra) tienen poder para incrementar en su territorio la mayoría de los impuestos, mientras que las 15 regiones de régimen Común tienen una autonomía impositiva mucho más limitada[25]. Los gobiernos regionales de las llamadas comunidades autónomas de régimen Común se financiaron hasta 1996 mayoritariamente vía transferencias y otros impuestos menores, sobre los cuales no tenían ningún poder tributario. En términos de responsabilidad en el gasto, las dos regiones del régimen Foral inicialmente tuvieron responsabilidades similares que las regiones de "vía rápida" o regiones del régimen Común con alta responsabilidad: Andalucía, Canarias, Cataluña, Galicia y Comunidad Valenciana. Las otras 10 regiones del régimen Común fueron de "vía lenta" y tuvieron que esperar hasta enero de 2002 para asumir las plenas competencias sobre sanidad y educación.

La constitución española reconoce, con ciertas limitaciones, poder impositivo a las regiones autónomas del régimen Común. Por ejemplo, estas regiones autónomas no pueden establecer un impuesto sobre una base que ya esté gravada por el gobierno central. También, los impuestos de la región no pueden introducir barreras al comercio interno. Además, las autoridades locales sólo pueden imponer impuestos previstos en una lista cerrada fijada en la legislación nacional.

En el caso del régimen Común, la autoridad de la administración tributaria del gobierno central (Agencia Estatal de Administración Tributaria) gestiona el impuesto sobre la renta (sobre el cual la autoridad regional tiene poder normativo para fijar un tipo autonómico y sus propias deducciones), el IVA y todos los otros que gravan bases amplias. La administración tributaria a nivel regional tiene poder para administrar ciertos impuestos (impuesto sobre el patrimonio, entre otros impuestos) cedidos por el gobierno central desde principios de los años ochenta. En el régimen Foral prácticamente todos los impuestos del gobierno central son cedidos (impuestos concertados) al gobierno autonómico, conjuntamente con poder para la administración de los mismos y, auque sujeta a ciertas restricciones, autonomía para fijar los tipos y las bases de los impuestos en sus regiones[26]. Muchos de los principales impuestos –sobre la renta personal, sociedades, propiedad, sucesiones y transmisiones patrimoniales– se

25. Las razones principales de esta diferenciación en la Constitución son los derechos históricos del País Vasco y Navarra a tener unas instituciones fiscales propias, específicas y tradicionales. Véase, por ejemplo, el debate en García-Milà (2002).

26. Estas limitaciones fueron creadas en las normas de regulación del Convenio (para Navarra) y Concierto (para el País Vasco) y se refieren a la necesidad de mantener cierto nivel de armonización con el sistema tributario del Estado. Sin embargo, se establecieron en términos generales bastante amplios, que, por ejemplo, permiten que el País Vasco fije en el impuesto sobre sociedades deducciones que difieren considerablemente con las del resto del Estado.

administran plenamente por los dos gobiernos regionales. El impuesto sobre el valor añadido (IVA) es recaudado y administrado también por los gobiernos regionales Forales, pero sin ningún poder para fijar tipos o definir la base. Así, en las regiones Forales ninguno de los impuestos principales en términos de recaudación revierte directamente sobre el gobierno central. Para compensar por los servicios que el gobierno central presta a la región, los gobiernos regionales Forales pagan una cantidad fija al gobierno central ("cupo" para el País Vasco y "aportación" para Navarra). Esta cantidad es fijada mediante un acuerdo con el gobierno central (concierto en el País Vasco y convenio en Navarra).

Básicamente, las regiones del régimen Foral tienen poder para recaudar y, dentro de unos límites regular, las principales fuentes de ingresos impositivos (los llamados impuestos concertados) y pagar al gobierno central una cantidad fija (el cupo o aportación) para contribuir a financiar las competencias exclusivas del gobierno central como la defensa y los asuntos exteriores. El "cupo" y "aportación" son esencialmente subvenciones o transferencias desde el gobierno regional al gobierno central. El gobierno central exige directamente algunos impuestos menores y esta recaudación se tiene en cuenta al calcular el "cupo" o "aportación". En contra de lo que resultaría si se tomara como base la contabilidad de costes, el "cupo" y la "aportación" no se calculan de acuerdo con el coste efectivo de los servicios que el gobierno central presta y la recaudación efectiva que el gobierno central obtiene en las dos regiones del régimen Foral. En cambio, se ha calculado como un porcentaje de la diferencia entre el coste nacional de estos servicios y la recaudación nacional de los impuestos no devueltos. En efecto, esta fórmula atribuye a las regiones de régimen Foral un porcentaje de un déficit nacional definido manera artificial y limitada. El porcentaje es una función de la participación de la renta de la región. A pesar de que se suponía que el porcentaje iba a ser actualizado cuando estas participaciones cambiasen con el tiempo, no se ha modificado desde 1981. Las regiones del régimen Foral también contribuyen al fondo de solidaridad del gobierno central (Fondo de Compensación Interterritorial, FCI) que es considerado como un servicio nacional. El FCI es una subvención condicionada que apoya el gasto en infraestructuras en las regiones más pobres.

En el régimen Foral, hay algunas diferencias significativas entre el País Vasco y Navarra. El Convenio con Navarra es válido para un periodo indefinido de tiempo mientras que el Concierto del País Vasco debe ser renegociado cada cinco años por el Comité Conjunto (Comisión Mixta) sobre el Acuerdo Económico[27]. El comité está compuesto por doce miembros: un consejero por provincia, tres del gobierno vasco y seis del gobierno central[28]. Una segunda diferencia importante es que el País Vasco, a diferencia de Navarra o cualquier otra comunidad autónoma, tiene capacidad norma-

27. Sección 50 de la Ley del Acuerdo Económico (Ley 12/2002, de 23 de Mayo, por la que se aprueba el Concierto Económico con la Comunidad Autónoma del País Vasco).

28. En total, ha habido cinco Conciertos desde la Constitución Española de 1978, cubriendo los periodos: 1982-1986, 1987-1991, 1992-1996, 1997-2001 y 2002-2006.

tiva sobre los municipios, incluyendo el derecho a establecer y regular los tributos locales. Además, en el País Vasco, la autonomía impositiva otorgada por los impuestos concertados no corresponde al gobierno regional, sino a los tres gobiernos provinciales (Diputaciones Forales): Álava, Vizcaya y Guipúzcoa. Los gobiernos provinciales regulan, recaudan e inspeccionan los impuestos concertados, y financian al gobierno regional a través de un sistema específico de participación. El Parlamento Vasco (regional) es competente para decretar normas armonizadoras de las actividades de los gobiernos provinciales. Para ayudar en estas cuestiones, se creó en 1989 la Agencia Vasca de Coordinación Tributaria (Órgano de Coordinación Tributaria de Euskadi – OCTE) con representación de los tres consejeros provinciales y el gobierno regional vasco.

Como han señalado varios autores, la generalización del régimen Foral a otras regiones en los términos exactos a los actualmente aplicados al País Vasco y Navarra no sería sostenible. Si todas las regiones estuvieran bajo el régimen Foral y los pagos al gobierno central (cupo o aportación) fueran similares a los fijados por Navarra y País Vasco, todas las regiones excepto Andalucía y Extremadura tendrían más dinero que el que tienen ahora (Zubiri, 2000 y Zubiri, Vallejo 1995). Castells (2000) ha estimado que el ratio de los fondos per cápita de las regiones bajo el régimen Foral es 1,8 veces el correspondiente a las cinco regiones de vía rápida del régimen Común, cuyo nivel de competencias es comparable al de las regiones Forales.

Además de las marcadas asimetrías en el sistema, la organización de la administración tributaria en España se caracteriza por la falta de integración entre las diferentes autoridades tributarias de los diferentes niveles de gobierno, lo que conduce a una reducción de la efectividad de la administración tributaria. Por ejemplo, datos sobre el impuesto de patrimonio, administrado por las regiones, pueden ser útiles para gravar las ganancias de capital incluidas en el impuesto sobre la renta, administrado por el gobierno central (Esteller-Moré, 1999). Al respecto, también ha habido una ausencia de cooperación entre las administraciones tributarias regionales y la central. Una queja común desde las regiones ha sido la falta de voluntad de la administración central a compartir la información del contribuyente con las autoridades regionales.

3.3.3. Suiza

La Confederación Suiza comprende 26 cantones. La Constitución Suiza es muy explícita en la asignación de los ingresos y en la separación vertical de los poderes impositivos: (i) la imposición indirecta sobre el consumo, los impuestos especiales y las rentas de aduanas son exclusivamente federales; (ii) las bases impositivas de los impuestos directos sobre la renta y el patrimonio personal, y sobre los beneficios y el patrimonio de las sociedades son explotadas conjuntamente por todos los niveles de gobierno, incluyendo los municipios con prioridad para los cantones; (iii) a cada nivel de gobierno y para más de una base impositiva se le atribuye una autoridad tributaria total o parcial; (iv) los cantones tienen el derecho exclusivo a gravar los vehículos de motor. En contraste con la experiencia de la mayoría de otros países, los gobiernos subnacionales suizos –cantonal y municipal– perciben el grueso de la recaudación del impuesto sobre la renta, no el gobierno federal. Y, de nuevo en contraste con la mayoría de experiencias internacionales, el impuesto sobre la renta es una fuente de ingresos relativamente modesta a nivel federal. De hecho, hasta la primera guerra mundial, la imposición directa era una prerrogativa exclusiva de los gobiernos de los cantones y de los municipios. Esta soberanía tributaria fue modificada primero por necesidades de defensa y más tarde sancionada en una enmienda constitucional prevista inicialmente hasta 1994, ampliada por otra modificación hasta el 2006.

Además, leyes cantonales posteriores regulan la asignación tributaria entre los niveles cantonales y comunales. Cada uno de los veintiséis cantones suizos tiene su propio sistema tributario y los gobiernos locales tienen capacidad para establecer impuestos autorizados por el cantón. Por ejemplo, se atribuyen tanto al nivel cantonal como comunal los impuestos sobre la propiedad inmobiliaria, dependiendo del cantón. En la mayoría de casos, los impuestos sobre la renta comunales se establecen como un porcentaje o múltiplo del impuesto cantonal básico.

Los cantones son responsables de la administración de todos los impuestos federales directos, y la administración tributaria de los cantones tiene un departamento encargado de recaudar y hacer cumplir estos impuestos directos federales. Como hay un conjunto suficientemente amplio de supuestos de los impuestos decididos por el Tribunal Federal, hay un elevado grado de uniformidad entre cantones en la administración de los impuestos federales.

Con la excepción de los impuestos directos federales, cada nivel de gobierno administra sus propios impuestos. Recientemente, algunos cantones menos poblados han decidido contratar la administración tributaria de los cantones más grandes (por ejemplo, de Appenzell a S. Gallen). A nivel comunal, los gobiernos locales tienen libertad para desarrollar su propia administración tributaria. Además, hasta finales de los noventa, las comunas fueron muy reticentes no sólo a delegar sus poderes de administración tributaria a otros gobiernos comunales sino también a cualquier forma de estructura cooperativa entre comunas vecinas. Sin embargo, como legislación federal reciente trajo consigo una mayor armonización de los impuestos entre cantones y comunas, más gobiernos comunales están decidiendo agrupar su administración tributaria en unidades cooperativas o "distritos tributarios". Asimismo, en algunos cantones las comunas han optado por contratar la administración de sus tributos al gobierno cantonal al coste marginal. En estos cantones, el impuesto comunal se aplica sobre el impuesto cantonal, mientras que el impuesto federal también se recoge en la declaración cantonal. Así, en estos casos el cantón es competente para evaluar y recaudar los impuestos sobre la renta federal, cantonal y comunal.

La eficiencia relativa de la administración tributaria no ha estado nunca debatida en Suiza, en parte porque el tema de la administración tributaria ha estado ocultado detrás de la diversidad de sistemas tributarios entre las fronteras de todos los cantones[29]. Sin embargo, se ha reconocido que la declaración impositiva de empresas multicantonales es costosa tanto para el contribuyente como para la administración tributaria (Spahn, 1997). Además, la administración tributaria no siempre se rige por reglas y procedimientos uniformes. Los contribuyentes deben efectuar dos cálculos de renta gravable, y la administración tributaria debe comprobar que ambos cálculos son correctos. Igualmente, los inspectores fiscales deben ser cuidadosos para no confundir las reglas tributarias de los cantones con las reglas tributarias de la confederación. Sin embargo, como la comprobación de las declaraciones de impuestos ha sido ampliamente informatizada, este problema es menor en la actualidad.

A nivel nacional también se han dado varios pasos encaminados a simplificar estas cuestiones. Como el impuesto sobre la renta se recauda en todos los cantones, era importante para el gobierno federal que la base y las deducciones fueran estandarizadas a fin de que se pudiera imponer sobre los contribuyentes un tipo efectivo federal uniforme con independencia de su localización. Siguiendo una modificación constitucional, el gobierno federal emprendió un programa para la armonización de la imposición directa cantonal y comunal, culminado con la adopción en 1990 de una ley federal que otorga a los cantones y a las comunas un periodo de ocho años para adaptar sus legislaciones. La ley requiere a los cantones armonizar los conceptos de renta gravable y las deducciones con la base federal, aunque podrían fijar las cantidades de deducciones estandarizadas y sus tarifas de tipos. También en 2001, los modelos tributarios de los gobiernos locales se han armonizado dentro de cada cantón.

3.4. Autoridades tributarias plenamente descentralizadas

Este es el caso más atípico en la práctica actual. Según tenemos conocimiento, actualmente Alemania es el único país que opera con una administración tributaria totalmente descentralizada[30]. No obstante, por las lecciones históricas que nos ofrece, en esta sección también revisamos las experiencias de la antigua Unión Soviética y de China antes de las reformas de 1994.

3.4.1. Alemania

Actualmente hay en Alemania dieciséis estados (llamados Länder), incluyendo los cinco nuevos estados de la antigua Alemania del Este. La Constitución Alemana divide la potestad entre los diferentes niveles de gobierno de acuerdo con unas reglas bastante explícitas. Sin embargo, en lugar de hacerlo mediante la atribución de

29. Agradecemos al Dr. Bernard Dafflon, de la Universidad de Friburgo, por esta valoración en comunicación privada. Spahn (1997) se refiere a la complejidad del sistemas tributario en Suiza como una "jungla fiscal".

30. Sin embargo, Bosnia-Herzegovina, con una confederación de la Federación Bosnio-Croata de Bosnia y Herzegovina y la República Bosnia-Serbia, puede ser considerado un caso especial de descentralización de la administración tributaria. Véase, por ejemplo, Fox y Wallich (1999).

funciones exclusivas, la división se hace por tipo de función. Así, el gobierno federal es competente para la formulación de las políticas y el sistema de financiación, mientras que los niveles de gobiernos inferiores se encargan generalmente de implementar y administrar las políticas. Lo mismo sucede con la atribución de la recaudación. La política fiscal está plenamente centralizada mientras que la administración tributaria es aplicada por los estados. Como Rodden (2003) explica, el modus operandi en la recaudación y distribución de las rentas es la negociación multilateral entre los interdependientes Bund y Länder. Además, a nivel individual los Länder pueden participar en la legislación tributaria a través de la cámara alta del parlamento o Bundesrat (Consejo de los Estados). Los miembros del Bundesrat son elegidos directamente por los gobiernos de los estados y pueden bloquear decisiones de la cámara baja del parlamento o Bundestag.

La constitución alemana asigna con exactitud las rentas de determinados impuestos a los diferentes niveles de gobierno, pero les otorga cierta discreción sobre los tipos impositivos o algún otro aspecto de la estructura del impuesto. La recaudación de los impuestos más productivos (impuesto sobre la renta e IVA) es compartida entre los niveles de gobierno. En global, estos impuestos compartidos representan dos tercios del total de ingresos tributarios del país (Ma, 1997). Más en concreto, los porcentajes de participación en los impuestos sobre la renta (basado en la residencia) se fijan en la Constitución. La participación en el IVA se fija en una la ley federal y es frecuentemente renegociado entre el Bund y los Länder. Actualmente, un 75 por ciento de la participación de los estados en el IVA se distribuye de acuerdo con el criterio de la población. El 25 por ciento restante es distribuido a los estados en función de sus carencias en capacidad fiscal por debajo de la media de todos los estados[31].

El gobierno federal sólo administra las rentas de aduana, los monopolios fiscales, los impuestos especiales, el IVA sobre importaciones y los gravámenes impuestos derivados de Unión Europea. Todos los demás impuestos se administran por las autoridades fiscales de los Länder de acuerdo con criterios uniformes de la administración federal. Por tanto, para los impuestos destinados total o parcialmente a los gobiernos federales o locales, las autoridades estatales actúan como agentes tributarios de sus respectivos gobiernos.

La administración se implementa sobre una base uniforme, siguiendo la ley federal. Los funcionarios federales de tributos, en cooperación con sus homólogos estatales, determinan los procesos y procedimientos de la administración tributaria. De hecho, los agentes tributarios federales y estatales comparten espacio dentro de su despacho en la Oficina Regional de Finanzas, que se organiza por impuestos. Departamentos tributarios separados quedan subordinados tanto a los gobiernos federales como estatales de acuerdo con la división establecida arriba de impuesto, de forma que cada gobierno es responsable de la organización, reclutamiento y financiación de

31. Aparte del 25 por ciento del IVA, no había subvenciones de igualación antes de la unificación. La mayor parte de la igualación tenía lugar a través de subvenciones fraternales.

sus respectivos departamentos. De forma periódica, los administradores tributarios de los Länder se reúnen para armonizar la implementación de las leyes tributarias. Los Länder alemanes también tienen acuerdos para compartir información sobre aquellas empresas que pagan impuestos en más de un Länder[32].

Una ventaja del enfoque alemán es su adaptabilidad. A la vez que la legislación federal fija estándares uniformes, otorga a los Länder cierta discreción para implementar la ley federal, de forma que ésta puede adaptarse mejor a las condiciones locales. Sin embargo, el sistema también ha estado teniendo problemas. La combinación de la superigualación conseguida a través del sistema de subvenciones de igualación fraternal y el grado de discreción de los Länder ha llevado en los últimos años a bajos niveles de recaudación de las rentas. El análisis empírico de von Hagen y Hepp (2000) ha demostrado una correlación negativa a lo largo del tiempo de los ingresos tributarios de los estados con el PIB estatal. Los autores interpretan esta tendencia como una evidencia del debilitamiento del esfuerzo tributario de los estados en respuesta a los efectos incentivadores de la igualación. El problema del incentivo ha ido contribuyendo a lo que el Consejo de Asesores Económicos de Alemania identificó a finales de los años noventa como uno de los mayores problemas importantes en las finanzas públicas en Alemania: menores tasas de recaudación tributaria a pesar de incrementos en la presión fiscal. Como los Länder soportan la mayoría de los costes de administración, mientras en promedio el tipo marginal impositivo de la retención del impuesto es menor al 30 por ciento, y algunos periodos mucho menor, los Länder tienen pocos incentivos en reforzar inspecciones y mejorar la recaudación. Este problema es especialmente severo en los Länder más dependientes (de la igualación y otras transferencias), que apenas se benefician de un incremento en el esfuerzo por recaudar impuestos (OCDE 1998)[33]. Por tanto, el impacto de la descentralización de la administración tributaria en el comportamiento recaudatorio en Alemania no puede ser desvinculado del tema de la igualación interestatal[34].

3.4.2. Unión Soviética

Bajo el régimen soviético, la administración tributaria estaba básicamente descentralizada. Todos los impuestos eran administrados por el departamento de finanzas de cada Soviet local (el consejo de gobierno local), que estaba subordinado al de-

32. Curiosamente esta información con frecuencia tiene que ser transmitida impresa porque los Länder no operan con el mismo sistema informático.

33. Menores esfuerzos en el cumplimiento han generado mayores niveles de evasión. En 1997 un informe estimó que el coste de recaudación perdida por la evasión y elusión fiscales era entorno a 125 billones de marcos alemanes, aproximadamente el 15 por ciento del PIB.

34. Bareti *et al.* (2002) ofrecen más evidencia sobre estos temas de desvinculación. Encuentran que el tipo marginal de la recaudación tributaria de los estados alemanes está negativamente relacionada con su esfuerzo recaudatorio. El estudio también encuentra un efecto negativo de las subvenciones de suma fija del gobierno federal sobre el esfuerzo recaudador tributario del estado.

partamento de finanzas del nivel superior en la jerarquía administrativa. El grueso de la recaudación presupuestaria venía de los impuestos (mayoritariamente sobre el volumen de ventas, nóminas y beneficios) establecidos y tradicionalmente negociados con empresas estatales[35]. De hecho los impuestos establecidos sobre empresas estatales fueron sustituidos por la transferencia de sus beneficios netos al presupuesto estatal. Como propietario de estas empresas, el estado podía asegurar el cumplimiento del impuesto en el curso de las inspecciones anuales desarrolladas en todas las empresas. Además, el estado podía controlar rutinariamente las cuentas bancarias de las empresas a través del sistema bancario estatal. La transición a una economía de mercado requirió la modernización de la administración tributaria. En enero de 1990, el Gobierno Soviético decretó tanto la creación de la Jefatura Estatal de Inspección Tributaria como un departamento del Ministerio de Finanzas como las Inspecciones Tributarias del Estado en nivel inferiores de la jerarquía de la administración bajo la supervisión de su respectivo departamento de finanzas regional y local.

Antes de la era de la Perestroika, cada unidad administrativa era gobernada por dos órganos paralelos: el comité local del Partido Comunista y el Soviet local (consejo). Sin embargo, las elecciones a los Soviets no eran disputadas y un solo candidato para cada distrito era nominado por el Partido. Por tanto, toda la toma de decisiones se realizaba dentro del aparato del Partido y los Soviets locales sólo las legitimaban las y implementaban a través de la delegación ejecutiva local. Las elecciones subnacionales de Marzo de 1990 provocaron una competición entre muchos candidatos para cada puesto en todos los Soviets subnacionales. Esto introdujo alguna rendición de cuentas horizontal (frente a los distritos electorales) de los niveles subnacionales en la, en caso contrario, jerarquía administrativa centralizada. La autonomía política de los gobiernos locales efectivamente introdujo una subordinación dual de las ejecutivas locales tanto al consejo local como a los órganos ejecutivos de mayor nivel.

Las autoridades subnacionales fueron creadas al margen de las delegaciones locales de la antigua jerarquía estatal. Como consecuencia, la implementación de muchas políticas federales siguió dependiendo de las ahora independientes autoridades subnacionales. Sin embargo, la dependencia en las unidades de implementación subnacionales situó al centro vulnerable frente a las acciones de las autoridades subnacionales, especialmente dado el limitado control que la nueva legislación dio a las autoridades centrales sobre los gobiernos subnacionales. Esto se demostró con la caída de la Unión Soviética y posterior proceso desintegrador en la Rusia post-Soviética.

Boris Yeltsin se embarcó en la destrucción de la Unión Soviética de Gorbachev tirando de la manta financiera existente desde abajo hacia arriba (McAuley, 2001). Ordenó a los bancos rusos retener los pagos que debían efectuarse por las empresas al presupuesto de la Unión. También animó a las administraciones regionales a ignorar el acuerdo de participación en los ingresos y no transferir su parte al presupuesto de la Unión. Para conseguir que las regiones de Rusia se separaran de la Unión

35. Véase Martínez-Vázquez y McNab (2000).

les permitió no pagar impuestos al centro. Las regiones tuvieron la oportunidad de reducir su dependencia del centro y aprender a cómo negociar con Yeltsin en su beneficio. Yeltsin, en su lucha por el poder, intercambió las concesiones fiscales por favores políticos. La otra estrategia fue desafiar al centro con la propiedad de las empresas y las granjas del territorio de la Federación Rusa. En los días caóticos de 1991, pudieron elegir bajo qué auspicio querían estar. La propiedad de las empresas rusas (Rusia producía sobre el 75 por ciento del PIB soviético) fue absolutamente crucial en la lucha política entre Yeltsin y Gorbachev. El nivel de imposición y la cantidad de beneficios sociales estatales distribuidos a través de las empresas dependían de si la empresa era soviética o rusa. Yeltsin apostó por las autoridades de la Unión, prometiendo una menor tributación y mayores beneficios sociales.

Sin embargo, la victoria sobre Gorbachev fue una hoja de doble filo. Yeltsin, sin querer hacerlo, estaba fijando las normas tributarias de la nueva Rusia. Las autoridades regionales aprendieron pronto aprovecharse de la situación en Moscú. Mediante una negociación inteligente podían obtener ventajas fiscales. Yeltsin estaba cavando su propia tumba cuando quiso pactar con las autoridades regionales en la nueva Rusia. Coincidiendo con la propia creación de la Rusia independiente, un número de regiones demandó mayor autonomía, mayor descentralización y un régimen fiscal especial. Estas regiones fueron mayormente las habitadas por grupos étnicos no rusos, áreas ricas en recursos naturales e industrialmente bien dotadas.

En el caso más extremo de Bashkortostan, se solicitó un "sistema de transmisión único" a fin de que todos los ingresos fueran inicialmente al gobierno regional y entonces se negociara un único pago a realizar al gobierno federal. Esto era exactamente lo que Yeltsin intentó hacer con Gorbachev de presidente (Fowkes, 1997 pág. 174). Así, en 1991, dijo: "Estamos preparando tomar parte en la financiación del ejército, pero sólo en proporción a nuestra recaudación nacional." Otras regiones rusas, como Tatarstan determinaron unilateralmente sus propias participaciones.

El gobierno federal en los primeros años de la transición se mostró activo e intentó adaptar la agenda fijada por las regiones inconformistas. En realidad, el gobierno federal en 1992-93 no tuvo otra elección que aceptar la realidad de un sistema asimétrico de relaciones intergubernamentales, que estaba siendo adaptado a las demandas de un pequeño número de repúblicas étnicas. De hecho, fueron las que pronto marcaron el contenido del acuerdo federal, cuyo tipo y forma asumiría la Federación Rusa las tuvo que asumir. En contraste con el control central de la era soviética, durante la transición las regiones fueron capaces de sacar ventaja del hecho de tener de facto control sobre elementos claves de la administración del gobierno, incluyendo la administración tributaria y las fuerzas de seguridad internas. Esto dejó al gobierno federal sin instrumentos con los que tratar a las regiones no obedientes y aplicar la legislación federal. Por tanto, la mayor parte de relaciones asimétricas fueron implementadas de facto de una manera presumiblemente ilegal.

En noviembre del 1991 se separó el Servicio Fiscal Estatal (STS) del Ministerio de Finanzas y quedó directamente subordinado al gobierno y al Presidente de Rusia con el rango de ministerio federal. Su estructura de gobierno constaba de tres niveles: central, regional y local. Las oficinas regionales coordinaban y supervisaban a las oficinas locales bajo su jurisdicción y proveían al nivel central con datos sobre la recaudación de tributos. De jure, el Ministerio de Finanzas federal tenía un importante control sobre las operaciones y estándares de las inspecciones regionales y locales. De facto, sin embargo, esto no fue siempre el caso. La estructura vertical de la administración tributaria de la Rusia federal permanece extremamente descentralizada– más incluso que toda la administración pública federal. Por ejemplo, en 1995 en la sede central del STS se empleaban a 710 personas mientras que las delegaciones territoriales empleaban a 161000 personas. Resulta destacable que, mientras el empleo descentralizado en las oficinas tributarias territoriales era más de un tercio del total de empleo de la administración pública del gobierno federal, el personal de la sede central del STS representaba alrededor del 3 por ciento del núcleo de la administración pública federal en Moscú. Esta estructura del Ministerio de Finanzas federal altamente descentralizada no permite en la actualidad aprovechar todas las economías de escala en el diseño de procedimientos, gestión de declaraciones y contratación de los inspectores fiscales especializados. Por el contrario, se ha permitido, y con frecuencia fomentado, que las delegaciones regionales experimentaran sus propias innovaciones y enfoques (Firestone, 1998). La ausencia de coordinación y soporte logístico desde la sede central de Moscú ha llevado a los agentes fiscales federales a tradicionalmente depender del apoyo de las autoridades locales.

En la Rusia de hoy, se aduce que, a pesar de que las subdivisiones territoriales del Ministerio de Finanzas federal no están formalmente subordinadas a las autoridades subnacionales, han tenido una lealtad informal hacia estas últimas. Las autoridades subnacionales continúan siendo responsables de facilitar vivienda a los miembros del Ministerio de Finanzas y de pagar algunas de sus retribuciones en especie. Por tanto, las autoridades subnacionales pueden tener algún control sobre el rigor con que los agentes se emplean al recaudar impuestos en el territorio del gobierno subnacional. El grado de este poder informal y si el gobierno federal finalmente controla a sus agentes locales todavía continúa siendo debatido en la literatura (OCDE, 2000).

Muchos de estos problemas y tribulaciones que han sucedido en Rusia en la última década, ausencia de disciplina fiscal, estagnación económica y otros, han sido explicados por muchos observadores por la incapacidad del gobierno federal de imponer un sistema legal unificado a lo largo de la Federación Rusa. La combinación de un déficit creciente con una rígida oferta monetaria y tipos de cambio fijos llevó a la crisis de agosto de 1998, con la devaluación y flotación del rublo y el impago de mayor parte de la deuda doméstica que, a su vez, precipitó una crisis bancaria. Se puso claramente de manifiesto que el reconocimiento de tratamientos fiscales especiales en los tratados había contribuido a acrecer las presiones fiscales que eventualmente causaron la crisis. Deshacer los daños causados por los tratados bilaterales y los acuerdos especiales fue una tarea difícil. Sin embargo, la retirada de los tratamientos asimétricos empezó en los últimos años de Yeltsin, simplemente mediante el incumplimiento de las concesiones particulares de los tratados. Sin embargo, Rusia, tuvo que esperar hasta la elección de Vladimir Putin como presidente para empezar a imponer sustancialmente a todas las regiones el cumplimiento de las leyes federales.

3.4.3. China antes de la Reforma de 1994

En la China de antes de la Reforma de 1994, había de jure una administración tributaria centralizada pero de facto era una administración tributaria altamente descentralizada. La recaudación tributaria era compartida entre las provincias y el centro, según un acuerdo específico de participación negociado separadamente para cada provincia. Además, los agentes tributarios tenía que servir a dos niveles de gobierno: el gobierno central y el gobierno provincial. Formalmente, el centro podía controlar cada aspecto del estado e incluso de actividades privadas, a través de dos jerarquías paralelas de supervisión vertical: los comités del Partido Comunista y los Congresos de la Gente (que a su vez nombraban el ejecutivo) de cada uno de los cinco niveles de gobierno del país. Estas dos jerarquías no eran completamente independientes pues las elecciones a los Congresos de la Gente no eran abiertas, con un solo candidato efectivamente nominado por el Partido Comunista para cada distrito electoral. Así, similar al sistema soviético, la mayoría de las decisiones eran tomadas por el aparato del Partido y los Congresos locales sólo ratificaban estas decisiones y las implementaban a través de la delegación ejecutiva local (la cual era también designada en base a la recomendación del Partido).

La devolución en 1983 de algunos poderes de decisión a los gobiernos de provinciales y locales creó una división de lealtades entre el personal de tributos. La oficina central tributaria esperaba que cada delegación tributaria territorial siguiera las políticas de la administración tributaria nacional, pero había pocos incentivos para asegurar que las políticas nacionales eran implementadas correctamente. Cuando los gobiernos de menor nivel pagaban los salarios de la administración tributaria, la tentación para reducir la estimación oficial de la factura tributaria era grande y así repartir la diferencia entre el gobierno local y los contribuyentes (típicamente una empresa local). No hacía falta necesariamente que los agentes fiscales siguiesen las órdenes de los funcionarios provinciales intentando proteger la industria local. Era más probable que los funcionarios locales y los agentes tributarios tuvieran el mismo incentivo perverso producido por los contratos de participación de ingresos. Como propietario de las empresas locales, el gobierno local no quería compartir la recaudación de la empresa, mientras los agentes fiscales no querían ver su objetivo de recaudación revisado al alza como resultado de un mayor esfuerzo recaudador. Aunque los funcionarios del gobierno central eran conscientes de este problema, eran incapaces, con un número de 450 empleados, de vigilar de forma efectiva las actividades de más de 500.000 empleados tributarios en las delegaciones territoriales. Así, la administración tributaria en China empezó a regirse más por las negociaciones que por la ley.

Antes de la reforma del sistema fiscal en 1994, la participación del gobierno central en el total de recaudación bajó del 44 por ciento en 1978 al 23 por ciento en 1993, mientras que la participación subnacional total en la recaudación se incrementó del 56 al 77 por ciento durante el mismo periodo. Al mismo tiempo, la recaudación consolidada del gobierno sobre el PIB bajó también del 47 por ciento en 1978 al 13 por ciento en 1993. Aunque la participación subnacional en el total de recaudación aumentó, la reducción del pastel redujo considerablemente los recursos presupuestarios disponibles en total a nivel provincial. Sin embargo, benefició a unas pocas provincias ricas.

El gobierno central empezó a darse cuenta que los cambios en la política impositiva no podían ser implementados como se pensaba cuando la recaudación de impuestos era un proceso de negociación. Incapaz de alterar sus inelásticas recaudaciones, el gobierno central respondió a la presión fiscal intentando desarrollar la responsabilidad del gasto a los niveles de gobierno inferiores. Aparte de la intensa negociación entre el gobierno central y los locales sobre los esquemas de participación, las presiones fiscales creadas por el sistema de contratos de los ochenta llevó a reacciones indeseables de los gobiernos subnacionales. Algunos ejemplos incluyen la diversificación de recursos desde vías presupuestarias a canales extrapresupuestarios, la duplicación de industrias para capturar recaudaciones que antes iban al tesoro nacional, generosas bonificaciones impositivas a las empresas públicas locales (SOEs) en sus propias jurisdicciones y la expansión crediticia de los bancos locales a las SOEs.

Para que el gobierno central recuperara el poder de la política tributaria y acercar a la tributación al imperio de la ley, en 1994 se revisó totalmente la estructura tributaria de China[36]. La nueva estructura se caracteriza por leyes tributarias uniformes, una administración tributaria central para impuestos centrales y compartidos, y en paralelo administraciones tributarias provinciales o locales, para eliminar los incentivos perversos del sistema previo. China experimentó una reforma total de la administración tributaria para crear una administración tributaria separada a nivel provincial conjuntamente con la agencia de recaudación tributaria del gobierno central. Sin embargo, los antiguos hábitos son difíciles de hacer desaparecer y todavía hay evidencia de una subordinación dual en el sistema de administración tributaria del gobierno central.

4. Implicaciones y lecciones de la experiencia internacional

4.1. La necesidad de flexibilidad

Como se visto en las secciones anteriores, la atribución de poderes de la administración tributaria requiere un buen equilibrio entre muchos criterios contradictorios entre sí, y el reconocimiento de varios tipos de restricciones y de cuestiones de política económica, en particular, la alineación de los incentivos de las autoridades tributarias con aquellos de los gobiernos. Estos criterios, restricciones e intereses pueden equilibrarse de forma diferente en países o regiones diferentes con respecto a impuestos distintos e incluso

36. Véase el debate de la experiencia de China en Vehorn y Ahmad (1997) y Bahl (1999).

funciones de la administración tributaria. Por tanto, una implicación de nuestra revisión, desde un punto de vista teórico, es que los países necesitan enfoques más flexibles para diseñar la organización de la administración tributaria, y esto es lo que se observa en la práctica. Un ejemplo de significativa flexibilidad en la estructura vertical de la administración tributaria se da en Canadá. Como hemos visto, la agencia de aduanas e ingresos de Canadá y la Agencia de Recaudación recaudan algunos impuestos provinciales y territoriales sobre las ventas, las sociedades y la renta personal, pero no para todos los gobiernos subnacionales ni de la misma forma para todos los tributos.

Queda claro también que el nivel de descentralización que podría ser deseable, y ciertamente se observa en la experiencia internacional, varía en función del tributo. Como Rubinfield (1983) argumentó tres décadas atrás, las externalidades de información, las estructuras de costes y los niveles requeridos de formación provocan que los impuestos sobre la renta, el IVA en destino, las rentas de aduanas, los impuestos sobre recursos naturales y los impuestos de la seguridad social puedan ser administrados más eficientemente por administraciones tributarias centrales, mientras que los impuestos sobre la propiedad, las tasas y otros puedan serlo a nivel local. Una forma diferente de llegar a la misma conclusión es que una administración tributaria descentralizada tenderá a ser más eficiente cuanta menos importancia tengan para la base impositiva las transacciones entre fronteras (Boadway et al., 1994). Por tanto, sería más fácil para un gobierno local administrar un impuesto sobre la renta basado en las rentas del trabajo o nóminas, que un impuesto global sobre la renta de que grave cualquier fuente de renta, incluidas las rentas del capital (Mikesell, 2003). En ausencia de tratados fiscales y cooperación administrativa, en la práctica sería más difícil asegurar el cumplimiento bajo una administración local[37]. En concreto, por simplicidad administrativa, necesidad de conocimientos técnicos, y externalidades en la información favorecen especialmente la centralización de la administración de los impuestos sobre sociedades. Las consideraciones de política económica también favorecen la administración centralizada de este impuesto. Los gobiernos subnacionales se encuentran siempre ante la disyuntiva de ser rigurosos en el cumplimiento para proteger las bases fiscales o conceder un tratamiento favorable a las empresas locales para fomentar el desarrollo económico (Boadway *et al.*, 1994).

4.2. La necesidad de coordinación

Con un sistema de administración tributaria multinivel, la duplicación de esfuerzos entre niveles puede fácilmente ocurrir y perjudicar la efectividad en la medida en que haya lugar para economías por gestionar conjuntamente funciones administrativas de varios impuestos (por ejemplo, inspección para el IVA y el impuesto de la renta). La

37. En este sentido, se ha discutido que si el gobierno federal de los Estados Unidos hubiera eliminado su impuesto (global) sobre la renta, los estados hubieran hecho lo mismo, porque carecerían de la información necesaria para adecuar la administración e inspección de sus impuestos estatales sobre la renta (McLure, 1999).

coordinación entre varias autoridades tributarias puede ser crucial para las inspecciones. La uniformidad y duplicación de funciones se puede solucionar atribuyendo diferentes elementos a administrar del mismo impuesto a diferentes niveles de gobierno. De manera más general, la eficiencia de la administración tributaria puede verse mermada si las autoridades tributarias independientes no utilizan los elementos necesarios para una adecuada coordinación. La cooperación e intercambio de información –tanto horizontal como verticalmente– pueden mejorar la administración y facilitar el cumplimiento. La cooperación, más allá de capacidad de desarrollo, asistencia técnica y, sobre todo, intercambio de información, puede también incluir (i) coordinación del registro de tributos nacionales y subnacionales para facilitar el desarrollo de negocios y el intercambio de información necesaria para administrar; (ii) usar siempre que sea posible un número de identificación fiscal único; (iii) intercambiar al máximo inspecciones y otros datos para el cumplimiento permitidos por la ley; (iv) situar las oficinas de servicios a los contribuyentes lo más juntas posible; y (v) coordinar los mecanismos de pagos para impuestos centrales y subnacionales. No obstante, la cooperación supone con frecuencia cierta disminución de la autonomía administrativa, pero cuando es opcional, su práctica ciertamente beneficia a todas las unidades administrativas que intervienen.

La experiencia internacional en el campo de la coordinación y cooperación entre los diferentes niveles de administración tributaria es bastante variada. En los Estados Unidos, las agencias tributarias estatales y los gobiernos locales con población mayor a 250.000 habitantes que exigen impuestos sobre la renta o los salarios pueden pedir información fiscal al servicio interno de recaudación (IRS). Con este fin, los funcionarios de la agencia deben enviar una petición por escrito al director del distrito del IRS de su área jurisdiccional y llegar a un acuerdo con el comisionado del IRS sobre la revelación de información. La agencia estatal o local correrá con los costes del intercambio sobre una base reembolsable. No obstante, las agencias estatales pueden obtener gratuitamente datos fiscales a través de las correspondientes oficinas del IRS. Algunos ejemplos sobre la información pedida incluyen “modelos fiscales de los individuos” usados por las agencias tributarias estatales al determinar su estructura de tipos; extractos de datos fiscales del archivo general de individuos/sociedades; extractos del archivo de las declaraciones de transacciones de individuos/sociedades; extractos del archivo general de declaraciones informativas[38]. Además, algunos esta-

38. Desde 1999, el Servicio Interno de Recaudación ha alcanzado acuerdos con 126 agencias estatales representando 50 Estados, el Distrito de Columbia, American Samoa, Guam, Puerto Rico, las Islas Virginia, Nueva York, Lousville, St. Louis, Cincinatti, Cleveland, Toledo, Philadelphia, Pittsburgh, Kansas City y Columbus. Las agencias tributarias estatales pueden usar los datos ofrecidos del impuesto sólo por razones de administración tributaria. Cualquier revelación ilegal de datos tributarios federales está sujeto a sanciones civiles y penales. Los funcionarios de la agencia está obligados a enviar un Informe de Procedimientos de Salvaguarda en los 30 días después de recibir los datos federales y anualmente un Informe de Actividades de Salvaguarda. El personal de la IRS puede llevar a cabo otros informes de salvaguarda para asegurar la confidencialidad y seguridad de los datos tributarios Federales, con una frecuencia mínima de una revisión cada cinco años. Las agencias está obligadas a mantener un sistema estándarizado de grabación de pedidos para inspección o revelación.

dos que administran el impuesto local sobre ventas facilitan a los gobiernos locales listas periódicas de sus contribuyentes en las ventas locales, de tal forma que la localidad puede comprobar las omisiones y pedir al estado la actuación necesaria para asegurar el cumplimiento.

En Canadá, los gobiernos provinciales tienen entre ellos acuerdos formales para un intercambio regular de información (incluyendo información sobre las devoluciones del impuesto sobre las ventas) a fin de ayudarse mutuamente en la recaudación de los impuestos sobre las ventas de sus residentes. Sin embargo, no todas las provincias tienen un acuerdo entre sí. Más bien, cada provincia recauda y ofrece información a otras provincias porque en el pasado la ha recibido ella de otras provincias y espera que continúe así en el futuro (Hill y Rushton, 1993).

En Japón, la Administración Tributaria Nacional y las autoridades tributarias locales recaudan e intercambian información sobre los contribuyentes, especialmente información sobre activos de contribuyentes defraudadores que puede usarse de forma colateral. Además, para una aplicación correcta y apropiada del impuesto local sobre el consumo, en abril de 1997 se modificó la Ley Tributaria Local para permitir al Director de Distrito de la Oficina Tributaria Local solicitar al gobernador de la prefactura, o alcalde, datos e información necesaria para la estimación y recaudación del impuesto local sobre el consumo.

En Estonia, los gobiernos de pueblos y ciudades recaudan independientemente impuestos en su territorio. Sin embargo, con el permiso de la Oficina central del Consejo Tributario, el consejo municipal y la oficina tributaria local pueden firmar un contrato en virtud del cual los impuestos locales sobre la renta (que pueden gravar tanto la renta de sociedades como de personas, aunque todavía no han sido introducido por ningún gobierno local) serán recaudados por las oficinas locales de la administración tributaria nacional. En algunos condados de Estonia, el problema de la coordinación se ha solucionado mediante acuerdos mutuos. Así, el servicio nacional tributario requiere a los gobiernos locales información sobre los bienes de la propiedad para la administración del impuesto (nacional) sobre la tierra. Al mismo tiempo, la cooperación con el Centro Nacional de Registro de Vehículos es esencial para la aplicación del impuesto sobre vehículos de motor, que constituye la fuente principal de ingresos tributarios locales en algunos municipios. Sin poder comprobar si coincide la dirección del coche registrado con la residencia de su propietario las sanciones podrían ser poco efectivas (Mihaly Högye *et al.*, 2000).

En Hungría, la autoridad tributaria local puede pedir información a la administración tributaria central sobre los contribuyentes de su jurisdicción, herramienta importante para identificar a los contribuyentes que no cumplen con los impuestos locales. Esto se facilita al utilizar las oficinas tributarias del gobierno local el mismo número de identificación fiscal que las oficinas tributarias del gobierno central. De hecho, las autoridades centrales facilitan a los gobiernos locales el software necesario para que se pueda registrar informáticamente al contribuyente, lo que permite un sistema de registro uniforme entre las administraciones (OCDE, 2001, pág. 43). Sin embargo las relaciones entre las administraciones tributarias de los gobiernos central y local no están coordinadas; en realidad, no tienen contacto excepto para intercambiar información. (Mihaly Högye *et al.*, 2000).

Méjico presenta un caso especial de administración cooperativa. En general, el gobierno central administra los impuestos federales y todos los estados han firmado acuerdos por los que ceden el ejercicio de la mayoría de su poder tributario a cambio de compartir un parte de la recaudación federal. Los estados sólo administran el impuesto estatal sobre la nómina, los impuestos relacionados con la propiedad y la licencia de negocios. Sin embargo, los gobiernos estatales firman acuerdos (convenios de colaboración administrativa) con el gobierno federal que les permite inspeccionar y verificar el cumplimiento de las leyes federales a cambio de un porcentaje significativo adicional de la recaudación del IVA que se localiza en su territorio. Esto les permite una recaudación basada en su conocimiento particular de las actividades económicas locales sobre las que la administración tributaria central puede no estar al corriente. (Mikesell, 2003).

No es accidental que muchos ejemplos de coadministración entre los gobiernos centrales y locales en la experiencia internacional sean en el impuesto de la propiedad. El impuesto sobre la propiedad inmobiliaria, si bien requiere un conocimiento técnico considerable para obtener una valoración uniforme de la propiedad, se aplica sobre una base bastante inmóvil (que no puede huir), cuyo valor depende mucho de las condiciones locales del mercado. Una división cooperativa de las funciones puede combinar autonomía local y familiaridad con las condiciones locales y conocimientos técnicos centrales. Sin embargo, los países no han llegado a la misma conclusión sobre la atribución de funciones entre los gobiernos centrales y locales a la hora de administrar el impuesto sobre la propiedad. Esta diferencia aparece al atribuir los países las funciones de valoración y recaudación. Las diferentes experiencias de los países en los enfoques cooperativos de la administración de los impuestos sobre la propiedad están más ampliamente desarrolladas en el Apéndice.

4.3 Para los impuestos compartidos, administración centralizada es la norma y administración descentralizada la excepción

El caso más difícil y controvertido en la organización de la administración tributaria se da con los tributos que son compartidos entre el gobierno central y los subcentrales. Teniendo en cuenta consideraciones teóricas y la práctica internacional, podemos afirmar que las ganancias de la administración tributaria centralizada de impuestos compartidos son posiblemente considerables. Los procedimientos únicos y las formas diseñadas a nivel central pueden ser aplicados uniformemente por todo el país y con costes adicionales pequeños, lo que también reduce los costes de cumplimiento. Además se pueden conseguir economías de escala en el procesamiento de las declaraciones, mantenimiento de las grabaciones y empleo de tecnología especializada, equipos y empleados cualificados, como los inspectores fiscales. En unidades descentralizadas más pequeñas es menos probable que se puedan organizar a los empleados por función y no por impuesto, empeorando con ello los controles internos. La administración centralizada puede también facilitar la rotación del personal, ayudando a evitar el contacto cercano entre inspectores fiscales y contribuyentes. Una administración centralizada también puede disponer de mejores recursos materiales y legales para tratar con empresas multinacionales y que operan en diversas jurisdicciones. Algunos factores de política económica también favorecen un modelo centralizado. Por ejemplo, la igualación horizontal es más fácil de conseguir, en términos políticos y técnicos, cuando el gobierno central recauda los ingresos que constituyen el fondo de redistribución.

Las experiencias de China antes de 1994 y de la Unión Soviética también son un ejemplo de que cualquier país que esté seriamente considerando la descentralización de la administración tributaria de impuestos compartidos debe ir con cuidado. Como se ha observado en estos dos países, la descentralización de la administración y un grado de participación creciente pueden crear incentivos perversos para mantener la recaudación en la jurisdicción, mediante una estimación favorable de los impuestos a pagar, especialmente cuando los gobiernos subnacionales son propietarios de muchas empresas locales. Cuando en todo el país se aplica una versión de "una sola vía" de recaudación tributaria hacia arriba, como sucedió en Tatarstan y otras regiones de Rusia en los primeros años de transición, pueden ocurrir cuando inestabilidades fiscales y macroeconómicas al perder el gobierno central el control sobre su recaudación. Fundamentalmente, acaba siendo una cuestión de control y poder políticos. En China, en 1994, el centro fue capaz de reafirmarse, no sin dificultades y especiales tratamientos a las regiones ricas, pero en la Unión Soviética, el rechazo de algunas repúblicas (incluyendo Rusia) a compartir los impuestos participados con el centro llevaron al fallecimiento y fragmentación el país.

Las ventajas anteriormente mencionadas de la administración centralizada pueden ser consideradas válidas, en el sentido que no reflejan el objetivo particular de sólo el gobierno central o de sólo los gobiernos locales, sino el interés general de la sociedad. Sin embargo, en la decisión de centralizar o descentralizar también hay otros aspectos de política económica que afectan, ya que esta decisión representa ventajas sólo para una parte y a expensas de la otra. Estas ventajas pueden ser el control sobre los empleados fiscales y las operaciones, el control sobre flujos de ingresos y el acceso sin impedimento alguno a los pagos las cuentas de los contribuyentes. Ciertamente, puede haber maneras de compatibilizar los conflictos de intereses, por ejemplo a través de la representación local en el consejo tributario nacional, con acuerdos para intercambiar información y otros, pero algunos conflictos permanecerían todavía.

Como hemos visto, es justo destacar que también hay muchas ventajas en una administración tributaria descentralizada. Primero de todo, es una posición ventajosa para los gobiernos locales que permite diseñar sus actuaciones a las peculiaridades locales y ofrecer mejores servicios al contribuyente-cliente. Otro beneficio relaciona-

Cuadro 1. Experiencia internacional con administraciones con impuestos compartidos

País	*Circunstancia*	*Regiones*	*Impuestos*
Canadá	Soberanía fiscal constitucional	Quebec	IVA
España	Autonómia fiscal histórica	2 (País Vasco y Navarra)	La mayoría
Alemania	Fusión administrativa general	Todas	La mayoría
Suiza	Soberanía fiscal constitucional	Todas	2 (IRPF E IS)
China antes de 1994	Descentralización experimental	Todas	Todos
Rusia antes de 1992	Descentralización espontánea	Todas	Todos
Prefecturas japonesas	Tradicional dominio fiscal de municipalidades	Todas	1 (Impuesto por habitante)
Reino Unido	Tradicional dominio fiscal de municipalidades	Todas	1 (Impuesto sobre la propiedad de no residentes)

do es que los gobiernos locales actúen como zonas aisladas de experimentación, de manera que las prácticas efectivas puedan producirse y extenderse al resto del país. Sin embargo, estas ventajas de un modelo descentralizado no son absolutas, porque también se pueden obtener con algunas reformas en la organización del modelo centralizado. Hay vías para materializar estos beneficios con una administración tributaria centralizada otorgando mayor poder de decisión y organización a las oficinas territoriales.

A pesar de la clara tendencia de las consideraciones normativas a favor de un enfoque de centralización para administrar impuestos compartidos, también hemos visto algunos ejemplos en la experiencia internacional de descentralización en la recaudación de los impuestos compartidos (véase Cuadro 1). Varios rasgos comunes destacan en la tabla. Primero, en la mayoría de casos, la administración descentralizada de impuestos compartidos es una respuesta a circunstancias extraordinarias: amenazas separatistas y derechos históricos, en Italia y España; soberanía tributaria constitucional, en Canadá y Suiza, transformación política, en China y Rusia. Segundo, la administración descentralizada de impuestos compartidos se aplica sólo en pocos impuestos con una importancia recaudatoria limitada para los gobiernos de mayor nivel o en pocas regiones que constituyen sólo una pequeña parte del país. Las excepciones a esto último demostraron ser no sostenible como en los casos de China antes de 1994 y Rusia antes de 1992 (Unión Soviética) o se considera que dan un resultado muy pobre, como en Alemania.

Sin embargo, la experiencia internacional también muestra que la administración centralizada de impuestos compartidos no está libre de incentivos perversos y otros problemas. El más importante es que la una administración tributaria central puede tener un incentivo reducido a asignar los escasos recursos financieros y humanos a estos impuestos compartidos que revierten principalmente a favor de los gobiernos subnacionales. En India la administración tributaria del gobierno central recauda todos los impuestos sobre la renta personal (excepto para agricultura) y devuelve el 85 por ciento de la recaudación a los estados. Aunque la administración tributaria central tenga un objetivo de ingresos presupuestado, el incentivo a asignar suficientes recursos para el control del cumplimiento y efectuar inspecciones de calidad es menor para estos impuestos que para otros. Por ejemplo, el impuesto sobre beneficios o las rentas de aduanas, cuya recaudación corresponde al gobierno central. Vehorn y Ahmad (1997) afirman que los estados indios se quejan frecuentemente de esta situación. Un segundo tipo de problema es que la administración tributaria no desea o es reticente a compartir la información sobre el contribuyente con gobiernos subnacionales cuando se están compartiendo impuestos. En España, la administración tributaria del gobierno central ha sido reticente en el pasado reciente a compartir información con los gobiernos regionales en lo que se refiere a la administración y control del cumplimiento de los impuestos sobre la renta, lo que también han causado quejas de los gobiernos regionales.

Haciendo un balance, las ventajas de la administración centralizada de impuestos compartidos parecen superar las desventajas. Sin embargo, los resultados de la solución centralizada pueden ser mejorados devolviendo poder organizativo a las diferentes delegaciones, diseñando sistemas de incentivos compatibles para una buena atribución de recursos y esfuerzos, y mejorando el acceso de los gobiernos subnacionales a la información tributaria y la participación en la formulación de políticas de la administración tributaria. Cuando las funciones descentralizadas de impuestos compartidos recaen tradicionalmente bajo dominio subnacional (como la imposición de la propiedad en los Estados Unidos y el Reino Unido, o la imposición directa en Suiza), las desventajas de la descentralización pueden ser mitigadas centralizando las funciones de la administración tributaria que implican la mayoría de economías de escala, como la valoración de la propiedad, el diseño de formularios y procedimientos tributarios, la formación de empleados especializados y la gestión del intercambio de información.

5. Conclusiones

En este artículo hemos defendido que el enfoque que mejor representa la organización de la administración tributaria depende de los objetivos de la administración tributaria, de las restricciones encontradas para conseguir estos objetivos y de cómo se ponderan estos objetivos. También hemos considerado que con el fin de conseguir el nivel apropiado de descentralización fiscal deben tenerse en cuenta dos objetivos: la maximización de la recaudación sujeta a las restricciones de los costes de administración y costes de cumplimiento (objetivo de eficiencia) y la rendición de cuentas de los funcionarios del gobierno elegido ante los contribuyentes (objetivo de rendición de cuentas). Tanto la administración tributaria centralizada como la multinivel tienen ciertas ventajas y desventajas. Es más probable que la administración central recaude de una manera más eficiente aprovechando las economías de escala potenciales y las externalidades de información entre tributos y contribuyentes de diferentes territorios. La administración local permite la rendición de cuentas y un pleno desarrollo en la autonomía de los ingresos, ya que muchos aspectos de la administración tributaria no se pueden separar totalmente de la misma política tributaria. Además, la administración local puede representar otras ventajas, como una mayor capacidad para explotar las ventajas en la información sobre las bases impositivas locales.

Los mejores principios teóricos y la experiencia internacional sugieren que la estructura vertical de la administración tributaria debe relacionarse con la atribución de la competencia tributaria entre los diferentes niveles de gobierno. Así, no hay duda de que en un sistema tributario bastante centralizado, con poca o sin autonomía impositiva a nivel subnacional, la administración tributaria debería ser centralizada. En sistemas descentralizados en los que el gobierno subnacional tiene atribuidos sus propios tributos y con poder para modificar los tipos y otros aspectos de la estructura del tributo, y en los que la base no es compartida con el gobierno central, una opción clara es una administración tributaria descentralizada multinivel. Administraciones tributarias separadas pueden ayudar a permitir la rendición de cuentas y la eficiencia de los gobiernos descentralizados. Además, las economías de escala y su aprovechamiento, asociadas a la administración centralizada, pueden perderse en presencia de diversas bases tributarias y definiciones diferentes ya que, después de todo, los agentes tributarios nacionales no tendrán suficientes incentivos para asegurar con rigor el cumplimiento de los tributos locales. Por tanto, cuando hay una plena separación de bases tributarias entre los diferentes niveles de gobiernos, hay una opción clara para múltiples niveles de administración tributaria.

Sin embargo, hay casos en la asignación descentralizada de la recaudación en los que la administración tributaria centralizada puede ser bastante atractiva y posiblemente superior que la administración tributaria descentralizada multinivel. Por ejemplo, cuando los gobiernos subnacionales tienen capacidad para aplicar su propia tarifa sobre una base impositiva usada por el gobierno central, hay mejoras con la administración centralizada. Se pueden conseguir economías administrativas y de cumplimiento cuando las declaraciones de los impuestos locales consisten sólo en algunas líneas adicionales en la declaración nacional o en un suplemento de ésta, como en el caso de meros recargos. La rendición de cuentas se puede mantener si los contribuyentes pueden conocer e identificar el gobierno subnacional que adopta los tipos locales, y se pueden generar los correspondientes incentivos a través de acuerdos compatibles que permiten a los funcionarios de la administración tributaria central recibir un beneficio significativo de recaudar los impuestos subnacional. Sin embargo, como se ha señalado, las economías de escala administrativas desaparecen cuando la administración tributaria tiene que enfrentarse con varias definiciones de base tributaria usadas por las diferentes jurisdicciones. Otras ineficiencias pueden también aparecer con una administración centralizada de tributos que requieren un conocimiento de información local (por ejemplo, sobre la propiedad o renta presunta).

En el caso en el que la atribución de ingresos establezca compartir la recaudación entre los gobiernos centrales y subnacionales, hemos visto que en la mayoría de las situaciones posibles se obtienen claramente más ventajas de centralizar la administración tributaria que de una administración descentralizada en la que los gobiernos subnacionales recaudan los impuestos y luego los transfieren al tesoro nacional.

En resumen, para un país que esté considerando la reforma de su administración tributaria siguiendo, por ejemplo, una reforma de descentralización fiscal, nuestro consejo sería que no debe descentralizar ni los impuestos compartidos entre los gobiernos federales (centrales) y locales ni los impuestos subnacionales que se aplican como recargos sobre los impuestos nacionales. En el caso de impuestos exclusivamente subnacionales, su administración puede atribuirse a la administración tributaria central, pero ello necesita acompañarse de contratos de incentivos compatibles para asegurar que los administradores federales pondrán el mismo celo para recaudar los tributos federales que los subnacionales. Las administraciones tributarias subnacionales son más deseables para impuestos exclusivamente subnacionales sobre los que hay ventajas de información y de cumplimiento a nivel local.

Cuando el sistema funciona con múltiples niveles de administración tributaria, debe institucionalizarse un alto grado de diálogo y cooperación entre los diferentes niveles de administración tributaria. A fin de evitar el solapamiento de esfuerzos y asegurar un tratamiento uniforme a los contribuyentes, la legislación nacional puede prever los condicionantes necesarios para una adecuada coordinación entre las administraciones tributarias independientes. Por ejemplo, el Ministerio de Finanzas nacional puede prestar una formación completa y uniforme a los agentes tributarios subnacionales. También el gobierno central puede establecer el cumplimiento obligatorio de unas directrices para inspeccionar y ofrecer información. Cuando sea posible, la administración tributaria subnacional debería usar para cada contribuyente el mismo número de identificación fiscal que la administración tributaria central. La información obtenida en las inspecciones debe compartirse periódicamente con la administración tributaria central y sus homólogas subnacionales. A su vez, las autoridades de la administración tributaria central deberían conceder a las autoridades tributarias subnacionales acceso a las bases de datos nacionales para facilitar el control del fraude. Esta es una de las claves para asegurar el cumplimiento efectivo a nivel subnacional. Los diferentes niveles de administración tributaria deberían discutir para regular unos protocolos finales de colaboración con el fin de compartir información, de tal forma que puedan cruzarse datos, y regularmente deberían mantener reuniones para debatir problemas y soluciones comunes.

Apéndice

Enfoques cooperativos en la administración del impuesto sobre la propiedad

El impuesto sobre la propiedad es tradicionalmente la fuente principal de ingresos atribuida a los gobiernos locales como consecuencia del vínculo, de acuerdo con el principio del beneficio, entre pago del impuesto y disfrute de los servicios públicos por los residentes locales. Otras características que lo hacen deseable como impuesto local son que el impuesto sobre la propiedad no es mayoritariamente exportable a residentes de otras comunidades y que es capaz de generar una fuente de ingresos estable durante el ciclo económico. Desde el lado de la administración, las autoridades locales tienen probablemente mejor conocimiento sobre quién es el titular de las propiedades inmobiliarias. Sin embargo, no es un impuesto fácil de administrar. Algunos aspectos del impuesto, como por ejemplo la valoración periódica de las propiedades, pueden superar la capacidad de muchos gobiernos locales. Por esto, no sorprende que la administración de este impuesto muestre una variedad de enfoques cooperativos entre los diferentes niveles de gobierno. La Tabla A-1 muestra el nivel de gobierno competente para las funciones de identificación, valoración, liquidación y recaudación en los 25 países recientemente analizados por el estudio de Bird y Snack (2004).

La función de valoración parece ser básicamente local en la mitad de los casos y central o regional en los otros. En muchos casos, sin embargo, la metodología precisa de valoración se establece por el gobierno central, aun cuando la valoración es una función local. Por ejemplo, en Colombia, el mantenimiento del registro y la actualización de las valoraciones está coordinado por el gobierno central, aunque la declaración, la liquidación de la deuda y la inspección en el impuesto de la propiedad se lleva a cabo a nivel local. Sin embargo, incluso un registro central sobre la propiedad puede resultar tedioso y difícil de actualizar en un entorno cambiante de evolución de la propiedad y de aumento en sus valores, como ha sucedido en Colombia.

De acuerdo con el Cuadro A-1, la recaudación del impuesto es normalmente, pero no siempre, una función del gobierno local. Por ejemplo, en Canadá, los gobiernos locales establecen sus propios tipos impositivos sobre la propiedad y dirigen la recaudación de los impuestos que han establecido, pero la provincia o territorio fija la estructura y los requerimientos básicos de los impuestos locales, regula la política para la valoración de las propiedades y es responsable de asegurar que la valoración se realiza de acuerdo con la valoración estándar que refleja la política provincial del impuesto. Por lo tanto, la administración general del impuesto sobre la propiedad combina funciones recaudatorias tanto de administración centralizada como independiente. Para que haya uniformidad, se centraliza la valoración mientras que las otras funciones se regulan por el gobierno local que ha establecido el impuesto.

En Méjico, la valoración del impuesto sobre la propiedad se realiza por los gobiernos estatales (fijando la base y tipos) pero de la recaudación se encargan las localidades (cumpliendo los procedimientos). Hasta los niveles más pequeños de gobierno local casi siempre tienen cierta capacidad para determinar el nivel de los tipos impositivos. En algunos casos, sin embargo, como Guinea y Túnez (y probablemente la mayor parte de la África francófona) y también Chile, los gobiernos locales no pueden ni tan siquiera hacer esto[39]. Los casos de estudio muestran que, en la actualidad, algunas de las informaciones requeridas para la identificación son mantenidas por agencias gubernamentales diferentes. Por ejemplo, en Letonia la información se divide entre el Servicio sobre la Tierra del Estado, el Servicio sobre el Registro del Título y el Servicio Tributario Estatal[40].

Dinamarca es un buen ejemplo de coadministración, donde la recaudación de tres tipos de impuestos sobre la propiedad se atribuye a los gobiernos subnacionales: un impuesto sobre los terrenos que recae sobre todas las parcelas de terrenos; un impuesto sobre los servicios que recae sobre los edificios usados para comercio e industria; y un impuesto sobre el valor de la propiedad que recae sobre los propietarios de los inmuebles y las segundas residencias. El gobierno central tiene la capacidad principal para valorar la propiedad inamovible. El gobierno central nombra 224 comités de valoración constituidos por tres miembros con asistencia administrativa del municipio. La información básica de la valoración y recaudación se guarda en registros informatizados. La Administración Central de Tributos y Aduanas, que forma parte del Ministerio de Hacienda nacional, mantiene un registro sobre los precios de venta y los municipios mantienen un registro de la valoración y recaudación con (i) la descripción de las parcelas de terrenos obtenida de la inspección nacional y del registro de terrenos y (ii) un registro de edificios y viviendas con la descripción de los edificios y unidades de viviendas. La Administración Central de Tributos y Aduanas llevan a cabo la coordinación central de la valoración y da instrucciones a los comités de valoración. Una oficina tributaria del impuesto recauda en cada municipio la parte municipal y del condado de los impuestos sobre los terrenos y los servicios. La liquidación del impuesto sobre la propiedad se realiza cada año informáticamente, dividida en plazos según determine el municipio, y también incluye tasas municipales sobre la propiedad (por carreteras, alcantarillado, calefacción del distrito, alumbrado público, agua, etc.). El gobierno central recauda el impuesto sobre el valor de la propiedad vía retención en combinación con el impuesto individual sobre la renta.

39. En Chile, la administración tributaria nacional (SII) es competente para la valoración puesto que el impuesto es nacional. Sin embargo, como toda la recaudación se destina a los gobiernos locales, muchaos municipios tiene interés en complementar los equipos del SII con funcionarios del gobierno local. Más de 400 funcionarios han sido formados (por el SII) para este cometido.

40. En la Federación Rusa, una división similar en las competencias institucionales ha dificultado la reforma del impuesto sobre la propiedad inmobiliaria, como evidenció en los proyectos piloto en las ciudades de Tver y Novgorod durante el final de los años noventa.

Cuadro A-1. Administración del Impuesto de la Propiedad en el Mundo

País	*Base fiscal*	*Tipos*	*Identificación*	*Valoración*	*Liquidación y recaudación*	*Pagado a*
Reino Unido	Propiedad residencial	Local	Nacional	Nacional	Local	Localidad
	Propiedad no residencial	Nacional	Nacional	Nacional	Local	Fondo de redistribución
Australia	Terrenos	Estatal	Estatal	Estatal	Local	
	Propiedad	Local	Estatal	Estatal	Local	
Canadá	Propiedad	Provincial	Provincial	Provincial	Local	Provincial
	Propiedad	Local	Provincial	Provincial	Local	Municipalidad
Chile	Propiedad	Nacional	Nacional	Nacional	Nacional	40% para la localidad
China	Transmisión de activos intangibles y propiedad inmobiliaria	Nacional	Local	Local	Local	Localidad
	Propiedad inmobiliaria urbana	Nacional	Local	Local	Local	Localidad
Colombia	Propiedad	Local	Nacional/local	Local	Local	Localidad
Alemania	Propiedad inmobiliaria	Local	Estatal	Local	Local	Localidad
Guinea	Estructuras	Nacional	Nacional	Nacional	Nacional	Compartido
Hungría	Estructuras	Local	Local	Local	Local	Localidad
India	Propiedad	Local	?	Estatal/local	Local	Localidad
Indonesia	Propiedad inmobiliaria	Nacional	Nacional	Nacional	Nacional	Provincia/localidad
Japón	Propiedad inmobiliaria	Local	Nacional	Local	Local	Localidad
Letonia	Propiedad inmobiliaria	Nacional	Nacional	Nacional	Local	Localidad
Kenya	Terrenos	Local	Nacional	Local	Local	Localidad
Méjico	Propiedad	Estatal	Estatal	Estatal	Local	Localidad
Nicaragua	Propiedad inmobiliaria	Nacional	Nacional	Local	Local	Localidad
Filipinas	Propiedad inmobiliaria	Provincial	Provincial	Provincial	Provincial	Localidad
Polonia	Propiedad inmobiliaria	Local	Nacional	Local	Local[41]	Localidad
Sudáfrica	Propiedad inmobiliaria	Local	Local	Local	Local	Localidad
Tanzania	Estructuras	Local	Local	Local	Local	Localidad
Tailandia	Propiedad inmobiliaria	Nacional	Local	Local	Local	Localidad
Túnez	Alojamiento	Nacional	Nacional	Conjunto	Nacional	Localidad
Ucrania	Terrenos	Nacional	Nacional	Nacional	Nacional	Localidad
Argentina	Propiedad	Provincial	Provincial	Provincial	Provincial	Provincial
	Propiedad	Municipal	Municipal	Municipal	Municipal	Municipalidad

41. Las cuotas impagadas, excepto en las ciudades más grandes, que se transfieren a la oficina nacional de recaudación. Sin embargo, esta oficina parece perseguir las recaudaciones de "ingresos para otra gente" con entusiasmo.

Bibliografía

AMEZ, L. y MOESEN, W. (1994): "De taxatiediensten van de vennootschapsbelasting," mimeo. Center for Economic Studies, K.U. Leuven.

BAHL, ROY (1999): *Fiscal Policy in China: Taxation and Intergovernmental Relations.* The 1990 Institute. San Francisco, California.

BATES, LAURIE J. y REXFORD E. SANTERRE (1993): "Property Tax Collector Performance and Pay," *National Tax Journal* XLVI (March): 23 – 31.

BELL, MICHAEL E. (1999): "An Optimal Property Tax: Concepts and Practices," Washington, D. C.: Economic Development Institute, World Bank.

BAER, KATHERINE *et al.* (2002): "Improving Large Taxpayer Compliance: A Review of Country Experience," *IMF Occasional Paper 215.* Washington, D. C.: International Monetary Fund.

BIRD, RICHARD M. (2001): "Subnational Revenues: Realities and Prospects," International Studies Program Working Paper 0401. Atlanta, Georgia.

BIRD, RICHARD M. y ENID SLACK (eds.) (2004): *International Handbook of Land and Property Taxation.* Cheltenham, U.K. and Northampton, Mass.: Edward Elgar.

BIRD, RICHARD M., CHRISTINE I. WALLICH y GABOR PETERI (1995): "Financing Local Government in Hungary," in Richard M. Bird, Robert D. Ebel, and Christine I. Wallich, eds., *Decentralization of the Socialist State: Intergovernmental Finance in Transition Economies.* Regional and Sectoral Studies. Washington, D.C.: World Bank.

BOADWAY, ROBIN, SANDRA ROBERTS y ANWAR SHAH (1994): "The Reform of Fiscal Systems in Developing and Emerging Market Economies: A Federalism Perspective," *World Bank Policy Research Working Paper No. 1259.* Washington: World Bank.

CASTELLS, A. (2000): "Autonomía y solidaridad en el sistema de financiación autonómica," *Papeles de Economía*, no. 83, 37-59.

DILLINGER, WILLIAM (1991): *Urban Property Tax Reform.* Washington, D. C.: World Bank.

ERARD, B. y F. VAILLANCOURT (1992): "The Compliance Costs of a Separate Personal Income Tax System for Ontario: Simulations for 1991," Toronto: Fair Tax Commission.

ESTELLER-MORÉ, A. (1999): "Tax Evasion in a Semi-Decentralized Tax Administration," *EEE 48 de Fundación de Estudios de Economía Aplicada – FEDEA*, Barcelona.

ESTELLER-MORÉ, A. (2003): "The Politics of Tax Administration: Evidence from Spain," Working Paper, Institut d'Economia de Barcelona (IEB).

FIRESTONE, ALLAN y Tax Administration Team. (1998): "Modernization of the Tax Administration of the Russian Federation," *Georgia State University Working Paper: ISP WP 98-6.* Atlanta.

FOWKES, BEN. 1997.*The Disintegration of The Soviet Union : a Study in the Rise and Triumph of Nationalism.* New York : St. Martin's Press.

FOX, WILLIAM y CHRISTINE WALLICH (1999): "Fiscal Federalism in Bosnia-Herzegovina: The Dayton Challenge," World Bank Policy research Working Paper 1714. Washington D.C.

GARCIA-MILÀ, TERESA y THERESE J. MCGUIRE (forthcoming). "Fiscal Decentralization in Spain: An Asymmetric Transition to Democracy," in R. Bird, R, Ebel, and C Wallich, eds, Asymmetric *Federalism.* Edward Elgar.

GHESSI, GIUSEPPE (1984). "Bilancio dello stato: l'accentramento del deficit", in Gerelli, Majocchi and A. Majocchi, *Il deficit pubblico: origini e problemi.* Milano: Angeli.

GRADY, PATRICK (1997): "An Analysis of Personal Income Tax Flows to Provinces Under the Income Tax Collection Agreements," , *Global Economics* (December).

HEMMING, R., NEVEN M. y BARRY P. (1997): "India," In Teresa Ter-Minassian, ed., *Fiscal Federalism in Theory and Practice.* Washington, D. C.: International Monetary Fund.

HÖGYE, M., HUGO VAN HASSEL, GUNAR OLSSON, FRANCISCA SABBE y KATARINA OTT (2000): "Comparative Approaches to Central and Eastern European Tax Reform," in Mihály Hőgye, ed., *Local and Regional Tax Administration in Transition Countries*. LGI Books: Budapest.

HOLMES, S. K. (1978): "The Italian public expenditure," *GES working paper no. 3 (Treasury working paper no. 3)*. HM Treasury,

KEEN, M. (1998): "Vertical tax externalities in the Theory of Fiscal Federalism", *International Monetary Fund Staff Papers*, 45: 454-485.

LACHANCE, R. y F. VAILLANCOURT (2001): «Quebec's Tax on Income: Evolution, Status and Evaluation», in D. Brown ed., *Tax Competition and the Fiscal Union : Balancing Compesition and Harmonization in Canada*. Kingston: Institute of Intergovernmental Relations.

LÓPEZ LABORDA JULIO, JORGE MARTÍNEZ-VÁZQUEZ y JORGE ONRUBIA (2004): "Modelos de Administración Tributaria en un Estado Descentralizado," Papel de trabajo, Universidad de Zaragoza.

MA JUN (1997): "Intergovernmental Fiscal Transfer in Nine Countries:Lessons for Developing Countries," *World Bank Policy Research Working Paper 1822*. Washington, D. C.: World Bank.

MARTÍNEZ-VÁZQUEZ, JORGE y ROBERT M. MCNAB (2000): "The Tax Reform Experiment in Transitional Countries," *National Tax Journal* 13, 2: 273-98.

MARTÍNEZ-VÁZQUEZ, J., JAVIER ARZE y JAMIE BOEX (2004): *Fighting Corruption in the Public Sector*. A Report to USAID. Development Alternatives Inc. and International Studies Program, Andrew Young School of Policy Studies, Georgia State University.

MCCAULEY, M. (2001): *Bandits, Gangsters and the Mafia: Russia, the Baltic States and the CIS*. London: Longman.

MCLURE, CHARLES (1999): "The Tax Assignment Problem: Conceptual and Administrative Considerations in Achieving Subnational Fiscal Autonomy" Paper prepared for the core course on Intergovernmental Relations and Local Financial Management, World Bank Institute, Washington, DC: World Bank.

– (2003): "Tax Assignment and Subnational Fiscal Autonomy," *Bulletin for International Fiscal Documentation*, (December).

MIKESELL, JOHN L. (2003): "International Experiences with Administration of Local Taxes: A Review of Practices and Issues," Tax Policy and Administration Thematic Group, The World Bank.

MOESEN, W., A. y PERSOON (2002): "Measuring and explaining the productive efficiency of tax offices: a non-parametric best practice frontier approach," *Tijdschrift voor Economie en Management* 3, p. 399-416.

OCDE (1998): *OECD Economic Surveys, 1997-1998: Germany*, Paris: OCDE.

– (2000): *OCDE Economic Surveys: Russian Federation*, Paris: OCDE.

– (2001): *Fiscal Design Across Levels of Government, Year 2000 Surveys: Country Report – Hungary*. Paris: OCDE.

OLSSON, G. (2000): "Introduction to Taxes and Tax Administration in Sweden," in Mihály Hőgye, ed., *Local and Regional Tax Administration in Transition Countries*. LGI Books: Budapest.

PLAMONDON, R. y D. ZUSSMAN (1998): "The Compliance Costs of Canada's Major Tax Systems and the Impact of Single Administration," Canadian Tax Journal,46, 4: 761-785.

REVIGLIO, F. (1976): *Lezioni sulla riforma tributaria*. Torino: Giappichelli.

RODDEN, J. (2003): "Soft Budget Constraints and German Federalism," in Rodden, Jonathan, Gunnar Eskeland, and Jennie Litvack, eds. *Fiscal Decentralization and the Challenge of Soft Budget Constraints*. Cambridge: MIT Press.

RUBINFELD, D. L. (1983): "Tax Assignment and Revenue Sharing in the United States," in Charles E. McLure, Jr., ed., *Tax Assignment in Federal Countries*. Canberra: Australian National University Press.

RUSHTON, M. y RODERICK H. (1993): "Multi-Stage Sales Taxes and Interprovincial Trade: Lessons from Europe" *Proceedings of a Symposium on the Simplification of the Federal/Provincial Sales Tax System*. Toronto: Canadian Tax Foundation.

SATO, M. (2000): "Fiscal externalities and efficient transfers in a federation", *International Tax and Public Finance*, **7**: 119-139.

SJOQUIST, D. L. y MARY BETH WALKER (1999): "Economies of Scale in Property Tax Assessment," *National Tax Journal* LII (June): 207-220.

SLEMROD, J. (1990): " Optimal Tax Theory and Optimal tax Systems," *Journal of Economic Perspectives*, Vol.4, No. 1, pp. 157-178, (Winter).

SLEMROD, J. y MARSHA B. (1996): "The Income Tax Compliance Cost of Big Business," *Public Finance Quarterly* 24, 4: 411-438.

SOOTLA, G., KEIT K. y SIGNE K. (2000): "Local and Regional Tax Administration in Estonia," in Mihály Hõgye, ed., Local and Regional Tax Administration in Transition Countries. LGI Books: Budapest.

SPAHN, PAUL BERND y WOLFGANG FÖTTINGER (1997): "Germany," in Teresa Ter-Minassian, ed., Fiscal Federalism in Theory and Practice. Washington: International Monetary Fund.

STILLE, ALEXANDER (1995): Excellent Cadavers: Mafia and the Death of the First Italian Republic. New York: Pantheon Books.

TANNENWALD, R. (2001): "Are State and Local Revenue Systems Becoming Obsolete?" New England Economic Review (Issue 4): 27 – 43.

United States, General Accounting Office. 1994. Tax Administration: State Tax Administrators' Views on Delinquent Tax Collection Methods. GAO/GGD-94-59FS (Washington, February).

VAILLANCOURT, F. (1989): The Administrative and Compliance Costs of Personal Income and Payroll Taxes, Canadian Tax Foundation, Toronto.

VEHORN, Ch. L. y EHTISHAM A. (1997): "Tax Administration," in Teresa Ter-Minassian, ed., Fiscal Federalism in Theory and Practice. Washington: International Monetary Fund.

ZUBIRI, I. (2000):. La capacidad normativa de las comunidades forales. Su extensión al resto de Comunidades Autónomas. Papeles de Economía, no. 83, 127-146.

ZUBIRI, I. y M. VALLEJO (1995): 'Un análisis metodológico y empírico del sistema de cupo," Fundación BBV.

CAPÍTULO 8
LA DESCENTRALIZACIÓN DE LA ADMINISTRACIÓN TRIBUTARIA: LA PERSPECTIVA DE LA AGENCIA TRIBUTARIA

LUIS PEDROCHE
Director General de la AEAT

La definición de un modelo de financiación autonómica encierra una enorme complejidad, existiendo una amplia diversidad de opiniones acerca de qué aspectos habría que tener en consideración para su diseño y establecimiento. Es por ello que hay que aceptar el hecho de que no existe un modelo único que sea infalible ni mejor que los demás, puesto que son muchos los factores a tener en cuenta para su aplicación y comparación entre regiones. Sin embargo, la meta fijada es la creación de un modelo generalizado y equitativo, pese a que las diferencias culturales y sociales entre regiones, provincias y ámbitos locales no vienen sino a aumentar las dificultades de cara a su establecimiento. La existencia de este modelo, con sus diversas virtudes y defectos, permite la posibilidad de descentralización en la gestión de los recursos públicos, siendo éste un tema de especial relevancia desde hace mucho tiempo, aunque muy especialmente en la actualidad. El citado modelo debiera ser un modelo tributario centralizado pero "compartido", con una Agencia Tributaria de funciones similares a las actuales aunque con un mayor peso de las administraciones cotitulares definidas en el sistema (una vez se analiza la gestión de los recursos públicos se comprende la necesidad del paso a un sistema donde la participación de las administraciones no centrales en la gestión de los mismos sea mayor), siguiendo un diseño similar al territorial que establece la Constitución de 1978 la cual, en base a unos criterios político-ideológicos e histórico-culturales, otorga unos niveles de autonomía política y financiera sin precedentes en otros países europeos.

Dentro del actual modelo, la Agencia Tributaria, que en esencia es un ente de derecho público con personalidad jurídica propia cuya creación a partir de la Ley de Presupuestos de 1990 provocó una ruptura con respecto al modelo tradicional (donde el Ministerio de Hacienda se encargaba de la aplicación del sistema tributario en vigor en cada momento con la ayuda de sus delegaciones territoriales), se desenvuelve en base a dos pilares derivados del actual marco legislativo, que son los principios de autonomía política y financiera de las comunidades autónomas, ambos reconocidos en recientes sentencias del Tribunal Constitucional. Es el mismo organismo quien considera en una sentencia también reciente (1994) que es esencial que el sistema tributario se caracterice por la presencia de un conjunto de principios generales comunes que den homogeneidad al mismo y que permitan su configuración como un sistema integrado, aspecto que debiera cumplirse independientemente del grado mayor o menor de descentralización del sistema, con el fin de asegurar la igualdad entre los ciudadanos del territorio español. Estos principios de autonomía política y financiera así como la unidad del sistema tributario de las comunidades autónomas quedan reflejados en la Exposición de Motivos de la actual Ley General Tributaria en vigor desde julio de 2004, donde aparecen recogidas las aportaciones del Tribunal Constitucional descritas. Adicionalmente a estos principios, es altamente relevante destacar el principio de coordinación, el cual se puede concretar en un principio de lealtad constitucional, resaltando la necesidad de que los conflictos entre administraciones se resuelvan entre ellas sin necesidad de llegar a los tribunales, para evitar así la confusión y perjuicios que ello genera sobre los contribuyentes. Es, por lo tanto, en el marco configurado por el principio de autonomía financiera y tributaria, autonomía política y coordinación que debe enmarcarse el actual funcionamiento de la Agencia Tributaria.

Aunque es empíricamente difícil el poder establecer comparaciones entre el presente sistema tributario en nuestro país con respecto al de países vecinos, una opción generalmente empleada es la del ratio obtenido a partir del presupuesto de gasto de funcionamiento de una administración tributaria en relación con la recaudación tributaria que gestiona. Este ratio señala la posición privilegiada en la que se sitúa la A.E.A.T en relación a otros países, tal y como muestra un reciente estudio de la Administración Francesa. Según el mismo, la media de los países objeto del estudio (países europeos, América del Norte y Australia) se halla en 1,2, mientras que en el caso de la A.E.A.T el valor es 0,89, con pocos países situados en mejor posición (Suecia, EEUU y pocos más), y estando el resto de países por encima del valor del ratio del caso español. A la vista de los resultados de la Agencia Tributaria, para seguir con el proceso de descentralización del sistema resulta harto recomendable establecer un requisito de eficacia en cuanto supone un acercamiento al ciudadano. Asimismo, resulta indispensable exigir al nuevo sistema tributario una mayor proximidad al ciudadano, especialmente teniendo en cuenta la gran complejidad de muchas figuras tributarias existentes y las, prácticamente periódicas, reformas legislativas de las mismas. Las distintas encuestas de opinión realizadas en diferentes periodos del tiempo denotan que los ciudadanos parecen aprobar y valorar positivamente la proximidad de la A.E.A.T, de modo que los ciudadanos consideran a la Agencia Tributaria como una organización a la que poder acudir para obtener apoyo y asistencia para la realización de sus obligaciones tributarias. Un ejemplo claro de esta proximidad al ciudadano y de transparencia es la campaña de renta que lleva a cabo anualmente (durante tres meses) la Administración Tributaria. Sin embargo, si bien es cierto que el contribuyente observa en la A.E.A.T una organización próxima a él y a la que poder solicitar asesoramiento en caso de necesidad, también es cierto que esta proximidad puede actuar como comportamiento disuasorio para evitar las prácticas fraudulentas (como consecuencia de la cantidad de información que la Agencia tiene de los contribuyentes).

Es en la lucha contra el fraude, sin embargo, donde se halla una de las mayores debilidades del actual sistema tributario. En este sentido, la existencia de importantes bolsas de fraude es claramente perceptible, especialmente entre los ciudadanos que cumplen con sus obligaciones tributarias (grupo que constituye la amplia mayoría), los cuales se ven con frecuencia como víctimas de los mecanismos establecidos en el sistema, teniendo que cargar con mayores obligaciones que aquellas minorías con bases imponibles más elevadas, las cuales tienen a su alcance mayores posibilidades de llevar a cabo acciones constituyentes de fraude fiscal. Por tanto, a pesar de que las administraciones tributarias en el marco autonómico gozan de acceso a elevadas cantidades de información que comparten, no están siendo efectivas en la puesta en marcha de los programas de acción contra el fraude. Los insatisfactorios resultados son consecuencia de las crecientes dificultades en el diseño de estos programas derivados de la existencia de un entorno cada vez más complejo y cambiante, donde la supresión de las aduanas y fronteras interiores ha supuesto la eliminación de uno de los mecanismos de control de los hechos imponibles más directo e importante. Así, por ejemplo, cada vez son más frecuentes procesos de fraude en el IVA a través de operaciones intracomunitarias, siendo éste un fenómeno común entre los diferentes países de la UE. La desaparición de las fronteras juntamente con la globalización económica reciente están suponiendo la aparición de nuevos problemas para el sistema tributario, siendo cada vez más frecuentes los fenómenos en los que el hecho imponible se da en un territorio y los elementos patrimoniales y la liquidación tributaria se dan en otro territorio, generándose situaciones confusas. Resulta, pues, necesario llevar a cabo una reforma del sistema tributario para adecuarlo a las necesidades actuales y al marco tributario actual, siendo imprescindible que esta reforma supere las meras declaraciones informativas y matizaciones al actual sistema. El nuevo sistema tributario deberá contar con nuevos mecanismos de obtención de información de los contribuyentes y tendrá que ser fruto de un proceso de investigación profunda de la realidad. La persecución de fenómenos fraudulentos relacionados con paraísos fiscales u otras posibilidades comprende la necesidad de obtener mayor información de los agentes presentes en el país de origen de forma que se establezca una nueva y mayor disciplina a través de perseguir a los verdaderos causantes y encubridores de estos procesos. Es necesario poder llevar a cabo investigaciones adecuadas, profundas y en tiempo real para poder seguir las huellas del fraude fiscal cuando éstas aún sean visibles o perceptibles, acabando así con el actual proceso de demora que se da en la Agencia Tributaria en la investigación de estos tipos de situaciones.

El proceso de mejora en profundización de la investigación en la lucha contra el fraude requiere la mejora de las relaciones con los ciudadanos contribuyentes, en tanto en cuanto los efectos del fraude repercuten de forma notable en el nivel y calidad de los bienes y servicios públicos prestados por las administraciones pertinentes, así como también con las comunidades autónomas, las cuales son titulares de un amplio porcentaje de los impuestos y ello las hace especialmente interesadas en la evolución de la recaudación de los mismos, siendo especialmente relevante la mejora de las relaciones entre estas últimas y la Agencia Tributaria. En este sentido, la Ley 21/2001 parece haber llegado a la conclusión de que la mayor participación en la recaudación de los tributos por parte de las citadas comunidades requiere también una mayor participación en las decisiones del diseño de las nuevas estrategias contra el fraude. La citada normativa regula tres órganos distintos (Consejo Superior de Dirección, Comisión Mixta de Coordinación y, en el ámbito territorial, Comités de Dirección Territorial) en los cuales están representadas las comunidades autónomas. En el Consejo Superior de Dirección las comunidades están representadas por seis de ellas, elegidas por el Consejo de Política Fiscal anualmente, y donde se han mostrado patentes los problemas informativos de los que se han quejado las comunidades autónomas: que, en algunos casos y para algunas variables relevantes en relación a los tributos cedidos, carecían de información desagregada. Contra este aspecto ha estado luchando la Agencia Tributaria recientemente en búsqueda de la total transparencia fiscal de forma que los ciudadanos puedan incluso llegar a percibir sus efectos, especialmente en el caso de los tributos cedidos.

La introducción de algunos cambios en el sistema tributario parece necesaria, siendo el primero de ellos el fomento de la mejor coordinación de gestión entre Estado y Comunidades Autónomas permitiendo la posibilidad de que algunas de ellas quieran prestar servicios por encima incluso del nivel básico que ha de ser capaz de cubrir la Administración Central. Esto es, debiera ser posible que aquellas autonomías que lo deseasen pudiesen prestar servicios adicionales para favorecer los flujos de información entre administraciones y con respecto también a los ciudadanos. En segundo lugar, resulta también ineludible la introducción de la posibilidad de emplear las lenguas cooficiales del Estado en aquellas comunidades donde ello sea de aplicación, puesto que este esfuerzo de adaptación a las diferentes realidades facilitará que el ciudadano se sienta identificado con la gestión de la administración regional en cuestión. Obviamente, ello debiera implicar que los propios funcionarios que atendiesen al ciudadano deberían atenderle en la lengua que éste prefiera. Sin embargo, a veces este punto que permitiría estrechar la colaboración entre ciudadano y Administración no siempre va a ser fácil que funcione adecuadamente, en tanto en cuanto puede derivar en conflictos o problemáticas culturales de diversa índole. En tercer y último lugar, tal y como se ha comentado anteriormente, un aspecto esencial por encima de lo anterior es la existencia de transparencia fiscal entre administraciones, puesto que para la existencia de una buena coordinación entre éstas es necesario el correcto flujo de información, especialmente entre la Central y las Autonómicas para evitar que el sistema tributario acabe convirtiéndose en una gestión de la primera sobre las segundas.

Teniendo en cuenta todo lo comentado hasta este punto, parece lógico defender la existencia de una Agencia Tributaria centralizada pero compartida, puesto que pese a que ésta presente ciertos defectos no es menos cierto que se la puede considerar eficiente (aunque todavía pudiera obtener un mejor resultado en el ratio obtenido a partir del presupuesto de gasto de funcionamiento de una administración tributaria en relación con la recaudación tributaria que gestiona). En un contexto como el actual donde el entorno es continuamente cambiante e inestable y se da la libre movilidad de capitales y personas, el mayo reto para las administraciones tributarias (especialmente autonómicas) es la obtención de la información necesaria a tiempo real. En este sentido, los retos que presenta la UE en materia tributaria son elevados y, tal y como sucede con el ejemplo del IVA con las operaciones intracomunitarias, muestran la necesidad de la existencia de unidad de acción entre los países miembros para hacerles frente y evitar así la pérdida de recaudación derivada de estos sucesos (que, siguiendo con el ejemplo del IVA, según datos de la Comisión Europea, asciende entorno al 10% del total recaudado). Aunque la magnitud de las cifras de las pérdidas de recaudación sea distinta a nivel europeo respecto a nivel interno de cada país miembro, la solución a aplicar en ambos casos es permitir el acceso a la información tributaria necesaria para cada uno de los distintos niveles administrativos sin restricción alguna salvo la propia de la reserva y la confidencialidad para la aplicación del sistema tributario. En el caso español, puede argumentarse que difícilmente una segmentación de la Administración Tributaria para la aplicación de los impuestos compartidos llevaría a una mejor eficacia y eficiencia en el sistema, puesto que muy probablemente supondría un elemento añadido que supondría una importante molestia.

En resumen, resulta necesario generar nuevos mecanismos que permitan la obtención de la información tributaria necesaria, la cual debe permitir identificar en tiempo real al contribuyente y su vector de obligaciones a las que está sujeto y a la que deben tener acceso las distintas administraciones, sin perjuicio de que la responsable de su actualización sea la Agencia Tributaria, admitiendo cierta flexibilidad respaldada por medio de la coordinación entre las administraciones central, autonómicas y locales. En este sentido, cabe admitir la importancia creciente de los entes locales, puesto que las corporaciones locales tienen también una gestión tributaria que realizar, presentando una insuficiencia financiera derivada de un inadecuado modelo de financiación que ha tenido ciertas repercusiones en distintos ámbitos como, por ejemplo, en el precio de la vivienda. Todo ello puede realizarse a partir del actual marco de desarrollo autonómico establecido, potenciando el uso de las instituciones ya establecidas y reguladas por la Ley 21/2001, cuyos tres tipos de órganos que regula todavía tienen muchas posibilidades de desarrollo, dejando la opción de aplicar reformas más ambiciosas de la Administración Tributaria para el caso en que las actuales herramientas se hayan mostrado insuficientes. Teniendo en cuenta que la participación de las comunidades autónomas puede ser mucho mayor de lo que hasta el presente ha sido bajo el actual sistema tributario (pudiendo incluso diseñarse planes de control e inspección con una base autonómica). Por tanto, antes de desechar el actual modelo de sistema tributario, es recomendable explotar al máximo sus posibilidades así como demostrar empíricamente su posible inferioridad frente a otras opciones, teniendo en cuenta el principio de unidad que debe cohesionar a todas las administraciones en la búsqueda del objetivo común que es la reducción de la presión fiscal indirecta que todo sistema tributario genera.

CAPÍTULO 9
LA DESCENTRALIZACIÓN DE LA ADMINISTRACIÓN TRIBUTARIA: LA PERSPECTIVA DE LA GENERALITAT DE CATALUNYA

IU PIJOAN
Director General de Tributos
Generalitat de Catalunya

La elección del objeto tratado en el seminario que ha dado lugar a este libro debe celebrarse por dos motivos:

- A nadie se le escapa que las cuestiones relacionadas con la financiación autonómica vuelven a estar en el centro del debate político. En verdad, más que volver al centro del debate, resulta más exacto decir que *no se mueven de ahí*. Este seminario cumple unas cuantas ediciones abordándola desde diferentes perspectivas, y esta es señal inequívoca de que no estamos precisamente ante un asunto resuelto, contra las pretensiones en su día puestas de manifiesto por algunos responsables políticos.
- Esta consideración me permite introducir el segundo motivo de felicitación que les anunciaba: Considero no sólo positivo, sino indispensable, la existencia de foros como el presente, que bajo las premisas del rigor académico se abre a la participación de personalidades significadas del mundo de la política y de la gestión. En una cuestión tan propensa a los prejuicios y a la pasión, la intervención de la cátedra resulta decisiva para aportar los ingredientes de racionalidad y solidez en los planteamientos que resultan tan necesarios para enfocar adecuadamente esta temática.

1. Situación actual: balance y perspectivas

Es bien sabido que la Constitución procede a la distribución del poder tributario entre los distintos niveles territoriales de administración, fundamentalmente en los artículos 133, apartados 1 y 2; 142 (para las Corporaciones Locales); 149.1.14 (la Hacienda general, competencia exclusiva del Estado); y los artículos 156 y 157 (para las Comunidades Autónomas). Este último precepto, en su primer apartado enumera los recursos financieros de las Comunidades Autónomas, el primero de los cuales son los “impuestos cedidos total o parcialmente por el Estado; recargos sobre impuestos estatales y otras participaciones en los ingresos del Estado”.

Formando parte también del llamado bloque de la constitucionalidad, la Ley Orgánica 8/1980 de 22 de septiembre (en adelante, LOFCA), establece en su artículo 10 que una ley específica determinará el alcance y condiciones de la cesión de tributos, lo que por otra parte ya diseña con cierto detalle el artículo 19 de la propia Ley Orgánica, y centrándonos en lo que atañe a Cataluña, nuestro Estatuto de Autonomía dedica a esta cuestión los artículos 44, 45 y las Disposiciones Adicionales Sexta y Séptima.

La ley de cesión vigente es la Ley 21/2001, de 27 de diciembre, trasunto en el plano del derecho positivo del último acuerdo de financiación autonómica aprobado en el seno del Consejo de Política Fiscal y Financiera en julio de ese mismo año. Muy resumidamente, recordaré que se cede a las Comunidades Autónomas el rendimiento de todos los impuestos del sistema, excepción hecha del Impuesto sobre sociedades y de los tributos integrantes de la renta de aduanas, si bien en porcentajes diversos, que van desde el 33 por 100 en el caso del IRPF al 100 por 100 en el caso de los Impuestos sobre el Patrimonio, Sucesiones y Donaciones, Transmisiones Patrimoniales y Actos Jurídicos Documentados, sobre el Juego, los Impuestos Especiales sobre la Electricidad y sobre Determinados Medios de Transporte, así como el de Ventas Minoristas de Determinados Hidrocarburos.

Paralelamente, se delegan a las CCAA las competencias de gestión –entendida en sentido amplio– de algunos de los impuestos citados, en concreto aquéllos de los que se ha cedido la totalidad del rendimiento, con las excepciones del Impuesto sobre la Electricidad y la particular situación del Impuesto sobre el Patrimonio, ya tradicional.

Se desarrollan también en la Ley de cesión las previsiones de la LOFCA acerca de las competencias normativas de las CCAA en relación con cada uno de los impuestos cedidos. Baste señalar aquí que, por imperativos de la armonización fiscal europea, quedan excluidos de las posibilidades de regulación autonómica el IVA y los Impuestos Especiales de fabricación.

Y en fin, la Ley 21/2001 reserva su Título IV a la regulación de los mecanismos de participación de las CCAA en la AEAT. Para no extenderme más, me limitaré a citarlos: en el ámbito central, existe el Consejo Superior de Dirección de la AEAT (en el que participan 6 representantes de las CCAA) y la Comisión Mixta de Coordinación de la Gestión Tributaria (con representación de todas ellas); mientras que en el nivel territorial –coincidente con el de las Delegaciones Especiales de la AEAT y, por ende, con el de las CCAA–, funcionan los llamados Consejos Territoriales de Dirección para la Gestión Tributaria. Cabe advertir que estos dos últimos órganos existen desde 1997, esto es, desde el anterior acuerdo de financiación.

El balance sobre el funcionamiento de los instrumentos de participación es, en líneas generales, positivo, siempre que se prescinda de lo ditirámbico de su denominación o, por decirlo en términos de la Lingüística general, del hiato existente entre significante y significado. Lo cierto sin embargo es que han permitido dar pasos muy importantes en aspectos de gran trascendencia tanto para los intereses del ciudadano como para la eficacia en la gestión tributaria de ambos niveles de administración. Citaré un ejemplo de cada uno:

1. La colaboración interadministrativa ha posibilitado establecer mecanismos permanentes de coordinación en las zonas fronterizas del Impuesto sobre el Valor Añadido (IVA) y el Impuesto sobre Transmisiones Patrimoniales en su modalidad Transmisiones Patrimoniales Onerosas (ITP), en orden a prevenir y solucionar posibles fenómenos de doble imposición en el tráfico inmobiliario, muy en especial aquéllos que afectan a los contribuyentes no empresarios. Esta iniciativa benemérita, nacida precisamente en Cataluña, va a culminar, después de la entrada en vigor de la nueva Ley General Tributaria, con una regulación detallada de un novedoso procedimiento para regularizar dichas situaciones, presidido por el objetivo de minimizar las molestias para el ciudadano que en la adquisición de un inmueble ha soportado la repercusión indebida del IVA y ahora se ve compelido a ingresar el tributo que se considera procedente, el ITP. Este cambio normativo es consecuencia directa de la labor realizada en el seno de los respectivos Consejos Territoriales y de la cooperación habida entre la Dirección General de Tributos del Ministerio de Economía y Hacienda, la Agencia Tributaria y las CCAA en el proceso de elaboración del anteproyecto de Ley General Tributaria.
2. En segundo lugar, los procesos de intercambio de información entre las administraciones autonómicas y la estatal han experimentado un fuerte impulso en los últimos años, y el Departamento de Informática Tributaria de la Agencia Tributaria tiene gran parte del mérito en ello. Con todo, el Sr. Pedroche me permitirá que formule algún reparo sobre el particular: No parece de recibo que las CCAA carezcan a estas alturas de acceso on line a la Base de Datos de la Agencia, por descontado que bajo los mismos controles y garantías de seguridad que los funcionarios de la AEAT, pero lo es menos todavía que tengamos encomendada la gestión del ITPyAJD desde 1982 y no nos haya sido dable hasta este mismo año 2004 conocer la información relativa al IVA del sujeto pasivo transmitente (ni on line ni de ningún otro modo).

Ciertamente las CCAA achacan al proceso de corresponsabilidad gestora iniciado en 1997 que adolece de cierta parsimonia. Aun cuando las resistencias observadas a las obligaciones de colaboración interadministrativa que de aquél se derivan pueden ser humanamente comprensibles, justo es reconocer que las administraciones autonómicas están poniendo de su parte los medios necesarios para vencerlas y, en definitiva, aproximarse a los estándares de calidad de la Agencia, profesionalizando sus servicios e invirtiendo sumas nada despreciables en tecnología y sistemas de información.

A mi modo de ver, los retos fundamentales que tenemos planteados para el futuro inmediato son claros y plenamente compartidos por todos los agentes: El incremento de la coordinación interadministrativa y el refuerzo de los flujos de información. Respecto a este segundo objetivo, no creo que sea preciso insistir en su trascendencia para la eficacia de cualquier administración tributaria. En efecto, tanto desde un punto de vista cuantitativo como cualitativo, la información disponible de los hechos con trascendencia tributaria condiciona notablemente el resultado de la actuación administrativa. Ahora bien, la segmentación del poder tributario acarrea una consecuencia inmediata, esto es, la fragmentación de la información, lo que puede resultar fatal para la consecución de los fines que tenemos encomendados, y la inversión de medios materiales y humanos en pos de obtenerla debe ser toda la necesaria, pero asimismo coordinada y racionalizada.

Recapitulando, el estado actual de la situación presenta un perfil que en ciertos aspectos revela desajustes respecto al marco normativo vigente. Por poner sólo un ejemplo, no puedo dejar de señalar que la posición actual de la lengua catalana en la Delegación Especial de la AEAT en Cataluña es manifiestamente mejorable. Es un hecho que la dirección de la Agencia ha manifestado una decidida voluntad de avanzar en este aspecto concreto, así como en los relativos a la coordinación y la participación de las CCAA a todos los niveles que permite el actual modelo, y creo sinceramente que debemos congratularnos por ello. Ahora bien, creo que podremos convenir también en que la Administración tributaria estatal no ha acometido plenamente la descentralización de los procesos de toma de decisiones por la que apostaba su propio Plan de Modernización aprobado en 1998 y que, lamentablemente, ha desaparecido del más reciente Plan Estratégico Agencia 2005. Esta es una circunstancia que, como puede imaginarse, condiciona en buena medida la eficacia de los mecanismos de coordinación interadministrativa.

En otro orden de cosas, tampoco hay que desconsiderar que el sistema vigente de financiación autonómica reconoce una participación relevante a las Comunidades en el rendimiento de impuestos generales como el IRPF, el IVA, o los mismos Impuestos Especiales de fabricación, y sin embargo en nada se les permite intervenir en su gestión. En cierto modo, el IRPF constituye la excepción a la regla, y así las Comunidades Autónomas colaboran -a sus expensas- en la campaña anual de asistencia al contribuyente para confeccionar la declaración de este impuesto (programa PADRE). En el caso concreto de la Generalitat de Catalunya, en la última campaña ha puesto a disposición del ciudadano residente en nuestro país sus 53 oficinas tributarias, lo que supone 146 puestos de atención al público y una cobertura del territorio prácticamente total.

Al hilo de lo anterior, y teniendo en cuenta que la mencionada participación en los impuestos de rendimiento compartido pero gestionados por la Agencia Estatal de Administración Tributaria representa una parte sustancial del presupuesto de ingresos de las CCAA –en el caso de la Generalitat, aproximadamente un 45 por 100 del total presupuesto de 2004–, parece de todo punto razonable que las Comunidades Autónomas dispongan al menos de una información acerca de previsiones, planes de objetivos y de control, etc. más completa que la que hasta la fecha nos ha proporcionado el Estado.

2. Algunos elementos de la propuesta de la Generalitat

Así las cosas, la percepción casi unánime entre las fuerzas políticas catalanas representativas es, por una parte, que la Generalitat no cuenta todavía con un sistema de financiación que le permita desplegar de modo satisfactorio el autogobierno. De hecho, no se trata de ninguna novedad. Ya en 1985, R. Trias Fargas, catedrático de Hacienda y Consejero de Economía y Finanzas de la Generalitat, lo expresaba gráfica y un tanto llanamente con las siguientes palabras: "Una autonomía sin dinero es como un ciclista sin bicicleta".

Asimismo puede apreciarse desde fechas más recientes un interés creciente por los aspectos concernientes a la gestión tributaria. Por ejemplo, en el año 1999 la coalición Convergència i Unió reclamaba el traspaso de la Agencia Estatal de Administración Tributaria a la Generalitat como una de las medidas integrantes de la propuesta denominada "pacto fiscal".

En la actualidad, el Acuerdo de Gobierno suscrito por los tres partidos que forman el Govern de la Generalitat prevé la creación de la Agencia Tributaria de Cataluña, como ente responsable de "la recaudación de los tributos propios, cedidos y compartidos". Asimismo, explicita la necesidad de articular las formas de coordinación y consorciación que resulten necesarias con la Agencia Estatal de Administración Tributaria. Confío en no incurrir en exageración si afirmo que también este planteamiento goza a priori de un amplio consenso político entre los partidos catalanes.

Ahora bien, como es natural, el desarrollo de dicha propuesta requiere tiempo, y así lo reconoce expresamente el propio acuerdo. El primer jalón de este proceso debe ser la creación de un ente público, dependiente del Departamento de Economía y Finanzas, encargado de la aplicación de los tributos, propios y cedidos, que en la actualidad gestiona la Generalitat. Evidentemente, tal iniciativa se encuadra en el estricto ámbito de la autoorganización, y por tanto queda al margen de cualquier negociación política con el Estado, que por otra parte será indefectible para cuanto menos avanzar hacia el objetivo expresado en el referido Acuerdo de gobierno.

Ese objetivo final es, claro está, más ambicioso, y desde luego estoy seguro de que yo no habría recibido esta invitación si de hablar de la mera conversión de la actual Direcció General de Tributs en una Agencia se tratara.

Haciendo un paréntesis, es preciso apuntar aquí que los resultados del modelo de cesión de tributos a las Comunidades Autónomas, transcurridos más de veinte años, permiten afirmar que la experiencia ha sido indiscutiblemente satisfactoria desde cualquier punto de vista que se analice, ya sea el de la eficacia, el de la eficiencia, o el de la proximidad y calidad del servicio al ciudadano. Ésta es una realidad que certifica y valida el propio Estado, por medio de los informes anuales que rinde la Inspección de los Servicios del Ministerio de Economía y Hacienda y que se incorporan a la correspondiente Ley de Presupuestos Generales del Estado, a los que me remito. Todo ello no hace sino refrendar la legítima ambición de la Generalitat de Catalunya de asumir un grado más intenso de compromiso en la gestión del sistema tributario estatal.

Es cierto, sin embargo, que una eventual asunción por la Generalitat de las competencias y funciones hasta la fecha desempeñadas por la Delegación Especial de la AEAT en Cataluña entraña determinados riesgos, como por otra parte acostumbra a acontecer con cualquier modificación de un determinado *statu quo*. A este respecto, podemos apuntar algunas reflexiones. En primer lugar, y desde el plano estrictamente teórico, la dimensión ideal de una administración tributaria guarda a mi parecer una relación estrecha con el tipo de tributo de cuya gestión se trate. Por ejemplo, para una gestión eficiente de la tributación sobre los rendimientos del trabajo personal que, como hasta ahora, se base en el sistema de retenciones, resulta con toda probabilidad más adecuada una administración situada en un nivel territorial superior, en la medida en que los grandes empleadores –y por tanto, grandes retenedores–, tienen centros de trabajo repartidos en distintos territorios. En cambio, y sin movernos del ámbito del impuesto personal sobre la renta de personas físicas, el gravamen de las plusvalías inmobiliarias puede ser más adecuadamente gestionado en un ámbito territorial inferior, habida cuenta de que son las Comunidades Autónomas quienes poseen toda la información sobre los valores de adquisición de las fincas. En su exposición, el Sr. Pedroche ha aludido a la mayor eficacia en la lucha contra el fraude como argumento para defender una administración tributaria centralizada. Con los matices que he apuntado, no tengo inconveniente en compartir su reflexión, pero como él mismo ha recordado las grandes tramas de fraude son hoy por hoy internacionales (por ejemplo los fraudes en las adquisiciones intracomunitarias de bienes en el IVA, los llamados carruseles), de forma que para ser coherentes deberíamos propugnar en los supuestos mencionados una administración tributaria europea. Si no me traiciona la memoria, en la pasada edición de este mismo Seminario, la Sra. M. Álvarez, a la sazón Consejera de Economía y Hacienda de la Junta de Andalucía y en la actualidad Ministra de Fomento, realizó un planteamiento que discurría por caminos similares, consistente en la definición de distintos "espacios fiscales", creo que les denominaba, que se atribuirían a cada nivel de administración territorial y permitirían superar las actuales dificultades para encajar la actual realidad autonómica en un sistema tributario, en esencia, nacido en tiempos de una administración única central y diseñado para ella.

En cualquier caso, todos somos conscientes de que cuando de definir un modelo territorial de administración tributaria se trata concurren otros factores no menos poderosos que el objetivo ciertamente irrenunciable de la lucha contra el fraude: Sin ánimo de exhaustividad, pensemos en las consideraciones relativas a las ventajas que procura una mayor proximidad del servicio, las de carácter histórico, o simplemente inercial, pasando por argumentos de índole constitucional, y en definitiva, políticos.

Retomando el curso de esta exposición, la situación derivada de un hipotético traspaso a la Generalitat de Catalunya de la Delegación Especial de la AEAT no sería en absoluto insólita, como hemos tenido ocasión de comprobar gracias a la exposición del profesor Martínez. Sin necesidad de ir más lejos, el propio Estado español constituye un ejemplo diáfano de fraccionamiento de la Administración tributaria: En efecto, junto a la Agencia Estatal coexisten cuatro Haciendas de las cuatro provincias forales, con plena autonomía de gestión de la cuasi totalidad del sistema tributario, de tal suerte que las Delegaciones de la Agencia Estatal en dichos territorios tienen reservado un papel estrictamente marginal. La experiencia en la coordinación de las respectivas Diputaciones Forales con la AEAT y con el resto de administraciones tributarias autonómicas es, desde luego, un precedente que considerar.

Otro ejemplo recurrente, empleado en ocasiones para resaltar sus aspectos negativos, es el alemán. La administración tributaria alemana, fiel reflejo de la estructura de la República Federal (que conduce a la coexistencia de 21 administraciones fiscales), afronta sin ninguna duda dificultades ciertas en la gestión, derivadas de la compartimentación de la información y de los consiguientes problemas y costes de coordinación que acarrea aquella circunstancia. No obstante, el ambicioso objetivo -la integración federal de los sistemas de información- que hoy día tiene planteado y no resuelto Alemania es una realidad felizmente consolidada en el territorio común de España: La Base de Datos informática única (BDC), que se nutre y estructura a partir de una herramienta formidable que hace posible, minimizando el margen de error, relacionar e integrar toda la información de un mismo contribuyente: el número de identificación fiscal (NIF). Por consiguiente, no creo que sea preciso abundar en el hecho de que cualquier eventual reforma tendría que respetar y preservar escrupulosamente la integridad de la información y, además, la calidad de los datos que en el futuro se vayan a introducir en el sistema.

Por fin, y volviendo a alguna de las referencias normativas efectuadas al principio de esta intervención, considero relevante puntualizar que la Constitución no impide, antes bien permite expresamente, la asunción por las Comunidades Autónomas, como "delegados o colaboradores del Estado", de las competencias de recaudación, gestión y liquidación de los recursos tributarios de aquél (vid. artículo 156, apartado 2). Y en términos análogos se pronuncia el artículo 19.3 de la LOFCA. Respecto a la concreta fórmula en que pueda articularse, en su caso, tal posibilidad, cabe en principio imaginar desde la reconfiguración de la actual Agencia Tributaria en un consorcio entre administraciones (con inclusión de las locales) hasta la transferencia a la Generalitat de los servicios –medios personales y materiales– de la Delegación Especial de Cataluña, tal como ya sucedió en su día con la cesión de los Impuestos sobre Sucesiones, Transmisiones Patrimoniales y Juego. En cualquiera de los casos, podemos garantizar que el grado de responsabilidad y el interés de la Generalitat de Catalunya por la prevención y corrección de las conductas fraudulentas se halla al mismo nivel que el del Estado.

TERCERA PARTE
SOLIDARIDAD INTERTERRITORIAL

CAPÍTULO 10
LA SOLIDARIDAD INTERTERRITORIAL EN EL SISTEMA DE FINANCIACIÓN FORAL

ALFONSO UTRILLA
Universidad Complutense de Madrid

1. Introducción

La singularidad de los regímenes forales dentro de la articulación de los modelos de financiación autonómica y las relaciones financieras interterritoriales constituye un elemento de referencia permanente para algunas Comunidades Autónomas. Los resultados económicos que proporcionan estos sistemas en el País Vasco y Navarra en el mecanismo implícito y explícito de solidaridad regional son objeto de análisis a continuación desde tres perspectivas diferentes, una vez constatadas las diferencias en los saldos fiscales obtenidos, más equilibrados, respecto a otras regiones de nivel de desarrollo similar. En primer término se analizan sus posiciones relativas en los mecanismos de solidaridad interterritorial generados por los efectos redistributivos de la Seguridad Social. En segundo lugar se analizan las diferencias que introduce el propio mecanismo financiero de contribución a las cargas generales del Estado en las dos Comunidades forales. Finalmente, se resaltan los resultados presupuestarios obtenidos por ambas Comunidades y su nivel de gasto comparado en aquellas políticas más significativas.

2. La constatación de las diferencias en términos de balanzas fiscales y contabilidad regional de las comunidades forales

El análisis de las balanzas fiscales, de larga tradición en nuestro país, constituye un medio para determinar las corrientes de flujos fiscales interterritoriales y cuantificar los saldos resultantes identificándoles como el nivel de solidaridad alcanzado en las relaciones de las regiones con la Administración Central. Este enfoque, que a nuestro juicio no está plenamente relacionado con la financiación autonómica, contribuye sin embargo a poner de manifiesto las diferencias en recursos regionales que se derivan de la existencia de los sistemas forales para desarrollar competencias similares. Así, se suele señalar que la existencia de saldos fiscales muy desequilibrados es compatible con unos recursos financieros escasos en el ámbito regional y local en relación con los resultados que ofrecen los sistemas forales y, en la medida que las competencias asumidas por estos niveles de gobierno son, cuantitativa y cualitativamente, muy importantes, especialmente en el ámbito autonómico, sitúa a estas regiones en una situación de agravio comparativo respecto a los medios financieros con que cuentan las Comunidades forales para similares competencias.

En la medida en la que se constaten estas diferencias y, por tanto, la menor contribución a los mecanismos implícitos de solidaridad interterritorial de estas regiones, se asociarán estos resultados a las ventajas financieras de los sistemas forales.

Las dificultades metodológicas que acompañan a los numerosos análisis de balanzas fiscales y la falta de series extensas que permitan recoger una visión amplia de estos enfoques limitan su utilización a estos efectos. En este análisis se usarán como referencia los trabajos más amplios elaborados por Alcaide y Alcaide sobre balances económicos regionales que ofrecen un enfoque más contable en la territorialización de los ingresos y gastos del conjunto de las Administraciones Públicas, sin tratarse estrictamente de balanzas fiscales con toda su complejidad metodológica. Igualmente, las cuentas sobre la renta de las familias elaboradas por el INE permiten detectar los resultados desiguales producidos en las regiones, en función de su régimen financiero.

En el Cuadro 1 se presenta la evolución de los saldos fiscales para el total de las Administraciones Públicas entre 1995 y 2002. El saldo fiscal resultante global muestra un mayor ajuste en el último ejercicio respecto a años anteriores, como consecuencia

Cuadro 1. Evolución de los saldos fiscales

Millones euros	*1995*	*1996*	*1997*	*1998*	*1999*	*2000*	*2001*	*2002*
Andalucía	-9400.1	-8571.1	-7956.0	-8492.7	-8492.7	-8077.9	-8504.2	-8697.9
Aragón	-942.6	-730.4	-434.7	-199.8	-199.8	-131.6	40.3	77.9
Asturias	-1951.6	-1910.9	-2041.8	-2049.8	-2049.8	-1930.2	-1973.8	-2021.6
Baleares	1050.5	1277.1	1511.7	2390.0	2390.0	2469.4	2837.5	3092.8
Canarias	-3112.6	-3114.4	-3010.6	-3403.5	-3403.5	-3000.1	-3125.1	-3155.7
Cantabria	-471.7	-541.0	-398.8	-387.9	-387.9	-367.5	-529.1	-589.6
Castilla-León	-2216.3	-1933.9	-1974.4	-2085.9	-2085.9	-2072.1	-2160.9	-2267.5
Castilla-La	-3960.4	-3383.9	-3493.4	-3764.4	-3764.4	-4059.2	-4701.0	-4854.3
Mancha	700.5	1870.9	4203.2	7974.9	7974.9	8539.0	10284.9	10862.7
Cataluña	-1850.7	-1594.3	-1562.2	-1904.5	-1904.5	-1891.8	-2034.0	-2098.6
Extremadura	-3236.9	-2898.2	-2917.6	-3233.5	-3233.5	-3160.3	-3232.1	-3437.7
Galicia	2498.4	3788.1	5722.7	9085.1	9085.1	9024.4	11030.1	11341.3
Madrid	-1137.4	-1028.1	-910.1	-682.2	-682.2	-726.0	-740.0	-806.6
Murcia	-491.6	-369.3	-196.3	-123.0	-123.0	-106.6	-19.1	-24.2
Rioja, La	-249.9	-218.0	-162.6	-26.6	-26.6	-4.7	10.2	11.7
Valencia	-2202.9	-2116.5	-889.6	956.1	956.1	1171.5	1928.2	1927.4
País Vasco	-1264.2	-729.1	-381.5	101.7	101.7	292.2	669.2	806.9
Ceuta	-428.8	-394.6	-416.8	-417.2	-417.2	-363.7	-349.0	-363.2
Melilla	-388.7	-364.4	-373.6	-370.8	-370.8	-330.8	-373.1	-385.8
Total	**-29057.**	**-22962.**	**-15683.**	**-6634.**	**-6634**	**-4726.**	**-941.**	**-582**

Fuente: Alcaide y Alcaide (2003) Balance Económico Regional, Funcas y elaboración propia.

del mayor crecimiento de los ingresos sobre los gastos. El saldo positivo, que refleja mayores aportaciones sobre gastos recibidos, resulta especialmente significativo en Madrid y Cataluña. A lo largo del período de referencia se puede observar cambios regionales importantes en la evolución del saldo fiscal. Así, entre las Comunidades Autónomas con mayor saldo favorable, Asturias, Canarias, Castilla-La Mancha, Extremadura y Galicia han mantenido en términos absolutos su magnitud. Andalucía y Murcia la han reducido de forma importante, mientras en Cantabria y Castilla y León la cuantía del saldo favorable se ha incrementado. La Comunidad Valenciana ha cambiado el signo de su saldo, que pasa a ser desfavorable a partir de 1998, lo mismo que el de Aragón, La Rioja o el País Vasco. Navarra aún mantiene un saldo favorable, mientras Baleares, Madrid y, especialmente, Cataluña empeoran sus resultados absolutos. De los 28.475 millones de euros de incremento neto de ingresos entre 1995 y 2002, de acuerdo con estos datos, el 8,2% se debe al incremento en las aportaciones netas de Cataluña (35,7%), Madrid (31,1%) y la Comunidad Valenciana (14,5%).

Como puede observarse, en las dos Comunidades forales la situación resulta diferente en los últimos años. Así, mientras en el País Vasco el saldo se ha tornado positivo desde 1998, en Navarra aún mantiene el signo negativo en 2002. Estos resultados contrastan con la contribución neta de Madrid, Cataluña, Baleares, la Comunidad Valenciana o, incluso, Aragón.

Cuadro 2. Ingresos y gastos públicos en euros por habitante en 2002

2002	*Ingresos públicos*	*Ingresos fiscales*	*Cotizaciones sociales*	*Impuestos*	*Gastos públicos*	*Gasto social*	*Prestación social*	*Transf. especie.*	*Cons. AAPP*	*Gastos cap.*
Andalucía	4646	3830	1897	1933	5809	3732	2082	1650	1140	573
Aragón	7387	5731	2776	2955	7323	4422	2629	1794	1250	914
Asturias	5675	4711	2489	2222	7557	5226	3456	1770	1360	902
Baleares	9199	7382	2715	4667	5826	3376	1897	1479	1019	610
Canarias	4437	3807	2372	1435	6148	3494	1625	1868	1268	686
Cantabria	6280	4988	2369	2619	7367	4365	2698	1666	1344	1242
C.-La Mancha	4863	3910	1904	2006	6135	3786	2018	1768	1163	816
C.-León	5907	4793	2336	2456	7864	4466	2597	1869	1751	954
Cataluña	8685	7090	3124	3966	7015	4156	2559	1596	1110	594
Extremadura	4443	3548	1729	1819	6398	3973	2155	1818	1367	899
Galicia	5331	4317	2050	2267	6587	4217	2542	1675	1158	919
Madrid	9174	7319	3399	3919	7122	3969	2305	1665	1204	557
Murcia	5055	4115	1954	2162	5712	3642	1997	1645	1106	597
Navarra	7525	6145	3140	3005	7567	4332	2454	1878	1284	1042
La Rioja	6740	5446	2611	2835	6699	3964	2242	1722	1166	653
C. Valenciana	6353	5146	2298	2847	5908	3525	1973	1552	1070	725
País Vasco	8445	6762	3194	3568	8063	4904	2883	2021	1407	834
Ceuta	5278	4050	2353	1697	10047	3702	1599	2102	3950	653
Melilla	5016	3816	2185	1630	10592	3407	1717	1690	5121	622
Total	**6649**	**5388**	**2536**	**2852**	**6663**	**4005**	**2312**	**1694**	**1222**	**708**
Índices	131	132	123	139	105	104	111	94	91	84
Cataluña	138	136	134	137	107	99	100	98	99	79
Navarra	113	114	124	105	114	108	106	111	105	147
País Vasco	127	126	126	125	121	122	125	119	115	118

Fuente: Alcaide y Alcaide (2003) Balance Económico Regional, Funcas y elaboración propia.

El desglose de ingresos y gastos por habitante en 2002 detecta las causas de esa posición ventajosa de Navarra y, en menor medida, del País Vasco derivada de su menor contribución relativa a la solidaridad interterritorial. Como puede observarse en el Cuadro 2, ambas posiciones mantienen explicaciones diferentes. Así, en el caso de Navarra su mejor posición relativa se deriva de su menor contribución por habitante respecto a otras Comunidades como Madrid o Cataluña, especialmente en materia impositiva, donde sólo aporta un 5% más que la media nacional, a pesar de su mayor nivel de renta. En materia de gasto su nivel de absorción es claramente superior a la media, especialmente en los gastos de capital y en las transferencias en especie. En el caso del País Vasco las razones de su menor contribución a la solidaridad interterritorial se encuentra, no tanto en sus aportaciones relativas, como en su alto nivel de absorción del gasto público, especialmente en las prestaciones sociales.

En el Cuadro 3 se refleja el peso de las Administraciones Públicas en las distintas regiones españolas a través de los programas de ingresos y gastos en 2002 y 1995. Como puede observarse, a lo largo de estos años la reducción de los saldos negativos se ha debido a la reducción del gasto público, especialmente por la reducción de los intereses de la deuda, mientras los ingresos públicos en proporción al PIB se han incrementado ligeramente. En ambas Comunidades forales los ingresos también han aumentado, aunque en Navarra todavía se mantienen por debajo de la media nacional. Por el contrario, en el País Vasco, el gasto, a pesar de su reducción respecto al peso de su economía, todavía resulta superior a la media nacional, a diferencia de lo

Cuadro 3. Saldos fiscales en porcentaje del PIB

	Ing. pub/PIB	*Gastos/PIB*	*Saldo/PIB*	*PIB/h*	*RDF/h*	*RFA/h*	*Ing. pub/PIB*	*Gastos/PIB*	*Saldo/PIB*	*PIB/h*
Andalucía	33,6%	42,1%	–8,4%	76	76	81	34,5%	49,7%	–15,2%	73
Aragón	38,4%	38,0%	0,3%	105	113	112	37,9%	44,1%	–6,3%	107
Asturias	37,0%	49,3%	–12,3%	84	83	91	36,7%	54,8%	–18,0%	84
Baleares	40,9%	25,9%	15,0%	123	118	106	40,6%	31,9%	8,7%	135
Canarias	27,4%	37,9%	–10,6%	89	83	87	25,8%	43,7%	–17,9%	93
Cantabria	36,7%	43,1%	–6,4%	94	96	99	37,8%	46,1%	–8,3%	91
Castilla-León	32,3%	40,8%	–8,5%	82	84	89	32,7%	46,0%	–13,3%	83
Castilla-La	34,0%	45,2%	–11,3%	95	97	104	34,0%	48,4%	–14,4%	93
Mancha	39,3%	31,8%	7,6%	121	120	115	38,1%	37,3%	0,8%	122
Cataluña	34,2%	49,2%	–15,0%	71	73	80	34,5%	56,1%	–21,5%	68
Extremadura	35,0%	43,2%	–8,2%	83	85	90	34,8%	47,0%	–12,2%	82
Galicia	39,9%	30,9%	8,9%	126	126	117	38,9%	35,7%	3,2%	130
Madrid	34,7%	39,2%	–4,5%	80	77	81	34,8%	45,5%	–10,7%	83
Murcia	33,6%	33,8%	–0,2%	123	115	115	32,4%	38,7%	–6,3%	126
Rioja, La	32,7%	32,5%	0,2%	113	112	112	32,5%	39,6%	–7,0%	113
Valencia	34,2%	31,8%	2,4%	102	101	99	34,0%	38,6%	–4,6%	102
País Vasco	38,6%	36,9%	1,7%	120	121	120	37,7%	42,2%	–4,5%	114
Ceuta	33,7%	64,2%	–30,5%	86	83	100	36,9%	100,8%	–63,9%	82
Melilla	32,8%	69,2%	–36,4%	84	87	103	33,4%	93,9%	–60,5%	92
Total	**36,4%**	**36,5%**	**–0,1%**	**100**	**100**	**100**	**36,0%**	**42,2%**	**–6,2%**	**100**

Fuente: Alcaide y Alcaide (2003) Balance Económico Regional, Funcas y elaboración propia.

que ocurre con otras regiones de similar nivel de desarrollo. En consecuencia, la situación de ambas Comunidades, por distintos motivos, es sensiblemente diferente, en términos de saldos fiscales, al de otras Comunidades Autónomas con similar grado de desarrollo relativo. La combinación de menores impuestos relativos y mayores gastos sociales, prestaciones en especie e inversiones han reducido la contribución a la solidaridad interregional de los territorios forales.

Otra forma de explicitar esta situación es analizar las relaciones entre la renta disponible ajustada y rentas primarias por Comunidades Autónomas que elabora el Instituto Nacional de Estadística y constatar las diferencias que se producen en las regiones de régimen foral. Una ratio entre ambas variables inferior o superior a la unidad muestra los efectos redistributivos que introducen los programas de ingresos y gastos de las Administraciones Públicas que recaen directamente sobre las familias, aportando o recibiendo más recursos relativos.

El cuadro 4 muestra una situación esperada en el caso de las Comunidades Autónomas más desarrolladas, con valores menores a la unidad en Madrid Cataluña, Baleares, Aragón, Cantabria, Navarra, País Vasco y La Rioja y un aumento paulatino de las diferencias desde 1997 respecto a las regiones menos desarrolladas, poniendo de manifiesto el sesgo redistributivo creciente introducido por el sector público. En el caso de las Comunidades forales la tendencia es similar en los últimos años, aunque con valores relativos diferentes.

Cuadro 4. Relación entre los índices de renta disponible ajustada y rentas primarias

	1995	*1996*	*1997*	*1998(P)*	*1999(P)*	*2000(P)*
Andalucía.	1.1110	1.1076	1.1014	1.1073	1.1049	1.1077
Aragón.	0.9887	0.9912	0.9917	0.9922	0.9945	0.9949
Asturias.	1.1034	1.1029	1.1066	1.1079	1.1211	1.1233
Baleares.	0.9587	0.9548	0.9539	0.9553	0.9487	0.9479
Canarias.	1.0091	1.0057	0.9985	0.9999	1.0003	1.0015
Cantabria.	0.9914	0.9893	1.0028	0.9941	0.9992	0.9642
Castilla y León.	1.0559	1.0521	1.0612	1.0678	1.0724	1.0773
Castilla La Mancha.	1.0793	1.0749	1.0761	1.0785	1.0872	1.0964
Cataluña.	0.9369	0.9377	0.9381	0.9353	0.9381	0.9326
C.Valenciana.	1.0022	1.0038	1.0038	0.9960	0.9994	1.0046
Extremadura.	1.1751	1.1690	1.1615	1.1691	1.1672	1.1739
Galicia.	1.0950	1.0909	1.0879	1.0913	1.0991	1.1000
Madrid	0.8840	0.8880	0.8939	0.8902	0.8839	0.8796
Murcia	1.0750	1.0722	1.0611	1.0566	1.0596	1.0645
Navarra.	0.9673	0.9664	0.9683	0.9696	0.9662	0.9579
País Vasco.	0.9833	0.9811	0.9764	0.9891	0.9891	0.9868
La Rioja.	0.9770	0.9810	0.9810	0.9801	0.9675	0.9914
Desviación típica	0.0750	0.0729	0.0708	0.0730	0.0761	0.0798

Fuente: INE y elaboración propia.

Sin embargo, si pasamos a analizar la situación relativa de las 5 Comunidades Autónomas con mayor nivel de desarrollo los resultados vuelven a mostrar una diferencia en el caso de los territorios forales en relación con otras regiones. Así, el cuadro 5 se pone de manifiesto el distinto signo de los saldos per-cápita del sector público en la renta familiar. En el caso del País Vasco apenas hay variación en los índices de las rentas primarias por habitante y renta disponible ajustada bruta y en Navarra, aunque si se produce, resulta muy inferior al descenso que se da en Madrid, Cataluña o Baleares.

El cuadro 6 clarifica las causas de ese menor ajuste entre los niveles de renta familiar antes y después de la actuación de los impuestos y cotizaciones pagados por las familias y las prestaciones sociales y en especie recibidas. Frente a la mayor proporción de impuestos y cotizaciones sociales en relación con la renta primaria obtenida producida en Madrid o Cataluña, o el menor nivel de gasto relativo en Baleares, en

Cuadro 5. Índices de renta disponible ajustada, rentas primarias, gastos e ingresos públicos

	1995	*1996*	*1997*	*1998(P)*	*1999(P)*	*2000(P)*	*2001(A)*
País Vasco							
Rentas primarias/habitante (índice)	121	120	121	122	122	124	125
Renta disponible ajustada bruta/habitante (índice)	119	118	118	120	121	122	
Gasto público/habitante (índice)	116	117	115	119	120	119	125
Ingresos públicos/habitante (índice)	121	122	123	123	125	123	123
Saldo del Sector Público/habitante (euros)	292	238	171	274	276	232	
Madrid							
Rentas primarias/habitante (índice)	132	132	132	133	133	133	131
Renta disponible ajustada bruta/habitante (índice)	117	117	118	118	118	117	
Gasto público/habitante (índice)	104	104	105	103	102	102	102
Ingresos públicos/habitante (índice)	152	151	150	149	152	153	151
Saldo del Sector Público/habitante (euros)	-837	–905	-889	–992	–1140	–1384	
Cataluña							
Rentas primarias/habitante (índice)	122	122	121	120	120	119	118
Renta disponible ajustada bruta/habitante (índice)	114	115	113	112	112	111	
Gasto público/habitante (índice)	105	105	105	104	104	102	109
Ingresos públicos/habitante (índice)	129	129	129	129	128	128	127
Saldo del Sector Público/habitante (euros)	–231	-276	–301	–371	–386	–547	
Navarra							
Rentas primarias/habitante (índice)	128	129	129	127	125	126	125
Renta disponible ajustada bruta/habitante (índice)	124	124	125	123	121	121	
Gasto público/habitante (índice)	105	108	112	112	111	110	108
Ingresos públicos/habitante (índice)	117	120	123	123	123	125	125
Saldo del Sector Público/habitante (euros)	78	46	81	68	37	–158	
Baleares							
Rentas primarias/habitante (índice)	119	121	125	121	120	119	118
Renta disponible ajustada bruta/habitante (índice)	114	116	120	116	114	113	
Gasto público/habitante (índice)	92	93	95	92	91	91	89
Ingresos públicos/habitante (índice)	107	112	113	111	112	111	109
Saldo del Sector Público/habitante (euros)	–63	–186	–195	–251	–324	–411	

Fuente: INE y elaboración propia.

Cuadro 6. Relación entre los índices relativos de la actuación pública respecto a la media nacional

Ratios entre índices relativos	*1995*	*1996*	*1997*	*1998(P)*	*1999(P)*	*2000(P)*	*2001(P)*
País Vasco							
Impuestos/rentas primarias	97	98	100	100	104	101	98
Cotizaciones/rentas primarias	101	104	103	102	101	99	99
Prest.soc/rentas primarias	98	99	99	99	99	99	100
Prest.en especie/rentas primarias	93	94	90	96	96	93	
Madrid							
Impuestos/rentas primarias	127	128	129	129	134	137	136
Cotizaciones/rentas primarias	108	107	106	104	104	104	105
Prest.soc/rentas primarias	77	78	79	78	77	78	78
Prest.en especie/rentas primarias	80	81	81	78	76	76	
Cataluña							
Impuestos/rentas primarias	113	112	113	114	115	115	115
Cotizaciones/rentas primarias	102	102	103	105	103	104	104
Prest.soc/rentas primarias	93	93	92	93	92	91	92
Prest.en especie/rentas primarias	77	77	79	79	79	80	
Navarra							
Impuestos/rentas primarias	79	79	83	87	89	94	95
Cotizaciones/rentas primarias	99	101	101	102	103	102	102
Prest.soc/rentas primarias	82	84	84	85	86	85	86
Prest.en especie/rentas primarias	84	84	90	93	93	90	
Baleares							
Impuestos/rentas primarias	89	90	89	90	92	91	91
Cotizaciones/rentas primarias	91	93	91	93	94	94	94
Prest.soc/rentas primarias	79	79	77	77	77	76	76
Prest.en especie/rentas primarias	74	74	73	74	75	76	

Fuente: INE y elaboración propia.

el País Vasco existe una gran proporcionalidad en los ingresos en relación con las rentas primarias, tanto en los impuestos como en las cotizaciones sociales aportadas. También los gastos relativos recibidos están muy próximos a la renta primaria relativa, especialmente en el caso de las prestaciones sociales. En Navarra, tanto las prestaciones sociales, como especialmente las prestaciones en especie se sitúan en un nivel claramente superior al de las Comunidades Autónomas más desarrolladas de régimen común. Sin embargo, por el lado de los ingresos contrasta el bajo nivel de impuestos pagados con la mayor similitud de las cotizaciones sociales a las del resto de Comunidades Autónomas.

En el caso del País Vasco, esa fuerte proporcionalidad de los ingresos y gastos públicos en relación con las rentas primarias que resta fondos para la contribución a la solidaridad interterritorial contrasta, además, con el fuerte componente de redistribución interna que presenta la Comunidad Autónoma dentro de sus tres provincias.

En efecto, tal y como se recoge en el Cuadro 7, los flujos fiscales entre Álava y Vizcaya son de tal naturaleza que prácticamente igualan los niveles de renta disponible bruta en las tres provincias, partiendo de una situación muy desigual entre esos dos territorios. Esta fuerte redistribución se consigue tanto a través de la progresividad del sistema tributario, con indudables efectos territoriales internos, como, especialmente, por los efectos de los sistemas de protección social a través del desequilibrio territorial de las cotizaciones y las prestaciones sociales.

Esta situación tan llamativa de contraste entre la fuerte solidaridad territorial interna y la escasa contribución a los mecanismos implícitos de redistribución espacial refleja los dos componentes a analizar, que se consideran a continuación. Por un lado, los efectos regionales de los elementos redistributivos de la Seguridad Social a través del sistema de pensiones y su fuerte componente demográfico. Por otro, el de los efectos del sistema de financiación de régimen foral sobre la capacidad redistributiva del sistema fiscal y de las aportaciones a la financiación de las competencias no asumidas.

Cuadro 7. Índices de rentas, gastos e ingresos por habitante por territorios forales

Álava	*1995*	*1996*	*1997*	*1998(P)*	*1999(P)*	*2000(P)*	*2001(P)*
Álava							
Saldo de rentas primarias brutas	107	108	109	109	109	108	108
Renta disponible bruta	99	100	100	101	101	99	100
Prestaciones sociales distintas de las transf. en especie	86	87	88	88	88	89	89
Gasto público	86	87	88	88	88	89	89
Impuestos corrientes sobre la renta, patrimonio, etc.	115	116	119	116	112	115	114
Cotizaciones sociales efectivas	130	131	133	131	130	131	131
Ingresos públicos	117	119	121	119	118	120	119
Guipúzcoa							
Saldo de rentas primarias brutas	101	101	102	102	101	100	101
Renta disponible bruta	102	102	103	103	102	101	102
Prestaciones sociales distintas de las transf. en especie	102	103	101	102	102	101	102
Gasto público	102	103	101	102	102	101	102
Impuestos corrientes sobre la renta, patrimonio, etc.	100	101	100	102	100	102	100
Cotizaciones sociales efectivas	110	109	109	110	109	109	108
Ingresos públicos	100	100	100	101	101	101	100
Vizcaya							
Saldo de rentas primarias brutas	92	90	89	88	89	91	90
Renta disponible bruta	100	99	99	97	97	101	100
Prestaciones sociales distintas de las transf. en especie	119	117	116	116	116	115	115
Gasto público	119	117	116	116	116	115	115
Impuestos corrientes sobre la renta, patrimonio, etc.	84	82	80	82	86	82	85
Cotizaciones sociales efectivas	81	79	77	78	78	77	77
Ingresos públicos	96	95	95	94	95	94	95

Fuente: INE y elaboración propia.

3. La explicación de los resultados por el efecto de la seguridad social

La explicación de la menor contribución relativa de las Comunidades forales a la solidaridad interterritorial puede encontrarse en parte en los resultados derivados de la aplicación de los mecanismos de protección social y, de forma específica, por el efecto de las pensiones de la Seguridad Social. En esta aproximación se producen diferencias sustanciales entre el País Vasco y Navarra en el balance regional de la Seguridad Social, así como una evolución demográfica diferente.

El Cuadro 8 muestra el balance financiero de la Seguridad Social de 2002 para el País Vasco y sus tres provincias, Navarra y el total nacional en el Régimen General y en el conjunto del balance de la Tesorería General. Como puede observarse, en ambos casos la situación del País Vasco contrasta con la de Navarra, ofreciendo esta última mejores ratios que los del total nacional. Sin embargo, en el País Vasco el saldo entre cotizaciones sociales y pensiones contributivas resulta negativo para el conjunto del sistema y ligeramente positivo en el Régimen General. La situación de Vizcaya y en menor medida de Guipúzcoa lastra el saldo tan positivo de Álava y explica en buena parte ese fuerte componente redistributivo interno anteriormente apuntado.

Los rasgos distintivos de la Seguridad Social en ambas Comunidades Autónomas no son ajenos a la diferente evolución demográfica reciente. Como puede observarse en el Cuadro 9, la evolución de la población en los últimos años refleja un estancamiento en el número de habitantes del País Vasco, que apenas incrementa su población en un 0,6% entre 1999 y 2003, mientras el crecimiento en Navarra es del 7,5% en ese mismo período, aumento superior al de la media nacional. Las estimaciones sobre proyecciones futuras siguiendo las pautas actuales apuntan a unas tendencias diferentes en ambas regiones, tal como se recoge en el Cuadro 10, siendo más que probable un empeoramiento del saldo de la Seguridad Social en el País Vasco y, en consecuen-

Cuadro 8. Balance de la Seguridad Social

2002 millones de euros	*Álava*	*Guipúzcoa*	*Vizcaya*	*País Vasco*	*Navarra*	*TotalNacional*
Régimen general						
Cotizaciones TGSS	587,72	1.066,97	1.721,12	3.375,81	869,84	49.513,44
Pensiones Contributivas	370,02	1.008,74	1.772,93	3.151,69	591,77	37.801,63
Saldo	217,70	58,22	–51,81	224,11	278,08	11.711,81
Ratio ingresos/gastos	1,59	1,06	0,97	1,07	1,47	1,31
Total TGSS						
Ingresos (a)	646,36	1.277,95	1.977,93	3.902,24	999,85	58.255,57
Pensiones Contributivas	465,26	1.325,51	2.201,10	3.991,87	827,43	56.669,54
Saldo	181,10	–47,55	–223,17	-89,63	172,42	1.586,04
Ratio ingresos/gastos	1,39	0,96	0,90	0,98	1,21	1,03
(a) sin cuotas desempleo						

Fuente: Secretaría de Estado de la Seguridad Social y elaboración propia.

Cuadro 9. Evolución de la población oficial

	1999	*2002*	*2003*	*Absoluta 99-03*	*% 99/03*	*Extranjeros 2003*	*% 2003*	*Absoluta 02-03*	*% 02/03*
Total	40.202.160	41.837.894	42.717.064	2.514.904	6,3%	2.672.596	6,3%	879.170	2,1%
Andalucía	7.305.117	7.478.432	7.606.848	301.731	4,1%	285.620	3,8%	128.416	1,7%
Aragón	1.186.849	1.217.514	1.230.090	43.241	3,6%	62.340	5,1%	12.576	1,0%
Asturias	1.084.314	1.073.971	1.075.381	–8.933	–0,8%	20.341	1,9%	1.410	0,1%
Baleares	821.820	916.968	947.361	125.541	15,3%	126.631	13,4%	30.393	3,3%
Canarias	1.672.689	1.843.755	1.894.868	222.179	13,3%	179.698	9,5%	51.113	2,8%
Cantabria	528.478	542.275	549.690	21.212	4,0%	13.724	2,5%	7.415	1,4%
Castilla y León	2.488.062	2.480.369	2.487.646	–416	0,0%	59.819	2,4%	7.277	0,3%
Castilla-La Mancha	1.726.199	1.782.038	1.815.781	89.582	5,2%	71.013	3,9%	33.743	1,9%
Cataluña	6.207.533	6.506.440	6.704.146	496.613	8,0%	544.670	8,1%	197.706	3,0%
Comunidad Valenciana	4.066.474	4.326.708	4.470.885	404.411	9,9%	415.015	9,3%	144.177	3,3%
Extremadura	1.073.574	1.073.050	1.073.904	330	0,0%	17.950	1,7%	854	0,1%
Galicia	2.730.337	2.737.370	2.751.094	20.757	0,8%	53.888	2,0%	13.724	0,5%
Madrid	5.145.325	5.527.152	5.718.942	573.617	11,1%	589.400	10,3%	191.790	3,5%
Murcia	1.131.128	1.226.993	1.269.230	138.102	12,2%	113.973	9,0%	42.237	3,4%
Navarra	538.009	569.628	578.210	40.201	7,5%	38.925	6,7%	8.582	1,5%
País Vasco	2.100.441	2.108.281	2.112.204	11.763	0,6%	49.262	2,3%	3.923	0,2%
Rioja	265.178	281.614	287.390	22.212	8,4%	20.791	7,2%	5.776	2,1%

Fuente: INE y elaboración propia.

Cuadro 10. Evolución estimada de la población

	2002	*2003*	*2003*	*2007/02*	*2012/07*	*2012/02*	*2002/07*
Andalucia	7.478.432	7.606.848	1.0172	1.0574	1.0119	1.0699	429.100
Aragón	1.217.514	1.230.090	1.0103	1.0223	0.9783	1.0001	27.138
Asturias	1.073.971	1.075.381	1.0013	0.9775	0.9354	0.9143	–24.184
Baleares	916.968	947.361	1.0331	1.1431	1.0938	1.2503	131.174
Canarias	1.843.755	1.894.868	1.0277	1.1134	1.0654	1.1862	209.020
Cantabria	542.275	549.690	1.0137	1.0393	0.9946	1.0337	21.324
C.y Leon	2.480.369	2.487.646	1.0029	0.9854	0.9430	0.9292	–36.167
C.-La Mancha	1.782.038	1.815.781	1.0189	1.0666	1.0207	1.0886	118.642
Cataluña	6.506.440	6.704.146	1.0304	1.1279	1.0793	1.2173	831.988
C.Valenciana	4.326.708	4.470.885	1.0333	1.1440	1.0948	1.2525	623.194
Extremadura	1.073.050	1.073.904	1.0008	0.9750	0.9330	0.9096	–26.869
Galicia	2.737.370	2.751.094	1.0050	0.9957	0.9528	0.9487	–11.830
Madrid	5.527.152	5.718.942	1.0347	1.1517	1.1021	1.2693	838.345
Murcia	1.226.993	1.269.230	1.0344	1.1501	1.1006	1.2659	184.221
Navarra	569.628	578.210	1.0151	1.0465	1.0014	1.0480	26.476
País Vasco	2.108.281	2.112.204	1.0019	0.9802	0.9380	0.9194	–41.832
La Rioja	281.614	287.390	1.0205	1.0748	1.0286	1.1056	21.078
Ceuta y Melilla	145.336	143.394	0,9866	0.9079	0.8688	0.7888	–13.382
Total	41.837.894	42.717.064	1.0210	1.0791	1.0363	1.1182	3.307.438

Fuente: Instituto de Estadística de la Comunidad de Madrid y elaboración propia.

cia, un reforzamiento de los mecanismos de solidaridad interterritorial hacia esa región derivados del funcionamiento de las prestaciones sociales.

4. La explicación de los resultados por las diferencias en el sistema de financiación foral

El reconocimiento constitucional de los derechos históricos de los territorios forales supone la articulación de un sistema propio de regulación de competencias a través del correspondiente Concierto o Convenio Económico del País Vasco y Navarra con el Estado. La amplia autonomía en materia financiera y tributaria atribuida a los órganos forales determina el establecimiento de un sistema tributario concertado, dentro de los límites acordados en las normas reguladoras pactadas.

En el caso del País Vasco la Ley 12/1981 aprobó el Concierto Económico entre el Estado y la Comunidad Autónoma del País Vasco que ha estado vigente durante 20 años y que regulaba sus principios y funcionamiento. Actualmente, la Ley 12/2002, de 23 de mayo, regula el nuevo Concierto de carácter indefinido que ha supuesto la adaptación, modificación y ampliación de competencias normativas de este régimen en un marco estable, previéndose su adaptación a las modificaciones que experimente el sistema tributario estatal.

La regulación de las relaciones financieras entre la Hacienda autonómica y estatal se basa en la aportación de la Comunidad al Estado realizada a través de un Cupo global, integrado por los correspondientes a cada una de sus Diputaciones Forales, como contribución a todas las cargas del Estado que no asuma directamente la Comunidad Autónoma. Esta aportación al sostenimiento de las cargas generales del Estado se determina actualmente a través de la metodología aprobada en la Ley 13/2002, de 23 de mayo, y se calcula en función del índice de capacidad relativa del País Vasco. El Cupo del año base 2002 se corresponde con un porcentaje del valor de las competencias no asumidas minorada por los ingresos no concertados.

Se consideran cargas del Estado no asumidas por la Comunidad Autónoma las que correspondan a competencias cuyo ejercicio no haya sido asumido efectivamente por aquélla. Para la determinación del importe total de dichas cargas se deducirá del total de gastos del presupuesto del Estado, la asignación presupuestaria íntegra que, a nivel estatal, corresponda a las competencias asumidas por la Comunidad Autónoma. Entre otras tendrán el carácter de cargas no asumidas por la Comunidad Autónoma las siguientes:

a) Las cantidades asignadas en los Presupuestos Generales del Estado a los Fondos de Compensación Interterritorial.

b) Las transferencias o subvenciones que haga el Estado a favor de entes públicos en la medida en que las competencias desempeñadas por los mismos no estén asumidas por la Comunidad Autónoma del País Vasco.
c) Los intereses y cuotas de amortización de las deudas del Estado.

Del cupo correspondiente a cada Territorio Histórico se restarán por compensación los siguientes conceptos:

a) La parte imputable de los tributos no concertados.
b) La parte imputable de los ingresos presupuestarios de naturaleza no tributaria.
c) La parte imputable del déficit que presenten los Presupuestos Generales del Estado.

También serán objeto de compensación del Cupo de cada Territorio Histórico la parte imputable al País Vasco por aquellos ingresos que financian las funciones y servicios traspasados al País Vasco en materia sanitaria y de servicios sociales de la Seguridad Social y que, con anterioridad a la entrada en vigor de esta Ley, eran satisfechos al País Vasco mediante transferencias de la Tesorería General de la Seguridad Social. Se mantiene el índice de imputación, fijado en su día en el 6,24%. El Cupo correspondiente a los años posteriores del quinquenio vigente se determina por aplicación sobre el del año base de un índice de actualización, calculado como el cociente entre los ingresos por tributos concertados pertenecientes a los capítulos I y II del presupuesto de ingresos del Estado, excluidos los susceptibles de cesión, del ejercicio correspondiente y los ingresos por los mismos conceptos tributarios del año base, deducido el coste real de la policía autónoma y ajustados los servicios traspasados por la Seguridad Social.

Asimismo, en el caso de Navarra, la Ley Orgánica 13/1982 de Reintegración y Amejoramiento del Régimen Foral de Navarra reconoce la potestad de esta Comunidad para mantener, establecer y regular su propio régimen tributario dentro del sistema fiscal general. El sistema tradicional de Convenio Económico regulado por el Decreto-ley 16/1969 ha sido sustituido por el establecido en la Ley 28/1990, adecuando las relaciones financieras y tributarias entre el Estado y la Comunidad Autónoma a las necesidades actuales. Este marco legal ha sido nuevamente modificado por la Ley 25/2003, de 15 de julio.

La metodología seguida para determinar la aportación de Navarra al sostenimiento de las cargas generales del Estado es similar a la establecida para el País Vasco y se basa en dos reglas básicas:

a) Cada cinco años se fija la contribución de Navarra al Estado, determinada en función del importe, en ese año base, de los gastos del Estado correspondientes a los servicios generales y de un índice de imputación, del 1,6%, que refleja la capacidad de la Comunidad Autónoma para soportar los mismos, según su renta relativa en el conjunto de España.

b) En los restantes años del quinquenio la aportación se determina en función de la aportación fijada para el año base actualizada por un índice que refleja el incremento de la recaudación estatal por tributos convenidos.

Con esta lógica histórica y normativa del sistema foral las contribuciones financieras de ambas regiones se han basado en los dos elementos señalados. Por un lado, en la diferenciación entre competencias asumidas y no asumidas y, por otro, en la aplicación de unos índices de imputación que vienen a representar el peso de las regiones en el total nacional.

Independientemente de la necesidad de recalcular o no los respectivos índices de imputación y de si estos reflejan adecuadamente el peso económico de las Comunidades forales, las ventajas financieras del sistema foral se centran en la falta de adecuación entre la valoración de las cargas asumidas realizadas en las metodologías aprobadas y los impuestos concertados netos, tras el pago del cupo o de la aportación.

Como puede verse en los Cuadros 11 y 12 la holgura financiera en ambas Comunidades Autónomas es muy elevada en los respectivos años base. En el caso del País Vasco alcanzaría el 32,4% de los recursos concertados en 2002 y en Navarra se puede cuantificar en el 26,5% de los ingresos netos convenidos en 2000.

De este modo, se produce una asimetría entre la valoración de las competencias asumidas y la recaudación de los tributos concertados, generando una "sobrefi-

Cuadro 11. País Vasco 2002 (millones de euros)

	Total	*País Vasco*	*% recaudación*
Gastos estado	144.104.17	8.992,10	103,7%
Cargas asumidas	77.411,62	4.830,49	55,7%
Cargas no asumidas	66.692,55	4.161,62	48,0%
Índice de imputación	0,0624		
Ajustes		–3.070,95	–35,4%
Cupo líquido		1.090,67	12,6%
Líquido a pagar		1.034,63	11,9%
Recaudación total concertada		8.673,78	100,0%
		2.808,66	32,4%
Margen financiero			
	C. asumidas	Cupo	Diferencia
Total centralización	0	5.865,12	2.808,66
Total descentralización	8.992,10	–3.126,99	2.808,66

Fuente: Elaboración propia.

Cuadro 12. Navarra 2000 (millones de euros)

	Total	*Navarra*	*% recaudación*
Gastos estado	139.292,13	2.228,67	105,2%
Cargas asumidas	74.674,01	1.194,78	56,4%
Cargas no asumidas	64.618,12	1.033,89	48,8%
Índice de imputación	0,016		
Ajustes		-672,95	–31,8%
Aportación líquida		360,94	17,0%
Líquido a pagar		360,94	17,0%
Recaudación total concertada		2.117,60	100,0%
Margen financiero		561,87	26,5%
	C.asumidas	Aportación	Diferencia
Total centralización	0	1.555,73	561,87
Total descentralización	2.228,67	–672,95	561,87

Fuente: Elaboración propia.

nanciación" en los territorios forales, respecto a las Comunidades Autónomas de régimen común.

5. Los resultados en términos presupuestarios y de gasto por habitante

Las consecuencias presupuestarias de esta menor contribución relativa al sostenimiento de las cargas generales del Estado por parte de las Comunidades forales y, consecuentemente, de los mayores medios financieros de los que disponen se materializan en una situación de sus finanzas públicas más saneadas a la vez que mantienen unos mayores niveles de gasto en las competencias desarrolladas.

Así, los Cuadros 13 y 14 reflejan esta situación durante el último quinquenio de financiación autonómica cerrado, según el modelo aplicado a las 15 Comunidades de régimen común. Como puede observarse, los niveles de ahorro público en relación con el PIB en las dos Comunidades forales han sido especialmente significativos y claramente superiores a los del resto de Comunidades Autónomas en este período. Sólo en 2001 el índice de ahorro público relativo resulta 5 veces superior a la media en Navarra y casi 4 veces en el País Vasco. En paralelo, ambas Comunidades Autónomas pueden mantener los mayores niveles de gasto por habitante en las dos principales políticas de gasto regional, como es el caso de la sanidad y la educación, manifestándose así, la holgura financiera que les proporciona su régimen foral.

Cuadro 13. % ahorro público/PIB

	1997	*1998*	*1999*	*2000*	*2001*
Andalucia	1,03%	0,64%	0,70%	0,14%	0,62%
Aragón	0,59%	0,71%	0,97%	0,73%	0,58%
Asturias	1,21%	1,21%	1,38%	1,26%	1,21%
Baleares	0,99%	1,07%	1,02%	0,84%	0,23%
Canarias	1,29%	1,40%	1,74%	1,71%	1,66%
Cantabria	1,25%	1,39%	1,40%	1,58%	1,14%
C.-La Mancha	1,07%	0,95%	1,09%	1,11%	1,14%
C.y León	1,03%	1,02%	1,05%	1,19%	1,53%
Cataluña	–0,06%	0,28%	0,21%	0,48%	0,39%
Extremadura	1,91%	1,13%	1,47%	1,23%	0,65%
Galicia	0,67%	0,58%	1,13%	1,20%	1,38%
Madrid	0,15%	0,29%	0,36%	0,42%	0,23%
Murcia	1,01%	1,06%	1,32%	1,24%	1,29%
Navarra	4,44%	4,27%	3,89%	4,45%	3,14%
La Rioja	1,21%	1,28%	1,34%	1,36%	1,16%
C. Valenciana	0,45%	0,22%	0,05%	0,03%	–0,09%
País Vasco	1,92%	2,62%	3,19%	3,06%	2,41%
Total	**0,73%**	**0,78%**	**0,88%**	**0,85%**	**0,78%**

Cuadro 14. Ahorro público bruto, gasto en sanidad y gasto en educación de CCAA por habitante (2001)

		euros/h			*índices*	
	Ahorro	*Sanidad*	*Educación*	*Ahorro*	*Sanidad*	*Educación*
Andalucia	74	725	562	60	94	94
Aragón	99	849	572	80	110	96
Asturias	165	844	570	133	110	96
Baleares	44	672	521	35	87	88
Canarias	246	799	697	199	104	117
Cantabria	178	892	560	144	116	94
C.-La Mancha	144	743	573	116	96	96
C.y León	228	791	622	185	103	105
Cataluña	74	791	537	60	103	90
Extremadura	67	781	621	54	101	104
Galicia	175	803	583	142	104	98
Madrid	47	736	599	38	95	101
Murcia	169	763	619	137	99	104
Navarra	622	932	705	503	121	118
La Rioja	213	804	622	172	104	105
C. Valenciana	–13	715	606	–11	93	102
País Vasco	479	888	777	387	115	131
Total	124	771	595	100	100	100

Bibliografía

Barberán, R. (2001): *Variaciones metodológicas y resultados en el cálculo de balanzas fiscales regionales*. Instituto de Estudios Fiscales

Carpio, M. (2002) (coord.): *Metodología para la elaboración de las balanzas fiscales de las Comunidades Autónomas*, Consejo Económico y Social.

Lambarri, C. y Larrea, J.L. (1991): *El Concierto Económico*. Instituto Vasco de Administración Pública.

Monasterio, C. (2002): "El sistema de financiación autonómica 2002" en Salinas (dir) *El nuevo modelo de financiación autonómica 2002*. Instituto de Estudios Fiscales.

– (2004): "El gasto autonómico. Crónica de una expansión anunciada" en Salinas y Alvarez (coord.), *El gasto público en la democracia*. Instituto de Estudios Fiscales.

Sevilla, J. V. (2001): *Las claves de la financiación autonómica*, Ed. Crítica, Barcelona.

Utrilla, A. (2002): "Los efectos del nuevo sistema de financiación autonómico sobre la suficiencia y la equidad" en Salinas (dir) *El nuevo modelo de financiación autonómica 2002*. Instituto de Estudios Fiscales.

– (2004): "Estimación de las implicaciones sobre el sector público de una alternativa secesionista en el País Vasco" en Buesa (dir.) *Economía de la secesión. El proyecto nacionalista y el País Vasco*, Instituto de Estudios Fiscales.

Uriel, E. (2003): *Una aproximación a las balanzas fiscales de las comunidades autónomas*. Fundación BBVA.

Vallejo, M. y Zubiri, I. (1995): *Un análisis metodológico y empírico del sistema de Cupo*, Fundación BBV.

Zubiri, I. (2000): *El sistema de concierto económico en el contexto de la Unión Europea*. Círculo de empresarios vascos.

CAPÍTULO 11
LAS SUBVENCIONES DE NIVELACIÓN EN LA FINANCIACIÓN DE LAS CCAA: PROPUESTA DE INCORPORACIÓN DE LAS CCAA FORALES[1]

ANTONI CASTELLS
PILAR SORRIBAS
MAITE VILALTA
Universitat de Barcelona
Institut d'Economia de Barcelona (IEB)

1. Introducción

El objetivo esencial de una hacienda descentralizada es hacer compatible los principios de autonomía e igualdad. Tanto la teoría del Federalismo Fiscal como el sistema comparado demuestran que esta compatibilidad es posible. Es decir, es compatible que los gobiernos que integran una hacienda descentralizada puedan tomar decisiones sobre el volumen y la composición de sus presupuestos, tanto de ingresos como de gastos, y al mismo tiempo se garantice que todos los ciudadanos puedan disponer en condiciones de igualdad de los mismos servicios. Uno de los principales instrumentos para hacer posible la conciliación de estos principios son las subvenciones de nivelación.

En el sistema de financiación español, el diseño de la subvención incondicionada calculada a través de un Porcentaje de Participación en los Ingresos del Estado (PIE) que reciben las Comunidades Autónomas (CCAA) de régimen común, llamada Fondo de Suficiencia (FS) a partir del Acuerdo de 2001, responde implícitamente a un cierto objetivo nivelador. Esta subvención actualmente es una de las principales vías de obtención de ingresos de las CCAA de régimen común y se configura como una de las piezas claves del modelo de financiación de estas CCAA[2].

1. Este trabajo, presentado en el seminario "Financiación, solidaridad interterritorial y políticas tributarias de las comunidades autónomas" en la Universidad Internacional Menéndez y Pelayo, es una parte del trabajo *Les subvencions d'anivellament en el finançament de les CCAA: Anàlisi de la situació actual i proposta de reforma*.

2. Concretamente, el artículo 13 de la LOFCA establece que las CCAA dispondrán, una vez superado el período transitorio, de un porcentaje de participación en los impuestos estatales no cedidos que se negociará en base a los siguientes criterios: a) el coeficiente de población; b) el coeficiente de esfuerzo fiscal en el Impuesto sobre la Renta de la Personas Físicas (IRPF); c) la cantidad equivalente a la aportación proporcional que corresponda a cada CA por los servicios y cargas generales que el Estado continúe asumiendo como propias; d) la relación inversa de la renta relativa por habitante de cada CA; y e) otros criterios que se estimen procedentes, entre los cuales se valoraran la relación entre los índices de déficit en servicios sociales e infraestructuras que afecten al territorio de las CA y al conjunto del Estado, y la relación entre los costes por habitante de los servicios sociales y administrativos transferidos por el territorio de la CA y por el conjunto del Estado.

La metodología de cálculo del Porcentaje de Participación en los Ingresos del Estado se estableció el año 1986, momento en que se diseñó el modelo de financiación autonómico para el quinquenio 1987-91. A partir de este momento, aunque se han introducido cambios en los diferentes acuerdos quinquenales, la metodología esencialmente ha sido la misma[3]. El diseño, la formulación y la aplicación práctica de la PIE recibida por las CCAA plantea problemas de diferentes tipos. En primer lugar, problemas de diseño y concepción, ya que en ningún acuerdo de financiación se define el principio de equidad territorial que se quiere obtener. En segundo lugar, problemas en cuanto a la insuficiente obtención de equidad vertical, generados, básicamente, por el índice de evolución utilizado para actualizar año a año el valor de la PIE que se determina para el año base de cada quinquenio y por el período de actualización. En tercer lugar, problemas en cuanto a la insuficiente obtención de equidad horizontal, tanto entre las CCAA forales y de régimen común, como entre estas últimas (a causa de deficiencias en la determinación de los indicadores de necesidad, de capacidad fiscal y de la ponderación de ambos).

Respecto a este último problema, la causa principal de esta inequidad es que el actual sistema de financiación excluye a las CCAA forales del mecanismo de nivelación entre CCAA. En la práctica, las CCAA forales disponen de un volumen de recursos por habitante muy superior del que disponen las CCAA de régimen común con un nivel similar de competencias. Esto evidencia la existencia de una fuerte inequidad horizontal entre las CCAA del Estado español difícilmente justificable. La existencia de dos modelos de financiación autonómica, legítimamente reconocidos en la Constitución, no tendría que dar lugar a un tratamiento desigual de los ciudadanos del Estado. Por este motivo, en este trabajo realizamos una propuesta de incorporación de las CCAA forales en el mecanismo de nivelación. Previamente a la propuesta analizaremos la situación actual.

2. Análisis de la situación actual: no incorporación de las CCAA forales en el mecanismo de nivelación de los recursos

Como ya hemos dicho, el actual sistema de financiación excluye a las CCAA forales del mecanismo de nivelación de los recursos entre CCAA. La principal consecuencia de esta no inclusión es que las CCAA forales disponen de un volumen de recursos por habitante muy superior al que disponen las CCAA de régimen común con un nivel muy similar de competencias. A título de ejemplo, como se puede observar en el Cuadro 1 y en la Figura 1, si comparamos para el año 1999 los recursos por habitante de la comunidad foral del País Vasco con los de las CCAA que tienen un nivel

3. Vid. Castells *et al.* (2004) para una descripción detallada del funcionamiento de la PIE a lo largo del tiempo.

Cuadro 1. Comparación de los recursos per cápita de las comunidades forales y las CCAA de régimen común con un nivel similar de competencias (1999)

	Recursos periódicos		*Recursos extraordinarios*	
	per cápita	*índice*	*per cápita*	*índice*
Andalucía	249,1	98	313,2	105
Canarias	302,7	119	339,3	114
Cataluña	252,1	99	285,4	96
Galicia	276,9	109	319,7	107
Valencia	231,7	91	257,4	87
Total CCAA 151	254,3	100	297,8	100
País Vasco	449,9	177	464,1	156
Navarra	440,8	173	453,8	152

Notas: 1. *Recursos periódicos:* los recursos de las CCAA de régimen común incluyen: impuestos cedidos + tasas + PIE+ FCI; los recursos del País Vasco incluyen los impuestos concertados - cupo - financiación local (a escala estatal) - coste policía autonómica. 2. *Recursos extraordinarios:* recursos periódicos + otras transferencias del Estado + transferencias de la UE. 3. Índice: media per cápita = 100.
Fuente: Zubiri (2003)

Figura 1. Comparación de los recursos per cápita de la comunidad foral del País Vasco y las CCAA de régimen común con un nivel similar de competencias (1999) (índice; media p.c. = 100).

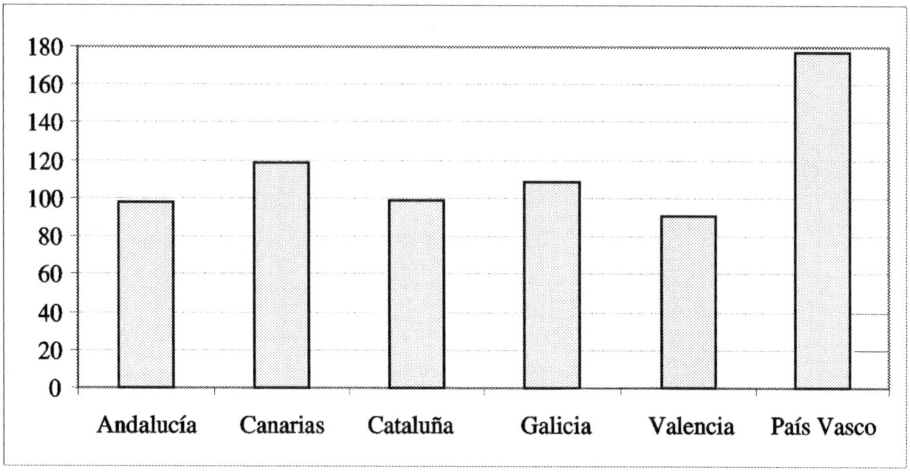

Notas: Los recursos de las CCAA de régimen común incluyen: impuestos cedidos + tasas + PIE+ FCI; los recursos del País Vasco incluyen los impuestos concertados - cupo - financiación local (a escala estatal) - coste policía autonómica.
Fuente: Zubiri (2003)

similar de competencias (las del artículo 151), observamos que la diferencia de recursos es muy significativa. Más concretamente, la relación entre la media de los ingresos per cápita de las CCAA del artículo 151 y la del País Vasco es de 1 a 1,77[4].

Para poder determinar las causas de esta situación es conveniente analizar de forma muy simplificada los ingresos que obtendría una CA cualquiera aplicando cada uno de los dos sistemas, el foral y el común. En primer lugar, realizamos una formulación analítica elemental de los ingresos que se obtendrían como resultado de la aplicación del sistema de concierto. Consideramos, para simplificar, que todos los tributos estatales son concertados y que no existe déficit. Bajo este supuesto, el volumen de recursos que dispondría esta CA, R_F, es igual a los recursos obtenidos por los tributos concertados, t_iT, minorados por lo que ha de aportar al gobierno central en concepto de cupo[5], $\mu_i\alpha'T$. Analíticamente, lo podemos expresar como

$$R_F = t_iT - \mu_i\alpha'T \qquad [1]$$

donde

T: tributos totales del Estado;

t_i: coeficiente de incidencia de los impuestos concertados en la CA $i(t_i = T^i/T)$;

μ_i: coeficiente de incidencia a efectos de determinación del cupo (actualmente fijado básicamente según la renta, μ = 6,24%);

α': coeficiente de imputación de los gastos que el Estado continúa asumiendo como propios, a efectos de cupo (en cierta manera α' indica la proporción de gasto público total que consideramos que corresponde al gobierno central a efectos del cupo).

Si suponemos que el coeficiente de incidencia de los impuestos estatales es igual al de la renta (el utilizado para imputar los gastos que el Estado continúa asumiendo como propios a efectos de determinación del cupo), $t_i = \mu_i$, podemos reescribir los recursos obtenidos por la CA aplicando el modelo foral (ecuación [1]) como:

$$R_F = \mu_i(1-\alpha')T \qquad [1']$$

En segundo lugar, también con una formulación analítica elemental, examinamos los ingresos que corresponderían a esta CA aplicando el sistema común. Con dicho objetivo, consideramos que el total de recursos disponibles por el sector público es T (igual que hasta ahora), que se distribuyen entre una parte que corresponde al gobierno central (αT) y una parte a las CC.AA ($(1-\alpha)T$). Evidentemente, si se utilizara el mismo criterio que el adoptado a efectos de determinación del cupo, tendría que ser

4. En el caso de Navarra, esta relación es de 1 a 1,73.

5. Vid. Bassols *et al.* (1990) para una descripción detallada del método de cálculo del cupo.

$\alpha = \alpha'$, pero de momento admitimos la posibilidad que se apliquen criterios diferentes. Si suponemos que los ingresos de cada CA se obtienen distribuyendo el total disponible sólo según la población[6], podemos expresar los recursos obtenidos aplicando el modelo común como:

$$R_C = p_i(1-\alpha)T \qquad [2]$$

donde

R_C: volumen de recursos de que dispondría la CA si se aplicara el sistema común;

p_i: coeficiente de población de la CA i sobre el total ($p_i = P^i / P$);

α: coeficiente de imputación de los gastos que el Estado realiza en las CCAA de régimen común. Por tanto, como se ha dicho, $(1-\alpha)$ indica el porcentaje de gasto realizado por las CCAA sobre el total de gasto público.

Por tanto, la relación entre los ingresos (en términos absolutos y per cápita) que obtendría la CA en cuestión aplicando el sistema de concierto [1′] y los que obtendría aplicando el sistema común [2], sería:

$$\frac{R_F}{R_C} = \frac{\mu_i(1-\alpha')T}{p_i(1-\alpha)T} \qquad [3]$$

Como se ha dicho, actualmente la relación entre los ingresos por habitante de la CA del País Vasco y las CCAA de régimen común con un nivel similar de competencias es de 1,77. La formulación [3] nos permite explicar las causas de esta diferencia:

- Una parte de la diferencia viene explicada por el cociente μ_i / p_i. Si la participación relativa en renta (PIB) es superior a la participación relativa en población, ($\mu i > p_i$, es decir, si la renta per cápita es superior a la media), la CA obtiene un mayor volumen de recursos con el sistema de financiación de concierto de los que obtendría si se aplicara el sistema común. Este es el caso de la CA del País Vasco. Para el año 1999, su participación en el PIB es de 0,0640 (μi = 0,0640), mientras que su participación en población es de 0,053 (p_i = 0,053)[7]. Por tanto, el ratio μ_i / p_i es igual a 1,207. Esto significa que sólo por este factor, la simple aplicación del sistema de concierto en lugar del sistema general hace que la CA del País Vasco reciba unos ingresos por habitante un 20,7% por encima de la media.

6. Es decir, consideramos que el sistema de subvenciones *(PIE)* funciona de tal manera que garantiza una nivelación completa de acuerdo con la población. En realidad, los ingresos de una CA, R*i*, serían $R_i = PIE_i + TA_i$, donde TA_i son los ingresos tributarios potenciales (considerando $\hat{TA}_i = TA_i$). Si *PIE* garantiza esta nivelación, sería $PIE_i = p_i (PIE + TA) - TA_i$ (p_i es la población relativa de la CA *i*, $p_i = P_i / P$), de manera que $R_i = p_i (PIE + TA)$; donde , *PIE* + *TA* son el total de recursos de las CCAA que hemos establecido son igual a $(1-\alpha)$ *T*.

7. Ratios calculados a partir de la información que ofrece el Instituto Nacional de Estadística (INE).

– El resto de la diferencia (1,77 / 1,207 = 1,4657) es debido al mecanismo aplicado para el cálculo del "cupo". Fundamentalmente es debido a que los gastos del Estado utilizados a efectos de determinación del "cupo" en el sistema foral, son inferiores a los que sirven para determinar los gastos del Estado y de las CCAA en la financiación de las CCAA de régimen común (es decir, $\alpha' < \alpha$). En efecto, se desprende de [3] que $(1 - \alpha') / (1 - \alpha) = 1{,}4657$; de donde se obtiene que $\alpha' = 1{,}4657\,\alpha - 0{,}4657$. Por ejemplo, para un $\alpha = 0{,}50$ (donde α es la parte de gasto total que corresponde al Estado), sería $\alpha' = 0{,}2617$. De manera que al distribuir el total de recursos disponibles (T) entre el Estado y las CCAA a efectos de la financiación de las CCAA de régimen común se considera, por ejemplo, que al Estado le corresponde el 50% y a las CCAA el 50%. En cambio, al calcular los gastos del Estado a efectos de determinación del cupo se considera que estos gastos sólo significan alrededor del 25% de los gastos totales (en concreto el 26,71%), lo que hace que el cupo sea más reducido y, lógicamente, más elevados los recursos de las CCAA forales (véase Figura 2).

Cabe decir, que de hecho hay un segundo factor que queda incorporado también en este 1,4657 que es el valor de μ (0,0624) utilizado para el cálculo del cupo. Este valor se fijó, básicamente según la renta, el año 1981 y no se ha modificado. La no revisión de este parámetro (como ya hemos visto, la participación relativa en renta del País Vasco para el año 1999 es de 0,0640) hace que el volumen de recursos de que disponen las CCAA forales sea superior al que tendrían si se actualizara el valor de μ.

En el Recuadro 1 se resumen las consecuencias y causas de la no incorporación de las CCAA forales en el mecanismo de nivelación.

Figura 2. Ejemplo de los factores explicativos de la diferencia de recursos obtenidos por una CA del modelo de financiación común y del sistema de concierto, si la distribución de gasto entre Estado y CCAA en el sistema común es $\alpha = 0{,}50$

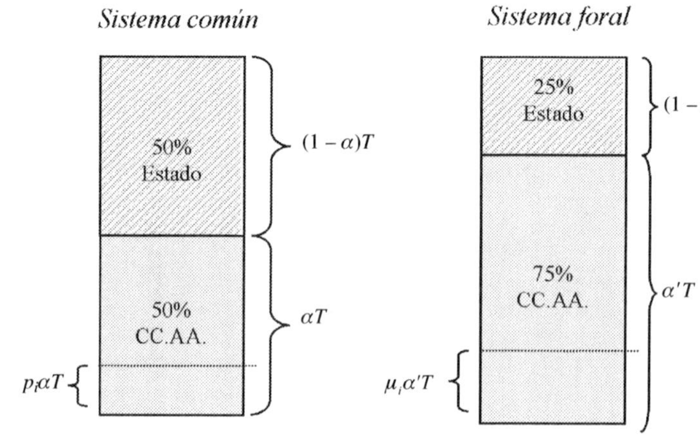

Recuadro 1
Análisis de la no incorporación de las CCA forales en el mecanismo de nivelación

Consecuencias

$$R_F > R_C$$

donde:
R_F: volumen de recursos que obtendría una CA si se aplicase el sistema de concierto;
R_C: volumen de recursos que obtendría una CA si se aplicase el sistema común;
Para el año 1999:

$$\frac{R_F}{R_C} = \frac{\mu_i}{p_i}\frac{(1-\alpha')}{(1-\alpha)} = 1{,}77$$

donde:
u_i: coeficiente de incidencia a efectos de determinación del "cupo" (actualmente fijado básicamente según la renta, u_i = 6,24%)
p_i: coeficiente de población de la CA i sobre el total, $p_i = P^i / P$
α': coeficiente de imputación de los gastos que el Estado continua asumiendo como propios, a efectos de "cupo";
α: coeficiente de imputación de los gastos que el Estado realiza en las CCAA de régimen común;

Causas

- $u_i / p_i > 1$
  Si la participación relativa en renta de la CA *i* es superior a la participación relativa en población, la CA *i* obtiene un mayor volumen de recursos con el sistema de concierto. Para el País Vasco y el año 1999, $\mu_i / p_i = 1{,}207$

- $\alpha' < \alpha$
  Los gastos del Estado utilizados a efectos de determinación del cupo en el sistema foral son inferiores a los que sirven para determinar los gastos del Estado en la financiación de las CCAA de régimen común

- No actualización de μ_i.

3. Incorporación de las Comunidades Forales en el sistema de nivelación

A partir del análisis de la situación actual en la que las CCAA no forman parte del mecanismo de nivelación, se observa que existe un problema de inequidad horizontal entre CCAA. Para evitar este problema, las CCAA forales deberían estar incluidas en el mecanismo de nivelación, ya sea horizontal o vertical, que proponemos.

Hay dos maneras de incorporar a las CCAA forales en el mecanismo de nivelación: a) considerar que la subvención de nivelación forma parte de las cargas no asumidas a efectos del cálculo del cupo; y b) incorporarlas como las otras en la fórmula de cálculo de la subvención de nivelación

Si se optase por la primera alternativa, la manera más simple de calcular la aportación que las CCAA forales deberían añadir al cupo que actualmente pagan al gobierno central, sería la siguiente:

$$G_F = -\frac{B_F}{B} G \qquad [4]$$

donde G_F es el volumen de recursos que se tendrían que añadir al cupo en concepto de subvención de nivelación; B_F son las bases imponibles forales; B son las bases imponibles del conjunto de CCAA; y G es el volumen global de la subvención de nivelación.

En este caso, la aportación se haría exclusivamente en función de un indicador de capacidad fiscal, que es el mismo que se utiliza para el cálculo del cupo. Esta solución tiene la ventaja de la simplicidad, pero presenta también grandes limitaciones. La primera y fundamental es que hace depender la aportación foral del mayor o menor grado de dependencia financiera de las CCAA de régimen común respecto del gobierno central (es decir, del carácter más horizontal o más vertical de las subvenciones de nivelación). Por tanto, la aportación foral sería mucho más elevada si toda la hacienda autonómica dependiera de una subvención vertical (actualmente, el Fondo de Suficiencia) y en cambio sería inexistente si los ingresos tributarios de las CCAA de régimen común fuesen suficientes para cubrir toda su financiación, sin que entre una y otra situación, se hubieran modificado para nada ni la capacidad fiscal ni las necesidades de gasto de las CCAA forales, que son los dos factores relevantes que deberían justificar, en todo caso, una modificación de su aportación.

La otra alternativa consiste en introducir a todas las CCAA, es decir, a las CCAA de régimen común y a las forales, en el mecanismo de la subvención de nivelación. Así se garantizaría la existencia de equidad vertical entre todas las CCAA y el Estado y, la existencia de equidad horizontal entre todas las CCAA, de régimen común y las forales.

Garantizar el equilibrio vertical[8] requiere re-calcular el volumen global de la subvención de nivelación, de manera que el grado de cobertura de las necesida-

8. Vid. Castells (1988) para un análisis del concepto equidad vertical.

des de gasto por parte de los ingresos potenciales sea el mismo para el Estado y para todas las CCAA, de régimen común y forales. Podemos expresar esta condición como:

$$\frac{TF - C + G_F}{EF} = \frac{TA + G_A}{EA} = \frac{TC + C - G_F - G_A}{EC} \qquad [5]$$

donde *TF*, *TA* y *TC* son los ingresos tributarios potenciales de las CCAA forales, de régimen común y del Estado, respectivamente; *EF*, *EA* y *EC* son las necesidades de gasto de las CCAA forales, de régimen común y del Estado, respectivamente; C es el volumen del cupo; y G_F y G_A es el volumen de transferencias de nivelación que reciben las CCAA forales y las de régimen común.

En la expresión [5], el primer cociente, $(TF - C + G_F) / EF$, mide el grado de cobertura de las necesidades de gasto de las CCAA forales, EF, con sus ingresos potenciales, formados por los tributos forales potenciales, *TF*, menos el cupo, *C*, mas el volumen de recursos en concepto de subvención de nivelación que deberían recibir, G_F[9]. El segundo cociente, $(TA + G_A) / EA$, mide el grado de cobertura de las necesidades de gasto de las CCAA de régimen común, *EA*, por parte de sus ingresos potenciales, que son la suma de los tributos autonómicos potenciales, *TA*, más lo que tendrían que recibir en concepto de subvención de nivelación, G_A. La igualdad de estos dos cocientes garantiza la existencia de equidad horizontal. El tercer cociente, $(TC + C - G_F - G_A) / EC$, mide el grado de cobertura de las necesidades de gasto del Estado, EC, por parte de sus ingresos potenciales, que son la suma de sus tributos potenciales, *TC*, más el "cupo", *C*, menos lo que debería aportar a las CCAA (forales y de régimen común) en concepto de subvención de nivelación. La igualdad del grado de cobertura de las necesidades de gasto de los dos niveles de gobierno, el central y el autonómico, garantiza la existencia de equidad vertical.

Así, el volumen global de la subvención de nivelación sería igual a la suma de los recursos que en concepto de nivelación recibirían el conjunto de las CCAA, cantidad que se puede expresar como[10]:

$$G = (TC + C) - \frac{EC}{E}(TF + TA + TC) = G_F + G_A \qquad [6]$$

9. Cabe tener en cuenta, ya que puede resultar un poco sorprendente, que *C* y G_F tienen signo diferente. Eso quiere decir que, un *C* (un "cupo") positivo indica una aportación de la hacienda foral al Estado, mientras que G_F positivo indica, por contra, que las CCAA forales reciben transferencias procedentes del Estado. Nuestra hipótesis de trabajo es que esperamos que el signo de *C* sea positivo y el de G_F negativo.

10. Vid. demostración en el anexo.

siendo E el gasto total ($E = EF + EC + EA$). Esta subvención, G, se distribuiría entre las CCAA de la siguiente manera:

$$G_F = \frac{EF}{EF + EA}(TF + TA + G - C) - (TF - C) \quad [7]$$

$$G_A = \frac{EA}{EF + EA}(TF + TA + G - C) - TA \quad [8]$$

Así, para obtener la cantidad que tocaría a las CCAA forales en concepto de subvención de nivelación, en primer lugar, se calcula la parte del total de recursos potenciales de las CCAA que les pertenece, que es equivalente a su participación en las necesidades de gasto totales. En segundo lugar, esta cantidad se minora por lo que estas CCAA ya pueden obtener de sus tributos propios, que son los tributos concertados menos el cupo. Este procedimiento es el mismo que el que se utiliza para el resto de CCAA y es el que se propone desde la teoría[11].

A modo de ejemplo, y para disponer de una primera aproximación del volumen de recursos que las CCAA forales deberían aportar en concepto de nivelación, se ha calculado la subvención de nivelación que le tocaría al País Vasco para garantizar la equidad horizontal con las CCAA de régimen común, con datos del año 1999. Para hacerlo, sólo se consideran los dos primeros términos de la expresión [5], y por tanto, no se re-calcula el volumen global de la subvención procedente del Estado que garantizaría la equidad vertical. Manipulando estos dos primeros términos de la expresión [5] podemos expresar la subvención de nivelación de las CCAA forales como:

$$G_F = \left(\frac{(TA + G_A)/EA}{(TF - C)/EF} - 1 \right)(TF - C) \quad [9]$$

Por otro lado, y para simplificar, hemos considerado la población como indicador de necesidades de gasto. De manera que la fórmula [9] indica la subvención de nivelación que deberían aportar al sistema las CCAA forales para hacer posible la igualdad de ingresos por habitante entre las CCAA forales y las de régimen común. Dado que en el año 1999, como ya hemos visto, la relación entre los recursos per cápita del País Vasco y las CCAA del artículo 151 es de 1,77 a 1 y que TF= 1.222.184 MPTA y C=122.936 MPTA, la subvención de nivelación del País Vasco sería[12]:

$$G_F = \left(\frac{1}{1{,}77} - 1 \right)(1.222.184 - 122.936) = -478.204 \text{ MPTA}$$

11. Vid. Castells *et al.* (2004), capítulo. 1

12. Para hacer estos cálculos hemos considerado que la población es el indicador de necesidaes de gasto. Las fuentes de los datos utilizados son: "Liquidación presupuestos entidades locales, 1999" y "Presupuestos Generales del Estado. Liquidación 1999", Ministerio de Hacienda.

Como se puede observar y era de esperar, en la situación actual esta subvención sería negativa. Es decir, el País Vasco tendría que aportar 478.204 MPTA (2.879 M , el 39% de sus ingresos tributarios) al mecanismo de nivelación.

La incorporación de las CCAA forales al sistema de nivelación es imprescindible para hacer efectivo el objetivo de equidad horizontal al que nos hemos referido repetidamente. En el ejemplo que hemos utilizado (derivado de la fórmula [5]) hemos supuesto una nivelación completa, aunque, obviamente, la aplicación de la fórmula sería igualmente factible en el supuesto de establecer sistemas de nivelación incompleta (caso en el que el importe de la subvención negativa a aportar por las CCAA forales sería más reducido en valor absoluto).

La incorporación de las CCAA forales al sistema de nivelación aplicando la fórmula [7] de forma inmediata significaría una disminución apreciable de los ingresos de las CCAA forales. Por este motivo, para facilitar la viabilidad financiera, proponemos una incorporación gradual, de forma que en ningún caso se pudiera producir de un año a otro una disminución de los ingresos de las CCAA forales. Así, el primer año de aplicación de la propuesta, $t = 1$, las CCAA forales sólo aportarían una parte, λ_1, de la cantidad total que tendrían que aportar para garantizar el equilibrio horizontal (GF). Es decir, de forma general:

$$G_F^t = \lambda_t G_F \qquad [10]$$

de manera que en el año $t = T$, $\lambda_T = 1$ y, garantizando siempre que $R_F^t > R_F^{t-1}$, donde $R_F = TF - C + G_F$ (en principio, $G_F < 0$). En el cuadro 2 se resumen las principales características de las dos propuestas planteadas de incorporación de las CCAA forales en el mecanismo de nivelación.

Cabe decir, que aunque el volumen de recursos aportados por las CCAA forales en concepto de subvención de nivelación, G_F^t, no garantizaría la equidad horizontal entre CCAA, sí que haría que el desequilibrio fuera disminuyendo gradualmente, hasta desaparecer del todo en un período T (en el que $\lambda_T = 1$).

La parte de la subvención, el valor de λ, que se debería aportar cada año dependerá de la dimensión del período temporal en que se quiera obtener la equidad horizontal. Obviamente, estos valores serán menores cuanto más largo sea el período (un criterio elemental sería $\lambda t = t/T$).

En el año final del período, T, el grado de cobertura de las necesidades de gasto con los ingresos potenciales tiene que ser el mismo para todas las CCAA. De acuerdo con la expresión [5] se debería cumplir que:

$$\left(\frac{R_F}{EF}\right)^T = \left(\frac{R_C}{EA}\right)^T \qquad [11]$$

donde R_F son los recursos potenciales de las CCAA forales ($R_F = TF - C + G_F$) y R_c son los recursos potenciales de las CCAA de régimen común ($R_C = TA + G_A$).

Si consideramos que la población, *P*, es un buen indicador de las necesidades de gasto, se cumpliría que:

$$\left(\frac{R_F}{P_F}\right)^T = \left(\frac{R_C}{P_C}\right)^T \qquad [12]$$

Esta expresión, que garantiza la equidad horizontal en el momento *T*, la podemos re-escribir como:

$$\left(\frac{R_F}{P_F}\right)^0 (1+r_F)^T = \left(\frac{R_C}{P_C}\right)^0 (1+r_C)^T \qquad [13]$$

donde r_F es la tasa de crecimiento de los recursos potenciales de las CCAA forales; y r_C la tasa de crecimiento de los recursos potenciales de las CCAA de régimen común.

Dado que como ya hemos visto, en la situación de partida, $t = 0$, los recursos por habitante de las CCAA forales son superiores a los de las CCAA de régimen común, $(R_F / P_F)^0 = \gamma(R_C / P_C)^0$, siendo $\gamma > 1$podemos re-escribir la ecuación [13] como:

$$\gamma(1+r_F)^T = (1+r_C)^T \qquad [14]$$

A partir de la expresión [14] que relaciona las tasas de crecimiento de los recursos potenciales de las CCAA a lo largo del período, podemos afirmar que para garantizar la equidad horizontal, los recursos potenciales de las CCAA forales podrían tener una tasa de variación positiva, pero inferior a la de los recursos potenciales de las CCAA de régimen común[13], de manera que al final del período de T años se cumpla la igualdad que se deriva de la fórmula [5].

La expresión [14] nos permite calcular el conjunto de tasas de variación de los recursos de las CCAA forales (r_F) y de las CCAA de régimen común (r_C) que nos permiten obtener la nivelación en un período de tiempo de *T* años.

El Cuadro 2 recoge la relación entre la tasa de crecimiento de los recursos de las CCAA forales y la de las CCAA de régimen común, suponiendo diferentes escenarios. En concreto, hemos considerado tres alternativas diferentes en cuanto al pe-

13. Más concretamente, la relación entre las dos tasas de crecimiento sería la siguiente:

$$r_F = \frac{1+r_C}{\gamma^{1/T}} - 1$$

Muy simplificadamente también se podría establecer la relación entre las dos tasas a partir de la expresión:

$$r_F = r_C - \frac{ln\gamma}{T}$$

(en los casos en que r_C y r_F mostrasen valores muy reducidos, teniendo en cuenta que $\underset{x \to 0}{ln(1+x) \to x}$

Cuadro 2. Relación entre las tasas de crecimiento de los recursos de las CCAA forales y las comunes que hacen posible la nivelación a largo plazo (diferentes escenarios)

γ	T	r_C	r_F	$r_C - r_F$
1,77	15	4,00 %	0,12%	3,88%
1,77	15	6,00%	2,04%	3,96%
1,77	15	8,00%	3,97%	4,03%
1,77	20	4,00%	1,07%	2,93%
1,77	20	6,00%	3,02%	2,98%
1,77	20	8,00%	4,96%	3,04%
1,77	25	4,00%	1,65%	2,35%
1,77	25	6,00%	3,61%	2,39%
1,77	25	8,00%	5,56%	2,44%

Fuente: Elaboración propia a partir de la ecucación [14].

ríodo de tiempo para la nivelación completa (T = 15, 20 y 25 años) y tres alternativas diferentes en cuanto a la tasa de crecimiento de los recursos de las CCAA de régimen común (r_C = 4%, 6% y 8%[14]). El resultado es que para conseguir la nivelación, por ejemplo, en 20 años, los recursos de las CCAA forales tendrían que crecer cada año aproximadamente 3 puntos por debajo que los de las CCAA de régimen común. Por ejemplo, si los recursos de las CCAA de régimen común crecieran al 6% los de las CCAA forales tendrían que hacerlo al 3,02%. Si la nivelación se obtuviera en 25 años, entonces el diferencial sería aproximadamente de 2,4 puntos, y de alrededor de 4 puntos si se quisiera obtener en 15 años.

4. Resumen

En el sistema de financiación español, las subvenciones de carácter general recibidas por las CCAA (llamadas PIE y FS a partir del Acuerdo de 2001) son las que responden a un cierto objetivo nivelador, y por tanto son el instrumento disponible para dar cumplimiento al principio de igualdad. Una de las principales deficiencias de este mecanismo es la no consideración de las CCAA forales, lo que genera un problema de inequidad horizontal, ya que el volumen de recursos per cápita que disponen las CCAA forales es muy superior al que disponen las CCAA de régimen común con un nivel similar de competencias.

A partir de un análisis comparativo simplificado de los sistema de financiación de las CCAA forales y las de régimen común, observamos que las causas de esta situación son características intrínsecas de sus respectivos sistemas de financiación.

14. En realidad, la tasa de crecimiento de los recursos de las CCAA del artículo 151 para los años 1999-2000 ha sido del 4,38% y para el 2000-2001 del 6,46%.

Recuadro 2

Propuesta de incorporación de las CCAA forales en el mecanismo de nivelación

1.ª Alternativa

Considerar que la subvención de nivelación forma parte de las cargas no asumidas:

$$G_F = -\frac{B_F}{B} G$$

donde:

G_F: volumen de recursos que se tendría que añadir al cupo en concepto de subvención de nivelación;

B_F: bases imponibles forales;

B: base imponible del conjunto de CCAA;

G: volumen global de la subvención de nivelación.

Esta alternativa tiene la ventaja de la simplicidad, pero presenta importantes limitaciones. La principal es que G_F depende del mayor o menor grado de dependencia financiera de las CCAA de régimen común respecto del gobierno central.

2.ª Alternativa

$$G_F = \frac{EF}{EF + EA}(TF + TA + G - C) - (TF - C)$$

donde:

EF y EA: gasto de las CCAA forales y las de régimen común, respectivamente;

TF y TA: ingresos tributarios potenciales de las CCAA forales y las de régimen común, respectivamente;

C: volumen del cupo;

G: volumen global de la subvención de nivelación.

Para garantizar la viabilidad financiera de esta propuesta: incorporación gradual que garantice el crecimiento de los recursos de las CCAA forales.

Por un lado, el diferente coeficiente de incidencia de los impuestos estatales, que en el caso de las CCAA forales es la renta relativa y para las CCAA de régimen común es la población relativa. Así, las CCAA con una renta per cápita superior a la media obtienen un mayor volumen de recursos con el sistema de financiación de concierto que con el sistema común. Por otro lado, el mecanismo aplicado para el cálculo del cupo, dado que el coeficiente de imputación de los gastos que el Estado continúa asumiendo como propios es menor para las CCAA forales que para las comunes.

En este trabajo se presentan dos alternativas para incorporar las CCAA forales en el mecanismo de nivelación de recursos. La primera consiste en considerar que la subvención de nivelación forma parte de las cargas no asumidas por los gobiernos forales, es decir, añadirla al cupo que actualmente pagan al gobierno central. Esta alternativa tiene la ventaja de la simplicidad, pero son muchas sus limitaciones. La principal es que la aportación de las CCAA forales al mecanismo de nivelación de los recursos depende del grado de dependencia financiera de las CCAA comunes respecto al Estado, y no depende de la capacidad fiscal ni de las necesidades de gasto de las CCAA forales, que son los dos factores relevantes que deberían determinar la aportación.

La segunda alternativa, que consideramos es más adecuada, consiste en introducir a todas las CCAA, de régimen común y forales, en el mismo mecanismo de nivelación. Así se garantizaría la existencia de equidad vertical y horizontal. Bajo esta alternativa, para obtener la cantidad que cada CA recibiría o aportaría en concepto de subvención de nivelación, en primer lugar, se calcula la parte del total de recursos potenciales que le pertenece a cada CA, que es equivalente a su participación en las necesidades de gasto. En segundo lugar, esta cantidad se minora por lo que cada CA puede obtener a partir de sus tributos propios. Ahora bien, dado el gran desequilibrio horizontal que existe actualmente, la incorporación inmediata de las CCAA forales significaría una disminución sustancial de sus recursos. Por tanto, para garantizar la viabilidad financiera de esta alternativa, proponemos su incorporación gradual al mecanismo de nivelación de manera que se garantice siempre el crecimiento de los recursos de las CCAA forales.

Bibliografía

BASSOLS, M., SOLÉ, J. y VILALTA, J. (1990): "Sistema de finançament de la comunitat autònoma del País Basc. Anàlisi comparada amb el sistema de finançament de les comunitats autònomes de règim comú", Nota d'Econonomia, 38, Generalitat de Catalunya.

CASTELLS, A. (1988): Hacienda autonómica: una perspectiva del federalismo fiscal. Editorial Ariel.

CASTELLS, A., SORRIBAS, P. y VILALTA, M. (2004): Les subvencions d'anivellament en el finançament de les CCAA: Anàlisi de la situació actual i proposta de reforma, Con (Textos)A, 1, Institut d'Estudis Autonòmics, Generalitat de Catalunya. Traducción al castellano por UB/IEF.

ZUBIRI. I. (2003): "Una anàlisi dels sistemes forals i de la comparació d'aquest amb el sistema comú de finançament de les CCAA" Nota d'Economia, 75, Generalitat de Catalunya.

Anexo
Demostración: Incorporación de las CCAA forales en el mecanismo de nivelación

Para garantizar la existencia de equidad vertical entre todas las CCAA y el Estado y, de equidad horizontal entre todas las CCAA, de régimen común y las forales, se tendría que verificar que:

$$\frac{TF - C + G_F}{EF} = \frac{TA + G_A}{EA} = \frac{TC + C - G_F - G_A}{EC} \qquad [A.1]$$

Es decir, el grado de cobertura de las necesidades de gasto por parte de los ingresos potenciales debe ser el mismo para el Estado y para todas las CCAA, de régimen común y foral.

Igualando el grado de cobertura de las necesidades de gasto de las CCAA forales con el del Estado (1º y 3º términos de la expresión [A.1]) obtenemos:

$$\left(1 + \frac{EF}{EC}\right)G_F + \frac{EF}{EC}G_A = \frac{EF}{EC}(TC + C) - TF + C \qquad [A.2]$$

Igualando el grado de cobertura de las necesidades de gasto de las CCAA de régimen común con el del Estado (2º y 3º término de la expresión [A.1]) obtenemos:

$$\frac{EA}{EC}G_F + \left(1 + \frac{EA}{EC}\right)G_A = \frac{EA}{EC}(TC + C) - TA \qquad [A.3]$$

Manipulando las expresiones [A.2] y [A.3] obtenemos que el volumen total de la subvención de nivelación sería:

$$G_F + G_A = \frac{EF + EA}{E}(TC + C) + \frac{EC}{E}(C - TF - TA) \qquad [A.4]$$

expresión que se puede re-escribir como:

$$G = (TC + C) - \frac{EC}{E}(TC + TF + TA) \qquad [A.5]$$

Igualando el grado de cobertura de las necesidades de gasto de las CCAA forales y el de las de régimen común (1º y 2º término de la expresión [A.1]) obtenemos

$$G_A = \frac{EA}{EF}(TF + G_F - C) - TA \qquad [A.6]$$

y dado que $G_A + G_F = G$, podemos expresar la subvención de nivelación que correspondería a las CC.AA. de régimen común como:

$$G_A = \frac{EA}{EA + EF}(TA + TF + G - C) - TA \qquad [A.7]$$

y la subvención que correspondería a las CCAA de régimen foral como:

$$G_F = \frac{EF}{EA + EF}(TA + TF + G - C) - (TC - C) \qquad [A.8]$$

CAPÍTULO 12
PUNTOS CLAVE EN TORNO AL DEBATE SOBRE SALDOS FISCALES Y SOLIDARIDAD INTERTERRITORIAL

MARTA ESPASA
Universitat de Barcelona
Institut d'Economia de Barcelona (IEB)

1. Introducción

En los últimos años y a raíz de la publicación de varios estudios sobre balanzas fiscales regionales[1] se ha producido, en España, un amplio debate económico, político y social tanto sobre la necesidad de llevar a cabo este tipo de estudios como sobre la magnitud de los saldos fiscales y, por consiguiente, el alcance de la solidaridad interterritorial existente en España.

En este sentido, el objetivo de este capítulo consistirá en tratar de argumentar y reflexionar sobre cinco grandes cuestiones que se plantean cuando se está delante de un estudio de balanzas fiscales. En primer lugar, cabe preguntarse si tiene sentido llevar a cabo estudios empíricos que estimen los saldos fiscales territoriales. En segundo lugar, es preciso delimitar el concepto de saldo fiscal. La tercera cuestión a plantear son los factores determinantes del signo y la magnitud del saldo fiscal. Un cuarto aspecto a considerar es clarificar el debate de los saldos fiscales y, finalmente, es preciso analizar qué criterios permiten establecer que un déficit o superávit es excesivo.

2. ¿Tiene sentido el cálculo de las balanzas fiscales territoriales?

Una primera cuestión a tener en cuenta al abordar el estudio de las balanzas fiscales es analizar su propio sentido, ya que en ocasiones se han levantado voces críticas al respecto, argumentando que las dificultades metodológicas inherentes en estos estudios invalidan sus resultados.

En este sentido, es preciso reconocer que el cálculo de los saldos fiscales depende en gran medida de las opciones metodológicas aplicadas, ya que la elaboración

1. Véase entre otros los estudios más recientes de Alcaide y Alcaide (2004), Barea et al. (2001), Castells *et al.* (2000), De la Fuente (2000), López Casasnovas y Martínez (2000) y Uriel (2001).

de una balanza fiscal plantea múltiples problemas metodológicos que no tienen una solución única y que condicionan de manera determinante el resultado final[2]. Por ello, es altamente importante describir y especificar los distintos criterios metodológicos adoptados y la influencia que dichas opciones pueden tener sobre el resultado final. Si se lleva a cabo este ejercicio de honestidad y rigurosidad metodológica, los estudios sobre balanzas fiscales son totalmente válidos y necesarios para conocer el alcance de la redistribución territorial efectuada por el sector público.

En concreto, las balanzas fiscales se configuran como un instrumento clave que permiten, por un lado, conocer el nivel global de redistribución territorial generado por la actuación del sector público y, por otro, ofrecer información sobre cómo los distintos conceptos de ingreso y de gasto se refuerzan o contraponen en términos de redistribución territorial. Por tanto, tener información sobre el impacto territorial de las distintas actuaciones de las administraciones públicas es, en sí mismo, un resultado de gran interés.

Por otro lado, el cálculo de las balanzas fiscales es altamente importante en los países descentralizados ya que los ciudadanos tienen derecho a conocer si su región es beneficiaria o aportadora neta hacia el resto de regiones y en qué grado. Esta información sobre el grado de solidaridad interterritorial puede convertirse en un elemento más de la negociación política pero, en este punto, los investigadores hemos de intentar disminuir el riesgo a que las cifras obtenidas se utilicen de un modo demagógico y erróneo[3]. Este argumento se ve reforzado por la experiencia comparada ya que la mayoría de los países descentralizados (entre ellos Estados Unidos[4], Australia[5] y la propia Unión Europea[6]) elaboran anualmente el cálculo de los saldos fiscales de las distintas regiones con el gobierno federal. Estas cifras se publican y están disponibles para el conjunto de la población, lo que puede interpretarse como un síntoma de madurez democrática. La transparencia contribuye a racionalizar y objetivar el debate; el oscurantismo, por el contrario, no evita la polémica y la confrontación, sino que hace que éstas se fundamenten antes en los tópicos, los prejuicios y la explotación del agravio y del resentimiento, que no en el conocimiento veraz de la realidad.

2. Barberán (2000).

3. Así por ejemplo, en el caso español, algunas veces se ha ligado el sistema de financiación autonómica con el déficit fiscal de algunas comunidades autónomas, lo cual es un error, dado que el hecho de que una comunidad tenga un déficit fiscal no supone que ello se deba al sistema de financiación autonómica, ya que éste es solo un componente del saldo fiscal. En realidad, el déficit fiscal que tiene una comunidad afecta a todos los agentes de la contabilidad nacional (familias, empresas, entidades locales, etc..) y dicho déficit se puede reducir mediante múltiples medidas, tales como la reducción de la progresividad impositiva, aumentando las inversiones directas del sector público central a estas comunidades, variando el sistema de financiación de los municipios, etc.

4. Leonard et al. (varios años).

5. Scherini (varios años).

6. Tribunal de Cuentas Europeo (varios años).

3. Concepto de saldo fiscal

Los estudios de balanzas fiscales regionales cuantifican todos y cada uno de los flujos fiscales que genera uno o varios niveles de gobierno en una región. En concreto, el flujo fiscal de una región presenta dos vertientes de signo inverso. Por un lado, existe una salida de recursos derivada de la acción tributaria del sector público, por lo que los ingresos de éste serán, en términos regionales, flujos fiscales con signo negativo. Por otro lado, los ciudadanos de una región obtendrán unos beneficios de las actuaciones del sector público en forma monetaria o de servicios públicos, que serán identificados con signo positivo.

De este modo, el saldo de los flujos fiscales derivados de la actuación del sector público en un determinado ámbito geográfico se obtendrá como la diferencia entre los beneficios derivados del gasto que el sector público realiza en dicho territorio y el volumen de ingresos soportados por los ciudadanos de este territorio para financiar el conjunto del gasto público[7]. Cuando en un territorio los impuestos pagados superan a los recursos o beneficios que se localizan en este territorio, el signo del saldo de los flujos fiscales originados en este ámbito geográfico por el sector público es negativo, es decir, existe una salida neta de recursos fiscales, lo que se identifica con un déficit fiscal. Por el contrario, cuando el volumen de ingresos aportados por un territorio al sector público es inferior a los beneficios que recibe, ya sea en forma monetaria o de servicios públicos, existe una entrada neta de recursos y, por tanto, el saldo de los flujos fiscales es positivo, lo que genera un superávit fiscal.

4. Factores determinantes del signo y la magnitud de los saldos fiscales

La respuesta a esta cuestión tiene dos grandes componentes. Por un lado, tal y como se ha avanzado anteriormente, el signo y la magnitud de los saldos fiscales dependen de los criterios metodológicos adoptados y, por otro lado, de aspectos vinculados a la propia voluntariedad política del gobierno generador de dichos flujos.

Entre los factores metodológicos que inciden en el resultado de los saldos fiscales territoriales destacan los siguientes:

4.1. La delimitación del ámbito de estudio

Se trata de delimitar cuestiones tales como el ámbito institucional que se va a analizar (qué niveles de gobierno examinar y qué agentes públicos considerar), el ámbito geográfico (qué unidades geográficas analizar: regiones, municipios, comarcas,

7. Castells y Parellada (1993).

etc. y el número de unidades a considerar: todas las regiones, una única región o un grupo de regiones), el periodo temporal (un año, varios años, un ciclo económico), el marco presupuestario utilizado (la contabilidad pública o la contabilidad nacional), las fuentes estadísticas manejadas (memorias, informes, etc.) y las operaciones consideradas (qué ingresos y gastos se incluyen en el estudio y cuáles quedan excluidos). Aspectos todos ellos altamente relevantes al poder condicionar de manera directa los resultados obtenidos[8].

4.2. Las hipótesis de imputación de los ingresos públicos

La estimación de la distribución territorial de los ingresos públicos debe hacer frente al problema de la traslación de los impuestos. Si este problema no existiera, la cuestión se reduciría a un problema de tipo estadístico, para el que bastaría conocer la recaudación territorial de los impuestos del sector público. Sin embargo, los impuestos recaudados en un territorio no son necesariamente soportados por los residentes en este territorio. Por ello, la cuestión fundamental que hay que examinar es sobre quién recae finalmente la carga impositiva, después de la cadena de traslación que pueda tener lugar a través de la actividad económica.

El análisis económico ha profundizado en esta cuestión, tratando de establecer conclusiones sobre el signo y la intensidad de la traslación de los distintos impuestos y los efectos sobre los precios y las rentas, en un marco de hipótesis previamente establecido. La elección de las hipótesis de incidencia es fundamental para determinar la pauta resultante de la distribución de la carga impositiva, y es precisamente su calidad lo que da valor a los resultados que se obtienen. La metodología empleada en la mayoría de estudios para la imputación regional de los ingresos consiste en establecer para cada impuesto, las hipótesis de incidencia más adecuadas, y a continuación distribuirlos territorialmente de acuerdo con los indicadores estadísticos más apropiados. Las hipótesis de incidencia más consensuadas en la literatura hacen referencia a los impuestos indirectos sobre el consumo y a los de carácter personal. En concreto, la mayoría de los estudios considera que los primeros se trasladan vía precios hacia los consumidores finales y, por tanto, serán éstos los que acaben soportando la carga impositiva. En cambio, en los impuestos personales sobre la renta y el patrimonio se supone que no existe traslación de la carga impositiva, por lo que el sujeto pasivo legal será quien soporte, básicamente, estos impuestos. Igual supuesto se establece para las cotizaciones de los trabajadores a la Seguridad Social.

Por su parte, el impuesto sobre la renta de las sociedades es el que ha planteado tradicionalmente mayores dificultades. La indeterminación en cuanto a la incidencia final ha llevado a formular hipótesis alternativas para analizar los efectos diferenciales sobre el proceso de distribución de la renta de cada una de ellas. En concreto, se considera que la carga de estos impuestos puede ser trasladada hacia los factores pro-

8. Para un mayor desarrollo de estos argumentos, véase Espasa (2002).

ductivos, en forma de menores retribuciones factoriales y también hacia los consumidores, en forma de mayores precios. En cuanto a las cotizaciones de los empleadores a la Seguridad Social, el problema está en conocer en qué proporción la empresa traslada este impuesto al trabajador (disminuyendo sus salarios nominales) y/o a los precios de sus productos. La solución adoptada está en línea con la dada al impuesto sobre sociedades.

4.3. Las hipótesis de imputación de los gastos públicos

El análisis territorial del gasto público presenta una complejidad mucho más grande que la de los impuestos. La razón es que todo gasto público produce dos tipos de efectos completamente diferentes: por un lado, sirve para financiar unos servicios que presta sin contrapartida a sus consumidores y, por otro, sirve para realizar unos pagos concretos para adquirir los recursos necesarios (trabajo, suministros, equipamientos, instalaciones, etc.) para producir esos servicios públicos. El primero es un efecto unilateral, sin contrapartida, típico del sector público. El segundo es un efecto bilateral, con contrapartida, ya que los perceptores de los pagos entregan, en todos los casos, algo a cambio (trabajo, suministros, equipamientos, instalaciones, etc.), actuando del mismo modo que en el sector privado. En consecuencia, los análisis de carácter territorial se pueden enfocar tomando como referencia la localización geográfica del gasto (*enfoque de flujo monetario*) o el lugar de residencia de los individuos que se benefician del servicio prestado (*enfoque de flujo de beneficio*). Incluso existe un tercer enfoque para imputar territorialmente el gasto público, es el denominado *enfoque del flujo de caja* o de *flujo de tesorería*. Según este enfoque, el gasto público se imputa en el lugar dónde se efectúa el pago por la adquisición de los "inputs" necesarios para la producción de los bienes y servicios públicos. A pesar de que a nivel teórico este último criterio es totalmente defendible, su aplicación empírica resulta altamente dificultosa, por lo que los estudios aplicados sobre la incidencia del gasto público se han efectuado exclusivamente bajo los otros dos otros enfoques.

Cabe reiterar que estos dos enfoques de imputación territorial del gasto no son sustitutivos, sino que son complementarios, ya que cada uno explica efectos redistributivos territoriales distintos, por lo que las dos aproximaciones son válidas. Así, el enfoque del flujo monetario intenta medir el impacto económico generado por la actividad del sector público en un territorio. En cambio, el enfoque del flujo de beneficio intenta calcular cómo las políticas de gasto afectan al bienestar de los individuos medido en términos de su nivel de renta.

La imputación territorial del gasto público siguiendo el enfoque de flujo monetario puede llegar a ser relativamente fácil siempre y cuando exista un sistema contable público que permita regionalizar todas las partidas de gasto. El problema es que, normalmente, el sistema contable sólo permite una regionalización parcial del gasto, lo que complica el proceso. Cuando la información contable permite conocer la distribución regional del gasto, la imputación territorial se hace de forma directa. Sin embargo, cuando esto no es posible se hace preciso establecer hipótesis de incidencia relativas a dónde se materializa el gasto y, a continuación, seleccionar los indicadores estadísticos más adecuados para distribuirlo.

El análisis económico de la incidencia del gasto público desde la vertiente del enfoque de flujo de beneficio tampoco está exento de dificultades planteando, de entrada, dos grandes problemas conceptuales. El primero es determinar el ámbito de beneficiarios, lo que está relacionado con el grado de divisibilidad de los beneficios de los bienes y servicios provistos públicamente y con la dimensión territorial de los mismos. El segundo problema es la cuantificación de los beneficios económicos que esos bienes y servicios proporcionan a los beneficiarios. El análisis económico plantea esta última cuestión en términos de utilidad o bienestar, tratando de averiguar el signo y la magnitud del incremento de utilidad o bienestar generado por un determinado gasto público, sin embargo esa utilidad resulta desconocida y únicamente sabemos la cuantía del gasto público efectuado.

De todo ello se desprende que las principales dificultades metodológicas para imputar territorialmente el gasto público se centran en el tratamiento de los gastos que generan externalidades interterritoriales y, en especial, los gastos indivisibles. Ese tratamiento no ha sido único en los distintos estudios que lo abordan. Las soluciones más habitualmente aplicadas consisten en imputar esos gastos según un reparto igualitario en términos personales o familiares, suponiendo que benefician por igual a todas las personas o familias. No obstante, desde una perspectiva espacial, se han utilizado también otros criterios que tienen en cuenta indicadores de necesidades de gasto. Sin embargo, su utilización introduce el riesgo de distribuir geográficamente este tipo de gasto según pautas normativas, es decir, según el criterio de cómo debería distribuirse el gasto público y no de cómo se distribuye realmente, lo que puede ocurrir cuando la imputación del gasto se realiza en función del indicador "idóneo" desde el punto de vista teórico. Por otro lado, es importante evitar realizar una distribución en la que se identifique a los beneficiarios del gasto con los residentes en el lugar donde éste se materializa, problema que surge cuando no se presta suficiente atención a la determinación del ámbito espacial al que se extienden los beneficios del gasto y que haría que la distinción entre el enfoque del flujo monetario y el enfoque del flujo de beneficio quedara vacía de contenido.

En cuanto a los gastos públicos en bienes y servicios divisibles, se debe identificar el colectivo de beneficiarios de cada una de las distintas partidas de gasto consideradas. En este caso, las dificultades están relacionadas con la disponibilidad de indicadores adecuados para repartir el gasto conforme a la localización de los destinatarios y usuarios de los citados servicios públicos.

Obviamente, la utilización del criterio del flujo monetario o del flujo de beneficio en la distribución territorial del gasto público genera unos resultados de saldos fiscales muy distintos. Así, por ejemplo, en el estudio llevado a cabo por Castells *et al.* (2000) en el que se aplican los dos criterios de distribución del gasto se ponen de manifiesto todas estas diferencias tal y como se observa en las figuras 1 y 2.

Figura 1. Saldo fiscal real de la Administración Pública Central (media 1999-96) Enfoque del flujo monetario % s/VAB cf

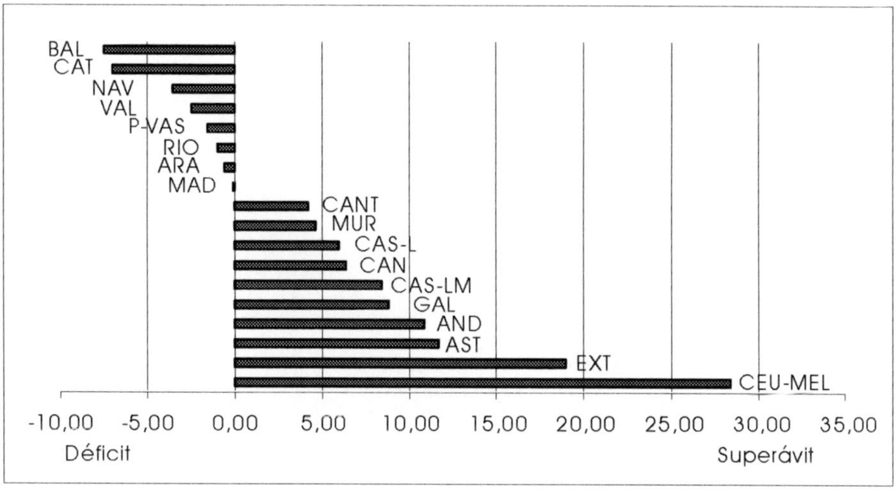

En concreto, la figura 1 muestra los resultados del saldo fiscal de las comunidades autónomas con la Administración Pública Central según el criterio del flujo monetario con las *cifras presupuestarias reales* (es decir, de un presupuesto con déficit) en relación al VAB. Entre las CC.AA. con saldo fiscal negativo, Baleares (–7,48% del VAB) y Cataluña (–7,01%) se sitúan en primer lugar. Siguen Navarra (–3,55%), Valencia (–2,49%) y el País Vasco (–1,57%). En el último lugar se encuentran La Rioja (-0,98%), Aragón (–0,58%) y Madrid (–0,09%), con un saldo negativo que no llega al 1% del VAB. Con el saldo fiscal positivo, y por orden ascendente, están: Cantabria (4,19%), Murcia (4,63%), Castilla-León (5,94%), Canarias (6,34%), Castilla-La Mancha (8,42%), Galicia (8,81%), Andalucía (10,86%), Asturias (11,67%), Extremadura (18,97%) y Ceuta-Melilla (28,35%).

La figura 2 muestra los resultados del saldo fiscal según el criterio del flujo de beneficio. Los resultados obtenidos son sensiblemente distintos a los analizados en el enfoque del flujo monetario. Con el saldo fiscal real y en relación al VAB, ahora la Comunidad Autónoma que presenta un saldo fiscal negativo más elevado es Madrid (-8,13%), seguida de Baleares (–5,28%) y Cataluña (-5,06%). En el otro extremo, se sitúa Extremadura (22,06%) y sigue, a más distancia, Ceuta y Melilla (13,63%) y Andalucía (12,76%).

4.4. El tratamiento del déficit público

La existencia de déficit público enfrenta al problema de decidir si hay o no que imputarlo. Los resultados obtenidos directamente a partir de los ingresos y gastos im-

Figura 2. Saldo fiscal real de la Administración Pública Central (media 1999-96) Enfoque del flujo de beneficio % s/VAB cf

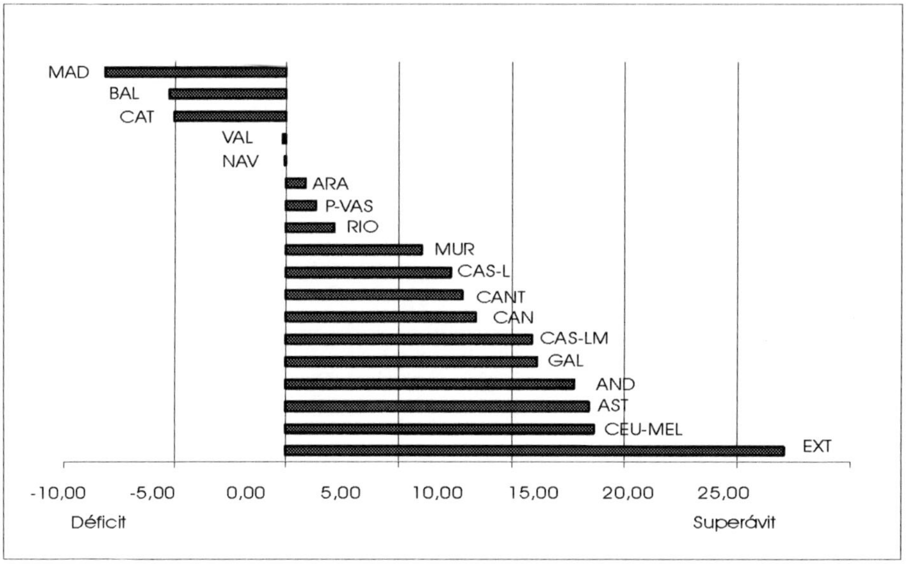

putables (sin llevar a cabo ningún ajuste por el déficit) proporcionan los verdaderos saldos fiscales, por lo que deberán ser utilizados siempre que se quiera disponer de las cifras del saldo de una región o que se quiera comparar ese saldo con alguna magnitud socioeconómica de esa misma región. Sin embargo, estos saldos se encuentran fuertemente condicionados por el déficit público existente, hasta el punto de que si éste resulta muy elevado podría darse el caso de que todas las regiones tuvieran saldo positivo. Así, al objeto de facilitar el análisis de la evolución de los saldos en el tiempo es útil ofrecer también los resultados obtenidos tras la neutralización del déficit.

Para neutralizar el efecto del déficit hay varias opciones que provocan resultados muy dispares. Por un lado, se puede suponer que éste se financiará en el futuro con ingresos impositivos, por lo que su cuantía se distribuye regionalmente en función de la pauta resultante de la distribución territorial de los ingresos públicos en cada año. Por otro lado, puede suponerse que dicho déficit se financiará con una reducción del gasto público en periodos posteriores, por lo que su cuantía se deberá distribuir territorialmente según la pauta resultante de la distribución territorial de los gastos públicos en cada año. Ambos supuestos son bastante extremos, ya que es probable que su financiación sea una combinación de ambas opciones.

Aparte de estos criterios metodológicos, es obvio que la propia voluntariedad política de los gobiernos centrales incide directamente en el signo y la magnitud de los saldos fiscales regionales. Cuestiones tales como la composición o el grado de progresividad del sistema fiscal, el modelo de financiación de las comunidades autónomas, el sistema de financiación local, la distribución territorial de las inversiones públicas, la distribución territorial de las sedes de las empresas públicas generan unos efectos redistributivos a nivel territorial altamente relevantes.

5. ¿Cuál es el verdadero debate sobre los saldos fiscales?

Los resultados y estimaciones obtenidos al calcular los saldos fiscales de la Administración Pública Central en los distintos territorios deben ser utilizados con prudencia, sabiendo que éstos son fruto de determinadas opciones metodológicas, y obtenidos además, en muchas ocasiones, a partir de unas fuentes estadísticas incompletas. Es, pues, un error sacralizar una cifra o una estimación concreta, puesto que el margen de error existente es apreciable y, aun cuando no lo fuera, su significación es sólo relativa, por los problemas metodológicos y estadísticos mencionados.

Es más erróneo aún tratar de extraer de los resultados obtenidos en la estimación de las balanzas fiscales determinado tipo de implicaciones, como a menudo se hace. Desde el punto de vista académico, se deberían hacer dos puntualizaciones previas. Primero, la existencia de un déficit fiscal no tiene en sí mismo mayor significación, puesto que es normal que las regiones ricas tengan déficit y que las pobres presenten superávit. Para valorar su alcance es necesario establecer unos criterios apropiados, unas ciertas reglas de juego de cómo deberían distribuirse el gasto público y los impuestos. Segundo, esta constatación no quiere decir que el conocimiento de las balanzas fiscales no sea útil. Naturalmente que lo es. Los ciudadanos tienen derecho a conocer si su región es beneficiaria o aportadora neta hacia el resto de regiones y en qué grado. Es decir, tienen el derecho a conocer el nivel de solidaridad interterritorial que se está ejerciendo en su país.

En este sentido, es importante que exista una cierta equidad horizontal y vertical entre territorios, puesto que de lo contrario, existirán territorios que se sientan agraviados. Se cumple la equidad horizontal cuando regiones con igual nivel del PIB per cápita presentan saldos fiscales per cápita similares y por equidad vertical cuando regiones con un distinto PIB per cápita presentan saldos fiscales per cápita distintos. En el caso español, por ejemplo, en el estudio antes mencionado de Castells et al. (2000) se observa que bajo el criterio de imputación del gasto basado en el flujo monetario se produce una falta de equidad horizontal entre Madrid que prácticamente tiene un saldo fiscal próximo a cero y las comunidades de Baleares y Cataluña que teniendo un nivel económico similar presentan un déficit fiscal del orden del 7% del VAB. Por otro lado, se pone también de manifiesto que regiones como el País Vasco y la Rioja presentan un déficit fiscal menor al que les correspondería en relación a su nivel económico. Por el lado del superávit también se constata cierta falta de equidad puesto que Asturias tiene un superávit superior al de Andalucía cuando su nivel de PIB per cápita es también superior. Bajo la aplicación del criterio del flujo del beneficio se llega, también, a las mismas conclusiones tal y como se puede observar en la figura 2, si bien en este caso destaca el hecho de que País Vasco, La Rioja y Aragón pasan a tener un superávit cuando su nivel económico medido en términos de PIB per cápita es superior a la media española.

Por otro lado, es preciso constatar que un exceso de solidaridad interterritorial puede generar problemas de eficiencia económica, tanto por la vertiente del déficit fiscal al condicionar el crecimiento económico de las regiones aportadoras netas, como por la vertiente del superávit, ya que determinadas regiones beneficiarias netas pueden ver reducidos sus incentivos a la generación de actividad económica en su territorio.

6. ¿Cómo saber si un déficit o superávit es excesivo?

Para valorar si el déficit o superávit de una región es o no excesivo se han de utilizar algunos criterios de referencia de carácter normativo. Es por ello que, sin entrar ni mucho menos en esta cuestión, me parece oportuno realizar dos consideraciones a este propósito.

En primer lugar, resulta imposible valorar la magnitud de las cifras de la balanza fiscal sin establecer previamente los criterios (las reglas del juego) según los cuales nos parecería razonable que deben imputarse territorialmente los ingresos y los gastos de la Administración Pública Central. En este sentido, uno de los criterios podría ser que una región ha de pagar impuestos en proporción a su PIB y ha de recibir gasto público en proporción a su población. Un segundo punto de referencia que podríamos utilizar es el de comparar la situación de una región con la de otras regiones europeas que tengan, dentro de su país, un nivel de renta similar al de dicha región. Se trataría, en este caso, de estimar una relación funcional entre el PIB per cápita y el saldo fiscal, y comprobar, a partir de la misma si el saldo fiscal real de una región es mayor o menor que el que normativamente le correspondería de acuerdo con el estimado aplicando esta función. Es a partir de la utilización de criterios como los descritos, o de otros, que se juzgaran apropiados, que podría valorarse si una determinada región tiene o no el saldo fiscal que le 'correspondería' y que podría objetivarse mínimamente el debate sobre las balanzas fiscales.

En segundo lugar, los saldos fiscales (las balanzas fiscales) no pueden valorarse en todas sus implicaciones sin tener en cuenta que forman parte de un contexto más amplio, integrado por el conjunto de flujos económicos que tienen lugar dentro del territorio en el que actúa la Administración Pública Central que genera estos saldos fiscales. Las ventajas e inconvenientes económicos de la pertenencia de un territorio a una comunidad más amplia no pueden evaluarse sólo a partir de los flujos presupuestarios que comporta esta pertenencia. Hay que considerar también los flujos económicos de otro tipo y, más allá, los aspectos meramente políticos, y sus consecuencias en términos de estabilidad, presencia en el mundo y consolidación de unas ciertas pautas de sociedad.

Naturalmente, todo ello requiere de un cierto acuerdo sobre una cuestión, también de carácter normativo, como es la del ámbito político de referencia en el que actúa esta Administración Pública Central y que es el que, finalmente, define el espacio de solidaridad que producen los flujos fiscales. Este espacio de solidaridad es aquél en el que existe una igualdad de derechos y deberes, que sólo es posible a partir de la aceptación de pertenecer a una misma comunidad política. Por ello, muchas veces la discusión tiene un carácter circular que, en el fondo, esconde otra discusión mucho más fundamental sobre la propia cohesión de la comunidad política en la que el debate tiene lugar.

7. Conclusión

La realización de trabajos que cuantifiquen el signo y la magnitud de los saldos fiscales territoriales generados por el presupuesto de un determinado gobierno está totalmente justificado, aunque estos estudios tengan importantes limitaciones metodológicas y de fuentes estadísticas que pueden condicionar, aunque no invalidar, los resultados alcanzados.

En este sentido quiero reiterar que los autores de trabajos sobre balanzas fiscales debemos adoptar una actitud pedagógica en relación a los políticos y a la sociedad en general con el fin de evitar que los resultados se utilicen de un modo demagógico. Para ello es imprescindible, en primer lugar, especificar el hecho de que los flujos fiscales son sólo una parte de las relaciones económicas y éstas, a su vez, son parte de unas relaciones políticas mucho más amplias de un territorio con el resto de territorios que configuran una estructura política. En segundo lugar, debemos especificar claramente y de un modo muy detallado las opciones metodológicas utilizadas, las ventajas y limitaciones de dichas opciones y su posible influencia sobre los resultados obtenidos. Y en tercer lugar, es preciso disponer de las bases de datos presupuestarias con el fin de tener una información lo más rigurosa y veraz posible que permita reducir la necesidad de efectuar hipótesis innecesarias, especialmente sobre la materialización territorial del gasto.

Solamente asumiendo estas cuestiones se puede realizar un debate político sobre el signo y la magnitud de los saldos fiscales, y en definitiva, sobre el nivel de solidaridad interterritorial.

Bibliografía

ALCAIDE, J. y ALCAIDE P. (2004): "Balance económico regional (autonomías y provincias), Años 1995 a 2002, Fundación de las Cajas de Ahorro (FUNCAS).

BARBERÁN, R. (2000): "Los estudios sobre balanzas fiscales en España: heterogeneidad en las aproximaciones y diversidad de resultados", *Hacienda Pública Española*, nº 155, págs. 9-34.

BAREA, J., CARPIO, M., DIZY, D., ANGOITIA, M., PÉREZ, C. y ABÁSOLO, I. (2001): "La Balanza Fiscal de la Comunidad de Madrid" en Consejería de Economía y Empleo: *Balanza de Pagos de la Comunidad de Madrid* (1995-1998), Madrid.

CASTELLS, A. (dir.), BARBERÁN, R., BOSCH, N., ESPASA, M., RODRIGO, F. y RUIZ HUERTA, J. (2000): *Las balanzas fiscales de las Comunidades Autónomas. Análisis de los flujos fiscales de las Comunidades Autónomas con la Administración Central 1991-96*, Ariel Economía-Fundació Pi i Sunyer, Barcelona.

CASTELLS, A. y PARELLADA, M. (1993): "Los desequilibrios territoriales en España", *Primer Simposio sobre igualdad y distribución de la renta y riqueza*, Fundación Argentaria, Madrid, págs. 17-54.

DE LA FUENTE, A. (2000): "Un poco de aritmética territorial: anatomía de una balanza fiscal para las regiones españolas", Instituto de Análisis Económico, CSIC.

ESPASA, M. (2002): "Problemas metodológicos y de fuentes estadísticas en la elaboración de una balanza fiscal", en CARPIO, M. (Coor.): *Metodología para la elaboración de las balanzas fiscales de las Comunidades Autónomas*, Colección Documentos, Consejo Económico y Social (CES), Madrid, págs.85-97.

LEONARD, H.B., MOYNIHAN, D.P. y WALDER, J.H., (varios años); *The Federal Budget and the States*, Harvard University-United States Senate.

LÓPEZ CASASNOVAS, G. y MARTÍNEZ, E. (2000): *La balança fiscal de Catalunya amb l'Administració central (1995-98)*, Generalitat de Catalunya-Institut d'Estudis Autonòmics, Barcelona.

SCHERINI, A (varios años): "Fiscal Subsidies within Australian Federation. Western Australi's Net Subsidy". Discussion Paper. Intergovernmental Relations Division Western Australia Treasury.

TRIBUNAL DE CUENTAS EUROPEO (varios años): *Informe anual*, Oficina de publicaciones oficiales de las Comunidades Europeas, Luxemburgo.

URIEL, E. (2001): "Análisis de la incidencia regional de los ingresos y gastos de la Administración Pública Central", en GONZÁLEZ-PÁRAMO, J.M. (Ed.): *Bases para un sistema estable de financiación autonómica*, Fundación BBVA, Bilbao.

CAPÍTULO 13
SALDOS FISCALES
Y SOLIDARIDAD INTERTERRITORIAL

José Victor Sevilla
Economista

1. Introducción

Dentro del título que ampara esta mesa redonda quisiera referirme a cuatro cuestiones concretas que entiendo de especial interés. En primer lugar, explicaré de forma sintética cómo funciona el actual mecanismo fiscal de redistribución interterritorial y me referiré a los cálculos más recientes de balanzas fiscales para verificar si, en efecto, tal redistribución se produce y opera, en líneas generales, en la dirección que cabría esperar.

Aclarada esta cuestión, pasaré a considerar si la redistribución interterritorial que proporciona el actual mecanismo es razonable o pudiera entenderse excesiva. Se trata, por supuesto, de un terreno opinable, pero entiendo que tiene interés reflexionar acerca de si el saldo fiscal de Cataluña resulta excesivo, como algunos han manifestado.

En tercer lugar, quisiera considerar una propuesta que se ha hecho con reiteración, especialmente por parte del nacionalismo catalán, y que partiendo de la idea de que el saldo fiscal de Cataluña resulta excesivo, se propone reducirlo, aumentando, al mismo tiempo, el volumen de recursos de que dispone la hacienda autonómica. La referencia de las haciendas forales –Navarra y el País Vasco– que disponen para sus gastos de mayores recursos por habitante que ninguna otra hacienda autonómica, constituye un atractivo indudable para este tipo de propuestas.

Finalmente, rematando el argumento anterior, realizaré unas breves consideraciones sobre la forma y el camino que una hacienda autonómica podría utilizar para conseguir recursos adicionales en el contexto de un modelo federal de financiación pública.

2. El mecanismo de solidaridad interterritorial

En un modelo federal de financiación pública, que es el que inspira nuestro actual sistema de financiación autonómica, la solidaridad interterritorial suele constituir una responsabilidad de la hacienda central especialmente si, como sucede en nuestro caso, la estructura del estado es resultado de un amplio proceso de descentralización política. De hecho, en un estado federal, la hacienda central realiza básicamente dos funciones. Por una parte, suministra a todos los ciudadanos un conjunto de bienes y servicios indivisibles característicos del ámbito público; y por otra, redistribuye. Así, pues, cuando hablamos de solidaridad interterritorial lo que hacemos, en realidad, es indagar las consecuencias de las políticas de la hacienda central desde una perspectiva espacial, esto es, tomando como referencia al conjunto de los residentes en un determinado territorio. Y, naturalmente, se adopta esta perspectiva porque se entiende, en primer lugar, que es relevante para los ciudadanos y, en segundo lugar, que puede utilizarse como un criterio adecuado para discutir las políticas de equidad.

La cuantificación de los efectos de las políticas de la hacienda central sobre los ciudadanos de cada comunidad autónoma se intenta realizar mediante la elaboración de balanzas fiscales que es una cuenta a doble columna en la que registramos, para cada comunidad autónoma, en un lado, el conjunto de tributos de la hacienda central soportados por sus ciudadanos, esto es, lo que pagan a la hacienda central y, en el otro lado, aquellos gastos de dicha hacienda central que benefician a estos mismos ciudadanos, pudiéramos decir, lo que reciben, a cambio, de la hacienda central .

Si elaboramos una balanza fiscal para cada comunidad autónoma imputando así el total de los ingresos y gastos de la hacienda central, tendremos una especie de mapa que nos describirá la forma en que se distribuyen entre las distintas comunidades autónomas los costes (tributos) y los beneficios (gastos) de dicha hacienda[1]. Si los tributos de la hacienda central resultan progresivos y sus gastos, como hemos visto, son mayoritariamente redistributivos, lo normal será que no coincidan los costes y beneficios de la balanza fiscal de cada comunidad autónoma. Cabe esperar que en las comunidades autónomas más ricas, con mayor nivel de renta por habitante, los tributos satisfechos superen a los beneficios recibidos y muestren un saldo fiscal negativo, mientras en las comunidades con menores niveles de renta suceda justamente lo contrario: que los beneficios recibidos de la hacienda central excedan de los tributos soportados y, en consecuencia, que su saldo fiscal sea positivo.

Si el presupuesto de la hacienda central se halla equilibrado, los saldos fiscales negativos de las comunidades más ricas aparecerán exactamente compensados por los saldos positivos de las otras comunidades, poniéndose así de manifiesto el mecanismo de redistribución interterritorial mediante el cual unas comunidades –con saldo negativo –transfieren recursos a través de la hacienda central a otras comunidades que presen-

1. Normalmente, para calcular las balanzas fiscales se prescinde de las operaciones financieras. Los tributos suelen imputarse de acuerdo con criterios formales de incidencia y, en el caso de los gastos, los beneficios se atribuyen a sus beneficiarios directos o bien, tratándose de bienes públicos indivisibles, se distribuyen por igual entre todos los habitantes. Sobre las distintas metodologías utilizadas en el cálculo de las balanzas fiscales y su influencia en el resultado final puede verse el libro de Ramón Barberán Orti, "Variaciones metodológicas y resultados en el cálculo de las balanzas fiscales regionales", ed. IEF, Madrid, 2001

tan saldo fiscal positivo[2]. De ahí, pues, la asociación que se produce habitualmente y que recoge el título de esta mesa redonda entre saldo fiscal y solidaridad interterritorial.

3. Un vistazo al mapa de los saldos fiscales

Durante los últimos años se han multiplicado en España los cálculos de las balanzas fiscales de las distintas comunidades autónomas. Hoy disponemos, pues, con las limitaciones que siempre comporta este tipo de cálculos, de una amplia muestra de trabajos que cuantifican los saldos fiscales de las comunidades autónomas y, por tanto, disponemos de información para saber si, en efecto, estos saldos fiscales responden a la pauta antes referida. A tal fin, en el cuadro número uno hemos resumido algunas de las más recientes estimaciones de saldos fiscales expresados como proporción del PIB de la correspondiente comunidad autónoma.

Como puede verse en el referido cuadro, las diferencias existentes entre los distintos cálculos que hemos incluido son amplias lo cual cabe atribuirlo, en gran medida, a las diferentes concepciones de la balanza fiscal que se han utilizado –especialmente a la hora de decidir cuáles son los gastos a incluir –y también, a las distintas hipótesis de incidencia que se aplican. Pese a ello, existen algunas conclusiones que cabe derivar de los datos del cuadro y que pueden resultar relevantes a nuestros efectos.

Como primera conclusión, de carácter general, habría que decir, sin perjuicio de las matizaciones que inmediatamente haremos, que *existe la correspondencia esperada entre los saldos fiscales registrados y el nivel de renta de las comunidades*: las comunidades más ricas, con mayor nivel de renta por habitante, presentan, en efecto, saldos fiscales negativos, mientras que las comunidades con menores niveles de renta arrojan saldos positivos. Así, como puede verse en el referido cuadro, las comunidades con mayores niveles de renta por habitante (Madrid, Baleares, Cataluña) muestran saldos negativos en todas las estimaciones. En el caso de Cataluña, su saldo se sitúa en la mayor parte de las estimaciones entre el 5-6% de su PIB, una cuantía similar, incluso algo inferior, a la de Baleares cuyo nivel relativo de renta es, prácticamente, igual.

2. En realidad, como hemos insistido, la transferencia de recursos no se produce de una comunidad a otra, como, a veces, se dice. Es la hacienda central la que, de acuerdo con sus competencias, toma recursos de unas comunidades y los transfiere a otras. Se trata de un matiz pero de gran importancia ya que aceptar que son unas comunidades las que transfieren a otras, nos puede llevar insensiblemente a aceptar el derecho de la comunidad que "transfiere" sobre la recaudación que la hacienda central obtiene en su ámbito territorial pues solo así cabe decir, con propiedad, que aquella comunidad transfiere ya que uno solo puede transferir lo propio. Hecho esto, lo inmediato consiste en negar a la hacienda central el derecho a establecer impuestos y a que sea la hacienda autonómica, propietaria de sus recursos, la que deba negociar y decidir "su" contribución a la solidaridad interterritorial. En este punto, como es fácil adivinar, las diferencias ya no son precisamente de matiz.

Cuadro 1. Diversas estimaciones de los saldos fiscales de las CCAA (en % de su respectivo PIB)

	(1) E. URIEL (2003)		*(2) A. CASTELLS Y OTROS (2000)*		*(3) R. BARBERAN (2001)*		*(4) UTRILLA Y OTROS (1996)*	*(5) DAVEZIES Y OTROS (1996)*	*(6) RENTA POR HABITANTE*	
	1.1	*1.2*	*2.1*	*2.2*	*3.1*	*3.2*			*índices*	*orden*
Andalucia	17,5	13,0	11,6	10,3	17,2	11,1	7,0	18,1	74,3	(17)
Aragón	2,4	–2,2	0,4	–0,9	4,9	0,3	4,8	–7,8	109,0	(7)
Asturias	15,7	10,5	12,8	11,5	20,1	13,7	9,2	1,4	88,5	(12)
Baleares	–6,8	–11,6	–6,9	–8,1	–3,3	–6,8	1,5	–8,6	124,4	(3)
Canarias	13,5	10,2	6,9	6,0	11,3	7,1	-2,5	14,0	96,1	(8)
Cantabria	8,5	3,8	4,9	3,6	11,3	6,1	8,4	–0,3	93,6	(11)
Castilla-leon	9,9	5,3	6,1	4,9	11,7	6,5	11,5	1,5	96,1	(9)
Castilla-la mancha	15,7	11,3	8,4	7,2	14,0	8,6	15,0	5,1	82,0	(14)
Cataluña	–3,3	–8,0	–5,2	–6,4	–1,7	–5,5	-4,1	–6,0	123,1	(4)
Extremadura	25,2	20,7	19,8	18,6	26,6	19,7	21,6	19,0	62,8	(18)
Galicia	13,9	9,1	8,8	7,5	15,1	9,3	9,9	15,3	80,8	(16)
Madrid	–10,2	–16,0	–8,1	–9,5	–3,9	–7,6	-7,4	–14,0	132,0	(1)
Murcia	11,0	6,8	4,7	3,5	9,9	4,8	8,6	2,8	83,3	(13)
Navarra	3,8	1,1	–1,9	–2,7	1,4	1,3	-1,2	–6,8	126,9	(2)
Pais vasco	6,5	3,9	1,1	0,2	4,7	1,6	-2,4	–9,9	119,2	(5)
Rioja	3,0	–1,3	–0,2	1,4	4,0	–0,3	6,5	–6,8	115,4	(6)
Valencia	4,0	–0,5	–2,2	–3,5	1,8	–2,6	-0,1	0,5	94,9	(10)
Ceuta-melilla	12,9	9,4	12,5	11,4	20,0	14,5	2,5	2,8	83,3	(15)

(1) Media 1991-96. Ezequiel Uriel "Una aproximación a las balanzas fiscales de las Comunidades Autónomas". Ed. Fundación BBVA, 2003.
Los saldos (1.1) son los reales; los saldos (1.2) incorporan el déficit, esto eso, presupuesto equilibrado.
(2) Año 1996. A. Castells, R. Barberán, N. Bosch, M. Espasa, F. Rodrigo y J. Ruiz-Huerta "Las balanzas fiscales de las Comunidades Autónomas" (1991-96). Ed. Ariel, 2000.
(2.1) Ingresos y gastos reales; (2,2) Con presupuesto equilibrado.
(3) Año 1996. Ramón Barberán Ortí "Variaciones metodológicas y resultados en el cálculo de balanzas fiscales regionales", Ed. IEF, 2001.
(3.1) Computa como gasto los intereses de la deuda; (3.2). Excluye intereses deuda.
(4) Año 1996. Estimación realizada por Utrilla, Sastre y Urbanos (1997). Los datos de esta estimación están tomados del trabajo de R. Barberán "La estimación de balanzas fiscales regionales en el estado.
(5) Año 1993. Estimación de Davezies, Nicot y Prud'homme (1996) recogida en el trabajo de R. Barberán mencionado en la nota anterior.
(6) Año 1996. Renta por habitante. Índices (media = 100).

En segundo lugar, llaman la atención los casos de Navarra y el País Vasco cuyos niveles de renta se sitúan también por encima de la media, sensiblemente por encima en el caso de Navarra, y que, no obstante, en la mayor parte de las estimaciones presentan un saldo fiscal positivo, esto es, aparecen como comunidades receptoras netas del proceso de redistribución interterritorial. Paralelamente, en las estimaciones en que resultan saldos negativos, su cuantía se sitúa muy por debajo de la correspondiente a comunidades de similar nivel de renta. Esta singularidad solo cabe explicarla como una consecuencia directa de la forma en que se instrumenta el sistema de concierto/convenio que se aplica exclusivamente a estas comunidades.

En tercer lugar, existe un conjunto de comunidades autónomas que en todas las estimaciones presentan saldos fiscales positivos, esto es, resultan beneficiarias del mecanismo de solidaridad interterritorial y todas ellas disponen de niveles de renta situados por debajo de la media española (Asturias, Murcia, Castilla-La Mancha, Castilla-León, Ceuta-Melilla, Galicia, Andalucía y Extremadura). Cabría incluir también en este grupo a Canarias y Cantabria que son comunidades que, con una sola excepción, presentan también saldos positivos en todas las estimaciones.

Finalmente, aparecen tres comunidades cuyos resultados cambian de signo según las estimaciones. Se trata de Aragón y Rioja, cuyo nivel de renta se sitúa por encima de la media, y de Valencia con un nivel de renta ligeramente por debajo de la media, lo cual puede entenderse habida cuenta de la sensibilidad de los resultados a las hipótesis utilizadas, como antes hemos advertido.

A la vista, pues, del mapa esbozado, podemos afirmar que, sin perjuicio de la singularidad de las comunidades forales, el signo de los saldos fiscales responde a lo que cabría esperar y que las políticas de la hacienda central tienen un impacto redistributivo que sirve al objetivo de la solidaridad interterritorial. Esta correspondencia entre el saldo fiscal de las comunidades autónomas y el carácter redistributivo de las políticas de la hacienda central que los originan, se ha visto confirmada y cuantificada en varios estudios. Existe un trabajo pionero de A. Castells, J.C. Costas y M. Parellada[3], de 1981, que, siguiendo las pautas de informe de Mac Dougall, contrastaba para España la capacidad redistributiva de las políticas de la hacienda central. De acuerdo con sus estimaciones, las políticas de la hacienda central reducían en torno a un 30% las disparidades interregionales de renta por habitante siendo muy superior el efecto redistributivo de los gastos (23%) que el correspondiente a los ingresos (7%). Más recientemente, en 2002, apareció un nuevo estudio sobre esta misma cuestión elaborado por N. Bosch, M. Espasa y P.

3. Ponencia presentada en el XXI Congreso Europeo de la Regional Science Association. VII Reunión de Estudios Regionales de la Asociación Española de la Ciencia Regional bajo el título "Efectos redistributivos regionales de las finanzas del gobierno central y flujos de mercancías y servicios en España". Barcelona, 25-28 agosto 1981.

Sorribas para el periodo 1991-96, que alcanzaba resultados similares a los anteriores[4].

Concluyamos pues este apartado reiterando que, como tendencia general, tanto el signo como el tamaño de los saldos fiscales parecen adecuarse a las posiciones relativas de nivel de renta por habitante de las distintas comunidades y su capacidad redistributiva resulta significativa, como puede constatarse en las mediciones efectuadas.

4. ¿Resultan excesivos los saldos fiscales?

Dicho esto, cabría preguntarse –y ahora entramos en un terreno valorativo –si el grado de redistribución que introducen estas políticas resulta razonable, parece escaso o si, por el contrario, podría decirse que es excesivo. Disponer de un criterio razonado sobre este punto nos permitiría valorar aquellas demandas que abogan por reducir el saldo fiscal de Cataluña.

En los dos trabajos que con mayor exhaustividad han estimado la balanza fiscal de todas las comunidades autónomas[5] las conclusiones que se alcanzan en cuanto al patrón distributivo de los ingresos y gastos de la hacienda central son coincidentes: los tributos de la hacienda central se distribuyen, aproximadamente, con un patrón proporcional a la renta de cada comunidad autónoma; y, en el caso de los gastos, el patrón observado es proporcional al número de habitantes[6]. Es decir, que en términos aproximados, las distintas comunidades –nuevamente con la excepción de las forales–, contribuyen a financiar la hacienda central en proporción a su renta y reciben beneficios de dicha hacienda, de acuerdo con el número de sus habitantes lo cual introduce ciertamente un factor de redistribución[7]. No obstante, la cuestión planteada no

4. Vid. "La capacidad redistributiva y estabilizadora del presupuesto del gobierno central español", Hacienda Pública Española, nº 160, 2002. En este trabajo se procede, además, a desagregar ingresos y gastos estimando la capacidad redistributiva de cada categoría.

5. Nos referimos al de A. Castells y otros, "Las balanzas fiscales ..." y al de E. Uriel "Una aproximación a las balanzas ..." antes citados. A estos efectos resulta útil consultar también la revisión del primero de los trabajos citados efectuada por R. Barberán en su libro "Variaciones metodológicas ..." antes citado. Véase, cuadro 90, pag. 252.

6. Curiosamente, este es el criterio defendido por el socialismo catalán si bien, dependiendo de las ocasiones, se ha defendido tanto para las relaciones entre la hacienda central y Cataluña, esto es, para la balanza fiscal, como también para guiar las transferencias de nivelación. Debe advertirse que si bien parece razonable el criterio en el primer caso, aplicarlo a las transferencias de nivelación carecería de sentido.

7. Al estimar las balanzas fiscales suele aceptarse la hipótesis de que los gastos indivisibles de la hacienda central se distribuyen por igual entre todos los ciudadanos. Con este criterio y una distribución proporcional de los tributos, ya aparece un elemento de redistribución ya que todos "recibimos" lo mismo mientras que "aportamos" dependiendo de nuestra renta. Incluso cabría mantener el elemento de redistribución con un patrón regresivo de distribución de los tributos. No obstante, si cambiamos la hipótesis de incidencia del gasto indivisible y suponemos que beneficia a cada cual según su renta, el elemento redistributivo desaparecería.

se limita a constatar la presencia de ese efecto redistributivo, sino a buscar un criterio que nos permita valorar si la redistribución introducida por las pautas indicadas resulta muy importante –como implícitamente suponen aquellos que entienden excesivo el actual saldo final de Cataluña –o se trata de un grado aceptable de solidaridad interterritorial.

A las alturas de hoy, después de haberse transferido toda la sanidad y la educación a las comunidades autónomas, resulta más cierto que nunca que la hacienda central desarrolla básicamente, como dijimos, dos tipos de actividades. En primer lugar, presta un conjunto de servicios públicos indivisibles que benefician a todos los ciudadanos; por otra parte, la hacienda central redistribuye. Redistribuye garantizando unos niveles mínimos de renta a las personas en determinadas circunstancias y redistribuye garantizando una oferta mínima de servicios públicos regionales y locales en todo el territorio.

Habida cuenta, pues, de la naturaleza de estos gastos y sabiendo que los gastos redistributivos tienen hoy en día más importancia que los destinados a los bienes y servicios públicos indivisibles, parecería razonable esperar que la pauta distributiva de los gastos de la hacienda central fuese más allá de la proporcionalidad con los habitantes, criterio que sí es razonable, por definición, en el caso de los bienes y servicios indivisibles no lo es, en cambio, en el caso de los gastos redistributivos que cabe esperar que beneficien en mayor medida a las comunidades con menores niveles de renta por habitante. Así pues, si tenemos en cuenta lo que hace la hacienda central, no parece razonable que sus gastos tengan que distribuirse por igual entre todos los ciudadanos, sino que deberían beneficiar más a las comunidades con menores niveles de renta por habitante. Y, de ser así, los saldos fiscales resultantes serían mayores que los actuales.

La otra parte de la balanza fiscal, el minuendo para calcular el saldo, lo integran, como sabemos, los tributos. El patrón actual, por lo dicho, es de proporcionalidad respecto de la renta. Sin embargo, muchos defenderían que el sistema fiscal, para ser equitativo, debería recabar más de quien más tiene y, por tanto, resultar en conjunto progresivo. Más o menos progresivo, dependerá ya de las posiciones valorativas que se adopten, pero progresivo, siquiera ligeramente progresivo, podría defenderse como algo razonable desde un amplio espectro de posiciones políticas.

Pues bien, si los gastos en lugar de resultar proporcionales al número de habitantes, por las razones indicadas, beneficiasen en mayor medida a las comunidades con menores niveles de renta, y los tributos adoptasen un perfil progresivo, es evidente que aumentaría sensiblemente el tamaño de los saldos fiscales. En consecuencia, sin adentrarnos demasiado en el terreno de las valoraciones y ateniéndonos exclusivamente a la naturaleza de los ingresos y gastos de la hacienda central, cabe decir que el actual patrón resulta moderadamente redistributivo y, por tanto, que es difícil, muy difícil, poder defender que un saldo fiscal (negativo, por supuesto) resulta excesivo y que lo adecuado sería reducirlo.

5. La referencia foral

Siendo esto así, habría que preguntarse cómo es posible que hayan surgido voces demandando la reducción del saldo fiscal de Cataluña si, como acabamos de ver, resulta proporcionado al de otras comunidades y, además, como también hemos visto, no es consecuencia, ni mucho menos, de políticas centrales exageradamente redistributivas.

La explicación de esta demanda sólo puede hallarse si se comparan los resultados de Cataluña con los registrados por las comunidades de régimen foral. En efecto, si esta fuese la referencia, no cabe duda de que el saldo fiscal de Cataluña sería muy grande y, además, el volumen de recursos disponibles para su hacienda, bastante menor del que disponen las haciendas forales. El agravio, pues, implícito en las demandas de reducción del saldo fiscal, se justifica si la comparación se establece con las comunidades forales pero, en absoluto, como hemos visto, si la comparación se establece entre Cataluña y las restantes comunidades de régimen común.

Aclarado este extremo, la pregunta que habría que plantear, en nuestra opinión, es si resulta posible –y es lo adecuado– que la hacienda catalana trate de aproximarse en sus resultados a las haciendas forales o si, por el contrario, el desajuste debería repararse operando, justamente, en la dirección contraria, esto es, acercando las comunidades forales a los resultados de Cataluña. En nuestra opinión, la respuesta resulta obvia y la hemos reiterado en diversas ocasiones: son las haciendas forales las que deberían aproximarse en sus resultados a las restantes haciendas autónomas, solución que no es sólo posible respetando escrupulosamente las singularidades del régimen de concierto/convenio, sino que es la exigida por los preceptos constitucionales y estatutarios[8].

La pretensión de algunos sectores del nacionalismo catalán de aproximarse en sus resultados al concierto/convenio del régimen foral sólo sería posible extendiendo a Cataluña los privilegios que dicho régimen proporciona actualmente a las comunidades forales, lo cual no parecería razonable desde muchas perspectivas[9]. Y, sin llegar a solución tan radical, ¿cabría alguna forma de intentar reducir el saldo fiscal de Cataluña y, al mismo tiempo, aumentar los recursos de que dispone la hacienda autonómica?

8. Sobre este tema puede verse mi libro "Las claves de la financiación autonómica" ed. Crítica. Barcelona, 2001, donde se pone de manifiesto el origen de los resultados tan favorables del régimen de concierto y que, en esencia, son el resultado de que las comunidades forales no contribuyen a financiar una parte importante (transferencias de nivelación) de las políticas redistributivas de la hacienda central. Esta es la razón por la que el régimen de concierto no resulta generalizable a menos que estemos dispuestos a suprimir las políticas de solidaridad interterritorial. A esta misma conclusión llega, en trabajo más reciente, Alfonso Utrilla, en "Estimación de las implicaciones sobre el sector público de una alternativa secesionista en el País Vasco", incluido en el libro de Mikel Buesa Blanco "Economía de la Secesión. El proyecto nacionalista y el País Vasco", ed IEF, Madrid 2004. pp. 187 y ss.

9. Véase mi artículo "Las propuestas financieras catalanas y el concierto económico" aparecido en "Revista de Libros", febrero de 2004, donde considero esta cuestión.

6. La financiación autonómica en un modelo federal

Como hemos visto, el saldo fiscal es una consecuencia directa de las políticas de la hacienda central y estas políticas se discuten y aprueban en el parlamento central. Las comunidades autónomas, todas, ejercen su influencia, primero, a través del Consejo Político Fiscal y Financiera y, después, de sus diputados y senadores en el parlamento central. Con todo, no debe olvidarse de que estamos hablando de las políticas de la hacienda central, del ámbito de competencias de esta hacienda, y, por tanto, que el intento de condicionar o acordar el saldo fiscal de una comunidad más allá de las vías indicadas, sería algo que requeriría alterar el actual marco político-institucional. Cabe esperar que en la reforma prevista del Senado, las comunidades dispongan de mayor presencia en el órgano legislativo central, especialmente en aquellas materias de carácter territorial o que afecten a las competencias de las comunidades. Sin embargo, este no es el caso de la mayor parte de las políticas que instrumenta la hacienda central, ni siquiera de las redistributivas, cuyas referencias y criterios no son de carácter territorial[10].

Negociar el saldo fiscal de una comunidad entre el gobierno central y el gobierno de esa comunidad como, de hecho, se hace en los regímenes forales, equivale a reconocer el derecho de la comunidad en cuestión sobre todos los tributos satisfechos por los residentes en el ámbito territorial de esa comunidad autónoma y, solo a partir de tal reconocimiento, tiene sentido negociar el saldo.

A la vista de lo anterior, entiendo que debería reflexionarse sobre las posturas que mantienen que el saldo fiscal de Cataluña resulta excesivo y su reducción la conciben como una vía para que la hacienda autonómica pueda incrementar sus recursos. Las hipótesis subyacentes en el cálculo de los saldos fiscales obligan a ser cautos, como sabemos, pero, además, resulta que del conjunto de estimaciones efectuadas, no cabe derivar ningún argumento solvente que apoye la idea de que el saldo fiscal de Cataluña resulte excesivo. Es más, como hemos apuntado, la actual política de redistribución interterritorial resulta más bien moderada si nos atenemos a las pautas distributivas de los ingresos y gastos de la hacienda central de lo cual se deriva que, en general, los saldos fiscales resultantes solo pueden calificarse de moderados.

No obstante si, pese a lo dicho, se decidiese insistir en vincular la reducción del saldo fiscal con la obtención de mayores recursos por parte de la hacienda catalana sólo cabría, en mi opinión, dos posibilidades. Una consiste, obviamente, en utilizar la lógica del sistema de concierto instrumentado con las mismas deficiencias actuales. Esta vía, como hemos dicho, supondría extender a Cataluña el actual privilegio de las comunidades forales lo cual, por razones obvias, no parece una solución recomendable.

10. Este aspecto y, en consecuencia, la escasa relevancia del saldo fiscal para juzgar el conjunto de las políticas redistributivas, ha sido destacado y estudiado en diversos trabajos por Ángel de la Fuente. Véase por ejemplo, "Un poco de aritmética territorial: anatomía de una balanza fiscal para las regiones españolas". FEDEA, febrero, 2001.

La otra posibilidad consistiría en lograr que la hacienda central redujese sus tributos –naturalmente, con carácter general –y, simultáneamente aumentar los tributos autonómicos en igual cuantía de forma que no se alterase la presión fiscal sobre los ciudadanos. A este mismo resultado podría llegarse variando, simplemente, los porcentajes de cesión de los tributos.

Esta fórmula proporcionaría más recursos a Cataluña –y también a las demás comunidades con saldos fiscales negativos –pero al reducir los recursos de la hacienda central, reduciría los destinados a redistribución interterritorial y con ello los recursos de las comunidades con menores niveles de renta. Es decir, desde la perspectiva de la solidaridad interterritorial, esta solución resultaría claramente regresiva.

En mi opinión, parecería más razonable desligar el tema del saldo de la necesidad de recursos. La reducción del saldo fiscal no es, desde luego, algo perentorio como hemos podido comprobar pues su nivel se adecua a lo que cabría esperar teniendo en cuenta los saldos registrados por Baleares o por Madrid. Y, desde luego, sería muy difícil intentar una reducción que solamente afectase a Cataluña. A veces se sugiere que la reducción del saldo se podría hacer por la vía del gasto de la hacienda central, en gastos que beneficien especialmente a Cataluña. Es una solución que podría verse pero que no soslaya la cuestión fundamental que no es otra que *el saldo fiscal de Cataluña no puede calificarse de excesivo si se compara con el que presentan las restantes comunidades autónomas*.

Dejando a un lado el tema del saldo, la otra cuestión a abordar sería la de los recursos. ¿De qué forma podría aumentar el volumen de sus recursos una comunidad autónoma? En la lógica del actual sistema de financiación caben dos posibilidades. La primera consiste en intentar aumentar los recursos provenientes de la hacienda central; la otra posibilidad consistiría en aumentar los tributos sobre los que la comunidad autónoma dispone de capacidad normativa. Veamos una y otra alternativa.

Presionar a la hacienda central para obtener más recursos es, sin duda, el procedimiento, digamos, más usual por reiterado. Esto podría hacerse bien aumentando la participación de la comunidad autónoma en los tributos compartidos o bien aumentando, simplemente, su participación en los ingresos del estado. Ahora bien, antes de abordar esta alternativa deberíamos preguntarnos si podría, insistimos, en la lógica de un modelo federal de financiación pública, procederse de esta forma en una comunidad sin que ello tuviera consecuencias en las restantes comunidades.

En condiciones normales la respuesta a esta pregunta debe ser negativa. Los recursos que proporciona la hacienda central a las comunidades –tanto a través de los tributos compartidos como de la participación en ingresos –se justifican por el propósito de que todas las comunidades, independientemente de su riqueza y capacidad tributaria, puedan disponer de un volumen de recursos suficiente para proporcionar a sus ciudadanos niveles similares de servicios públicos regionales. De esta forma cualquier ciudadano español, no importa en la comunidad autónoma que resida, podrá acceder a similares niveles de servicios sanitarios o educativos y los demás que proporcionan las comunidades autónomas. Este es pues la razón central que explica la intervención de la hacienda central en la financiación autonómica.

Para conseguir el propósito indicado lo primero que se hace en un sistema federal de financiación es proveer a todas las haciendas de los instrumentos financieros correspondientes para que éstas puedan obtener directamente de sus ciudadanos los recursos para financiar sus gastos. Sin embargo, como bien sabemos, el problema que surge con este proceder es que disponiendo de los mismos instrumentos financieros y haciendo, pues, un esfuerzo similar, las comunidades más pobres, con menor capacidad tributaria, no obtendrán de sus ciudadanos los recursos suficientes para poder ofrecer uno servicios públicos regionales similares a los ofrecidos por las comunidades más ricas y es aquí, precisamente donde entran en juego las *transferencias de nivelación* procedentes de la hacienda central.

La hacienda central debe decir cuál es el nivel de servicios regionales que pretende garantizar en todo el territorio. Hecho esto debe calcular el volumen de recursos que precisarán las comunidades más ricas para proporcionar a sus ciudadanos dicho nivel de servicios. Este volumen de recursos se pondría en manos de las comunidades más ricas mediante la cesión de tributos compartidos o, en su caso, de participaciones en tributos concretos de forma que éstas no tengan que recibir ninguna transferencia complementaria.

A partir de aquí, se cederán a las restantes comunidades exactamente los mismos tributos compartidos y las correspondientes participaciones y en todos aquellos casos en que con tales ingresos no alcancen a financiar el nivel de servicios garantizado, la hacienda central, mediante una transferencia niveladora, complementaría los recursos de la hacienda comunitaria. Esta es la lógica, como sabemos, de un modelo federal y con varias matizaciones importantes, la que subyace en nuestro sistema de financiación autonómica.

En este contexto una comunidad autónoma solamente podría reclamar más recursos de la hacienda central si entendiese que los recursos que le proporciona esta última hacienda resultan insuficientes en relación a los proporcionados a las otras haciendas autonómicas y, en consecuencia, que no le permiten financiar el nivel de servicios públicos regionales garantizados.

Desde Cataluña se ha preferido, normalmente, que la referencia para las políticas niveladoras no fuera tanto el coste de prestar un determinado nivel de servicios como, simplemente, el número de habitantes. Siendo así, si ocurriera que los recursos por habitante de que disponen las restantes CCAA sumando los tributos cedidos, las participaciones territorializadas y la participación en los ingresos del Estado, fueran mayores que las correspondientes a Cataluña, podría utilizarse esta vía reclamando una igualdad en los recursos por habitante[11]. Sin embargo, como hemos visto, la información disponible nos dice más bien que los recursos por habitante que proporciona el sistema LOFCA son similares para todas las comunidades, que no existen gran-

11. Para iguales niveles competenciales.

des diferencias y que las diferencias existentes se producen entre el régimen foral y el sistema LOFCA.

La otra posibilidad de que dispone una comunidad autónoma de aumentar sus ingresos consiste en recurrir a sus propios tributos y/o a los tributos compartidos con la hacienda central en los que dispone de capacidad normativa. Este es el camino ortodoxo para obtener recursos adicionales ya que el otro componente de los ingresos, las transferencias de nivelación, las decide la hacienda central.

Es cierto que, en la situación actual de los tributos compartidos, esta vía puede resultar escasa y, de ser así, debería procurarse su ampliación. En realidad, como hemos señalado, las haciendas ricas, como sucede con Cataluña, deberían cubrir el nivel de prestación de servicios garantizado por la hacienda central exclusivamente con sus propios recursos –los recursos cedidos y/o compartidos con la hacienda central –y no deberían recibir, por tanto, ninguna transferencia de nivelación. Deberían además disponer de suficiente capacidad normativa para decidir los ingresos adicionales que juzgasen necesarios pues no en otra cosa consiste la autonomía financiera ni existe otra vía para evitar que las comunidades autónomas presionen sobre los recursos de la hacienda central.

CAPÍTULO 14
SOLIDARIDAD CONTRA CRECIMIENTO

RAMON TREMOSA i BALCELLS
Universitat de Barcelona

"Cuando el Estado controla una parte tan grande de la actividad económica, los efectos de sus decisiones en la parte restante del sistema económico son tan fuertes que, de manera indirecta, el sector público controla el conjunto de la economía"

(F. Hayek, "Camino de servidumbre", 1944, cuando el gasto público alemán alcanzó el 50% del PIB en 1928).

"Cuando el Estado realiza grandes transferencias entre territorios, los pobres de las regiones ricas acaban pagando a los ricos de las regiones pobres"

F. Poschmann (1998).

El interés de un profesor de Teoría Económica por cuestiones más relativas a la Hacienda Pública como la que nos ocupa deriva de la creciente importancia e incidencia que, sobre el crecimiento económico, tienen los flujos fiscales que entre territorios realiza el sector público. En este sentido, los cuadros 1 y 2 presentan la evolución de algunas de las principales variables económicas relativas a la creación y a la distribución de riqueza en los últimos años, referidas a varias de las comunidades autónomas. Tanto en PIB per cápita, como en productividad por ocupado y renta disponible per cápita, en los últimos años se observa un menor crecimiento de la economía catalana, con porcentajes de variación inferiores a la media española. En Cataluña muchos economistas atribuyen este menor crecimiento a un exceso de aportaciones que viene realizando la economía catalana al resto del Estado, de acuerdo a lo que se ha convenido en denominar "déficit fiscal catalán con el Estado español": la creciente diferencia entre los impuestos que recauda anualmente en Cataluña el sector público central (Estado y Seguridad Social) y el gasto público que en Cataluña se recibe del mismo se ha convertido en una fuente de descapitalización de la economía catalana, reconocida hoy prácticamente por todos los agentes políticos, económicos y sociales catalanes.

Este capítulo se compone de dos partes claramente diferenciadas. En la primera se realiza una breve valoración acerca del debate de las balanzas fiscales en

Cuadro 1. Evolución del PIB y de la renta disponible per cápita

	PIB per cápita en paridad de poder de compra (media 166 regiones UE-15 = 100)		*Renta per cápita bruta disponible de los hogares (media estatal = 100)*	
	1997	*2002**	*1995*	*2002*
Madrid	101	112,4	119	120
Navarra	97	104,8	124	124
País Vasco	94	104,2	120	122
Cataluña	*100*	*100,9*	*117*	*112*
Islas Baleares	*101*	*97,9*	*124*	*121*
País Valenciano	*76*	*79,9*	*96*	*97*
Estado español	80	84,7	100	100

Fuente: Eurostat, INE.
* Elaboración propia con Jordi Pons para depurar el efecto estadístico de la ampliación a 25 países de la UE.

España, con algunas relaciones que se apuntan relativas a los resultados que ha mostrado la convergencia de las nacionalidades y regiones del Estado español en el contexto europeo en los últimos años (y que por falta de información estadística oficial no se ha podido hasta hoy intentar su contrastación empírica). En la segunda parte se realiza una simulación de crecimiento del PIB de Cataluña, relativa a cuál podría ser el crecimiento del PIB catalán en el horizonte del año 2010: a partir de un modelo de vectores autorregresivos, de utilización generalizada en la literatura a nivel internacional, se vincula el nivel de PIB por habitante que puede alcanzar la economía catalana en el contexto regional europeo con el grado de reducción del déficit fiscal catalán con el sector público central español. Esta segunda parte, que resume el contenido de un artículo publicado en la Revista Econòmica de Catalunya (Pons y Tremosa, 2004*b*), ha sido recientemente aceptado por una revista académica europea.

Cuadro 2. Evolución de la productividad y del consumo per cápita

	Productividad (en de 1995)			*Consumo per cápita (media estatal = 100)*		
	1995	*2002*	*Δ en %*	*1996*	*2003*	*variación*
Madrid	34.170	35.787	+4,7	125,2	127,3	+2,1
País Vasco	33.918	35.253	+4,1	112,5	109,2	–3,3
Navarra	32.365	34.411	+6,3	117,1	115,3	–1,8
Cataluña	*31.759*	*32.518*	*+2,3*	*112,2*	*111,7*	*–0,5*
Islas Baleares	*33.254*	*32.336*	*–2,7*	*116,8*	*109,7*	*–7,1*
País Valenciano	*26.888*	*28.173*	*+4,8*	*96,8*	*99,4*	*+2,6*
Estado español	29.381	30.557	+4,0	100	100	–

Fuente: Caixa de Catalunya.

1. ¿Para qué se quieren las balanzas fiscales?

El período 1997-2003 se ha caracterizado por la falta de información estadística oficial relativa a cuál ha sido la inversión y el gasto público realizado por los diferentes ministerios del Estado por territorios. Si consideramos el principio básico "transparencia es democracia", el PP ha hecho poco honor a su proclamación de partido liberal, con el agravante que la Agencia Tributaria (que dispone de uno de los mejores sistemas informáticos del mundo) sí que controla hasta el último céntimo de salarios, intereses, dividendos y alquileres de los contribuyentes; si alguien entra en las páginas web ministeriales para ver dónde fueron gastados el año pasado 259.000 millones de euros, la información no está disponible.

En los Estados Unidos, la Harvard University publica anualmente las balanzas fiscales de todos los estados con el gobierno federal: es un excelente librito de 120 páginas, que incluye una serie temporal de 15 años, especificando qué recauda y detallando por diferentes tipos de gasto qué gasta e invierte el gobierno federal en cada uno de los diferentes estados (disponible en www.desequilibri.net). Un primer paso básico, previo incluso a la publicación de les balanzas fiscales, consistiría en que los ministerios del Estado publicasen, con carácter anual obligatorio, una memoria territorializada relativa a la inversión y al gasto público que finalmente han realizado (no la que presupuestaron), a partir de la información relativa a sus obligaciones reconocidas. Esta información tendría que estar disponible en internet, siendo conocida con antelación la fecha de su difusión: el Eurostat, por ejemplo, cumple escrupulosamente su calendario de publicación de estadísticas oficiales.

Hay en Cataluña una centenaria tradición de estudios sobre su relación fiscal con el Estado español[1]: Francesc Flos (1896), Guillem Graell (1902), Joan Crexells (1923), Josep Llord (1927), Carles Pi Sunyer (1929-1959), Ramon Trias Fargas (1960), Jacint Ros Hombravella (1966 y 1974 con Joan Sardà), Josep Maria Bricall (1978), Antoni Castells y Martí Parellada (1983), Arcadi Oliveres (1991), Montserrat Colldeforns (1995), Esther Martínez y Guillem López-Casasnovas (2000) entre otros, todos estos autores han intentado estimar la aportación catalana al Estado español. Esta cuestión es mucho más acuciante en la actualidad que en el pasado puesto que, si en 1975 el gasto público apenas alcanzaba el 10% del PIB español, hoy en día el sector público español controla una parte muy importante de la generación de la riqueza de un país desarrollado (40% del PIB en 2003). Asimismo, el sector público dispone también de un gran poder regulador, hasta el punto de que con su complicidad o indiferencia puede favorecer o perjudicar sectores económicos y territorios enteros (Tremosa, 2004a).

En el resto del Estado español, en cambio, los estudios sobre la magnitud de los flujos territoriales que realiza el sector público central son mucho más recientes,

1. Para una visión histórica referida al déficit fiscal de Cataluña con el Estado español durante todo el siglo XX, ver el artículo de Francesc Roca en la Revista Econòmica de Catalunya (2000).

siendo el trabajo más riguroso publicado hasta la fecha el libro "Las balanzas fiscales de las CCAA, 1991-1996" (Castells y otros, 2000). Este voluminoso estudio fue encargado en los últimos años del anterior gobierno del PSOE por el Instituto de Estudios Fiscales, el cual facilitó toda la información pública necesaria para calcularlas de las diferentes intervenciones generales. Con el gobierno del PP, sin embargo, el instituto citado declinó su publicación, edición que llevaría a cabo finalmente la editorial Ariel.

Es curioso observar cómo desde Madrid (prensa, fundaciones privadas, ministerios) nunca nadie hace referencia a este riguroso trabajo, siendo como es el único que utiliza informaciones liquidadas de las diferentes intervenciones generales del sector público central. Por otra parte, también es el único trabajo que utiliza los dos criterios de cálculos de balanzas fiscales internacionalmente aceptados, relativos a la territorialización del gasto y de la inversión pública que el sector público central realiza en la comunidad que alberga la capital del Estado, esto es, los llamados criterios o enfoques del flujo monetario y del beneficio. Desde Madrid, curiosamente, sólo se difunden balanzas fiscales a partir del criterio del beneficio, que siempre proporciona resultados mucho más favorables para la capital del Estado que el criterio del flujo monetario.

En el cálculo de la balanza fiscal de la comunidad de Madrid (CAM) con el Estado hay que depurar, en primer término, el "efecto sede" en los impuestos recaudados: muchas empresas tienen sus fábricas en otras comunidades autónomas, pero su sede fiscal está en Madrid y sus impuestos se imputan a la CAM. Así por ejemplo, en 2003 la Agencia Tributaria recaudó en ella 57.372 millones de euros, que representan el 45% de los 127.963 millones totales que ingresó dicha agencia; este porcentaje es muy superior al 17,53% que, según el INE, la CAM aportó al PIB español en el 2003. Existe el riesgo, pues, de que los impuestos imputados a la CAM sean más altos de los realmente aportados.

Pero la principal fuente de discrepancia de los saldos fiscales de la CAM deriva de la metodología utilizada en su cálculo y hace referencia a la imputación del gasto público del Estado en la misma. Según el criterio del "flujo monetario", el gasto público se asigna al territorio donde efectivamente se ha realizado el mismo: si el teatro Real, por ejemplo, se ha construido en Madrid, su coste hay que imputarlo íntegramente en la CAM. Según el criterio del "beneficio", en cambio, el gasto público se distribuye en los territorios de los ciudadanos que se benefician del mismo: si el teatro Real es para todos los españoles, hay que repartir su coste entre todas las comunidades autónomas.

Así pues, el déficit fiscal de la CAM con el sector público central se obtiene solamente a partir del criterio del beneficio, que implica "centrifugar" a las otras autonomías una gran parte del gasto público que en su territorio efectivamente se realiza. Piénsese, por ejemplo, en las grandes inversiones en infraestructuras públicas de la capital o en el gasto de los sueldos de los 400.000 funcionarios que hay en Madrid. No imputar todo este gasto público en una gran mayor parte en la CAM (que es donde efectivamente se gasta una mayor parte del mismo) y repartirlo entre las otras comunidades es lo que permite obtener un déficit fiscal madrileño, curiosamente, siempre un poco mayor que el catalán (Alcaide y Alcaide, 2001, 2002, 2003). Hay que tener presente que el criterio del beneficio precisa del establecimiento de hipótesis sobre los beneficiarios del gasto público capitalino. Y tanto Castells (2000) como De la Fuente (2001) advierten, respectivamente, que "al establecer hipótesis sobre beneficiarios se puede caer en peligros importantes" y que "un exceso de celo en la aplicación del criterio del beneficio es muy contraproducente, ya que dificulta la interpretación de los saldos fiscales y aumenta de manera peligrosa la subjetividad del análisis".

En pleno debate metodológico sobre cual es el criterio o enfoque mejor para el cálculo de las balanzas fiscales, es interesante conocer el reciente posicionamiento de un grupo de académicos convocado por la Generalitat de Catalunya (Generalitat de Catalunya, 2005: *La balança fiscal de Catalunya amb l'Administració Central*)[2], que ha emitido un dictamen al respecto. Así, la utilización de uno u otro enfoque depende del objetivo del análisis que se quiera llevar a cabo: el enfoque del flujo monetario intenta medir el impacto económico generado por la actividad del sector público en un territorio, mientras que el enfoque del flujo del beneficio intenta calcular como las políticas de gasto pueden afectar al bienestar de los individuos. Por tanto, el criterio del flujo monetario es más correcto, preciso y riguroso para analizar la influencia que tiene la acción del sector público sobre el crecimiento económico de una región, mientras que el criterio del flujo del beneficio se utilizaría para intentar analizar la acción del sector público en términos redistributivos.

En este contexto, ¿cómo puede interpretarse desde Cataluña la opacidad total de los últimos ocho años de gobierno del PP, con respecto a los datos de las diferentes intervenciones generales, a pesar de que de las resoluciones del Estado de la Nación del Congreso de los Diputados de 1998 y 1999 se derivaron sendos mandatos para el cálculo y la pública difusión de las balanzas fiscales? ¿Cómo puede interpretarse desde Cataluña la cesión de información siempre y únicamente a fundaciones privadas madrileñas (FUNCAS), que la elabora de tal manera que Madrid siempre aparece como la "campeona de la solidaridad interterritorial", sin especificar tan siquiera la metodología de cálculo? Lleva razón Guillem López-Casasnovas (2004) cuando afirma que "dime para qué quieres conocer los saldos fiscales y te diré cuál es la metodología más conveniente".

Si se analiza, en cambio, cuáles son los saldos fiscales de las diferentes comunidades con el sector público central a partir del método de cálculo del flujo monetario, el libro de Castells, Bosch, Barberán, Ruiz-Huerta y otros antes citado presenta unos saldo fiscales más compatibles con la desigual evolución regional de los últimos

2. *"Grup de treball per a l'actualització de la balança fiscal de Catalunya. Part Catalana de la Comissió Mixta de Valoracions Administració de l'Estat-Generalitat de Catalunya". Los integrantes del citado grupo son: Núria Bosch, Joan F. Corona, Joan Carles Costas, Marta Espasa, Guillem López, Eduard Rius, Joan Ramon Rovira, Xavier Sala-i-Martín, Joaquim Solé Vilanova, Ramon Tremosa, Maite Vilalta, Maties Vives y Antoni Zabalza.*

años observada en España: para el período 1991-1996 el EURAM (Euroregión del Arco Mediterráneo, que comprende Cataluña, País Valenciano y Baleares) aparece como el principal contribuyente neto de recursos (Cataluña, -7% de su PIB anual de media, Baleares un -7'5% y País Valenciano un -2,5%); Navarra y País Vasco son también contribuyentes netos en todo el período (-3'5% y -1,5% respectivamente); finalmente, el saldo de la balanza fiscal de Madrid presenta una déficit fiscal con el sector público central de sólo el -0'09% del PIB anual madrileño. El hoy conseller de Economía de la Generalitat Antoni Castells estima el déficit fiscal catalán entre el 8 y el 9% del PIB anual catalán, mientras que Alcaide y Alcaide (2003, 2004) lo hacen entre el 10% y el 10,5% del PIB catalán para los años 2002 y 2003. Independientemente de quién tenga razón, ¿no estamos ante una clara relación entre exceso de drenaje y estancamiento económico? En este contexto, el cuadro 3 presenta para 1999 los estados norteamericanos que fueron los principales contribuyentes al presupuesto federal. Del mismo se desprende que los principales estados norteamericanos hicieron en 1999 un esfuerzo mucho menor que Cataluña en porcentaje del PIB aportado, aunque la diferente presión fiscal nos obligue a matizar las comparaciones: California, una de las economías más potentes del mundo, con un PIB que duplicaba el PIB español de 1999 y con PIB per cápita tres veces más alto que el catalán, no aportaba ni el 2% de su PIB al gobierno federal.

En España, en cambio, las únicas balanzas fiscales para el período 1995-2003 sólo han sido publicadas por FUNCAS. En sus diferentes balances económicos regionales, sin embargo, sus autores nunca describen la metodología de cálculo de las balanzas fiscales que presentan, cuestión que es especialmente relevante en el caso de la balanza fiscal madrileña. Como los propios autores afirman en la edición de 2002,

Cuadro 3. Balanzas fiscales de los principales estados contribuyentes netos de los EEUU y del EURAM, 1999

	en $ per cápita		*en millones de $*		*en % s/PIB*
	déficit fiscal	*PIB*	*déficit fiscal*	*PIB*	*déficit fiscal*
California	–685	38.117	–22.688	1.213.355	–1,8%
Illinois	–1.669	36.741	–20.241	440.899	–4,5%
New Jersey	–2.342	41.519	–19.076	332.155	–5,7%
New Cork	–890	41.326	–16.189	743.873	–2,1%
Michigan	*–1.042*	*34.672*	–10.277	312.054	–3,2%
Cataluña	*–1.799*	*16.809*	–11.224	105.698	–10,62%
País Valenciano	*–758*	*13.361*	–3.107	54.434	–5,7%
Islas Baleares	*–1.673*	*16.780*	–1.352	13.961	–11,57%
EURAM	*–1.455*	*15.703*	–15.683	174.093	–9,12%

Datos de PIB en dólares corrientes.
Nota: Déficit fiscal según Fernández Céspedes (2003).
Fuente: elaboración propia a partir de Leonard y Walder (2000), Fernández (2001) y Bureau of Economic Analysis.

han realizado imputaciones de gastos del Estado a partir del VAB provincial y autonómico, "método discutible pero que ha sido necesario utilizar ante la falta de información de la Intervención General de la Administración del Estado, que publica datos liquidados sólo a nivel agregado estatal" (página 30).

Así, en la edición de 2003 de FUNCAS, y en relación a la publicada el año 2002, los autores rebajan sus propias estimaciones del déficit fiscal catalán, sin dar por ello ninguna justificación. De la misma manera, en la breve nota metodológica facilitada en la edición de 2003, ya no se hace ninguna referencia a la IGAE y a la falta de datos oficiales disponibles señalados el año 2002, afirmando que "el gabinete de estadística regional de FUNCAS, responsable de esta investigación, asume que algunas de las estimaciones que se han realizado para poder completar el cierre del *Balance Económico Regional*, tienen algún componente de opinión personal" (página 5). No disponer de información oficial liquidada sobre cuál ha sido la actuación inversora del sector público central por territorios va a seguir alimentado la creencia catalana de que les balanzas fiscales son el secreto mejor guardado del Reino.

1.1. ¿Convergencia o divergencia regional?

Para ver hasta qué punto el déficit fiscal de la CAM con el sector público central es más ficticio que real, los cuadros 1 y 2 muestran también el espectacular despegue de la economía madrileña: a pesar de haber aumentado en un 10% su población entre 1996 y 2003 aumenta el PIB por habitante y la productividad por ocupado muy por encima de la media española, se mantiene su renta disponible en relación a la correspondiente media estatal y también aumenta el consumo per cápita madrileño: siendo el valor 100 la media española, seis de las ocho comunidades situadas por encima de la media en 1996 ven converger su índice de consumo per cápita en estos años hacia la media española mientras Madrid, que ya partía de un valor muy alto, se aleja de la media citada ("¿convergencia o divergencia regional?" titulaba el servicio de estudios de la Caixa de Catalunya ante tan espectacular evolución). Y es que por mucho que se quiera diluir el gran impacto económico de la capitalidad, mediante metodologías de cálculo de balanzas fiscales que "centrifugan" a las otras autonomías una gran parte del gasto público que recibe Madrid, los indicadores y las estadísticas confirman lo que se observa en cualquier país: el gran impacto económico de la capitalidad. Así, hoy se puede afirmar que la gran beneficiada de la actuación del sector público español de los últimos años ha sido la capital del Estado.

En este sentido, el cuadro 2 presenta también la evolución de la productividad de algunas autonomías entre 1995 y 2002, expresada en euros constantes de 1995. En el contexto español es interesante analizar los dos hechos siguientes. Por una parte, se ha producido un proceso de convergencia de las regiones menos productivas, en tanto que la mayor de las autonomías situadas por debajo de la media en 1995 ha crecido por encima de la misma en este período. Por otra parte, en cambio, las productividades de las tres primeras autonomías (Madrid, Navarra y País Vasco) han crecido por encima de la media estatal, por lo que el proceso de convergencia no afecta a este grupo líder, que diverge de las comunidades menos productivas; en medio quedan Cataluña y las Baleares, que en 1995 estaban muy cerca de las productividades vasca y navarra pero que en estos siete año se han alejado de las primeras posiciones para acercarse a la productividad media estatal.

Puestos a considerar las causas del estancamiento catalán o del retroceso balear, se puede analizar la relación entre la inversión pública y el crecimiento económico: existe una relación positiva entre las inversiones pública y privada, hasta el punto que sin una inyección importante de la primera se produce una pérdida de dinamismo de la segunda, de la misma manera que se afirma que los stocks de capital público y privado son complementarios. En España es en Madrid y en el Arco Mediterráneo donde más baja era la relación entre los stocks citados en 1998 (Bosch y Espasa, 1999), por lo que la inversión pública es aún más determinante para explicar su crecimiento económico. En este sentido, es interesante observar cuáles han sido entre 1995 y 2002 las tres comunidades líderes en productividad: Madrid, que ha disfrutado de la máxima complicidad inversora estatal, y las dos comunidades forales, cuyo modelo de financiación autonómica les proporciona una capacidad inversora muy superior a la del régimen común (estas tres comunidades son precisamente las que más han avanzado en el PIB por habitante en el contexto europeo).

En este contexto, habiendo podido acceder a un 40% del gasto público del Estado entre 1997 y 2003, gracias al diputado de CiU Duran Lleida que la obtuvo directamente del ministro Solbes en setiembre de 2004, la información facilitada por la Intervención General de la Administración del Estado muestra que la comunidad de Madrid recibió el 23% del gasto público total territorializado efectivamente realizado, mientras que Cataluña sólo recibió el 6'6% (Pons y Tremosa, 2004c). ¿Por qué no se puede acceder a la información restante?

1.2. El ejemplo francés

El modelo autonómico español muestra unos resultados de crecimiento regional más propios de un estado unitario que de un estado descentralizado: la estadísticas oficiales del Eurostat, referidas al PIB por habitante en el 2001 de las 166 regiones europeas del cuadro 1, confirma las tendencias acerca de qué comunidades protagonizan la convergencia de España con la UE: sólo Madrid, País Vasco y Navarra consolidan la velocidad de crucero de los últimos años, mientras que en las otras comunidades se presentan crecimientos mucho más modesto e incluso algunas divergen de la media europea. Así pues, sólo la capital y las dos comunidades que disponen del sistema foral convergen con fuerza en el contexto europeo.

Analizando el mapa regional europeo del PIB por habitante, se observa una clara diferencia en el modelo de convergencia regional en los estados grandes. Alemania e Italia presentan también grandes contrastes territoriales, pero sus regiones con capacidad de creación de riqueza muestran una gran homogeneidad: la gran mayoría de sus áreas desarrolladas registran niveles situados entre un 25% y un 50% superiores a la media europea, sin que sus capitales políticas destaquen especialmente en esta clasificación al situarse por debajo de las regiones punteras. Francia, en cambio, muestra unos resultados que reflejan su modelo de Estado centralista por excelencia: la región de París estaba ya en el nivel 165 en el año 2001 (153 en 1997) mientras que todos los demás departamentos del país oscilan entre 103 y 83.

Ahora que tanto se insiste desde Madrid en que España es "el país más descentralizado del mundo", con lo que se pretende cerrar el paso a cualquier revisión del modelo de organización territorial, los resultados del Eurostat emergen con claridad: el modelo español de convergencia regional de los últimos años tiende claramente al modelo francés, en lugar de mostrar resultados más propios de un Estado federal como Alemania. De ello se puede apuntar una clara relación entre convergencia económica y saldo fiscal regional con el sector público central español, que por falta de datos posteriores a 1996 para las balanzas fiscales regionales no se puede probar empíricamente. Según el libro antes citado de Castells y otros para el periodo 1991-1996, las tres comunidades que convergen con fuerza presentan en común un déficit fiscal con el Estado nulo (Madrid) o muy reducido (las dos de concierto económico) si se considera el criterio de cálculo del flujo monetario, mientras que para la economía catalana su elevado déficit fiscal (7% de su PIB anual) se apuntaba ya como un lastre excesivo.

1.3. Subdesarrollo racional

"*Rational underdevelopment*" es el título del documento de trabajo 114/2001 del Banco de España. Referido al caso italiano, Desmet y Ortuño concluyen que las transferencias fiscales públicas son ineficaces para estimular el crecimiento económico: su carácter estructural y su gran volumen hacen que "las regiones menos desarrolladas acepten racionalmente permanecer subdesarrolladas mientras continúe el carácter estable de las subvenciones". Los últimos datos del Eurostat confirman esta conclusión: a pesar de la masiva recepción de fondos europeos y estatales, entre 1997 y 2001 el PIB per cápita de las regiones del Sur de Italia ha descendido de 67 al 66% por ciento de la media europea, en unos años de notable deslocalización industrial de empresas del norte de Italia... hacia el Este europeo. Curiosamente, éste es uno de los únicos documentos de trabajo que no se puede descargar de la página web del Banco de España (¿quizás por sus inevitables comparaciones con el caso español?).

Ante el constante crecimiento del gasto público sobre el PIB desde 1950 hasta hoy, del 25% al 45-60% en los países desarrollados, parafraseando a Milton

Friedman se podría afirmar que "se predica liberalismo y capitalismo pero se practica socialismo". Hoy los estados no fabrican coches pero realizan unos impresionantes programas de transferencias públicas que, en nombre de la igualdad y de la erradicación de la pobreza, producen una mezcla errática y contradictoria de subsidios que benefician a unos territorios y a unos grupos de interés frente a otros, en función de su habilidad y capacidad negociadora, sin presentar un efecto claro sobre el crecimiento económico. En este sentido, y con clara voluntad provocadora ("los empresarios deben hacer la revolución"), el señor Benetton afirmó que si de verdad se pretendía ayudar al sur de Italia sólo el norte del país debía ingresar en el euro, cuya fortaleza futura iba a perjudicar aún más al *Mezzogiorno* italiano: con un par de décadas de depreciaciones competitivas de la lira, afirmó, junto con la cesión del impuesto de sociedades a sus regiones para realizar políticas fiscales procompetitivas a la irlandesa, se crearían allí condiciones de entorno macroeconómico favorables para captar grandes inversiones empresariales. Y es que también los grandes estados unitarios europeos, forjados a mediados del siglo XIX, pueden llegar a convertirse en "corralitos" para sus regiones y habitantes si prevalece en ellos el dogma político de la "unidad del estado" frente a la eficiencia económica. Valga el reciente estancamiento catalán en el contexto europeo, en buena parte causado por el secular y excesivo déficit fiscal catalán con el Estado español, como ejemplo de "convergencia en la pobreza".

El intervencionismo, creciente por propia naturaleza, ha desembocado hoy en el Estado del bienestar, que se presenta como la gran conquista de nuestro tiempo. Pero para valorar justamente sus logros hay que tener también en cuenta todo aquello que el intervencionismo tiene de costes y de mala asignación de recursos: creciente presión fiscal (del 33% al 36% del PIB en España en los ocho años del PP), nula asunción de responsabilidades (crisis del *Prestige,* deudas de RTVE y RENFE), dejación de responsabilidades personales (cae el ahorro individual ante la certeza de pensión pública) y, en términos de coste de oportunidad, riqueza que por causa del intervencionismo ha dejado de generarse: ¿cuánto podría haber crecido el PIB de Cataluña si el déficit fiscal catalán de los últimos años se hubiera invertido en infraestructuras en el Principado?

1.4. Presión fiscal asimétrica

Una política fiscal a nivel español no descentralizada perjudica especialmente las tres economías del EURAM (Costa y Tremosa, 2003). El modelo de crecimiento madrileño gira alrededor de cinco grandes empresas multinacionales de servicios, algunas de las cuales son antiguos monopolios públicos y de la capitalidad del Estado, con sus 400.000 funcionarios. La estructura económica de Cataluña y del País Valenciano, en cambio, la definen las empresas multinacionales en nuestro país así como una red de miles y miles de pequeñas y medianas empresas manufactureras de capital autóctono, muchas veces con carácter familiar. A diferencia de las empresas de servicios, las empresas industriales en Europa compiten en mercados internacionales abiertos y no regulados por los respectivos estados: la regulación estatal en servicios y la no regulación de la industria determina una asimétrica presión fiscal sectorial, que tiene también grandes implicaciones territoriales por causa de la desigual especialización productiva existente en el Estado español.

La propia Dirección General de Asuntos Económicos de la Unión Europea ha denunciado este hecho, tal como argumentan dos documentos de Gaëtan Nicodème (2001 y 2002) y de los cuales se extraen estas dos conclusiones: 1) Las empresas manufactureras europeas están fiscalmente discriminadas con relación a las empresas de servicios europeas de telecomunicaciones, energía y agua, ya que éstas últimas obtienen de los respectivos reguladores estatales grandes deducciones en el impuesto de sociedades por medio de procesos de "ingeniería fiscal"; la atomización y la gran competencia de la industria manufacturera, en cambio, no lo hace viable en esta última, hasta el punto de que las empresas de servicios pagan un tipo impositivo efectivo o final en el impuesto de sociedades que habría llegado a ser en algunos años hasta un 50% más bajo. Y 2) Las pequeñas y medianas empresas manufactureras del Estado español son de las más maltratadas fiscalmente de la UE en el impuesto de sociedades, en relación al tipos impositivo finalmente pagado, al tratamiento fiscal de las amortizaciones (sus períodos son mucho más largos aquí), así como de las provisiones por despido (no deducibles del impuesto citado). Así pues, al ser los tres territorios del EURAM los que albergan más industria manufacturera y una mayor concentración de pequeñas y medianas empresas, se puede concluir que, por lo que se refiere al impuesto de sociedades, la indiferencia de la política fiscal española en este ámbito de estos últimos años le ha restado competitividad (Costa y Tremosa, 2003).

1.5. Principio de ordinalidad

La reciente sentencia del Tribunal Constitucional alemán, relativa a los principios que deben regir los flujos fiscales de la solidaridad territorial, ilumina el debate sobre el nuevo modelo de financiación autonómica. En síntesis, dicho tribunal viene a decir a los estados federales alemanes que "hagan el sistema de distribución que quieran, pero que no se altere el orden existente entre los estados antes y después del proceso redistribuidor". Esto es, si Baviera un año es quien más aporta a la caja común, no debe darse bajo ningún sistema de reparto que cualquier otro estado pagador o receptor la supere en volumen de recursos disponibles después del proceso de distribución.

Según la Agencia Tributaria y depurando el efecto sede de Madrid, en los últimos años Cataluña ha sido la principal fuente de recaudación para el Estado, aportando entre el 22 y el 24% de los impuestos totales recaudados. Los recursos de la Generalitat de Catalunya, en cambio, siempre han sido inferiores a los de la Junta de

Andalucía, aunque ésta última, con 437.836 funcionarios y ocupados públicos, casi dobla los de Cataluña. Para no desincentivar el esfuerzo fiscal de las comunidades más productivas el nuevo modelo de financiación debería respetar la primacía del territorio que más aporta, porque en ellas también el gasto de proveer unos mismos bienes y servicios públicos es más elevado y sofisticado. Si no se respeta lo que el catedrático Solé Vilanova denomina "principio de ordinalidad", la Generalitat catalana deberá seguir recurriendo a nuevos impuestos autonómicos y a generar más deuda autonómica.

Comienzan a ser abundantes en la literatura económica internacional los autores que cuestionan la eficacia a los flujos fiscales interterritoriales. Poschmann por ejemplo, en un documento publicado en Ottawa (1998), concluye que "cuando el Estado mueve grandes cantidades entre territorios, los pobres de las regiones ricas acaban financiando a los ricos de las regiones pobres". Además de constatar que en España la principal beneficiaria de los fondos agrarios europeos es la duquesa de Alba, se podría considerar la dotación de servicios públicos de Sant Boi de Llobregat, municipio de 83.000 habitantes del cinturón barcelonés. No hay ninguna residencia de ancianos pública y sólo una piscina, dos guarderías, dos bibliotecas, tres polideportivos y cuatro ambulatorios públicos. Así, muchos de sus habitantes no sólo pagan autopista, escuela u hospital privados, sino que para bañarse o para jugar a fútbol también deben pagar peaje. Y no vale cargarle todas las culpas al gobierno de la Generalitat, puesto que sólo recaudan un 20 % de los impuestos de Cataluña.

Habiendo accedido a datos liquidados totales de recaudación de la Agencia Tributaria (Pons y Tremosa, 2004*c*), en 2003 Cataluña pagó 54.000 millones de euros en impuestos (un 40 % del PIB catalán de ese año, muy cerca del 43 % de media de la UE-15), de los cuales 36.000 corresponden a los tramos estatales de los grandes impuestos y a la Seguridad Social. Por lo que se refiere al gasto público total en Cataluña, en cambio, éste se habría situado entre 38.000 y 42.000 millones de euros (aquí sólo se dispone de información parcial del gasto público liquidado del Estado de la IGAE): de ellos, sólo entre 15.000 y 18.000 corresponderían al sector público central, con lo cual el gasto público total recibido equivale entre el 29 % y el 31 % del PIB catalán de 2003, siendo dicho gasto inferior entre diez y quince puntos a los porcentajes europeos. Sin resolver este recurrente desequilibrio la economía catalana seguirá perdiendo peso y dinamismo en el contexto europeo, y ello pasa por negociar un nuevo sistema de financiación autonómica que deje de entender la igualdad como uniformidad de compensación. La igualdad de oportunidades, que es inherente a la libertad, no debe implicar la igualdad de resultados, que sólo puede ser conseguida por coerción: como advirtió Orwell, cuando se insiste tanto en la igualdad unos acaban siendo más iguales que otros.

Además, con el actual y peculiar modelo de solidaridad español, nos encontramos que autonomías con renta per cápita superior a la media estatal -Castilla y León, por ejemplo- han sido receptores netos de fondos desde 1995 hasta 2003

(FUNCAS, 2004), mientras que otros territorios con renta per cápita inferior a la media estatal han sido sistemáticamente contribuyentes netos, como es el caso del País Valenciano (Pons y Tremosa, 2004a). Se puede hablar de solidaridad interterritorial siempre que sea voluntaria y no forzosa, conocida y limitada en el tiempo, ligada a unos objetivos a conseguir en términos de crecimiento económico, que sea reconocida y agradecida por quien la recibe y que no suponga la descapitalización y el empobrecimiento de quien la realiza. Aun así, las experiencias recientes de la reunificación alemana y la evolución del sur de Italia indican que no es suficiente inyectar una gran cantidad de transferencias públicos a las zonas menos productivas, y menos aún al coste de restar oportunidades de crecimiento en las áreas más dinámicas. En este contexto, se tendría que reflexionar acerca de la rápida convergencia económica de Hungría, Chequia, Eslovenia y las repúblicas bálticas (el PIB per cápita de Praga en 2001, según el Eurostat, alcanzó el 121% de la media europea), impulsada por la inversión privada internacional y no por fondos de cohesión. En claro contraste con el estancamiento de Alemania del Este y la divergencia del sur de Italia, son toda una lección actual de que las fuerzas de mercado han conseguido en pocos años mejores resultados que décadas de subvenciones públicas.

2. Efectos macroeconómicos del déficit fiscal catalán con el Estado español (2002-2010)

En la literatura económica se han propuesto diferentes técnicas para cuantificar el impacto de los programas de gasto público. Así, por ejemplo, en el trabajo de Nordhaus (2002) se cuantifica el coste económico para los Estados Unidos de la guerra con Irak; en el de Abadie y Gardeazábal (2001) se estudia el impacto del terrorismo en la economía vasca; en el de Sosvilla *et al.* (2001) se estudia el impacto de las ayudas comunitarias para la economía aragonesa; en los de Sosvilla y Herce (1998 y 1999) se estudia el impacto sobre la economía española de las ayudas procedentes de los fondos europeos; o, finalmente, los de Herce y Sosvilla (2002) que cuantifican los efectos económicos de las inversiones ferroviarias en España en el horizonte 2007.

En este apartado se resume los contenidos de un reciente artículo publicado en la Revista Econòmica de Catalunya (Pons y Tremosa, 2004), que presenta una simulación de crecimiento de la economía catalana prospectiva, que viene a completar el análisis del impacto del déficit fiscal catalán que se habían realizado anteriormente. Así, de haberse podido invetir en Cataluña en infraestructuras el volumen de dèficit catalán de 1995 a 1998, el PIB catalán de 2000 hubiera alcanzado un nivel un 32% superior (Ros, Tremosa y Pons, 2003); por otra parte, la economía catalana alcanzó el año 1998 una presión fiscal del 39% del PIB catalán de ese año, mientras que el gasto público sólo llegó al 30'5% del PIB catalán, lo cual permite definir como de "atrofia persistente" la situación del sector público catalán (Ros, Tremosa y Pons, 2002).

En este apartado se ha optado por utilizar un modelo de vectores autoregresivos por su flexibilidad, por el hecho de que se dispone del volumen suficiente de información para elaborar un modelo de este tipo y porque este tipo de modelos han sido utilitzados en diferentes países para efectuar estudios similares al que se presenta en estas páginas. Así, sin ánimo de ser exhaustivos, hay que citar los trabajos de Roca y Pereira (1998) para la economía española; el de Blanchard y Perotti (1999) para los Estados Unidos; y, finalmente, el de Mittnik y Neumann (2001) para Canadá, Francia, Gran Bretaña, Japón, Holanda y Alemania.

A finales de la década de los años ochenta comenzaron a aparecer en la literatura económica una serie de trabajos que analizaban la importancia de las infraestructuras públicas en la productividad de los países y regiones. La mayoría de los trabajos que se han planteado esta cuestión se han basado en el cálculo de la elasticidad del producto respecto al capital público mediante una función de producción, normalmente una Cobb-Douglas. Ello no obstante, estos trabajos que obtienen elasticidad de la producción respecto al capital público, por medio de una estimación uniecuacional de una función de producción, han recibido diversas críticas metodológicas. Una de las principales limitaciones de este enfoque es que excluyen la posible presencia de efectos de retroalimentación o *feedback* entre las variables consideradas, que pueden llegar a ser importantes ya que no tienen en consideración que la posible existencia de una relación simultánea entre el crecimiento de la producción y el crecimiento del capital público.

Con el fin de superar esta limitación en la literatura económica se propone el uso de técnicas de series temporales multiecuacionals (modelos VAR) que incorporen el PIB, el empleo, el capital privado y el capital público. Estos modelos permiten captar las relaciones que se producen a medida que pasa el tiempo entre estas variables mediante las funciones de impulso-respuesta. Los efectos *feedback* dinámicos son esenciales para estimar la relación entre el capital público y el resto de variables incluidas en el modelo, puesto que permiten considerar de qué manera el capital público afecta al PIB, al empleo y al capital privado; asimismo, y simultáneamente, nos permite estimar cómo estas variables afectan al crecimiento del capital público en un proceso que se retroalimenta.

En el cálculo del impacto de un aumento de la inversión pública sobre el PIB se pueden utilizar diferentes metodologías para calcular las elasticidades. La metodología usada en este apartado, fundamentada en los modelos VAR, proporciona unas elasticidades más elevadas que las que se obtendrían usando otras metodologías. Aun así, muchos autores piensan que esta metodología es la más adecuada para realizar este tipo de simulaciones de crecimiento económico, ya que tiene en cuenta el efecto de retroalimentación entre las variables consideradas en el modelo. Este efecto puede llegar a ser muy importante y, si no se tuviera en cuenta, se podría estar subestimando esta elasticidad.

Así pues, en este trabajo se han considerado las variables producto interior bruto a precios constantes, empleo, capital privado y capital público. La información estadística hace referencia a la economía catalana y para la estimación del modelo se ha utilizado el período 1965-1999. La información del producto y del empleo se ha obtenido de la *Renta Nacional de España y su distribución provincial,* publicada por la *Fundación BBVA*. Por otra parte, las series de capital privado y público provienen de *El stock de capital en España y sus comunidades autónomas*, también publicado por la *Fundación BBVA*. En este último caso, se han extrapolado los valores del capital público y privado de la economía catalana para el año 1999, a partir del valor de estas variables para el conjunto de España.

Se trata de una serie temporal no excesivamente larga, circunstancia que se ve agrabada por el hecho de que los datos de producción y empleo de la *Fundación BBVA* tienen carácter bianual. Ello no obstante, la mayoría de los trabajos aplicados en este ámbito de investigación referidos a la economía española, y que han sido citados anteriormente, presentan también esta limitación y utilizan series temporales parecidas (tanto por lo que se refiere al período considerado como por lo que hace referencia a la disponibilidad de observaciones) a las que aquí se usan. Así pues, hay que señalar que una vez estimado el modelo VAR se ha realizado una serie de simulaciones sobre el crecimiento de la economía catalana. Para efectuar estas simulaciones se han utilizado las series de PIB a precios constantes y de empleo elaboradas por el Institut d'Estadística de Cataluña[3].

2.1. Especificación del modelo VAR

La metodología econométrica utilizada en esta investigación requiere que las series económicas utilizadas sean estacionarias. Para estudiar la estacionariedad de las variables consideradas se han utilizado los tests de raíces unitarias habituales en la literatura. La conclusión obtenida es que las series originales expresadas en logaritmos son estacionarias en primeras diferencias, por lo que el análisis econométrico se realizará utilizando las primeras diferencias de las cuatro variables econonómicas consideradas. Por otra parte, usando el test propuesto por Johansen no es posible rechazar que las cuatro series utilizadas presenten una relación de cointegración. Ello no obstante, hay que considerar los resultados de los dos tests calculados (el de la estacionariedad y el de cointegración) con un cierto cuidado, dado que el tamaño de la muestra utilizada en este trabajo no es excesivamente grande. Así pues, el modelo que se desea estimar es un modelo VAR que se puede expresar de la siguiente manera[4]:

3. Esta información estadística referida a la economía catalana se ha obtenido de la página web http://www.idescat.es

4. La filosofía y los fundamentos estadísticos de este tipo de modelos se pueden consultar en Greene (1998).

$$X_t = \mu + A_1 \cdot X_{t-1} + A_2 \cdot X_{t-2} + \ldots + A_p \cdot X_{t-p} + \mu_t$$

teniendo en cuenta que el vector X_t incluye las cuatro variables consideradas en este análisis, expresadas todas ellas en logaritmos y en primeras diferencias: producto interior bruto (PIB), ocupación (OCU), capital privado (KPRI) y capital público (KPUB). Por otra parte, A_i ($i = 1,2, \ldots p$) son las matrices de parámetros que se desea estimar, m es un vector de componentes deterministas, p es el orden del modelo VAR y ut es un vector de residuos. Obsérvese que al considerar las cuatro variables en logaritmos y primeras diferencias se estan utilizando las tasas de crecimiento de las series económicas consideradas.

En la especificación del modelo VAR es preciso seleccionar los componentes deterministas (constante y tendencia), así como también el orden del modelo. El uso de los criterios AIC de Akaike y SBIC de Schwartz sugieren que el orden del modelo VAR es $p = 1$ y que, a la vez, es necesario incorporar en el modelo una constante y una tendencia como componentes deterministas del mismo.

El análisis de los efectos de un crecimiento del capital público, fruto de una reducción del déficit fiscal de Cataluña con el Estado español, se fundamenta en las funciones impulso-respuesta asociadas al modelo VAR. Estas funciones recogen el efecto sobre todas las variables incluidas en el modelo de una variación en una de ellas (en este caso el capital público). Asimismo, permiten obtener el efecto a lo largo del tiempo que tendrá un cambio en un momento determinado en el capital público. En definitiva, mediante las funciones impulso-respuesta se determina cómo variará el PIB y la ocupación de la economía catalana si aumenta la inversión en infraestructuras y, simultáneamente, cómo se distribuirá esta variación en años sucesivos.

En el cuadro 4 se muestran las funciones de impulso-respuesta para las cuatro variables consideradas y para los cinco primeros años. Obsérvese que, por la propia definición del modelo VAR, al imponer un cambio de una desviación standard en el capital público en el año $t = 1$, los efectos en el resto de variables (producción, ocupación y capital privado) se inician en $t = 2$ y se alargan hasta $t = 5$[5].

Cuadro 4. Funciones impulso respuesta

Año	*PIB*	*OCU*	*KPRI*	*KPUB*
1	–	–	–	0,0283
2	0,0091	0,0051	0,0106	0,0177
3	0,0034	0,0022	0,0110	0,0121
4	0,0017	0,0007	0,0079	0,0072
5	0,0005	0,0002	0,0051	0,0040

Nota: Cambios cuando se produce una variación de una desviación standard en el capital público.

5. Se escoge t = 5 como último año del impacto, puesto que en años sucesivos los efectos originados por el "shock" inicial son mucho más pequeños y prácticamente nulos.

Cuadro 5. Distribución temporal del incremento del PIB y de la ocupación

Año	*PIB*	*OCU*
1	–	–
2	61,7%	62,7%
3	23,6%	27,3%
4	11,7%	8,1%
5	3,0%	1,9%
Total	100,0%	100,0%

Los resultados contemplados en el cuadro 3 permiten conocer en qué medida variará la producción, la ocupación y el capital privado (ello no obstante, nuestro análisis se centrará en las dos primeras variables citadas) cuando se produce un crecimiento del 1,0% en el capital público de la economía catalana. Así, un incremento de un punto porcentual en el capital público produce una variación acumulada a lo largo de cinco años de un 0,52% en el caso del PIB y de un 0,29% en el caso de la ocupación. En el cuadro 4 se muestra cómo se distribuye a lo largo del tiempo este incremento porcentual del PIB y de la ocupación. Así, por ejemplo, en este cuadro se pone de manifiesto que el incremento del PIB provocado por un aumento del 1,0% en la inversión pública se concentra en el segundo año (61,7% del efecto total) y en el tercero (23,6%).

Por otra parte, hay una manera alternativa de interpretar los resultados. Se trata de ver cuál es el efecto sobre el PIB de la economía catalana de un incremento de un euro en la inversión en capital público. De esta manera, un aumento de un euro en el capital público se traduce al cabo de cinco años en un aumento del PIB en 1,43 euros, repartiéndose el impacto multiplicador en estos años de la siguiente manera: 84 céntimos el segundo año, 34 céntimos el tercero, 17 céntimos el cuarto y 4 céntimos el quinto. Esta misma manera de intepretar la evidencia obtenida se puede utilizar para la ocupación: para conseguir crear un puesto de trabajo/año habría bastante con un incremento de la inversión pública de unos 38.000 euros.

2.2. Resultados

Se han definido tres escenarios de evolución futura de la economía catalana fundamentados en las proyecciones realizadas por el Institut d'Estadística de Cataluña (Costa y Muñoz, 2001) y el Ministerio de Economía español. En el cuadro 6 se muestra el crecimiento anual en cada uno de los años del período 2002-2010 para las diferentes variables consideradas en el análisis y para cada uno de los tres escenarios. Para cada uno de esto escenarios se ha cuantificado cuál sería al final del período el PIB nominal, el PIB real, la ocupación, el deflactor del PIB y la productividad para la economía catalana. En el cuadro 7 se indica para cada uno de los escenarios cuál sería

Cuadro 6. Escenarios economía catalana, 2002-2010

	Intermedio	*Pesimista*	*Optimista*
PIB	3,2%	1,5%	4,2%
Deflactor PIB	3,0%	2,0%	3,6%
Ocupación	1,5%	0,5%	2,4%
Productividad nominal	4,7%	3,0%	5,4%
Productividad real	1,7%	1,0%	1,8%

el PIB nominal el año 2010, así como el PIB per cápita. A la vez, estas magnitudes se comparan con las del año 2001[6].

Probablemente la economía catalana conseguiría un ligero acercamiento a las regiones más desarrolladas de la Unión Europea en términos de PIB per cápita (expresado en términos de Paridad del Poder Adquisitivo, PPA) en el caso del escenario optimista; un retroceso en el caso del escenario pesimista y un mantenimiento, como en la actualidad, en la media del PIB per cápita de la UE-15 en el caso del escenario intermedio (recordemos que según el EUROSTAT, en el año 2000 el PIB per cápita en PPA de Cataluña se situaba en un índice igual a 99, si se consideraba la media de la UE-15 = 100). Ello no obstante, si se produce una reducción sustancial del déficit fiscal en cada uno de los años del período 2002-2010, los modelos VAR estimados en el apartado previo señalan que al final del período la situación de la economía catalana será más favorable, tanto en términos de producción (cuadro 8), de ocupación (cuadro 9), como de productividad.

Así, por ejemplo, en el caso del escenario intermedio, si en cada año del pe-

Cuadro 7. PIB nominal economía catalana

	PIB nominal (millones de euros)	*PIB nominal per cápita (euros)*[7]
Año 2001	125.044	19.713
Año 2010		
Escenario intermedio	216.628	32.728
Escenario pesimista	170.867	25.814
Escenario optimista	248.949	37.611

6. Los lectores interesados en los valores obtenidos para cada una de las variables en cada uno de los años contemplados y para los diferentes escenarios contactoen con el autor.

7. Para obtener el PIB per cápita se ha supuesto que la población catalana el año 2010 será de 6.619.035 personas. Esta cifra se obtiene del escenario tendencial contemplado por el Institut d'Estadística de Catalunya en sus proyecciones de población (se pueden consultar en la página web www.isdecat.es), considerando adicionalmente que el Censo de 2001 elaborado por el INE otorga a Cataluña una población de 6.343.110 personas.

Cuadro 8. PIB nominal año 2010 y supuestos de reducción del déficit fiscal

	Sin reducción déficit fiscal	*Reducción anual 1% / PIB*	*Reducción anual 3% / PIB*	*Reducción anual 5% / PIB*
Escenario intermerdio	216.628	237.925	286.184	342.889
Escenario pesimista	170.867	189.546	232.116	282.478
Escenario optimista	248.949	271.993	324.038	384.947

Nota: las cifras están expresadas en millones de euros. El año 2001 el PIB nominal de la economía catalana fue de 125.044 millones de euros.

ríodo 2002-2010 el déficit fiscal catalán con el Estado español se redujera en 1% del PIB, en el año 2010 el PIB per cápita de Cataluña sería un 9,8% mayor; si la reducción fuese del 3% del PIB, el PIB per cápita sería el 2010 un 32,1% más elevado; finalmente, si la reducción del déficit fiscal fuese de un 5% del PIB en cada uno de los ejercicios, en el año 2010 el PIB per cápita de Cataluña sería un 58,3% mayor.

En definitiva, efectuando el supuesto que en ausencia de reducción del déficit fiscal la economía catalana creciera de acuerdo con el escenario intermedio y que, a la vez, este crecimiento no se alejara mucho de la media del crecimiento de los países de la UE-15, Cataluña sólo podrá conseguir un acercamiento considerable al PIB per cápita (PPA) de las regiones europeas más dinámicas si se consigue reducir sustancialmente el déficit fiscal con el Estado español.

Así, manteniendo los supuestos que se han indicado en el párrafo anterior, si la reducción del déficit fiscal fuese del 1% del PIB anual (recordemos que en los últimos año se sitúa entre el 8% y el 10% del PIB), el año 2010 Cataluña se podría situar, si se considera el PIB per cápita de la UE-15=100, en un valor entre 108 y 112. Si la reducción del déficit fiscal fuese del 3% del PIB anual, el PIB por habitante de Cataluña se situaría alrededor del 120-130 (un 20%-30% por encima de la media de la UE-15). Finalmente, si la reducción fuese del 5% del PIB, el PIB por habitante se situaría en un valor del índice entre 135 y 150. Este mayor crecimiento de la economía catalana fruto de la reducción del déficit fiscal permitiría que, en términos de PIB per

Cuadro 9. Ocupación año 2010 y supuestos de reducción del déficit fiscal

	Sin reducción déficit fiscal	*Reducción anual 1% / PIB*	*Reducción anual 3% / PIB*	*Reducción anual 5% / PIB*
Escenario intermerdio	2.827,4	2.999,4	3.372,6	3.788,1
Escenario pesimista	2.586,3	2.748,4	3.101,4	3.496,1
Escenario optimista	3.061,2	3.239,3	3.625,1	4.053,4

Nota: las cifras están expresadas en miles de personas. En el año 2001 la ocupación de la economía catalana fue de 2.472,8 miles de personas.

Cuadro 10. PIB per cápita de Cataluña (PPA). Año 2010

Reducción anual déficit fiscal catalán con el sector público central español	*Sin reducción*	*1% PIB*	*3% PIB*	*5% PIB*
PIB per cápita Cataluña (PPA) (UE-15 = 100)	*97-101*	*108-112*	*120-130*	*135-150*
Regiones europeas con índices similares (año 2000)	Rheinhald-Pfalz (97) Saarland (97) Bratislavsky (98) East Wales (98) Baleares (98) Eastern Scotland (100) País Vasco (101) Umbria (101)	Liguria (108) East Anglia (109) Hampshire (109) Madrid (110) Nordrhein-Westfalen (109) Vlaams Brabant (112)	Piemonte (120) Praha (121) Baden-Württemberg (122) Valle d'Aosta (123) Groningen (124) Bayern (124) Antwerpen (125) Hessen (129) Emilia Romagna (129)	Lombardia (135) Trentino-AltoAdige(136) Utrecht (140) Bremen (143) Uusimaa (143) Stockholm (147) Darmstadt (149)

Fuente: Revista Econòmica de Catalunya, 48.

cápita (PPA), Cataluña fuese similar a un conjunto de regiones europeas que en la actualidad presentan un nivel de PIB per cápita superior a la economía catalana. Así, en el cuadro 9 se muestran algunas de las regiones a las que Cataluña se podría aproximar, y en algunos casos superar, en cada uno de los tres supuestos de reducción del déficit fiscal catalán con el Estado español.

Bibliografía

ABADIE, A. y GARDEAZÁBAL, J. (2003): The economic costs of conflict: A case-control study for the Basque country. American Economic Review, 93, 113-132.

ALCAIDE, J. y ALCAIDE, P. (2002): Balance económico regional (autonomías y provincias). Años 1995 a 2001. Fundación de las Cajas de Ahorro, Madrid.

– (2004): Balance económico regional (autonomías y provincias). Años 1995 a 2003. Fundación de las Cajas de Ahorro, Madrid.

– (2003): Balance económico regional (autonomías y provincias). Años 1995 a 2002. Fundación de las Cajas de Ahorro, Madrid.

BLANCHARD, O. y PEROTTI, R. (1999): An empirical characterization of the dynamic effects of changes in government spending and taxes on output. Working Paper, 7269. National Bureau of Economic Reseach.

BOSCH, N. y ESPASA, M. (1999): ¿Con qué criterios invierte el sector público central? En Desequilibrios territoriales en España y Europa. Ariel, Barcelona.

Caixa de Catalunya (2004): La despesa per habitant en les CCAA, 1996-2003: convergència o divergència regional? Consum i Economia Familiar, 34, 40-42.

– (2004): Productivitat aparent del treball a Cataluña: comparació amb la resta de CC.AA., 1995-2002: Informe sobre la conjuntura econòmica, 96, 65-73.

Eurostat (2000): news release, 18. http://www.europa.eu.int/comm/eurostat

– (2004): news release, 21. http://www.europa.eu.int/comm/eurostat

CASTELLS, A.; BARBERÁN, R.; BOSCH, N.; ESPASA, M; RODRIGO, F. y RUIZ-HUERTA, J. (2000): Las balanzas fiscales de las Comunidades Autónomas (1991-1996): Análisis de los flujos fiscales de las Comunidades Autónomas con la Administración Central. Ariel y Fundació Carles Pi i Sunyer d'estudis autonòmics i locals, Barcelona.

COSTA, J. y TREMOSA, R. (2003): Spanish regions and the macroeconomic benefits of the European Monetary Union (EMU). Regional Studies, 37, 217-226.

COSTA, A.; Luna, C. y Muñoz, J. (2002): "El comerç regional i internacional de les empreses industrials i de serveis a Cataluña", Nota d'Economia 72, 57-83.

DE LA FUENTE, A. (2001): "Un poco de aritmética territorial: Anatomía de una balanza fiscal para las regiones españolas". FEDEA, Estudios sobre la Economía Española (EEE91), Madrid.

DESMET, K. y ORTUÑO, I. (2001): "Rational underdevelopment", Banco de España, Servicio de Estudios, Documento de Trabajo número 0114.

GENERALITAT DE CATALUNYA: La balança fiscal de Catalunya amb l'Administració Central. Grup de treball per a l'actualització de la balança fiscal de Catalunya. Part Catalana de la Comissió Mixta de Valoracions Administració de l'Estat-Generalitat de Catalunya.

HAYEK, F. A. (2003): Camí de servitud. Editorial Proa, Barcelona.

HEIJS, J. (2001): Sistemas nacionales y regionales de innovación y política tecnológica. Documento de trabajo, 24. Instituto de Análisis Industrial y Financiero, Universidad Complutense.

Herce, J.A. y Sosvilla-Rivero, S. (1996): Efectos macroeconómicos del Marco de Apoyo Comunitario 1994-1999: Un análisis basado en el modelo HERMIN. Información Comercial Española, 751, 148-156.
– (2002): Efectos económicos de las inversiones ferroviarias en España en el periodo 1991-2007. Documento de Trabajo 2002-25. FEDEA.
Huerta de Soto, J. (2002): Nuevos estudios de economía política, Unión Editorial.
Leonard, H. y Walder, J. (2000): The Federal Budget and the States, fiscal year 1999 (retrospective issue 1983-1999). Taubman Center for State and Local Government, John F. Kennedy School of Government, Harvard University (disponible en la web http://www.ksg.harvard.edu/taubmancenter).
López-Casasnovas, G. (2003): La distribució de despesa pública per nivells d'administració. L'estat espanyol en el panorama internacional. Presentació a la 6a Jornada del Col·legi d'Economistes de Cataluña.
– (2004): El Déficit Fiscal de una Comunidad Autónoma con la Administración Central: ¿de qué estamos hablando?. Papeles de Economía Española, 99, 182-197.
López-Casasnovas, G. y Martínez, E. (2000): La balança fiscal de Cataluña amb l'Administració central (1995-1998). Institut d'Estudis Autonòmics, Generalitat de Catalunya, Barcelona.
Mittnik, S. y Neuman, T. (2001): Dynamic effects of public investment: Vector autoregressive evidence from six industrialized countries. Empirical Economics, 26, 429-441.
Nicodème, G. (2001): "Computing effective corporate tax rates: comparisons and results". Directorate General for Economic and Financial Affairs. Economic Papers, n. 153 (http://europa.eu.int/ economy_finance).
– (2002): "Sector and size effects on effective corporate taxation". Directorate General for Economic and Financial Affairs. European Economy, Economic Papers, n. 175 (http://europa.eu.int/economy_finance).
Nordhaus, W. D. (2002): The economic consequences of a war with Iraq. Working Paper 9361. National Bureau of Economic Research.
Pons, J. y Tremosa, R. (2004a): L'espoli fiscal, Editorial 3 i 4 y Institut d'Economia i Empresa Ignasi Villalonga, València.
– (2004b): Cataluña en l'horitzó 2010: Efectes Macroeconòmics del dèficit fiscal amb l'Estat espanyol. Revista Econòmica de Catalunya, 48, 41-51.
– (2004c): "L'espoli fiscal", El Temps, 1062, 21-27. València.
Poschmann, F. (1998): Where the money goes: The distribution of taxes and benefits in Canada. Commentary 105. C.D. Howe Institute, Ottawa.
Roca, F. (2000): Cent anys d'estudis sobre el dèficit fiscal català. Revista Econòmica de Catalunya, 39, 98-108.
Roca, O. y Pereira, A. M. (1998): Impacto de la inversión en infraestructuras sobre el producto, la ocupación y la inversión privada en España. Revista Española de Economía, 15, 403-432.
Ros, J., Tremosa, R. y Pons, J. (2002): El Sector Públic a Cataluña 1985-1998. Institut d'Estudis Autonòmics, Barcelona.
– (2003): "Capital públic i dèficit fiscal: l'impacte sobre l'economia catalana", Nota d'Economia, 75, 103-120.
Solé, J. (2004): Criteris d'anivellament interterritorial en el federalisme fiscal comparat. Ponencia presentada en el seminario del CUIMP-Centre Ernest Lluch "Finançament, solidaritat interterritorial i polítiques tributàries de les comunitats autònomes".
Sosvilla-Rivero, S. (2003): Canarias y los Fondos Estructurales europeos. Documento de Trabajo 2003-28. FEDEA.
Sosvilla-Rivero, S. y Herce, J.A. (1998): Efectos macroeconómicos del mercado único europeo. Economía Industrial, 322, 11-21.
– (1999): Los efectos de la Agenda 2000. Documento de Trabajo 99-21. FEDEA.
Sosvilla-Rivero, S.; Gadea, M.D.; Herce, J.A. y Montañés, A. (2001): Los efectos de las ayudas comunitarias en Aragón. Documento de Trabajo 2001-19. FEDEA.

SOSVILLA-RIVERO, S.; BAJO, O. y DÍAZ, C. (2003a): Sobre la efectividad de la política regional comunitaria: El caso de Castilla-la Mancha. Documento de Trabajo 2003-25. FEDEA.

SOSVILLA-RIVERO, S. y HERCE, J.A. (2003b): Efectos de las ayudas europeas sobre la economía madrileña, 1990-2006: Un análisis basado en el modelo HERMIN. Documento de Trabajo 2003-29. FEDEA.

TREMOSA, R. (2004a): L'intervencionisme liberal del PP: vers el canvi de locomotora. A L'Espanya d'Aznar. Dotze visions del projectes polític del PP, 95- 109. Editorial Proa, Barcelona.

– (2004b): Balances fiscals, el secret més ben guardat del regne. Revista L'Espill (Universitat de València i 3i4), 16, 18-29.